ロシア大統領権力の制度分析

長谷川雄之
Takeyuki Hasegawa

慶應義塾大学出版会

ロシア大統領権力の制度分析
◇
目次

序章　現代ロシアの統治機構　1

1. 統治機構としてのクレムリン──問題の所在　2
2. 地域研究と比較政治学からみた現代ロシアの政治変動──先行研究　12

第1章　安全保障会議の制度設計──執行権力の優位性　27

1. 制度設計の過程　28
2. ロシア連邦憲法体制における大統領機構　31
3. 「10月事件」と条文の「復活」　33
小括　38

第2章　エリツィンからプーチンへ
　　　　　──「垂直権力の構築」と安全保障会議　45

1. エリツィン政権期の政治過程と安保会議　46
2. プーチンとクレムリン──政治改革と「垂直権力」の構築　55
3. 統計分析からみた人事政策　76
4. 連邦制改革における安保会議　79
小括　89

第3章　国家安全保障戦略の体系化
　　　　　──政策の総合調整メカニズムと2010年安保法の整備　105

1. 国家安全保障政策と安保会議　106
2. 安保会議附属省庁間委員会と「ロシア連邦国家安全保障戦略」　106
3. 新たな安全保障法制　120
4. 2010年安全保障法の特徴　129
小括　137

第4章　ロシア大統領府と国家官僚機構
　　　　　──集権化と部門間対立　155

1. ロシア大統領府とは何か　156
2. 第2次プーチン政権下の「内部部局増強」と人事政策　161
小括　180

ii

第5章　2020年憲法改革——「超大統領制」の制度化　193

1. 2020年憲法改革とは何か　194
2. 制度変更にみる大統領権力——大統領・連邦政府・議会の相互関係　201
3. 2020年安保会議改革——安保会議副議長設置と安全保障法制の変容　211

小括　224

第6章　ウクライナ戦争とロシア大統領権力の変容　241

1. 戦争とロシア内政　242
2. 戦時下の大統領権力　243
3. 第2次動員　249
4. 第3次プーチン政権の発足　253
5. 露朝関係をめぐる政治エリートの動向　262

小括　264

終章　ロシア大統領の「強さ」と「弱さ」　277

1. 大統領補助機関の制度的発展　278
2. 2020年憲法改革とロシア・ウクライナ戦争　282

図表一覧　iv
凡例　vi
あとがき　287
参考文献　291
索引　303

図表一覧

図 0–1	クレムリン周辺の大統領補助機関（一部）	3
図 2–1	安保会議事務機構	59
図 2–2	連邦保安庁（FSB）国境警備局の機構	63
図 2–3	安保会議委員の平均年齢の推移	77
図 2–4	安保会議委員の在任期間の分析	78
図 2–5	安保会議委員数の推移	78
図 4–1	連邦統計庁データに基づく連邦中央・地方勤務別の大統領府職員数	162
図 4–2	大統領府職員数（連邦管区大統領全権代表部含む）	162
図 4–3	財務省データに基づく大統領府職員数	163
図 4–4	国家権力機関および地方自治体職員総数と執行権力機関職員総数	164
図 4–5	立法・執行・司法権力機関別職員数	165
図 4–6	連邦執行権力機関職員数（連邦中央・地方勤務別）	166
図 4–7	連邦中央、連邦構成主体、地方自治体別執行権力機関職員数	167

表 0–1	現代ロシアにおける執行権力の基本構造	8
表 0–2	現代ロシアにおける外交・軍事安全保障・インテリジェンス政策担当部門の地位・職務	10
表 1–1	ソ連邦安保会議とロシア共和国安保会議の地位	29
表 1–2	策定委員会の構成	30
表 1–3	大統領草案と憲法委員会草案における安保会議の地位	31
表 2–1	黎明期の安保会議人事政策（1）	50
表 2–2	黎明期の安保会議人事政策（2）	51
表 2–3	エリツィン政権第2期の安保会議人事政策（1）	52
表 2–4	エリツィン政権第2期の安保会議人事政策（2）	53
表 2–5	プーチンとパートルシェフのプロフィール	57
表 2–6	第1次プーチン政権第1期における安保会議人事政策	64
表 2–7	第1次プーチン政権第2期における安保会議人事政策	66
表 2–8	メドヴェージェフ政権（タンデム政権）における安保会議人事政策	69
表 2–9	第2次プーチン政権第1期における安保会議人事政策	70
表 2–10	第2次プーチン政権第2期における安保会議人事政策	71
表 2–11	連邦管区大統領全権代表のバックグラウンド	80
表 2–12	第2次プーチン政権における出張会合の実施状況	88
表 3–1	安保会議附属省庁間委員会の変遷	107
表 3–2	安保会議附属省庁間委員会の増強	108

表 3–3	第 3 次プーチン政権における省庁間委員会委員の構成	109
表 3–4	戦略企画問題省庁間委員会の構成	117
表 3–5	戦略企画問題省庁間委員会における委員人事の変遷	118
表 3–6	1992 年安全保障法と 2010 年安全保障法の構成	121
表 3–7	2010 年安全保障法案の審議日程	123
表 3–8	第 1 読会における安保会議に関する質疑応答（一部抜粋）	126
表 3–9	2010 年安全保障法第 14 条の修正箇所	128
表 3–10	連邦法における安保会議の地位	131
表 3–11	規程における安保会議の地位	133
表 3–12	安保会議・会議体の権限	135
表 4–1	連邦執行権力機関の分類	159
表 4–2	大統領府の地位	160
表 4–3	大統領府内部部局の組織改編	169
表 4–4	大統領府内部部局の構成	170
表 4–5	2024 年 6 月新設の大統領府内部部局の所掌事項	172
表 4–6	大統領府内部部局幹部人事（第 2 次プーチン政権期を中心として）	175
表 5–1	2020 年憲法改革をめぐる政治過程（アクター別）	197
表 5–2	閣僚人事における連邦議会の権限	203
表 5–3	政府法にみる連邦政府の地位および大統領・連邦政府関係	205
表 5–4	大統領府・安全保障会議に関する条文	207
表 5–5	大統領の地位に関する憲法条文	208
表 5–6	国家評議会の構造	210
表 5–7	安保会議副議長の設置に関する法令	213
表 5–8	安保会議書記と安保会議副議長の権限（概要）	216
表 5–9	連邦国家文官職一覧にみる安保会議幹部職	219
表 5–10	安保会議事務機構幹部人事（第 2 次プーチン政権期を中心として）	220
表 6–1	ロシア軍・その他軍・軍事部隊および機関の調達需要を保障する連邦政府附属調整会議の構造（2022 年 10 月 21 日時点）	246
表 6–2	軍需産業委員会の構造（2023 年 5 月 29 日時点）	248
表 6–3	連邦警護庁（FSO）の法的地位と機構	253
表 6–4	政府議長（首相）・副議長（副首相）人事	254
表 6–5	主要閣僚等人事	255

凡例

(1) 注は、章末注として、出典は「著者の苗字 出版年、ページ」の順に示し、参考文献の一覧を文末に付した。また、章末注において、続けて同一の文献を示す場合も「同上」や Ibid. といった表記は用いない。法令、新聞記事および政府等のウェブサイトの典拠は、章末注に記載した。

(2) ロシア語の人名表記は、なるべくロシア語の発音に近いカタカナで表記し、アクセント部分に長音符を付した。例えばПатрушевは、「パトルシェフ」と表記されることが多いが、本書では「パートルシェフ」とするなど、慣用表記とは若干異なる場合もある。

(3) ロシア連邦の国家機関および官職名については、研究者間でも異なる日本語訳が用いられており、広く合意があるわけではない。本書では、なるべく権限および所掌事項に即した表記となるよう訳出したため、慣用表記とは若干異なる場合もある。一方で、一部の官職名については、学術的に許容される範囲において、慣用表記を用いた。これは人事発令による配置転換に関わる記述を多く含む本書の特性に鑑みて、本書独自の官職名を用いると、人物が特定できなくなる可能性があるからである。同時に、2022 年 2 月の第 2 次ロシア・ウクライナ戦争の勃発を受けて、ロシアの主要な国家機関や官職名が報道等を通じて、人口に膾炙したことも考慮に入れている。例えば、本書で頻出するСекретарь Совета Безопасностиについて、報道等では「安全保障会議書記」と訳されるが、ロシア連邦憲法体制における国家機関の最高幹部の官職名として、必ずしも「書記」はふさわしい訳語ではなく、官僚機構における中級以上の幹部職である「書記官」や委員会・会議等に設置された「書記」との混同を招く恐れもある。筆者は既刊論文において「安全保障会議長官」と訳出してきたが、本書では上に述べた事情から「安全保障会議書記」と表記する。このほか訳出に際して、特例的な措置を講じる場合は、その都度注にて説明する。

序章 現代ロシアの統治機構

2022年2月21日開催の安保会議拡大会合
(出典) Президент России, http://kremlin.ru/events/president/news/67825/photos/67644

> 　四半世紀にわたり実質的な最高指導者の地位にあるプーチン大統領がいかに強大な権力を有していても、ロシア国家の統治には、官僚機構に対する統制とその効果的な管理・運営が欠かせない。序章では、現代ロシアの統治機構について概観した上で、執行権力の中枢である「クレムリン」の入り口を目指す。

1. 統治機構としてのクレムリン──問題の所在

2022 年

1 月 19 日

【連邦議会】ロシア連邦共産党、「ドネック人民共和国」、「ルガンスク人民共和国」の国家承認を大統領に求める請願案を国家会議（下院）に提出

2 月 14 日

【連邦議会】統一ロシア党所属議員 2 名、外務省に照会した上で両共和国の国家承認を大統領に求める請願案を国家会議に提出

2 月 15 日

【連邦議会】国家会議、請願案（共産党案）を採択

2 月 17 日

【大統領─連邦政府】経済問題会議招集、キリエーンコ大統領府第 1 次官、ミシュースチン政府議長（首相）のほか、財政・金融政策領域の主要閣僚、ナビウーリナ中央銀行総裁が参加

2 月 18 日

【大統領】安保会議対策会合招集

2 月 21 日

【大統領】安保会議拡大会合招集

【大統領】両人民共和国の国家承認についての大統領令に署名

【大統領】ロシア連邦の領域外におけるロシア軍の使用について連邦会議（上院）に諮る

2 月 24 日

【大統領】「特別軍事作戦」の開始を宣言

1-1. 「調停者から指揮官へ」

　2022 年 2 月 24 日に始まる第 2 次ロシア・ウクライナ戦争の開戦直前の主要な政治過程について、大統領・議会・連邦政府の関係に注目して整理すると、侵攻が近づくにつれて「クレムリン」が政治過程の中心軸となる様子が浮き彫りになる。

　「クレムリン」とは、物理的にはロシア連邦大統領官邸とその周辺の施設群

図０-１：クレムリン周辺の大統領補助機関（一部）

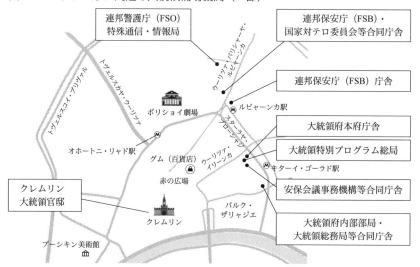

出典：次の資料を基に筆者作成（Госуслуги, https://gosbar.gosuslugi.ru/ru/categories/4/）

を指すが、ここでは主にロシア政治の中心という意味で用いる。そのクレムリンを構成するアクターとしては、最高指導者であるプーチン（Путин, В. В.）大統領、彼を支える大統領府・安全保障会議を中心とした大統領補助機関、そして日夜クレムリンに勤務するハイレベルの「官邸官僚」が挙げられ、これらが本書の主たる分析対象である。

世界に衝撃を与えたウクライナ軍事侵攻についても、クレムリンの主であるプーチン大統領と彼を支える大統領補助機関が政策決定の中心となった。そのなかでも、侵攻直前の2022年2月21日に開催された安全保障会議（以下、安保会議）拡大会合は、通例の開催形式とは異なり、テレビカメラの前で、「ドネツク人民共和国」と「ルガンスク人民共和国」の国家承認について、参加者が自身の見解を述べるものであった[1]。

安保会議は、大統領が議長を務める憲法上の国家機関であり、現代ロシアの政治過程における最高意思決定機関である。安保会議は、おおむね週に1回開催される対策会合と4半期に1回（実際には年に2回程度[2]）開催される拡大会合に大別される[3]。原則として対策会合には議決権を有する常任委員、

序章　現代ロシアの統治機構　3

拡大会合には非常任委員も含むすべての安保会議委員が参加する。会合の種別にかかわらず、基本的に冒頭のプーチン大統領による発言のみ公開され、これに続く議論の中身は非公開となる[4]。

　しかし、2月21日の安保会議拡大会合において、少なくともプーチン大統領にとって、国家承認の方向性は既定路線であったとみられる。「対米交渉」の可能性に言及したナルィーシキン（Нарышкин, С. Е.）対外諜報庁長官が発言のやり直しをプーチン大統領に求められ、焦る様子が放映された[5]。厳格なメディア統制下においては、当然「演出」の可能性も考慮に入れなくてはならないが、公開された映像には、拡大会合に参加した者が次々とプーチン大統領の提案に対して支持を表明する様子、ないしはそれを強要される場面が次々と映し出された。

　ウクライナ侵攻直前の2022年2月23日に公開されたカーネギー・モスクワ・センターのペルツェフ（Перцев, А.）による論説「調停者から指揮官へ」は、タイトルそのものが2月21日の安保会議拡大会合を鋭く描写している[6]。ペルツェフによると、この拡大会合を受けて、安保会議が審議・合議制の機関から、単にプーチン大統領への支持を表明する場になったと指摘する。従来、安保会議は非公開の場で、若干の意見の対立はあっても、ある程度自由に発言し、最終的には議長であるプーチン大統領が「調停者」として振る舞っていたが、これが大きく変わったとペルツェフは論じる。

　こうしたウクライナ軍事侵攻をめぐる政策決定過程について、アーカイブス史料などを用いて実際に解明する作業は、歴史学の仕事である。一方で、四半世紀にわたるプーチン体制の権力構造の一端について、規範的文書など信頼できる史資料に基づいた政治史・法制史的な分析を通じて、その特徴を抽出する作業は、ロシア地域研究、現代ロシア政治研究をはじめとする学問領域にとって一定の意義があるものと筆者は考える。

　さらに本書は、比較政治学において一般に権威主義体制に分類されるロシア連邦を対象として、とくに最高指導者を支える補助機関を分析対象の中心に据えたものであるから、個人支配型の権威主義体制国家における執政制度に関わる研究とも位置づけられる。一方で、個別的事象を重視し、大統領補助機関の細かな機構・定員上の措置を扱う事実発見型の研究であり、より先

端的な理論および分析手法と融合した政治科学（Political Science）的な研究との比較において、全体として古典的な議論が展開されることは冒頭で断っておく。しかし可能な限りそのような近年の研究成果も参照して、適宜議論のなかに組み込んだ。例えば、ウクライナ戦争勃発後は、政治体制論の観点から、個人支配型の権威主義体制と対外政策の関連性を指摘する研究の成果も出ており[7]、本書もこれらに依拠して、同時代に生起した事象の分析に取り組む[8]。

　以下、クレムリンの奥深くに立ち入る前に、本書の道案内として、現代ロシアの統治機構全般について概観したのち、研究上の課題を抽出する。

1–2. 現代ロシアの執政制度と「超大統領制」

　現代ロシアの統治機構は、ソ連邦末期のロシア共和国における大統領制の導入と深く関連し、1991年12月25日の「ソ連邦」から「ロシア連邦」への国家の名称変更を経ても[9]、両者には一定の連続性を見出すことができる。同時に、国家行政組織法の観点から、1993年のいわゆる「10月事件」（後述）を重大な画期として捉えれば、1993年12月12日に採択されたロシア連邦憲法に基づいて運用されており、そこには一定の制度的な断絶があるといえよう。さらに1990年代のエリツィン政権（Ельцин, Б. Н.）と2000年代のプーチン政権における様々な制度変更、とくに第1次プーチン政権下における「垂直権力の構築」を目指した連邦制改革、さらには2020年の憲法改革を経て、ロシア国家は大きく変貌した。ただし、こうした改革において、大統領令や連邦法律は、大統領が主導する政策の追認であったとしても確かに存在し、この意味において、現代ロシアの統治機構は連邦憲法を礎としているといって差し支えない[10]。

　1993年の「10月事件」を経て制定された連邦憲法では、国民による直接選挙によって選出される連邦大統領と連邦議会国家会議によって信任される政府議長（首相）が執行権力を分掌する、半大統領制（semi-presidentialism）を採用している[11]。比較政治学における執政制度の大区分（大統領制、半大統領制、議院内閣制）においては、半大統領制に分類される。また、連邦憲法第10条では、執行、立法および司法権力の分立（三権分立）が定められて

いるが、憲法に定められた大統領の権限は極めて強く、現代ロシアの大統領制は、しばしば「超大統領制（Superpresidentialism）」や「超然大統領制」と呼ばれる[12]。

　また、執行権力の在り方を規定する行政組織編成権に目を向ければ、連邦憲法第 112 条および連邦の憲法的法律「政府法」において、首相は、任命から 1 週間以内に連邦執行権力機関（中央省庁）の構成を大統領に提案することが定められており[13]、大統領は、大統領令によってこれを決定することから、行政組織編成権の大部分は大統領が有する。

　2024 年 5 月に発足した第 3 次プーチン政権[14]においても、5 月 11 日付大統領令第 326 号によって連邦執行権力機関の構成が定められたが[15]、そもそもロシア連邦の中央省庁は、1990 年代のエリツィン政権期から大統領令によって頻繁に改廃が行われてきたことには留意を要する[16]。

　現代ロシアの統治機構は、エリツィン政権からプーチン政権への移行を経て、制度的には一定の安定性を確保したものの、本書で検討するように、政権の長期化と個人支配化に関連した機構・定員上の変化もみられる。

　以下、現代ロシアの統治機構について、執行権力に焦点を絞って、その構造的な特徴を抽出する。なお上述の通り、三権分立の原則が憲法において定められており[17]、連邦レベルの立法権力として、二院制の連邦議会があり、上院の連邦会議と下院の国家会議から構成される。また、司法権力は憲法裁判所と最高裁判所（最上級の通常裁判所）のほか、共和国最高裁判所や軍裁判所、専門裁判所などが連邦レベルの裁判所として設置されている[18]。

　表 0-1 は、現代ロシアにおける執行権力の基本構造[19]、表 0-2 は、外交・軍事安全保障・インテリジェンス担当部門の法的地位や所掌事項などを整理したものである[20]。

　現代ロシアの憲法体制における外交・軍事安全保障・インテリジェンス政策担当部門のうち、憲法上の地位を有するのは、大統領と大統領補助機関たる大統領府と安保会議、首相、連邦政府、ロシア軍、連邦議会である。その他、連邦保安庁（FSB）や対外諜報庁（SVR）、国防省、外務省などの地位や職務については、連邦法と大統領令において、それぞれ定められている。

　そのなかでも連邦法「連邦保安庁について」は、現代ロシアの統治機構の

在り方を議論する上で重要な法律である。同法第 1 条では「連邦保安庁は、連邦保安職に関わる諸機関の統一の中央制度」と定めており[21]、「連邦保安職に関わる諸機関」（以下、連邦保安諸機関）なる行政組織に関する広義の概念を示す。この連邦保安諸機関には、保安に関わる連邦執行権力機関（中央省庁）、連邦構成主体（地方政府）機関、さらにロシア軍などが含まれるとされている[22]。したがって、対外諜報庁（SVR）や連邦警護庁（FSO）、ロシア軍参謀本部総局（かつての参謀本部諜報総局、通称は GRU）などの少なくとも保安に関わる部局は、法的な観点からも、連邦保安庁（FSB）の強い影響下にあるといえよう[23]。

　連邦保安諸機関の中核たる連邦保安庁は、国防省や内務省、外務省とともに大統領直轄[24]の連邦執行権力機関を構成しており、機関の長たちは、最高指導者たる大統領が議長を務める安保会議の常任委員に任命されている（表 0-1）。

　首相率いる連邦政府の管轄事項にも「国防、国家の安全保障及び対外政策の実現に関する諸措置」が含まれているものの[25]、行政組織編成権と各省庁の長の人事権は大統領に属する[26]。また、プーチン大統領が主導した 2020 年憲法改革を経て、大統領は連邦政府に対する全般的指揮権と首相解任権を獲得したため[27]、連邦政府の自立性は法的にも著しく低下した。

　上院にあたる連邦会議は、戒厳令（военное положение）や非常事態（чрезвычайное положение）の導入を承認し[28]、「ロシア連邦の領域外におけるロシア軍の使用の可能性についての問題を決定する」権限を有するため[29]、軍事安全保障上の重要なアクターであり、上院議長は安保会議の常任委員に任命されている。上院には安全保障関係の専門委員会として、国防・安全保障委員会、国際問題委員会が設置されており、組閣に際して外務大臣や国防大臣の候補者について大統領と協議する役割が与えられている[30]。

　また、下院にあたる国家会議も連邦憲法第 5 章において定められた立法権力機関であり、安全保障関係の専門委員会として、国防委員会、安全保障・汚職対策委員会、国際問題委員会、CIS・ヨーロッパ統合問題・同胞関係委員会などが設置されている[31]。また下院には、連邦政府による年次活動報告を聴取する権限が付与されているほか[32]、連邦予算（軍事・安全保障関連

表０−１：現代ロシアにおける執行権力の基本構造

大統領
（全般的指揮権）
政府議長（首相）

政府第１副議長（第１副首相）
政府副議長（副首相）兼 政府官房長
政府副議長（副首相）兼 極東連邦管区大統領全権代表
このほか、政府副議長（副首相）７名

【連邦執行権力機関】

大統領管轄連邦執行権力機関	政府議長（首相）管轄連邦執行権力機関
内務省、民間防衛問題・緊急事態・災害復旧省、外務省、国防省、法務省、国家伝書使庁、対外諜報庁、連邦保安庁、国家親衛軍連邦庁、連邦警護庁、軍事技術協力庁、財政監視庁、連邦文書館局、連邦医生物学局、大統領特別プログラム総局、大統領総務局	保健省、文化省、科学・高等教育省、天然資源・環境省、産業通商省、教育省、極東・北極発展省、農業省、スポーツ省、建設・公営住宅整備事業省、運輸省、労働・社会保障省、財務省、デジタル発展・通信・マスコミ省、経済発展省、エネルギー省、連邦反独占庁、連邦国家登録・台帳・作図庁、連邦消費者権利擁護・福祉分野監視庁、連邦教育・科学監視庁、連邦環境・技術・原子力監視庁、連邦国家備蓄局、連邦青年局、連邦民族問題局

【大統領府】

大統領府長官、第１次官（２名）、次官（３名）、次官 兼 大統領報道官、大統領儀典長、大統領補佐官 兼 国家法局長、大統領補佐官 兼 大統領書記官、大統領補佐官 兼 監督局長、大統領補佐官（６名）、大統領顧問 兼 気候問題大統領特別代表、大統領顧問（４名）、自然保護活動・環境・輸送問題大統領特別代表、国家会議大統領全権代表、連邦会議大統領全権代表、憲法裁判所大統領全権代表、子供の権利担当大統領付全権代表、連邦管区大統領全権代表（８名）うち極東連邦管区大統領全権代表は政府副議長を兼ねる
部局：安保会議事務機構、連邦管区大統領全権代表部（複）、大統領官房、大統領府長官官房、国家法局、監督局、大統領書記官組織、文書・情報保障局、外交政策局、内政局、国務・人事・汚職対策局、社会プロセス監視・分析局、国家海洋政策局、国家評議会編成・活動局、人文領域国家政策局、軍需産業領域国家政策局、国家勲章局、地域交流・対外文化交流局、科学・教育政策局、国民の憲法的権利保障局、社会計画局、社会関係・コミュニケーション局、国境協力局、国民・団体請願対策局、情報コミュニケーション技術・通信インフラ発展局、報道・情報局、儀典局、専門官局

【安全保障会議】

安保会議議長：大統領	
安保会議副議長 副議長官房長、副議長補佐官（6名）	安保会議書記 第1副書記、副書記（6名）、書記補佐官（1名）
常任委員	非常任委員
首相、上院議長、下院議長、安保会議副議長、大統領府長官、安保会議書記、国防大臣、内務大臣、外務大臣、連邦保安庁長官、対外諜報庁長官、イワノーフ自然保護活動・環境・輸送問題大統領特別代表、パートルシェフ大統領補佐官の13名	第1副首相、安保会議第1副書記、参謀総長 兼 国防第1次官、国家親衛軍連邦庁長官、大統領特別プログラム総局長、連邦医生物学局長、民間防衛問題・緊急事態・災害復旧大臣、財務大臣、法務大臣、検事総長、連邦管区大統領全権代表（8管区）、デューミン大統領補佐官、モスクワ市長、サンクト・ペテルブルク市長、ロシア科学アカデミー総裁の22名

【国家評議会】

議長：大統領 幹部：デューミン国家評議会書記 兼 大統領補佐官
幹部会：国家評議会書記、副首相 兼 極東連邦管区大統領全権代表、大統領顧問 兼 輸送領域国際協力大統領特別代表ほか地方首長など26名
委員：首相、上院議長、下院議長、大統領府長官、大統領府第1次官、政党会派下院代表、連邦管区大統領全権代表、共和国、州、辺区、連邦的意義を有する市ほか連邦構成主体の首長など103名
国家・地方自治管理委員会、保健委員会、投資委員会など18の委員会設置 ※各委員会の委員長には地方首長を任命

【大統領附属委員会・会議】

軍需産業委員会 対外軍事技術協力問題委員会 国務・官僚リザーブ問題委員会 国家勲章委員会 G20参加保障省庁間委員会 など16の委員会から構成	国際関係会議 汚職対策会議 地方自治体会議 科学・教育会議 文化・芸術会議 など16の会議から構成

（筆者作成）

表０‐２：現代ロシアにおける外交・軍事安全保障・インテリジェンス政策担当部
門の地位・職務

機構・職名	法令の種別	地位、職務等（抄訳）
大統領	憲法	単一公権力システムに含まれる諸機関の協調的機能及び協力を保障（80-2）、内外政策の基本方針を決定（80-3）、国家元首として連邦を代表（80-4）、安全保障会議の編成（83-ж）、大統領府の編成（83-и）、軍事ドクトリンの承認（83-з）、連邦軍最高総司令官（87-1）、戒厳令の導入（87-2）、非常事態の導入（88）、憲法及び連邦の法律に従って、大統領令及び大統領命令を発する（90-1,3）、連邦軍最高司令官の任免（83-л）、外国及び国際機関における連邦の外交代表の任命及び召喚（83-м）、外交政策の指揮（86-a）
政府議長（首相）	憲法	執行権力機関の構成について大統領に提案（112-1）、一部連邦大臣の候補者を大統領に提案（112-2）、憲法、連邦法律及び大統領令に従って、政府の活動の基本方針を定める。首相は政府に委任された権限の遂行について大統領に対し個人的責任を負う（112）
連邦政府	憲法	連邦政府は、国防、国家の安全保障及び対外政策の実施に関する諸措置を講ずる（114-1-д）
安全保障会議	憲法	大統領は、国益の保障、個人、社会及び国家の安全の保障、並びに我が国の市民的平和及び合意の支援、ロシア連邦の主権、独立及び国家的の統一性の擁護、並びに内外の脅威の抑止に係る諸問題に関する国家元首の権限の行使において、国家元首に協力するために、安全保障会議を編成し、指揮する。安全保障会議の地位は、連邦法律によって定められる（83-ж）
	連邦法	安全保障会議は、国益の保障、個人、社会及び国家の安全の保障、並びに我が国の市民的平和及び合意の支援、ロシア連邦の主権、独立及び国家的統一性の擁護、並びに内外の脅威の抑止に係る諸問題に関する国家元首の権限の行使において、国家元首に協力する、憲法に定められた審議機関である（13-1）【390-ФЗ】
大統領府	憲法	大統領は、自らの権限の行使を保障するために、大統領府を編成する（83-и）
	大統領令	大統領府は、憲法第83条«и»に従って編成された国家機関で、大統領の活動を保障し、大統領の決定の遂行を監督する（ПА-1）【490-Указ】 国家の内外政策の基本方針の策定にあたり、大統領を補佐する（ПА-4） 対外政策の全般的な戦略の策定、大統領による、対外政策の指揮に関する権限の実現を保障（ПА-4）【490-Указ】
連邦議会連邦会議（上院）	憲法	大統領令によって導入された戒厳令及び非常事態の承認（102-б,в）連邦の領域外における連邦軍使用の可能性についての諸問題の決定（102-г）連邦の国境の地位及び保全の問題並びに宣戦布告及び講和に関わる連邦法律は、連邦会議における審議が義務付けられている（106-д,е）
外務省	大統領令	外務省は、国際関係の領域における国家政策の立案及び実施並びに法的規制に関する職務を遂行する、連邦執行権力機関である。外務省の活動は、大統領がこれを指揮する（ПМИД-1）【865-Указ】
国防省・ロシア軍	憲法	大統領は、ロシア軍最高総司令官である（87-1）
	連邦法	大統領は、ロシア軍最高総司令官であり、国防省規程、参謀本部規程を承認する（4-2-14）
	大統領令	国防省は、国防分野における国家政策の策定及び実施、及び法的規制に関する職務、連邦の憲法的法律、連邦法、大統領及び政府のアクトによって定められた当該分野の他の職務を遂行する連邦執行権力機関であり、連邦軍及び国防省管轄下の組織の財産の管理及び処分の領域に関わる権限を有する連邦執行権力機関である。国防省の活動は、大統領がこれを指揮する。中央軍事管理機関及びその他部局は国防省機構に入る（ПМО-1）【1082-Указ】（※中央軍事管理機関には、国防省、参謀本部、各軍種・兵科の総司令部などが入る） 参謀本部は、国防省中央軍事管理機構であり、連邦軍の運用統制に関わる基盤的機関である。最高司令官である大統領の決定及び国防大臣の決定に従って、参謀本部は、軍を統制し、国防省の権限の範囲において、国防計画、動員準備及び動員を組織し、その他軍、国防分野における軍事・特殊機関の活動を調整する（1）。参謀本部の活動は、国防大臣がこれを指揮する（2）【631-Указ】

連邦軍事技術協力庁【2024年に国防省外局➡大統領直轄】	大統領令	連邦軍事技術協力庁は、ロシア連邦と外国の軍事技術協力の分野における国家政策の策定及び実現、法的規制、並びに監督及び監視に関する職務を遂行する連邦執行権力機関である。連邦軍事技術協力庁の活動は、大統領がこれを指揮する（1）【1083-Указ】
内務省	大統領令	内務省は、内務領域、麻薬、向精神薬及びこれらの前駆体の取引に対する監督の領域、移民の領域（以下、内務領域）における国家政策の策定及び実施、並びに法的規制に関する職務を遂行する、また内務領域における連邦の国家的監督（監視）に関する法施行の遂行する、連邦執行権力機関である（ПМВД-1）内務省の活動は、大統領がこれを指揮する（ПМВД-4）【699-Указ】
民間防衛問題・緊急事態・災害復旧省	大統領令	民間防衛問題・緊急事態・災害復旧省は、民間防衛の分野、自然発生的及び技術的な問題に起因する性質の緊急事態からの住民の保護及び領土の保全の分野、消防及び水難・水害救助の分野における、国家政策の策定及び実施、並びに法的規制に関する職務を遂行し、また、上記分野における監視及び監督に関する職務を遂行する、連邦執行権力機関である（ПМЧС-1-1）【868-Указ】
連邦保安庁	連邦法	連邦保安庁は、自らの権限の範囲において、連邦の保安に関する課題を解決する、連邦保安諸機関の統一的な中央集権体系である。連邦保安庁の活動は、大統領がこれを指揮する（1）【40-ФЗ】
対外諜報庁	連邦法	対外諜報庁は、自らの権限の範囲内で、政治、経済、軍事戦略、科学技術及び環境の領域、連邦の領域外における、電子機器及び電子工学的方法を用いた暗号化、秘匿化、その他の形態の特殊通信の領域、連邦の領域外に存在する連邦の施設の安全保障、及び連邦の領域外に派遣され、その活動の性質上、国家機密を含む情報へのアクセス権を有するロシア連邦国民の安全保障の領域における諜報活動を遂行する（11-1）ロシア連邦の対外諜報諸機関に対する全般的な指揮は、大統領がこれを行う（12）【5-ФЗ】（※対外諜報諸機関には国防省の対外諜報機関が含まれる）
国家親衛軍連邦庁【2016年新設】	大統領令	国家親衛軍連邦庁は、国家親衛軍の活動、武器取引、民間警護活動、探偵・興信業、官庁外警備、及び社会安全保障の領域における国家政策の策定並びに実施、並びに法的規制に関する職務を遂行する、連邦執行権力機関である。国家親衛軍連邦庁は国家親衛軍を統制する中央機関である（ПРосгвардии-1）【510-Указ】
連邦警護庁	大統領令	連邦警護庁は、自らの権限の範囲において国家の保安問題を所管し、国家機関の警備及び国家権力諸機関に必要な通信（特殊通信）の領域における、国家政策の策定及び実施、法的規制、並びに監督及び監視に関する職務を遂行し、また大統領、連邦政府、その他の国家諸機関の活動の情報技術及び情報分析面の保障に関する職務を遂行する、国家警備の分野における連邦執行権力機関である（1-1）連邦警護庁の活動は、大統領がこれを指揮する（ПФСО-1-2）【1013-Указ】
大統領特別プログラム総局	大統領令	大統領特別プログラム総局は、動員準備及び動員の領域における大統領権限の執行に関する職務並びに当該領域における国家政策の立案並びに実施、法的規制に関する職務を遂行する連邦執行権力機関である（1）【651-Указ】
大統領総務局	大統領令	大統領総務局は、自らの管轄の範囲において、国家役務の提供、及び国有財産の管理に関する職務、並びに連邦法律、大統領アクト、及び連邦政府アクトに定められたその他職務を遂行する連邦執行権力機関である。大統領総務局の活動は、大統領がこれを指揮する（1）【1370-Указ】
国家備蓄連邦局	連邦政府決定	国家備蓄連邦局は、国家備蓄物資の管理に関する職務、並びに国家備蓄物資の管理の領域における国家役務の提供及び国有財産の管理に関する職務を遂行する連邦執行権力機関である（1）。国家備蓄連邦局の活動は、連邦政府がこれを指揮する（2）

（筆者作成）

費）の審議を通じて、軍事安全保障や外交に関与することが制度上は可能である。下院議長も、上院議長と同様に、安保会議常任委員に大統領令によって任命されており、こうした安保会議の人事政策は、現代ロシアにおける大統領と議会の関係を象徴している。

　以上の検討から、現代ロシアは、執政制度として執行権力を大統領と首相で分掌する半大統領制を採るが、首相および連邦政府に対する大統領の相当な優位性が確認される。

　また、連邦保安庁（FSB）を中心とした大統領管轄連邦執行権力機関とこれらを束ねて大統領を直接補佐する安保会議・大統領府は、「超大統領制」の中核を成す国家官僚機構といえよう。執行権力に優位性がある現代ロシアの統治機構において、大統領補助機関には、単に「上から統制する力」のみならず、実際的な政策の総合調整機能を発揮すること、換言すれば「執行権力を束ねる役割」が期待されている。

　以下、本書の焦点を大統領補助機関に絞り、研究史の蓄積を確認しつつ、クレムリンの入り口へと歩を進める。

2. 地域研究と比較政治学からみた現代ロシアの政治変動
——先行研究

2-1. 地域研究と比較政治学

　ソ連邦解体後の現代ロシア政治研究は、地域研究と比較政治学の方法論的な展開と密接に連関している。1970年代の南欧ポルトガルにおける「革命的な大変動」を起点として、これがラテンアメリカ、さらにアジア、中・東欧諸国、ソ連邦の政治変動にまで影響を及ぼす「波」として包括的かつ連続性をもって捉えたハンチントン（Huntington, S.）の『第三の波』は、その後の「揺り戻し波」を含めて、1990年代に興隆を極めた移行論や民主化論の基盤となる研究である[33]。

　そもそも民主主義という概念の多様性がすでに多くの研究で強調されていることは論を俟たない。シュンペーター（Schumpeter, J. A.）は、民主主義の多様性を指摘した上で、「古典的学説」に対し、「いま一つの民主主義理論」

として民主主義の手続き的側面を重視し、これらの議論を加速させた[34]。今日でも、民主主義の定義を要する研究において、「手続き的定義」、「ミニマリストの定義」として参照され、比較政治学の基礎を成している[35]。

また並行して、民主主義概念の多様性を乗り越える際に生じる作業のプロセスに対しては、たびたび問題提起がなされてきた上、国や地域のそれぞれの文脈を重視した研究の蓄積も見逃してはならない。移行論では「到達すべき目標地点」が安易に設定され、冷戦の「敗者」が「勝者」の政治体制に接近することが自明であるかのような研究姿勢がみられ、これには疑問が投げかけられたほか、民主主義体制の「序列化」を前提とする議論についても、その妥当性に関する問題提起がなされてきた[36]。こうして、先に取り上げた移行論や民主化論は徐々に学界におけるプレゼンスを低下させていった[37]。

その後の学問的な展開として、民主主義の定義をめぐる議論は、なおも政治学者の中核的な関心事であるが[38]、一定のモデルを設けて、民主主義が機能する条件、民主主義が発展・定着ないし失敗・後退する原因を分析する手法が主に発展した。

こうした手法は、2000年代の競争的権威主義体制論、パトロン大統領制、支配政党制に象徴される一連の権威主義体制研究の進展[39]、さらに半大統領制に関する比較事例研究の発展と相まって今日まで継続して研究史が蓄積されてきた[40]。

エルジー（Elgie, R.）によると、半大統領制研究は、その概念の定義と分類に始まり、民主主義の定着との関連性の検討、さらに大統領の選出方法やその権限と政治的帰結の因果関係の検討という「3つの波」を通じて、研究史が蓄積されてきた[41]。

第1の波ともいわれる半大統領制の定義は、「直接選挙による任期制の大統領と議会に対して連帯して責任を負う首相・内閣の双方が憲法に規定される状態」が代表的である[42]。また、半大統領制の分類をめぐる議論では、「首相・大統領制」と「大統領・議会制」の区別が支配的であり、前者は首相・内閣が議会多数派のみに責任を負い、後者では、首相・内閣は大統領と議会多数派双方に責任を負うとされる[43]。ソ連邦解体とともに、半大統領制を採用する国が増加し、第2の波では、民主主義の定着をめぐる議論に焦点が

移った。ロシアは半大統領制（大統領・議会制）に分類されるが、大統領権限の強さに鑑みて、この分類には異論もある[44]。また、第3の波は、民主主義が定着した国々への関心の回帰と方法論的な発展に特徴づけられるが、議会に多数派を持たない政府と大統領の関係からプーチン政権初期の政治変動を捉える試みなど、問題関心そのものには第2の波との連続性ないし第2の波以前への回帰が観察される[45]。エルジーは、20年以上にわたる半大統領制をめぐる研究の蓄積を振り返り、これらが近年の大統領制化（presidentialization）や個人支配化（personalization）研究に多くの示唆を与えると指摘する[46]。

　大統領制化（presidentialization）をめぐる議論は、大統領制、半大統領制、議院内閣制のいずれの執政制度においても統治様式が政党主導型よりも大統領制的に行われている状況に注目し、その要因を政治の国際化や国家の肥大化などに求めて検討したものである[47]。もっともロシアでは政党主導型統治が発展せず、憲法体制も「大統領制化された大統領制」として始動したことから、「大統領制化」の議論においては、時代ごとの変化を確認すべく、大統領と議会の立法活動の実際に焦点が当てられた[48]。大統領は、与党・統一ロシア党の党勢が強まるなかにおいても、議会による立法活動を経由せずに、大統領令による政策決定を多用する傾向が2000年代後半以降に顕著になった。「ウカース立法」（大統領令による立法活動）は、当初の議会立法を「代替」する機能から、それを「補完」する役割を持つようになった[49]。

　このように現代ロシア政治（史）研究と比較政治学の方法論的展開の相互作用の結果として、ソ連邦解体後のロシアの政治変動を捉える枠組みについて議論が進展した。

　本書の主な分析対象である1990年代のエリツィン政権期から2000年以降のプーチン政権期における政治変動の捉え方については、大串敦による分析が説得的である[50]。ソ連邦解体に続くエリツィン政権期は、民主化が進展していたというよりも、政治秩序の形成が十分ではなく、むしろ無政府状態に近く、支配の不在によって、各種アクター間における競争性が生まれたとする。こうした状態は「不履行による多元主義」といわれる。

　続く2000年代のプーチン政権は、「垂直権力の構築」を掲げ、連邦制改革

や政権党の構築といった大規模な政治改革を推進して集権化を図り、政治秩序が形成されるとともに、従来は連邦構成主体（地方）のレベルにおいて点在していた競争的権威主義体制が連邦レベルで成立することとなった。さらにタンデム政権期におけるマシーン政治の弱体化を経て、プーチン再登板後は2014年のクリミア併合を契機として、政治体制は個人支配の程度が強いポピュリスト型権威主義体制へと変貌した[51]。

　この「個人支配」ないし前述の個人支配化（personalization）をキーワードとしてロシアの政治体制を読み解くアプローチは、2022年のウクライナ戦争勃発後に、世間一般の注目を集めるようになったが、比較政治学の研究領域では、すでに豊富な研究史の蓄積がある[52]。なかでもバトゥーロ（Baturo, A.）とエルキンク（Elkink, J. A.）は政治科学の手法を駆使して、プーチン大統領による個人支配体制の構築過程を明らかにした。プーチン大統領を中核としたパトロン・ネットワーク網の広がりによって、ロシアにおける政治体制の個人支配化が進展した。またこれと並行して、公職者個人の権力が、各配置部署の権力より重要になるにつれて、制度の自立性と影響力が低減した。こうしたネットワーク網の拡大と脱制度化を通じて、プーチンは2008年までには首相ポストからも政治的統制を発揮しつつ、2012年に大統領ポストに復帰することが可能になる程度にまでプーチン・ネットワークによる支配を確立した[53]。

　こうした議論を整理すると、政治体制論の観点からロシア政治を捉えた場合、エリツィン政権期からプーチン政権期にかけて、「不履行による多元主義」や統治の不在といった状況から、政治秩序が安定化するとともに、競争的権威主義体制の成立が観察される。さらにプーチン政権の長期化とともに、パトロン・ネットワーク網が強化され、個人支配化が進んだといえよう。

　このような現代ロシア政治の大きな流れを形成するものとして、ロシア連邦憲法体制と非対称な連邦制、遠心的かつ不安定な中央・地方関係制度があり、これらは政権党の不在とともに、そのまま議会政治に持ち込まれ、連邦中央の政治過程は混乱をきたした。こうした個別の事象については、2000年以降のプーチン政権期の動向を含めて、先に検討した研究のほかにも、比較政治学、比較法研究、現代ロシア政治（史）研究、ロシア地域研究などの

序章　現代ロシアの統治機構　15

観点から、膨大な研究の蓄積がある[54]。

　その一方で、個人支配化が進んだとはいえ、最高権力者個人に焦点を絞りすぎて、複雑な政治過程を単純化してしまう恐れも指摘されており、この文脈でいわゆる〈Putinology〉は批判される[55]。ロシア国家の複雑な統治機構、とくに大統領を頂点とする執行権力は頻繁な制度変更がなされ、学術的な分析の前段階である、基本的な事柄の整理を行うだけでも相当な労力を要する。先行研究を概観すると現代ロシアの統治機構そのもの、とくに執行権力の在り方については、エリツィン政権期からプーチン政権期にかけて、通史的に検討されてきたとは言い難い。なかでも本書の中核を成すクレムリンの権力中枢、すなわち安保会議や大統領府に関する分析が不足していると筆者は考える。こうしたなか、先行研究としてブルクハルト（Burkhardt, F.）による一連の著作は、権威主義国の指導者が法制度的な抑制に縛られないという前提のもと、個人支配化と脱制度化に傾きがちな先行研究の動向を丁寧にサーヴェイしている。その上で、不確実性を低減させ、政治秩序を構築し、権威主義体制を安定させるという点から公式制度を捉えなおし、ロシア大統領を中心とした制度研究に再び脚光を当てた。彼によると、予算措置と排他的な採用活動によって、他省庁に対する大統領府の独立性は向上したものの、複雑性も増している。同時に、依然として大統領令・大統領命令の不履行の問題は、ロシアにおける行政上の重要課題の一つと位置づけている[56]。

　このようにロシア大統領権力の多面性に言及した実証研究も近年徐々に蓄積されている。その一方で、ロシア地域研究、現代ロシア政治研究の学問領域における地道で静かな議論は、必ずしも順調に進展しているとはいえない。とりわけ現状分析を含む領域である以上、目下の情勢は、インターネットと現地調査を通じた史資料の収集活動に大きな制約を課すこととなった。第2次ロシア・ウクライナ戦争の勃発を受けて、クレムリンの動向は注目を集めているものの、プーチンが4半世紀にわたり構築してきたメカニズムへの関心の薄れ、換言すれば〈Putinology〉への回帰がみられると筆者は考える。

　本書はこうした問題意識に基づき、ソ連邦解体後の現代ロシアにおける執行権力の在り方、とくに大統領権力の発展過程について、政治史的アプローチに基づき、なるべく通時的に解明することを目的とする。

ロシア政治については、前述の通り脱制度化や非公式性が強いことはしば
しば指摘されるが[57]、本書は、政治エリートと統治機構双方に目配りする
ことで、個人支配化が進展するなかで、形を変えつつもクレムリンが制度に
こだわる側面も炙り出していく。

本書で使用する主な史資料は、一部の刊行史料を除くと、法令集
（*Собрание законодательства Российской Федерации*）や官報（*Российская газета*）
に掲載された連邦法律、大統領令などの規範的文書が大半を占める[58]。こ
れは研究対象と史料状況に鑑みて、高い実証性を担保するための手段である。
規範的文書については、紙媒体の刊行物と電子法令集を活用した[59]。

2-2. 本書の構成

こうしたロシア地域研究と比較政治学の学問領域における研究の潮流と史
資料の状況を踏まえ、以下関連する個別の事例研究を概観しつつ、本書の具
体的な議論を組み立てていく。

第1章は、ソ連邦解体期からエリツィン政権初期を分析対象期間として設
定し、ロシア大統領権力の源泉たる大統領補助機関の制度設計のプロセスに
ついて検討する。エリツィン政権期の大統領権力全般については、ハスキー
（Huskey, E.）の論考が代表的で、そのなかでは初代安保会議書記スコーコフ
（Скоков, Ю. В.）の強い野心が浮き彫りになる。スコーコフは、安保会議の機
能強化に向けて画策し、そこには、安保会議スタッフに武力省庁の任務を監
督させることまで含まれていたという。その反面情報収集面では、外務省や
内務省から協力を仰ぐことができず、スコーコフは、重要政策において手腕
を発揮することができなかったと指摘されている[60]。第1章では、こうした
先行研究の議論と方法論に依拠しつつ[61]、安保会議に焦点を当て、プーチ
ン政権のもとで次第に存在感を示すこととなった国家機関の発足過程を明ら
かにし、あわせて現代ロシア政治を特徴づける執行権力と立法権力の関係性
が構築される過程を描く。

続く第2章は、1990年代のエリツィン政権期から2000年以降のプーチン
政権期において、安保会議が実際にどのように運用されてきたのか、人事政
策や機構改編に焦点を当てて分析する。この章を通じて、とくに2000年代

以降の集権化と超大統領制的な政治秩序の出現、さらには個人支配化の過程が、大統領令に基づく具体的な人事発令とともに浮かび上がる。先行研究では、現代ロシアの安保会議について「ソ連共産党中央委員会政治局」とのアナロジーが用いられることもあったが[62]、ロシア大統領は、ソ連共産党書記長とは異なり、「同輩中の首席」ではないため、安保会議の役割を描写する場合には、大統領に従属した機関（すなわち補助機関）という見方がより正確であると考えられる。一方で、プーチン大統領を頂点とした超大統領制的な政治秩序が形成されてもなお複雑な制度変更を実施し、「揺れ動く」ロシアの統治機構を描いたのが、続く第3章から第5章である。

　第3章では、省庁間の縦割りを乗り越え、国家安全保障政策の総合調整を担うべく設置された安保会議附属省庁間委員会に焦点を当てる[63]。なかでも「ロシア連邦国家安全保障戦略」（2009年5月承認）の策定をめぐる政治過程の紆余曲折について、戦略企画問題省庁間委員会の委員人事の分析を通じて検討する。また、2010年12月に初めて体系的に整備された安全保障法制についても、議会審議のプロセスや安保法の条文を詳細に分析し[64]、現代ロシアにおける国家安全保障の法的メカニズムが体系化される過程を描く。

　第4章では、もう一つの重要な大統領補助機関である大統領府に焦点を当てる[65]。大統領府内部部局は、1990年代末から2000年代初頭においてスリム化の傾向にあったが、2012年の第2次プーチン政権発足以降、むしろ機構・定員の増強がみられることとなった。重要政策については、首相率いる連邦政府ではなく、大統領補助機関たる大統領府内部部局が直接的に指揮監督する体制が整備され、今日まで継続して、大統領府への一層の集権化が観察される。さらにこの章では、大統領府内部部局長の人事政策も詳細に分析することで、プーチン長期政権下のロシア国家官僚のキャリアパスについても検討する。こうした作業を通じて、ロシア政治の大きな潮流としての「個人支配化」現象を「虫の目」で捉えなおす。

　第5章では、2020年に実施された大規模な憲法改革について、大統領権力に焦点を絞り、分析する。一般には、大統領任期の「リセット条項」や不逮捕特権など、プーチン大統領の「終身大統領化」が注目を集めるが、指揮権をめぐる大統領・連邦政府関係、「単一公権力システム」という概念の導

入と国家評議会の地位の変更は、より根本的な憲法体制の変容として捉えられる。また、大統領補助機関の安保会議についても制度変更が実施され、新たに安保会議副議長職が設置された。第2次ロシア・ウクライナ戦争前夜に、ロシアの統治構造にどのような変化があったのか、詳細に検討する。

　第6章では、ウクライナ戦争下のロシア政治について、現状分析を試みる。2022年2月の開戦以降、厳格な対露経済制裁の導入により、ロシア社会は一時的な混乱をみせたものの、国家官僚機構が新たな状況に適応することで、継戦能力を維持・強化してきた。2023年3月には外交政策の基本方針を定めた「対外政策概念」を改訂し、「非西洋世界」との関係強化という戦時下の外交政策を打ち出した。一方で、「プリゴージンの乱」に象徴される内政上の動揺もみられ、2024年5月に発足した新内閣では「テクノクラート」と呼ばれる技術官僚が本格的に頭角を現すこととなった。同時に、長年にわたり安保会議書記として、「シロヴィキ」勢力を統括したパートルシェフは大統領補佐官に配置転換となり、代わりにショイグー国防相が安保会議書記に就任した。こうした権力構造の変化については、前章までの議論を踏まえ、現代ロシア政治史の文脈において捉えることで、近視眼的な評論にとどまらない実証的な現代ロシア政治分析を提示する。

注

＊本章第1節は次の拙稿をもとに加筆・修正等を加えたものである。長谷川 2023a.

1）Президент России, от 21 февраля 2022г., «Заседание Совета Безопасности Глава государства провёл в Кремле заседание Совета Безопасности Российской Федерации»; このほか第2次ロシア・ウクライナ戦争の開戦をめぐる主な政治過程については次の文献を参照。大串 2022, 25-29; *Российская газета*, от 19 января 2022г., «КПРФ внесла в Думу проект обращения к президенту о признании ДНР и ЛНР»; от 11 февраля, «Совет ГД 14 февраля примет решение по проекту обращения о признании ДНР и ЛНР»; Система обеспечения законодательной деятельности (СОЗД), Государственной думы Федерального собрания РФ, Проект постановления № 58243-8, «Об обращении Государственной Думы Федерального Собрания Российской Федерации "К Президенту Российской Федерации В.В.Путину о необходимости признания Донецкой Народной Республики и Луганской Народной Республики"»; СОЗД ГД СБ, Проект постановления № 70489-8, «Об обращении Государственной Думы Федерального Собрания Российской Федерации "К Президенту Российской Федерации В.В.Путину о необходимости признания Донецкой Народной Республики и Луганской Народной Республики"»; Президент России, от 17 февраля 2022г., «Совещание по экономическим вопросам»; от 18 февраля 2022г., «Совещание с постоянными членами Совета Безопасности»; от 21 февраля 2022г., «Подписание документов о признании Донецкой и Луганской народных республик»; от 22 февраля 2022г., «Владимир Путин внёс в Совет Федерации предложение о принятии постановления Совета Федерации о согласии на использование Вооружённых Сил за пределами территории Российской Федерации»; от 24 февраля 2024г., «Обращение Президента Российской Федерации».

2) 2022 年 2 月 21 日以前の第 2 次プーチン政権第 2 期における拡大会合の開催実績は次の通りで、おおむね春と秋の年 2 回である。2021 年 9 月 27 日、2021 年 3 月 26 日、2020 年 11 月 16 日、2019 年 11 月 22 日、2019 年 4 月 16 日（特別拡大会合）、2018 年 11 月 29 日。Президент России, «Совет Безопасности, Новости», http://kremlin.ru/events/security-council; Совет Безопасности, «Новости и информация», http://www.scrf.gov.ru/news/allnews/

3) Пункт 11, «Положения о Совете Безопасности Российской Федерации», Указа Президента РФ от 07 марта 2020 г., № 175, «О некоторых вопросах Совета Безопасности Российской Федерации», *Собрание законодательства Российской Федерации (СЗРФ), от 09 марта 2020 г., № 10, ст. 1323.*

4) Президент России, «Совет Безопасности, Новости», http://kremlin.ru/events/security-council; Совет Безопасности, «Новости и информация», http://www.scrf.gov.ru/news/allnews/

5) Президент России, от 21 февраля 2022г., «Заседание Совета Безопасности Глава государства провёл в Кремле заседание Совета Безопасности Российской Федерации».

6) Перцев 2022.

7) 大澤 2023.

8) 現状分析の方法論については、次の文献を参照。上野 2001.

9) Закон РСФСР от 25 декабря 1991г., № 2094-Ⅰ, «Об изменении наименования государства Российская Советская Федеративная Социалистическая Республика», *Ведомости СНД и ВС РСФСР, 09 января 1992г, № 2, ст. 62.*

10) ロシア連邦憲法の条文テキスト、コンメンタール及び邦訳は次の文献を参照。Абаева 2020; Бархатова 2017; 2021; Дмитриев и Скуратов 2013; Зорькин 2011; Обручев 2021; 上野 2020, 80-105; 佐藤 2018, 551-574; 竹森 2014, 331-357; 渋谷 2012, 457-517; 溝口 2020a, 281-341; なお本書の注において、2020 年憲法改革（法令上、正確には憲法修正）の前後を比較検討する必要がある場合、修正前の条文を参照する際は Конститу-

20

ция РФ とし、修正後については Конституция РФ (01 июля 2020 г.) と表記して両者を区別する。また、現代ロシア政治史上の重要な事象については、次の資料を参照した。Комаров и Матвеев, 2017.

11) 憲法制定過程に関する詳細は、次の文献を参照されたい。溝口 2011; 2012; 2016; Morgan-Jones 2015.

12) Barany 2007; Fish 2000, 178-179; 大串 2011, 94; 竹森 2003, 82;「超大統領制」および「超然大統領制」をめぐる比較法学上の議論については、次の文献を参照されたい。佐藤 2014; 森下 2001; 竹森 1998; なお本書は、比較法の中に外国法が含まれるとの立場をとる。この点については次の文献を参照。五十嵐 2010, 15.

13) Часть 1, статьи 112, Конституции РФ; Часть 1, статьи 112, Конституции РФ (01 июля 2020 г.); Федеральный конституционный закон от 17 декабря 1997г., № 2-ФКЗ (ред. от 03 июля 2016г.), «О Правительстве Российской Федерации», *Собрание законодательства Российской Федерации (СЗРФ), 22 декабря 1997г., № 51, ст. 5712*; Федеральный конституционный закон от 06 ноября 2020г., № 4-ФКЗ, «О Правительстве Российской Федерации», *СЗРФ, 09 ноября 2020г., № 45, ст. 7061.*

14) 2024 年 5 月に発足した通算 5 期目のプーチン政権を指す。このほか、2012 年 5 月に発足した第 2 次プーチン政権からの連続性を強調して第 2 次プーチン政権第 3 期と呼称することもできる。本書では、2020 年憲法改革における「大統領任期のリセット条項」の新設を通じて、現代ロシアにおける大統領任期に関わる制度が大きく変化したことを重視し、一旦ここに大きな区切りを設けることとした。

15) Указ Президента РФ от 11 мая 2024г., № 326(ред. от 17 июня 2024г.), «О структуре федеральных органов исполнительной власти», *СЗРФ, 13 мая 2024г., № 20, ст. 2590.*

16) 本書では原則として、1991 年 7 月から 1999 年 12 月のエリツィン大統領の在職期間のうち、93 年 12 月のロシア連邦憲法制定から大統領に再選される 96 年 7 月までをエリツィン政権第 1 期目、96 年 7 月から 99 年 12 月までをエリツィン政権第 2 期目と表記する。

17) Статья 10, Конституции РФ (01 июля 2020 г.).

18) Часть 3, статьи 4, Федерального конституционного закона от 31 декабря 1996г., № 1-ФКЗ (ред. от 16 авпеля 2022г.), «О судебной системе Российской Федерации (с изм. и доп., вступ. в силу с 01 января 2023г.)», *СЗРФ, 06 января 1997г., № 1, ст. 1*; 司法権力については、次の文献を参照。小森田編 2003.

19) Указ Президента РФ от 11 мая 2024г., № 326 (ред. от 17 июня 2024г.), «О структуре федеральных органов исполнительной власти», *СЗРФ, 13 мая 2024г., № 20, ст. 2590*; Указ Президента РФ от 25 марта 2004г., № 400 (ред. от 12 июня 2024г.), «Об Администрации Президента Российской Федерации», *СЗРФ, 29 марта 2004г., № 13, ст. 1188*; Указ Президента РФ от 11 февраля 2013г., № 128 (ред. от 12 июня 2024г.), «Вопросы Администра-

ции Президента Российской Федерации», *СЗРФ, 18 февраля 2013г., № 7, ст. 632*; Указ Президента РФ от 25 мая 2012г., № 715 (ред. от 25 октября 2024г.), «Об утверждении состава Совета Безопасности Российской Федерации», *СЗРФ, 28 мая 2012г., № 22, ст. 2758*; Федеральный закон от 08 декабря 2020г., № 394-ФЗ, «О Государственном Совете Российской Федерации», *СЗРФ, 14 декабря 2020г., № 50 (часть III), ст. 8039*; Указ Президента РФ от 21 декабря 2020г., № 800 (ред. от 12 июля 2022г.), «Вопросы Государственного Совета Российской Федерации (вместе с «Положением о рабочих органах Государственного Совета Российской Федерации и Секретаре Государственного Совета Российской Федерации»», *СЗРФ, 28 декабря 2020г., № 52 (Часть I), ст. 8793*; Правительство России, http://government.ru/gov/persons/#vice-premiers; Президент России, http://kremlin.ru/structure/president; なお表0−1は、長谷川2023bの表3−2を加筆修正したものである。

20)「ロシア連邦」、「連邦」などは適宜省略した。丸括弧内の算用数字やキリル文字は、（条−項−号）を指す。【　】内のФЗは、連邦法（Федеральный закон）、Указは、大統領令（Указ Президента Российской Федерации）、算用数字は、号数を指す。その他、ПАは、大統領府規程（Положение об Администрации Президента Российской Федерации）、ПМИДは、外務省規程（Положение о Министерстве иностранных дел Российской Федерации）、ПМОは、国防省規程（Положение о Министерстве обороны Российской Федерации）、ПМВДは、内務省規程（Положение о Министерстве внутренних дел Российской Федерации）、ПФСОは、連邦警護庁規程（Положение о Федеральной службе охраны Российской Федерации）を指す。表中の「法令の種別」の欄には、国家機関ごとに、その地位や職務について定めた、最も上位の法令を掲載し、必要に応じて、補足のために、下位の法令を併せて掲載した。表の作成にあたって、次の文献を参照した。Зорькин 2011; Дмитриев и Скуратов 2013; Бархатова 2017; 渋谷 2012; 竹森 2014; 溝口 2020a; Федеральный закон от 28 декабря 2010г., № 390-ФЗ (ред. от 10 июля 2023г.), «О безопасности», *СЗРФ, 03 января, 2011г., № 1, ст. 2*; Указ Президента РФ от 06 апреля 2004г., № 490 (ред. от 12 июня 2024г.), «Об утверждении Положения об Администрации Президента Российской Федерации», *СЗРФ, 12 апреля, 2004г., № 15, ст. 1395*; Указ Президента РФ от 11 июля 2004г., № 865 (ред. от 22 января 2024г.), «Вопросы Министерства иностранных дел Российской Федерации», *СЗРФ, 12 июля, 2004г., № 28, ст. 2880*; Указ Президента РФ от 16 августа 2004г., № 1082 (ред. от 17 июня 2024г.), «Вопросы Министерства обороны Российской Федерации», *СЗРФ, 23 августа, 2004г., № 34, ст. 3538*; Указ Президента РФ от 23 июля 2013г., № 631 (ред. от 26 февраля 2024г.), «Вопросы Генерального штаба Вооруженных Сил Российской Федерации (вместе с «Положением о Генеральном штабе Вооруженных Сил Российской Федерации»», *СЗРФ, 29 июля 2013г., № 30 (часть II), ст. 4085*; Указ Президента РФ от 16 августа 2004г., № 1083 (ред. от 22 августа 2024г.), «Вопросы Федеральной службы по военно-техническому сотрудничеству», *СЗРФ, 23 августа 2004г., № 34, ст. 3539*; Указ Президента РФ от 21 декабря 2016г., № 699 (ред. от 05 февраля 2024г.), «Об утверждении Положения о Министерстве внутренних дел Российской Федерации и Типового положения о территориальном органе Министерства внутренних дел Российской Федерации по субъекту Российской Федерации», *СЗРФ, 26 декабря 2016г., № 52 (Часть V), ст. 7614*; Указ Президента РФ от 11 июля 2004г., № 868 (ред. от 27 ноября 2023г.), «Вопросы Министерства Российской Федерации по делам гражданской обороны, чрезвычайным ситуациям и ликвидации последствий стихийных бедствий», *СЗРФ, 12 июля 2004г., № 28, ст. 2882*; Федеральный закон от 03 апреля 1995г., № 40-ФЗ (ред. от 26 февраля 2024г.), «О федеральной службе безопасности», *СЗРФ, 10 апреля 1995г., № 15, ст. 1269*; Федеральный закон от 10 января 1996г., № 5-ФЗ (ред. от 04 августа 2023г.), «О внешней разведке», *СЗРФ, 15 января 1996г., № 3, ст. 143*; Указ Президента РФ от 30 сентября 2016г., № 510 (ред. от 17 июля 2023г.), «О Федеральной службе войск национальной гвардии Российской Федерации (вместе с «Положением о Федеральной службе войск национальной гвардии Российской Федерации»)», *СЗРФ, 10 октября 2016г., № 41, ст. 5802*; Указ Президента РФ от 07 августа 2004г., № 1013 (ред. от 15 января 2024г.), «Вопросы Федеральной службы охраны Российской Федерации», *СЗРФ, 09 августа 2004г., № 32, ст. 3314*; Указ Президента РФ от 31 декабря 2017г., № 651 (ред. от 19 августа 2021г.), «Вопросы Главного управления специальных программ Президента Российской Федерации (вместе с «Положением о Главном управлении специальных программ Президента Российской Федерации»)», *СЗРФ, 01 января 2018г., № 1 (Часть I), ст. 324*; Указ Президента РФ от 17 сентября 2008г., № 1370 (ред. от 18 декабря 2023г.), «Об Управлении делами Президента Российской Федерации (вместе с «Положением об Управлении делами Президента Российской Федерации»)», *СЗРФ, 22 сентября 2008г., № 38, ст. 4277*; Постановление Правительства РФ от 23 июля 2004г., № 373 (ред. от 28 декабря 2020г.), «Вопросы Федерального агентства по государственным резервам», *СЗРФ, 02 августа 2004г., № 31, ст. 3263.*

21) Статья 1, Федерального закона от 03 апреля 1995г., № 40-ФЗ (ред. от 08 августа 2024г.), «О федеральной службе безопасности», *СЗРФ, 10 апреля 1995г., № 15, ст. 1269.*

22) Статья 2, Федерального закона от 03 апреля 1995г., № 40-ФЗ (ред. от 08 августа 2024г.), «О федеральной службе безопасности».

23) 対外諜報庁の職務について定めた1996年1月10日付連邦法第5号においては、国防省の対外諜報機関の活動分野についても定めている（第12条第2項）。Часть 2, статьи 12, Федерального закона от 10 января 1996г., № 5-ФЗ (ред. от 6 июля 2016г.), «О внешней разведке».

24) Указ Президента РФ от 21 мая 2012г., № 636 (ред. от 19 октября 2016г.), «О структуре

федеральных органов исполнительной власти», *СЗРФ, 28 мая, 2012г., № 22, ст. 2758.*

25） «д» части 1, статьи 114, Конституции РФ (01 июля 2020 г.).

26） «б¹», «в», «в¹», «д», и «д¹», статьи 83, Конституции РФ (01 июля 2020 г.).

27） «а» и «б», статьи 83, Конституции РФ (01 июля 2020 г.).

28） «б» и «в» части 1, статьи 102, Конституции РФ (01 июля 2020 г.); Статья 1-7, Федерального конституционного закона от 30 января 2002г., № 1-ФКЗ (ред. от 02 ноября 2023г.), «О военном положении», *СЗРФ, 04 февраля 2002г., № 5, ст. 375*; статья 4 и 7, Федерального конституционного закона от 30 мая 2001г., № 3-ФКЗ(ред. от 02 ноября 2023г.), «О чрезвычайном положении», *СЗРФ, 04 июня 2001г., № 23, ст. 2277.*

29） «г» части 1, статьи 102, Конституции РФ (01 июля 2020 г.).

30） «к» части 1, статьи 102, Конституции РФ (01 июля 2020 г.); Совет Федерации Федерального Собрания РФ, http://www.council.gov.ru/structure/committees/

31） Государственная Дума Федерального Собрания РФ, http://www.duma.gov.ru/structure/committees/

32） «б» части 1 статьи 103, Конституции РФ (01 июля 2020 г.).

33） ハンチントン 1995; Linz and Stepan 1996.

34） Schumpeter 2008, 269-283; なお邦訳は次の文献を適宜参照した。シュムペーター 2013.

35） 川中 2018, 4-5.

36） 上野 2004, 93-115; 塩川 2010, 143-145.

37） 一連の研究史を整理したものとして、次の文献を参照。宇山ほか 2011, 2-6; 湯浅 2013; 大串 2016.

38） 山本 2021.

39） Hale 2015; Levitsky and Way 2002; 2010; Reuter and Remington 2009.

40） Elgie 1999; 2011; Raunio and Sedelius 2000.

41） Elgie 2016.

42） Elgie 1999.

43） Shugart and Carey 1992.

44） Clark 2010.

45） Elgie 2016, 58-59, 63.

46） Elgie 2016, 64-65.

47） Poguntke and Webb 2005=ポグントケ・ウェブ 2014.

48） 溝口 2019.

49） 溝口 2019, 204-209.

50） 大串 2018; この他、大串によるソ連・現代ロシアの政治（史）に関する先端的な研究として次の文献が挙げられる。Ogushi 2005; 2009; 大串 2008; 2011.

51）大串 2018, 183-184; また一連の議論において重要な概念である「不履行による多元主義」については次の文献を参照。Way 2015.

52）Frantz 2018 ＝フランツ 2021; 大澤 2020; 2023. またポグントケ（Poguntke, T.）とウェブ（Webb, P.）の「大統領制化」の議論から、ロシアにおける「大統領制化された大統領制」の成立以降の変化を分析した研究として次の文献がある。溝口 2019.

53）Baturo and Elkink 2021.

54）連邦制改革を含む中央・地方関係制度については、代表的なものとして次の文献が挙げられる。Gel'man and Ryzhenkov 2011; Gill 2015; Ross 2005; 2010; 上野 2001, 108-136, 198-203; 2010a; 中馬 2009; 2011; 溝口 2012; 2016; 長谷 2006. 政党制および「統一ロシア」による一党優位体制の形成過程については次の文献が挙げられる。油本 2015. エリツィン政権期のエリートの動向については次の文献が挙げられる。Kryshtanovskaya and white 1996; Huskey 2015; レーン・ロス 2001.

55）Burkhardt 2017.

56）Burkhardt 2017; 2021.

57）Hale 2015; Sakwa 2011.

58）このほか、*Собрание актов Президента и Правительства Российской Федерации; Ведомости Съезда народных депутатов Российской Федерации и Верховного Совета Российской Федерации*など。

59）«Собрание законодательства Российской Федерации», https://www.szrf.ru/; «КонсультантПлюс», https://www.consultant.ru/; «Система Гарант», https://ivo.garant.ru/#/startpage:1

60）Huskey 2015, 76-77.

61）Митюков 1997; Jones and Brusstar 1993, 370. 安保会議を主たる分析対象とした文献として、メーリニコフ（Мельников, В. И.）の著作が挙げられる。彼は、連邦会議メンバーとして、本書第3章で検討する2010年安全保障法の制定に関与している（後述）。同書の筆者紹介によると、彼は治安機関出身者で、90年代には、チタ州大統領全権代表、その後シベリア連邦管区大統領全権代表部における勤務経験もあり、同書は、実務家らしく政策提言を含んだ内容となっている。彼は、「2020年までのロシア連邦国家安全保障戦略」の承認を受けて、安保会議の地位について、抜本的な改善を要するとした上で、地域安全保障省庁間委員会の創設を含む、いくつかの提言を行っている。また、巻末の参考文献一覧では、安保会議の創設10周年記念に発行されたとみられる書籍（Иванов 2007）が含まれているなど、参照すべき箇所もある（Мельников 2011, 100-102, 108-109）。また規範的文書を用いてエリツィン政権期の政治過程について検討した上野（2001, 61-63）の研究によると、発足当初の安保会議は、常任委員に国防大臣や内務大臣等を含んでいないことから、「大統領府、政府、議会の連絡調整機能が重視されていた」とされる。また先駆的な研究である兵頭（2009a）は、エリツィン政権第2期目において一時期存在した、ロシア連邦国防会議に言及しており、

併せて参照した。

62）Крыштановская 2005; Derleth 1996, 55-56; Kryshtanovskaya and White 2003, 297.

63）省庁間委員会については、次の文献を参照。Самородов 2012b; Donaldson, Nogee and Nadkarni 2014; 乾 2003; 兵頭 2009a; 2012.

64）分析手法は次の文献を参照した。上野 2010b.

65）Burkhardt 2021; Husky 2015; Ogushi 2009; 森下 1998; 2001; 大串 2011.

第1章 安全保障会議の制度設計
——執行権力の優位性

最高意思決定機関ともいわれるロシア連邦安全保障会議はどのように誕生したのか。1991年12月のソ連邦解体よりも前の時期、ゴルバチョフによる政治改革にまで遡って史資料を検討することで、ソ連邦とロシア共和国の間における軍事安全保障をめぐる駆け引きが浮き彫りとなる。さらに安保会議の在り方をめぐる一連の議論からは、1993年の「10月事件」を画期として、執行権力優位の統治機構が構築されるプロセスを読み解くことができる。

1. 制度設計の過程

1-1. はじめに

　本章では、比較的研究史の浅い領域であるロシア連邦安全保障会議の成立過程やそれに関わる初期の安全保障法制に焦点を当てる。とくに、93年憲法とともに安保会議の設置根拠となった、1992年3月5日付「安全保障についての連邦法」（以下、92年安保法）は、メドヴェージェフ政権（タンデム政権）期の2010年12月の法改正まで、約18年間にわたり効力を有した連邦法である。本章は数少ない先行研究を手掛かりに[1]、コンメンタール、刊行史料および連邦法・大統領令などの規範的文書を用いて、上述の課題に取り組む。

1-2. 安全保障会議 （Совет безопасности） の出現

　ソ連邦が解体するおよそ1年前、1990年12月26日、ゴルバチョフ（Горбачёв, М. С.）の政治改革のもと、ソ連邦憲法（基本法）が補足・修正され、ソ連邦安全保障会議が設置された[2]。ソ連邦において、安全保障会議（Совет безопасности）という名を冠した国家権力機関の設置は、このソ連邦安保会議が初めてのことであった[3]。

　表1-1からも明らかなように、ソ連邦安保会議は、国防分野から経済・環境安全保障など幅広い政策領域を扱うことが定められている[4]。ゴルバチョフ大統領を筆頭に、ヤナーエフ（Янаев, Г. И.）副大統領、ヤーゾフ（Язов, Д. Т.）国防大臣など9名の委員から構成された[5]が、うち5名が91年のいわゆる「8月クーデター」に関与し[6]、委員を解任されている[7]。

　こうした連邦レベルの動きを受けて、91年4月24日、ロシア共和国において共和国安保会議が設置された[8]。共和国安保会議は、設置から1カ月後にあたる、同年5月24日に「ロシア共和国憲法の修正及び補足についてのロシア共和国法」[9]により、共和国憲法上の地位を得た。

1-3. 第4回ロシア共和国人民代議員大会と「策定委員会」の設置

　1991年5月21日に開かれた第4回ロシア共和国人民代議員大会第2会期[10]

表 1 − 1：ソ連邦安保会議とロシア共和国安保会議の地位

1990 年 12 月 26 日	1991 年 4 月 24 日	1991 年 5 月 24 日
国家統治制度の改善に関するソ連邦憲法（基本法）の修正についてのソ連邦法	ロシア共和国大統領についてのロシア共和国法第 5 条第 9 項	ロシア共和国憲法の修正及び補足についてのロシア共和国法
（ソ連邦大統領は、）ソ連邦安全保障会議を主宰する。ソ連邦安全保障会議は、国防分野の全連邦の政治活動の遂行、確固とした国家・経済・環境安全保障の維持、災害及び他の緊急事態からの復旧並びに社会の安寧及び法秩序の保障、に関する提案の作成を指揮する。	（ロシア共和国大統領は、）ロシア共和国安全保障会議を主宰する。安全保障会議の機構、権限及び編成の手続きは、ロシア共和国法によって定められる。	（ロシア共和国大統領は、）ロシア共和国安全保障会議を主宰し、安全保障会議の地位、権限及び編成手続きは、ロシア共和国法によって定められる。

（筆者作成）

では、共和国法において設置された安保会議に関して、クラスノダール辺区のベーノフ（Бенов, Г. М.）と共和国最高会議立法委員会議長のシャフラーイ（Шахрай, С. М.）によって興味深いやり取りが交わされている。

　議長のエリツィン（Ельцин, Б. Н.）より発言を許可されたベーノフは、「二つ目の質問は、第 5 条第 9 項『ロシア連邦[11]安全保障会議を主宰する』に関してだが、これはいったいどのような会議なのか、この概念にはどのような意味が込められているのか？（すでにこの場で複数の質問が出たように）これは、ロシア軍、親衛隊または民兵隊を創設するという目的を追求していないのか？　あなたの見解を伺いたい」と発言している。

　これに対して、シャフラーイは「安全保障会議についていえば、全体として、また連邦憲法に基づけば、安全保障会議も大統領直属の重要な政治的諮問機関であり、政治的省庁の長が参加する機関であると解される。ご存知のように、政府には、経済的機能もあるが、政治的機能および管理的機能もある。軍についていえば、私見だが、我々は、その討議を打ち切った。ロシアは、自らの軍の創設について議論することはなく、本法においても同様である」と答えている[12]。

　このやり取りは、当時のソ連邦 − 共和国間関係の一側面を表しており、軍事・外交政策はソ連邦の専管事項であるにもかかわらず、共和国安保会議の

表1-2：策定委員会の構成

大統領、副大統領、策定委員会書記、共和国最高会議安全保障委員会議長、民間防衛・緊急事態・自然災害復旧担当国家委員会議長、内務大臣、環境・自然利用大臣、通信・情報工学・宇宙大臣、チェルノブイリ国家委員会議長、燃料・エネルギー大臣、交通・運輸大臣、保健・社会保障大臣、共和国国家保安委員会議長、防衛問題担当国家委員会議長、公衆衛生・伝染病監督国家委員会議長、民族・難民・移民問題国家委員会議長

（筆者作成）

設置を機に、ロシア共和国が独自に軍を持つのではないかというベーノフの懸念が強く表れている。

　一方、エリツィン大統領は、引き続きロシア共和国における安保会議の設置を軸とした安全保障法制の整備を推進する[13]。91年7月19日には「ロシア共和国安全保障会議の地位、機構及び活動手続きに関する提案の策定に関する委員会（以下、策定委員会、委員リストは表1-2）」がロシア共和国大統領のもとに設置された[14]。「策定委員会は、共和国憲法の規定する、『大統領の権力』機構のなかに安全保障会議を創設するという権利を行使する使命を持って」[15]おり、最高会議立法委員会とともに、安保法案の策定作業を実施した[16]。

　策定委員会書記には、国防省第2学術研究所研究員、ロシア共和国大臣会議第1副議長、地域問題・対外経済関係調整担当国家顧問などを歴任した[17]スコーコフ（Скоков, Ю. В.）が就任し[18]、その後、彼は初代安保会議書記となる[19]。

　1991年9月には、策定委員会と書記についての規程が大統領命令により承認され、策定委員会内に実務会議が設置される[20]。この実務会議こそ、今日の安保会議において政策調整の機能を果たす安保会議附属省庁間委員会の前身であるという指摘もある[21]。

　ただし、1991年12月のソ連邦崩壊に伴い、ソ連邦の連邦構成共和国であったロシア共和国は、ロシア連邦として再スタートを切るが、策定委員会と最高会議による共同作業の成果は、92年安保法（92年3月5日付）として結実する。本法は、メドヴェージェフ（Медведев, Д. А.）政権（タンデム政権）下の2010年12月に安保法が改正されるまで、約18年間にわたり現代ロシアの安全保障政策領域における法的基盤となった。

92 年安保法が制定された時期から新憲法制定への動きがいよいよ本格化
し、その過程において、安保会議の地位に関する議論が行われることになる。

2. ロシア連邦憲法体制における大統領機構

2–1. 憲法草案と安保会議

新憲法の制定への動きは、1993 年 4 月 25 日に行われた国民投票を機に一
気に加速することとなるが、エリツィン大統領は、投票の直前（4 月 23 日）
に憲法草案（以下、大統領草案）の概要を公表していた。これはエリツィン
の指示により、シャフラーイ、サプチャーク（Собчак, А. А.）、アレクセーエ
フ（Алексеев, С. С.）らが起草したもので[22]、大統領草案[23]の全文は、国民投
票後の 4 月 29 日に公表された[24]。これに対抗するかたちで、最高会議側も
憲法委員会による草案[25]（93 年 5 月 5 日付）を発表する。

安保会議に関する条文については表 1–3 に整理したが、最高会議憲法委員
会による草案は極めて簡素なものである（消極的とも解される）一方、大統
領草案（第 78 条および第 95 条）は、安保会議委員人事への連邦会議[26]の関与
を規定しており、安保会議に対する両者のスタンスの違いが表れている。

2–2. 条文の「削除」

国民投票（93 年 4 月 25 日）の結果が明らかになると、エリツィン大統領の

表 1－3：大統領草案と憲法委員会草案における安保会議の地位

大統領草案	最高会議憲法委員会草案
【第 78 条】 ロシア連邦大統領は、ロシア連邦安全保障会議を指揮する。安全保障会議は、ロシア連邦政府議長、国防・内務・法務に責任を負う連邦政府大臣及び連邦会議の承認のもと、大統領によって任命される他の公職者から構成される。 ロシア連邦安全保障会議は、ロシア連邦大統領及びロシア連邦政府によって策定される諸決定の審議及び準備を行う。 【第 95 条 連邦会議】 連邦会議は、ロシア連邦大統領が提案したロシア連邦安全保障会議の委員候補者について検討する。	【第 93 条】 第 1 項 ロシア連邦大統領 Г（ロシア連邦大統領は、）ロシア連邦安全保障会議を率いる。また、ロシア連邦大統領附属のその他の諮問的・補助的諸機関を設置及び編成する。

（筆者作成）

主導により憲法協議会[27]が組織され、93年6月から7月にかけて、新憲法の策定作業が集中的に行われる。このなかで大統領草案における安保会議の規定に対して、カムチャッカ州ソヴィエト・州行政府やフョードロフ (Фёдоров, Б. Г.) ロシア連邦財務大臣、外務省などから逐条修正提案が出されるものの、おおむね条文の小幅な修正を要求するものであった[28]。

提出された逐条修正提案は、憲法協議会において検討されたが、上述のカムチャッカ州ソヴィエト・州行政府による提案が思わぬ事態を招く。

93年6月11日午前の憲法協議会商品生産者・企業家代表者グループの会合[29]は、全体会合（全員出席）のあと、やや人数が減ったものの、会合の開催に必要な定数は満たしていた。シュメーイコ (Шумейко, В. Ф.) 閣僚会議第1副議長による冒頭の挨拶に続き、スカチコフ (Скачков, В. М.) から、カムチャッカ州ソヴィエト・州行政府等による逐条修正提案が審議されるとの報告がなされた[30]。

カムチャッカ州ソヴィエト・州行政府の修正提案については、同日夜に検討が始まり、議長が本件について紹介すると、議場から「安全保障会議は、以前なかったのでは？」との声が上がり、同じく議場から「安全保障会議とは何か？」という声も上がった。これに対してシュメーイコ副議長は、「現行憲法によると、安全保障会議は、大統領附属の諮問機関である」と応答し、その後、議長がアレクセーエフに交代するが、安保会議に関する質問が続く[31]。

ベンドゥキッゼ (Бендукидзе, К. А.) は、「第78条の規定では、安全保障会議の機能について正確に理解することができなかった。どのような機関なのか、諮問機関であるが、どのように機能しているのか」と発言し、さらに議場から、「すべての共和国憲法では、これ（安保会議：筆者注）は、審議機関であると必ず明記されていますし、その権限も示されています。また、私の考えでは、問題は、少し広く設定しなければなりません。すなわち、憲法のテキストには、安全保障会議だけではなく、社会の、最も生産的意義のある見解を表明する機関の地位も書き記すべきです」といった意見が出された[32]。

最終的には、議長の提案により、安保会議を憲法に記載すべきかを問う表決が行われることとなり、賛成10、反対13、棄権1という結果が出た。さ

らに、ザトゥーリン（Затулин, К. Ф.）によって、第78条そのものが削除されることが確認された[33]。

　こうした議論を踏まえて、憲法協議会は、93年7月12日にいわゆる7月草案を発表するが、大統領の権限について規定した7月草案の第1編第83条では、大統領による大統領府の編成権は認められたものの、この段階で安保会議が憲法上の地位を得ることはできなかった[34]。

3. 「10月事件」と条文の「復活」

3-1. 憲法協議会作業委員会における議論

　エリツィン大統領は、93年9月21日付「ロシア連邦における段階的憲法改革についてのロシア連邦大統領令」により、人民代議員大会と最高会議の機能を停止する。これに対してハズブラートフ（Хасбулатов, Р. И.）最高会議議長らは最高会議ビルに立て籠もって抵抗した。いわゆる「10月事件」の勃発である。周知の通り、この「10月事件」は、10月4日、エリツィン大統領が最高会議ビルへの砲撃を命令、その後、特殊部隊がビルに突入し、ハズブラートフらが投降して幕を引いたが、多くの死者を出す「流血の惨事」となった[35]。

「10月事件」を経て、新憲法の策定作業は、憲法協議会作業委員会を中心として93年10月15日から同月29日までの期間に集中的に実施され[36]、安保会議については、10月19日午後の会議において取り上げられた[37]。

　議長を務めたフィラートフ（Филатов, С. А.）は、冒頭「皆様の同意を得て、大統領についての章に戻りまして、オレーグ・イヴァーノヴィチ・ローボフの提案を紹介し、安全保障会議の問題に戻りたいと思います。新憲法案から『安全保障会議』の概念を削除したあと、いくつかの問題が生じたことを、私はすでに明らかにしました。例えば、エヴゲーニ・イヴァノーヴィッチ・シャーポシニコフは、最高会議に対し、新憲法草案から安全保障会議の概念を削除したことに不満を表明し、憲法に書かれていない機関では働きたくないと主張したのです。おそらく、オレーグ・イヴァーノヴィチ・ローボフも同様に考えるでしょう。彼らは、安全保障会議が諮問機関であるとしても、

第1章　安全保障会議の制度設計　33

この機関について憲法に記載されなければならないと考えています。我々は、この提案を採用してもよいかもしれません。ロシア連邦大統領の権限が書き記された箇所に『ロシア連邦安全保障会議を主宰し、その機構、権限および編成の手続きは、安全保障についてのロシア連邦法によって定められる』という文言を補足するということです。みなさん、どのように考えますか？」と発言すると、議場からは次のような意見が表明された。

「安全保障会議は、大統領附属の諮問機関です。安全保障会議は、米国を含む様々な国に設置されています。我々がそれを組織するならば、大統領が安全保障会議の委員たちに意見を求め、安全保障会議を編成することができるということについて大統領の行動の自由を奪ってしまうだけです。同時に、もし我々が安全保障会議を組織するならば、我々は、この機関が、執行権力にとっても、代議制権力にとっても、あまりに恐ろしく、危険なものになりうるという脅威をつくり出すことになります。なんのために、我々は、この機関について憲法に書き記すのでしょうか？　我々は、さらなる恐ろしい機関をつくり出すだけです。ついでにいえば、我々の歴史において、スコーコフがこの会議を率いていたとき、すんでのところで、そのようなことが起こるところだったのです（発言者不明）」。

「私はたびたび、第1グループにおいて、安全保障会議の構想を支持してきました。本草案において、安全保障会議が削除されたことは、大変残念です。それどころか、私はこの問題に立ち戻りたいと考え、自分のために目印をつけました。本草案によれば、まさに大統領がすべての国家機関の活動の調整を行い、まさにそれゆえにそうした状況のもとでは安全保障会議は脅威ではなく、むしろすべての権力の、とりわけ立法権力と執行権力の力を調整し、統合する手段になるのです。さらに、もし安全保障会議について憲法にあらかじめ規定されていれば、その人物を大統領が好んでいようがいまいが、憲法の規定により、内外政策、国防政策などに責任を負う者が安全保障会議に出席することになるのです。まさにこの理由によって、安全保障会議をここから削除すれば、国家権力機関の活動の正常な法的調整およびそれらの強化のために、大統領によって利用されるであろう、国家－法的および憲法的枠組みを、我々は本質的に空疎なものにします。そのような手段によって、三

権分立の枠内において統合が発揮されるのです（発言者：ストラーシュン（Страшун, Б. А.））」。

「憲法上の安全保障会議の記述は、あってもなくてもよい、と私は考えます。もし、それがなければ、よりよいかもしれません。なぜならば、大統領は、より大きな活動範囲を与えられ、これにあたって誰にも伺いを立てる必要がないからであります。もし、安全保障会議について書き記すならば、どのようなもので、誰がそれを承認し、誰が誰と合意するのか、どの職務にある者がそこに入るのかなど、かなり明確に書かなければなりません。私は、この案では、大統領の持つ憲法上の機関における制限のない活動の可能性が、より少ない点に賛成します。もし、安全保障会議を憲法に書き記すならば、それは、憲法上の機関よりもかなり大きなものになるでしょう。安全保障会議はもはや、ある程度、強力な機関になるでしょう。したがってその場合は、安全保障会議の地位を定義し、それがどのようなものであるのかについて明らかにしなければなりません（発言者：ナハペートフ（Нахапетов, М. А.））」。

　このようにナハペートフは、憲法における安保会議の定義について重要な問題提起を行い、踏み込んだ議論を展開しようとするが、続くセレズニョーフ（Селезнев, Н. В.）憲法裁判所判事の発言により、議論の流れが変わる。

　セレズニョーフは、「実は我々には、安全保障会議の機能および機構を規定する、安全保障についての法律があり、そこで、若干の条項が安全保障会議について明らかにしています」と発言し、92年安保法を紹介した。

　さらに、議場から「我々は、憲法において大統領が最高総司令官であることすら書いていませんし、軍の全組織についても書いていませんね？　そして安全保障会議に関しても［書いていません〔筆者による補足〕］。私の見解では、大統領は、安全保障会議議長であり、誰もこの地位を狙うことができない、と言及した箇所は、理にかなったものであったでしょうに」との声が上がり、これに対して議長は、「全くその通りです。この数カ月の間に巻き起こった連邦会議に関する論戦を覚えていますか？　別案が多数ありました。ある者は、連邦会議で大統領が議長を務めるよう求め、また他の者は、大統領と共同議長らの3人が議長を務めること、大統領を連邦会議には含めないなど、あらゆる別案がありました。これは、単に、決められていなかったか

第1章　安全保障会議の制度設計　35

らであります。さて、これを採択しますか？」と発言する[38]。

　ここからは安保会議に関する憲法の文案について、テクニカルな議論が行われ、第83条に「（ロシア連邦大統領は、）安全保障会議を主宰する。安全保障会議の機構および機能は、連邦法によって定められる」[39]と補足されることとなった[40]。

　続く93年10月30日の憲法協議会社会院[41]における会合でも、賛成多数でこの文案は残されることとなり[42]、同年11月10日には、国民投票にかけられる新憲法の最終案が発表され、12月12日の国民投票において、この最終案は採択された。このようにして安保会議[43]は、現行のロシア連邦憲法において憲法上の地位を得ることとなった。

3-2.「エクス・オフィシオ・メンバー」

　安保会議の地位と構成員については、策定委員会と最高会議による共同作業の結果として成立した92年安保法[44]において規定された。その地位・役割については、「（第13条）安全保障会議は、安全保障の領域に関する大統領の決定の準備を行う憲法に定められた機関であり、安全保障領域の内外政策の諸問題並びに国家・経済・社会・防衛・情報・環境・その他の安全保障の形態、国民の保健、非常災害の予測と予防、その被害の除去、安寧と法秩序の保障、の戦略的諸問題を検討し、内外の脅威から個人、社会、国家の死活的に重要な利益を守ることに関し最高会議に対し責任を負う」とされており、このような幅広い所掌事項[45]は、上述のソ連邦安保会議の規定を参考にしているものと推察される。

　また、構成員については、第14条[46]において次のように規定されている。すなわち安保会議は、議長、安保会議書記、常任委員および非常任委員から構成され（第14条第2項）、議長は大統領が務める（第14条第3項）。常任委員は副大統領、最高会議第1副議長、閣僚会議議長[47]（第14条第4項）、安保会議書記（第14条第5項）が務め、非常任委員は経済財務大臣[48]、外務大臣、法務大臣、国防大臣、保安大臣、内務大臣、環境・天然資源大臣、保健大臣及び対外諜報庁長官が務める。これ以外の職にある者も、最高会議の承認のもと、大統領が任命し、安保会議非常任委員に加えることができる（第14

条第6項）。また、安保会議書記は大統領により任命され、最高会議の承認を得なければならない（第14条第5項）。

92年安保法のもとで、発足当時の安保会議は、エクス・オフィシオ・メンバー（ex officio member）により構成されており、大統領が安保会議書記を任命する場合、または特定の職務に就いていない者を委員に任命する場合、最高会議の承認を必要とした。これは、安保法の下位の規範にあたる安保会議規程（1992年6月3日付、以下、92年安保会議規程）においても同様であった[49]。

しかし、ロシア連邦憲法の制定直後である93年12月24日には、大統領令によって、安保法で定められた委員の任命制度が変更された。すなわち大統領令第2288号付属文書第2号第28項[50]によると、92年安保法第14条第4項から第6項までが無効とされ、安保会議委員が職務に基づいて構成される（エクス・オフィシオ・メンバー）制度が廃止されることとなった[51]。

この後、安保会議委員の任命手続きに関する法的根拠が存在しない状態が続き、96年7月に安保会議規程（以下、96年安保会議規程）が承認されるまで、委員の任免はすべて大統領令によって行われることとなった[52]。

同時に、新憲法体制のもとで姿を消した最高会議に関する記述もこの付属文書において多くが無効となり、安保会議書記の人事と、特定の職に就いている者以外の公職者を非常任委員に任命する人事について、最高会議の承認が必要であることを規定した条文（第14条第5項および第6項）も無効となった。これは、安保法を新憲法体制に即したものにするための法整備とも解されるが、新たに誕生した立法府、すなわち連邦議会（国家会議・連邦会議）が委員人事の決定プロセスに関与するという規定は盛り込まれなかった。

一方で、1994年に入ると立法府の長は、大統領令によって安保会議委員に任命されることとなる。すなわち94年5月には、連邦議会両院の議長が非常任委員として安保会議に入り[53]、その後両院議長は、それぞれ議決権のある常任委員に格上げされた（安保会議委員の人事政策については、第3章において詳細に検討）[54]。

その後1996年7月10日に大統領令により承認された96年安保会議規程では、安保会議の常任委員と非常任委員は、安保会議書記の提案により大統

第1章　安全保障会議の制度設計　37

領が任命する（第7項）と規定され[55]、この任命手続きは、今日まで継続している。

小括

　本章では、憲法協議会速記録をはじめとする刊行史料、法令およびコンメンタールを用いて、ロシア連邦安保会議の成立過程と初期の法制を検討した。その結果、安保会議が現行憲法上の地位を得る過程と初期の委員任命手続きの変遷において、以下の特徴的な点を見出すことができる。

　現行憲法の安保会議に関する条文については、その前身であり、同じく憲法上の地位を有していたソ連邦安保会議とロシア共和国安保会議の前例を、単に踏襲したとみることもできる。しかし、本章で明らかにしたように、憲法協議会の議論を踏まえ、93年7月の憲法草案においては、安保会議それ自体が憲法案から削除される、という事態が発生していた。また、憲法草案における、安保会議委員の任命手続きに関する文案は、93年4月から同年11月までの間に大幅に変更されていることも明らかになった。そのなかで、93年10月19日の憲法協議会作業委員会における議論は大きな転換点の一つであったといえる。

　当初、エリツィン大統領による憲法草案（大統領草案）のなかでは、限定的ではあるが、安保会議委員人事に関する立法府の「同意権」が認められていた。しかし、いわゆる「10月事件」のあと、93年10月19日の憲法協議会作業委員会を経て発表された最終案では、立法府による「同意権」について言及されることはなかった。むしろ立法府の長は、エリツィン政権初期において、安保会議委員に任命されることとなった。また、安保会議委員の構成については、92年安保法第14条によって厳格に定められていたものの、新憲法制定直後の93年12月24日に発令された大統領令第2288号によって、同条の一部の項が無効とされた。この後、安保会議委員の任免は、大統領令によって行われることとなり、委員人事に関する大統領の裁量範囲は拡大した。

　こうした事態を招いた大統領令第2288号は、下位規範（大統領令）が上位

規範（連邦法）の修正を行っており、法秩序を乱すものと捉えられる。大統領令第2288号によってつくり出された「空白」は、タンデム政権下の2010年12月に制定された安保法（2010年安保法）によって、ようやく埋められたのである。その結果、「連邦憲法第83条→安保法（連邦法律）→安保会議規程（大統領令）」という位階的な法令の構造に基づいて安保会議が運用されることとなった。

　一方で、安保会議と立法府の関係に象徴される執行権力の法制度面における優位性は、統治機構の基本的な構図として、2000年代のプーチン（Путин, В. В.）政権に引き継がれた。プーチン大統領が主導した大規模な政治改革を経て、実際的な運用上も執行権力は強まるが、現代ロシアの統治機構の総体的な評価に際しては、ソ連邦解体からエリツィン政権期の制度設計と憲法運用の実際を含む1990年代の「遺産」に目を向ける試みも重要である。

注

＊本章は次の拙稿をもとに加筆・修正等を加えたものである。長谷川2016a.

1）Иванов 2007; Мельников 2011; Митюков 1997; Derleth 1996; Huskey 2015; Jones and Brusstar 1993; 乾2004; 上野2001; 兵頭2009a.

2）Закон СССР от 26 декабря 1990 г., №1861-I, «Об изменениях и дополнениях Конституции (Основного Закона) СССР в связи с совершенствованием системы государственного управления», *Ведомости Съезда Народных Депутатов и Верховного Совета (Ведомости СНД и ВС) СССР, 1991г., №1, ст. 3.* («Гарант», http://constitution.garant.ru/history/ussr-rsfsr/1977/zakony/185464/; また、1990年3月に設置された大統領会議は、ソ連邦安保会議の前身に相当する。Закон СССР от 14 марта 1990 г., № 1360-I, «Об учреждении поста Президента СССР и внесении изменений и дополнений в Конституцию (Основной Закон) СССР», *Ведомости СНД и ВС СССР, 1990г, № 12, ст. 189.*(«Гарант», http://constitution.garant.ru/history/ussr-rsfsr/1977/zakony/185465/).

3）兵頭2009a, 138.

4）ソ連時代に存在したこの種の機関としては、国家防衛委員会や国防会議などが挙げられる。前者は、第二次世界大戦（大祖国戦争）において、戦争遂行のための最高指導部として機能した。一方で後者については、1977年に制定された、いわゆるブレジネフ憲法において規定された憲法上の機関であるものの、ソ連共産党中央委員会政治局の持つ圧倒的な権力のもと、実際に国防会議がどの程度機能していたのか、とい

う点については未だ詳細が明らかになっていない。これらの点については、次の文献に詳しい。Karlsson 1998.

5) Указ Президента СССР от 13 марта 1991 г., № УП-1615, «О назначении тов. Янаева Г. И. членом Совета безопасности СССР», *Ведомости СНД СССР и ВС СССР, 1991г., № 12, ст. 330*; Указ Президента СССР от 13 марта 1991г., № УП-1616, «О назначении тов. Павлова В.С. членом Совета безопасности СССР», *Ведомости СНД СССР и ВС СССР, 1991г., № 12, ст. 331*; Указ Президента СССР от 13 марта 1991г., № УП-1617, «О назначении тов. Бакатина В.В. членом Совета безопасности СССР», *Ведомости СНД СССР и ВС СССР, 1991г., № 12, ст. 332*; Указ Президента СССР от 13 марта 1991г., № УП-1618, «О назначении тов. Бессмертных А.А. членом Совета безопасности СССР», *Ведомости СНД СССР и ВС СССР, 1991г., № 12, ст. 333*; Указ Президента СССР от 13 марта 1991г., № УП-1619, «О назначении тов. Крючкова В.А. членом Совета безопасности СССР», *Ведомости СНД СССР и ВС СССР, 1991г., № 12, ст. 334*; Указ Президента СССР от 13 марта 1991г., № УП-1620, «О назначении тов. Примакова Е.М. членом Совета безопасности СССР», *Ведомости СНД СССР и ВС СССР, 1991г., № 12, ст. 335*; Указ Президента СССР от 13 марта 1991г., № УП-1621, «О назначении тов. Пуго Б.К. членом Совета безопасности СССР», *Ведомости СНД СССР и ВС СССР, 1991г., № 12, ст. 336*; Указ Президента СССР от 13 марта 1991г., № УП-1622, «О назначении тов. Язова Д.Т. членом Совета безопасности СССР», *Ведомости СНД СССР и ВС СССР, 1991г., № 12, ст. 337*.

6) Подберезкин 2000, 73, 102, 488, 741-742, 749, 1067-1068, 1076.

7) Указ Президента СССР от 22 августа 1991г., № УП-2444, «Об отмене антиконституционных актов организаторов государственного переворота», *Ведомости СНД СССР и ВС СССР, 1991г., № 35, ст. 1009.*

8) Закон РСФСР от 24 апреля 1991г., №1098-I, «О президенте РСФСР», *Ведомости СНД и ВС РСФСР, 1991г, № 17., ст. 512.*

9) Закон РСФСР от 24 мая 1991 г., №1326-I, «Об изменениях и дополнениях Конституции (Основного Закона) РСФСР», *Ведомости СНД и ВС РСФСР, 1991г, № 22., ст. 776.* («Гарант», http://constitution.garant.ru/history/ussr-rsfsr/1978/zakony/183124/).

10) Съезд народных депутатов, Том. 1, 66.

11) ベーノフ氏が「ロシア共和国」ではなく、「ロシア連邦」と言い表している点は、判然としない。一つの見方として、この時期のロシアの自立化の傾向を示すものと解される。

12) Съезд народных депутатов, Том. 1, 77-78.

13) 1991年7月10日には、大統領令第9号「ロシア共和国安全保障会議について」が発令されたが、法令集には収録されていない。Чапчиков 2011.

14) Митюков 1997, 34.

15) Чапчиков 2011, 94.

16) Митюков 1997, 35.

17) Подберезкин 2000, 842.

18) Указ Президента РСФСР от 12 сентября 1991г., № 116, «О Секретаре Комиссии при Президенте РСФСР по разработке предложений по статусу, структуре и порядку деятельности Совета безопасности», *Ведомости СНД и ВС РСФСР, 1991г, № 37., ст. 1201.*

19) スコーコフ初代長官期の安保会議について総合的にまとめたものとして、次の文献も併せて参照されたい。Jones and Brusstar 1993.

20) Распоряжение Президента РФ от 19 сентября 1991г., № 45-рп, «Об утвсрждение Положений о Комиссии при Президенте РСФСР по разработке предложений по статусу, структуре и порядку деятельности Совета Безопасности РСФСР и о Государственном советник РСФСР – Секретаре Комиссии при Президенте РСФСР по разработке предложений по статусу, структуре и порядку деятельности Совета Безопасности РСФСР и его Службе»; チャプチコフによると本大統領命令は公表されていない。Чапчиков 2011, 94-95.

21) Чапчиков 2011, 95.

22) 溝口 2012, 148.

23) *Конституционное совещание.* Том. 1, 32.

24) 溝口 2016, 186.

25) Румянцев 2008, Том. 4, Книга Вторая, 108-109.

26) 大統領草案のなかでは、連邦会議と国家会議から成る二院制の連邦議会を設置することが定められていた。また、上院にあたる連邦会議は、連邦構成主体の代表から構成されることが定められていた。溝口 2016, 186.

27) 憲法協議会のメンバーは、大統領の意向を強く反映したものであったが、必ずしも最高会議議員を排除したものではなかった。溝口 2011, 64-66.

28) *Конституционное совещание.* Том. 1, 246-247, 402-403. 一方で、ビグノフ・ロシア連邦人民代議員は「安全保障会議は、無条件に、諮問機関でなければならず、そのことも当該条文において直接的に反映される必要がある」と提案している。*Конституционное совещание.* Том. 1, 402-403.

29) 憲法協議会は、(1) 連邦国家権力諸機関、(2) ロシア連邦構成主体国家権力諸機関、(3) 地方自治体、(4) 政党・社会運動団体・労働組合・宗教団体、(5) 商品生産者・企業家代表者の5つのグループと作業委員会から構成された。Митюков 2014, 16. グループの人数や内訳については、次の文献を参照されたい。溝口 2016, 191-192.

30) *Конституционное совещание.* Том. 6, 381-383.

31) *Конституционное совещание.* Том. 6, 443-444.

32) *Конституционное совещание.* Том. 6, 444-445.

33) *Конституционное совещание.* Том. 6, 446.

34）Конституционное совещание. Том. 17, 380-381. 一方、1993 年 7 月 16 日付人民代議員大会憲法委員会憲法草案では、安保会議についての規定が、小幅な修正を伴って残されている。Румянцев 2008, Том. 4, Книга Третья, 218-219.

35）上野 2001, 95-102.

36）溝口 2012, 161-162.

37）Конституционное совещание. Том. 18, 183.

38）Конституционное совещание. Том. 18, 183-185.

39）1993 年 10 月 19 日の作業委員会において承認された文案と最終案における文案を比較すると、一部変更が加えられていることがわかる。すなわち、「安全保障会議の機構及び機能は、連邦法によって定められる」の部分が「安全保障会議の地位は、連邦法によって定められる」に変更されている。最終案の発表前には、エリツィンの手書きによる修正が加えられたが、安保会議に関する条文について、資史料をみる限り、変更された箇所は、「項」の番号に限られている（Конституционное совещание. Том. 20, 36-37. ここでは巻末資料における頁数を指す）。したがって、エリツィンによる手書きの修正が行われる前、すなわち最終段階において細かな修正を行った憲法的仲裁委員会（憲法協議会内に設置：溝口 2012, 162）によって文案が変更された可能性もある。この変更により、一見すると、「ロシア連邦安全保障会議の機構及び機能」について、連邦法より下位の法令、すなわち大統領令や大統領命令によって定めることが可能になったと考えることもできるが、この「安全保障会議の機構及び機能」については、すでに効力を有していた 92 年安保法のなかでかなり細かく定められており、大統領には、大統領令によって定めることができる安保会議規程などにより、連邦法に反しない限りにおいて、機構および機能について規定する余地が残された、と解される。

40）Конституционное совещание. Том. 18, 186.

41）1993 年 9 月末から 10 月にかけて、憲法協議会の組織改編が行われ、「社会院」と「国家院」に再編された。溝口 2012, 161.

42）Конституционное совещание. Том. 20, 336-338.

43）ソ連邦崩壊を受けて、「ロシア共和国安全保障会議」は、1992 年 4 月 21 日付ロシア連邦法第 2708- Ⅰ 号「ロシア共和国憲法（基本法）の修正及び補足についてのロシア連邦法」によって、「ロシア連邦安全保障会議」に名称が変更された。Закон РФ от 21 апреля 1992 г., № 2708-I, «Об изменениях и дополнениях Конституции (Основного Закона) Российской Советской Федеративной Социалистической Республики» («Гарант», http://constitution.garant.ru/history/ussr-rsfsr/1978/zakony/183094/#block_300).

44）Статья 13 Закона РФ от 05 марта 1992 г., № 2446-I,«О безопасности». Ведомости СНД и ВС РФ, 1992г, №15, ст. 769; 1992 年安保法の翻訳は、上野（2001, 61-62）を参照した。

45）現行の 2010 年安保法では、この記述が大幅に改訂され、管轄事項には、軍事安全保障に関連する文言が並んでいる。Часть 1 статьи 13, Федерального закона от 28 декабря 2010г., № 390-ФЗ, «О безопасности», *СЗРФ, 03 января 2011г., № 1, ст. 2.*

46）Статья 14, Закона РФ от 05 марта 1992 г., № 2446-I.

47）当時の政府の正式名称は「閣僚会議–政府（Совет Министров–Правительство）」であったが、本書では、単に「閣僚会議」とする。

48）1992 年 2 月 19 日に経済財務省が経済省と財務省に分割されたこと（上野 2001, 64）を反映していない。

49）Часть 4 и 5, статьи 3, «Положения о Совете Безопасности Российской Федерации», Указа Президента РФ от 03 июня 1992г., № 547, *Ведомости СНД и ВС РФ, 1992г, № 24, ст. 1323.*

50）Указ Президента РФ от 24 декабря 1993 г., № 2288, «О мерах по приведению законодательства Российской Федерации в соответствие с Конституцией Российской Федерации», *Собрание актов Президента и Правительства РФ (САППРФ), 27 декабря 1993г., № 52, ст. 5086.*

51）大統領令第 2288 号による制度変更や 96 年安保会議規程により導入された大統領による安保会議委員の直接任命制について、「安保会議は、事実上の大統領附属機関と化した（Чапчиков 2011, 97）」「大統領の一存、あるいは恣意的指名も可能となる大きな任命権限を大統領に与えた（乾 2003, 79）」という指摘もある。

52）制度変更後、初の人事は、94 年 1 月 31 日付大統領令第 233 号による。本大統領令により、ゴルーシコ（Голушко, Н. М.）連邦防諜庁長官、シャフラーイ（Шахрай, С. М.）民族・地域政策担当大臣、ショイグー（Шойгу, С. К.）民間防衛・緊急事態・災害復旧大臣ら計 8 名が非常任委員に任命された。Указ Президента РФ от 31 января 1994 г., № 233, «О членах Совета Безопасности Российской Федерации», *САППРФ, 07 февраля 1994., № 6, ст. 435.*

53）Указ Президента РФ от 23 мая 1994 г., № 1012, «О Рыбкине И.П.», *СЗРФ, 30 мая 1994г., №5, ст. 404*; Указ Президента РФ от 23 мая 1994 г., № 1145, «О Шумейко В.Ф.», *СЗРФ, 13 июня 1994г., № 7, ст. 705.*

54）Указ Президента РФ от 10 января 1995 г., № 22, «О Шумейко В.Ф.», *СЗРФ, 16 января 1995г., № 3, ст. 176*; Указ Президента РФ от 10 января 1995 г., № 23, «О Рыбкине И.П.», *СЗРФ, 16 января 1995г., № 3, ст. 177.*

55）Указ Президента РФ от 10 июля 1996 г., № 1024, «Вопросы Совета Безопасности Российской Федерации», *СЗРФ, 15 июля 1996г., № 29, ст. 3479.*

第2章 | エリツィンからプーチンへ
――「垂直権力の構築」と安全保障会議

クレムリンの権力中枢、安全保障会議は、連邦憲法上の地位を有する大統領の補助機関である。1990年代のエリツィン政権と2000年代以降の第1次プーチン政権、メドヴェージェフ政権、さらに2012年以降の第2次プーチン政権において安保会議はどのように変化してきたのであろうか。本章を通じて、安保会議委員の人事政策を丹念に分析すると、プーチン長期政権下において安保会議が個人支配化の制度的基盤となる過程が浮き彫りとなる。

1. エリツィン政権期の政治過程と安保会議

1-1. はじめに

1990年代の連邦議会国家会議（下院）においては、大統領は自らを支える安定的な与党の形成に失敗し、とくに1995年の下院選挙では、野党・共産党が第一党となり、エリツィン政権は、組閣人事や法案審議など議会運営にますます苦しむこととなった。同時に、ソ連解体後、連邦中央と分離主義的な傾向の強い共和国（連邦構成主体）との関係も、この時期の政治過程をより複雑化した。

エリツィン大統領は、連邦構成主体の執行府・立法府の長から成る連邦会議（上院）への依存を強め、連邦中央と地方の間で締結されるバイラテラルの権限区分条約は、時として連邦憲法の枠を逸脱した内容となった。また、地方における立法活動は、連邦憲法に合致しないものも多く、結果として急速な地方分権化を招いた[1]。

2000年5月に発足した第1次プーチン政権では、「垂直権力の構築」を目指し、連邦制改革をはじめとする種々の政治改革が進められた。同時に、重要ポストにおける人事政策では、プーチン大統領に近い、連邦保安庁（FSB）出身者を中心としたシロヴィキ（軍・治安機関関係者）やサンクト・ペテルブルク派と呼ばれる政治的エリートを登用し、政権基盤の再構築を図った。また、1999年の下院選挙の結果、野党・共産党が議席を減らし、与党・統一が躍進したことも新政権の滑り出しを支えた[2]。

こうした政治過程における大統領権力の変容について、本章と続く第3章では、連邦中央の統治機構、とくに安全保障会議が果たした役割に焦点を当て、検討する。

これまでの研究史が示すように、プーチン大統領のもとで安保会議はその機能を強化し、政策過程、とくに外交・軍事安全保障政策の立案・決定過程において強い存在感を示すこととなった[3]。本章は、こうした先行研究の議論におおむね同意しつつも、安保会議には、より広範な役割が付与されるようになったことを主張する。すなわち、社会・経済領域を含めた広義の安全保障観を採用する現代ロシアにおいて[4]、安保会議が外交・軍事以外の政策

領域においても一定の役割を担っているのではないかという問題関心に基づいて、安保会議の機能について、中央・地方関係制度や地方政策、社会・経済政策領域まで射程に入れて議論を展開する。具体的な作業としては、安保会議委員の人事政策の体系的な分析を実施し、その特徴を定量的に抽出する。その上で、2000年代のロシアにおける中心的な政策課題であった中央・地方関係制度への安保会議の関与に焦点を当てる[5]。

1-2. 安保会議の基本構造

　安保会議は、ロシア連邦憲法第83条において規定された国家機関であり、具体的な所掌事項や権限は、連邦法「安全保障について」のほか、「安保会議規程」において定められている（第3章）。安保会議は、会議体とそれを支える事務機構から構成され、会議体の議長は、大統領が務める[6]。会議体は、審議における議決権を有する常任委員（およびこれに相当する者）と審議への参加のみが許される非常任委員から構成される。常任委員は大統領が指定した公職者から構成され、非常任委員は別に大統領が任免する[7]。また、安保会議の決定は、単純多数決によって採択され[8]、大統領がこれを承認した場合に効力を持つ[9]。

　安保会議事務機構には、会議体の常任委員を兼任する安保会議書記を筆頭として、第1副書記、副書記、書記補佐官、書記官、局長、局次長等の幹部職が置かれている[10]。安保会議書記は大統領によって任免され、大統領に直属する[11]。第1副書記、副書記と書記補佐官については、書記の提案に基づいて、大統領が任免する[12]。また、安保会議事務機構のその他職員人事については、安保会議書記が大統領府長官（または次官）に人事案を提出する[13]。安保会議事務機構は大統領府の一部局であるから、大統領府長官は一定の人事権を有するが、1990年代のエリツィン政権期における大統領府長官と安保会議書記の関係性と比べて[14]、2000年以降のプーチン政権では、安保会議書記の影響力が強まる傾向にある。

　その背景には、書記の権限強化のほか、書記個人の政治権力がある。また、2020年1月には、憲法改革に合わせて安保会議の制度変更も実施され、新たに安保会議副議長職が設置されるとともに、事務機構の幹部職として副議

第2章　エリツィンからプーチンへ　47

長官房長、副議長補佐官が置かれることとなった[15]。安保会議副議長も書記と同様に、大統領によって任免され、大統領に直属する。また、副議長官房長と補佐官は、副議長の提案に基づいて、大統領が任免する[16]（第5章）。

このほか、安保会議には附属機関として、執行権力諸機関における活動の調整を行う安保会議附属省庁間委員会、学問的方法により安保会議の活動を保障する安保会議附属学術会議が設置されている[17]。

安保会議の権限については第3章において詳細に検討するが、安保会議には、安全保障領域における連邦執行権力諸機関の活動に対する（大統領による）監督を準備し[18]、ならびに国防、国家安全保障および法保護活動に関する年度連邦予算に盛り込まれた財政支出の執行状況に対する監督を組織する権限が付与されている[19]。また、安保会議・会議体における決定は、大統領令または大統領命令によって実現されることから[20]、安保会議には、政策決定の機能のみならず、政策の履行を監督する機能も有する。

次節以降では1990年代のエリツィン政権期から2024年5月に発足した第3次プーチン政権に至るまで、30年以上の期間を分析対象として設定し、安保会議の人事政策について検討する。

1-3. エリツィン政権第1期の人事政策

初代安保会議書記に任命されたスコーコフ[21]は、1938年6月16日、ヴラジヴァストーク（ウラジオストク）生まれで[22]、1961年にレニングラード電気工業大学を卒業した。研究活動に従事した後、1989年にソ連邦人民代議員に当選し、ロシア共和国大臣会議第1副議長、地域問題・対外経済関係調整担当国家顧問などを歴任した[23]。また、第1章で言及したように、彼は「ロシア共和国安全保障会議の地位、機構及び活動手続きに関する提案の策定に関する大統領附属委員会」の書記を務めており、安保会議の創設に際して、最高会議とともに主導的な役割を果たしたものとみられる。スコーコフの初代書記職への任命は、同氏が策定委員会書記職にあったためであると考えられる[24]。

黎明期における安保会議委員の人事政策の特徴（表2-1、2）は、1993年のいわゆる「10月事件」に象徴される政治的混乱を背景とした閣僚の頻繁な

交代と委員の任免制度の変更、それに伴う安保会議・連邦議会関係の変容である（第1章）。閣僚の頻繁な交代は、委員人事に直接的に反映され、統計分析の結果にも表れている（本章第3節）。

　また、1993年12月の任免制度の変更により、大統領の委員人事に関する裁量範囲は拡大し、連邦議会両院の議長は、94年1月の段階で大統領によって、安保会議非常任委員に任命された。その上、翌95年1月には、議決権のある常任委員に格上げされている[25]。こうした安保会議と連邦議会の関係性は、2000年以降のプーチン政権において急速に変化したというよりも、1990年代の安保会議人事政策から一定の連続性があると考えられる。

1-4. エリツィン政権第2期の人事政策

　表2-3、4にあるように、エリツィン政権2期目の人事政策においては、とくに政府議長（首相）と安保会議書記が頻繁に交代した。この時期、首相の人事案は、国家会議（下院）でたびたび否決され、98年3月の初の政府総辞職に伴うキリエーンコの人事案は3回目の投票で承認された[26]。また、その直後、8月の金融危機を受けたチェルノムィールジンの人事案（再登板）は、2回拒否され、やむなくエリツィンは、野党に妥協する形で人事案そのものを取り下げ、代わりにプリマコーフ外相を首相に起用した[27]。

　1996年の大統領選挙第1回目の投票において、エリツィンと争ったレーベジは、安保会議書記への任命と引き換えに、決選投票におけるエリツィン支持を表明した[28]。安保会議書記職が政治利用されるなか、96年7月25日には、安保会議と並んで、国防会議が設置された。先行研究によると、国防会議設置の背景には、レーベジ率いる安保会議の役割を低下させようとするエリツィンの思惑に加え、軍に対する監察機能の強化があったという[29]。また、安保会議と国防会議という類似した組織の存在と両者の管轄事項の曖昧さによって、安保会議とそのリーダー（書記）の権威は蝕まれたとの指摘もある[30]。

　国防会議は、大統領令によって設置され、憲法上のステータスを持たない国家機関で、その地位と職務については、「軍建設分野における大統領の決定及び国防政策の戦略的諸問題に関する安保会議の決定事項の実現の準備を

表 2 - 1：黎明期の安保会議人事政策（1）

	1992 年 6 月末日	人事の変遷
根拠法令	92 年安保法 14 条 4 項、5 項、92 年 5 月 22 日付最高会議決定 2816-Ⅰ、同年 4 月 3 日付大統領令 N352、同年 6 月 15 日付 N633	
議長	エリツィン（Ельцин, Б. Н.）大統領	
常任委員	ガイダール（Гайдар, Е. Т.）閣僚会議議長代行	チェルノムィールジン（Черномырдин, В. С.）閣僚会議議長（92 年 12 月 14 日付大統領令 N1567）
	スコーコフ（Скоков, Ю. В.）安保会議書記	⇒ 93 年 5 月 10 日解任（大統領令 N645）、第 2 代安保会議書記にシャーポシニコフ（Шапошников, Е. И.）（93 年 6 月 11 日付大統領令 N917）⇒同年 9 月 18 日解任（大統領令 N1396）、第 3 代長官にローボフ（Лобов, О. И.）（同日付大統領令 1397）
	ルツコーイ（Руцкой, А. В.）副大統領	⇒ 93 年 9 月 1 日停職（大統領令 N1328）、同年 10 月 3 日解任（大統領令 N1576）
	フィラートフ（Филатов, С. А.）最高会議第 1 副議長	⇒ 93 年 1 月 19 日解任（最高会議決定 4388-Ⅰ）、同氏は大統領府長官に任命される（同年 1 月 19 日付大統領令 N96）ただし安保会議委員には含まれない
非常任委員	ニチャーエフ（Нечаев, А. А.）経済大臣	⇒ 93 年 3 月 25 日解任（大統領令 N399）、後任の経済大臣にローボフ（Лобов, О. И.）（93 年 4 月 15 日付大統領令 N445）、閣僚会議第 1 副議長を兼任⇒ 93 年 9 月 18 日解任（大統領令 N1394）
	ダニーロフ・ダニリヤン（Данилов-Данильян, В. И.）環境・自然資源大臣⇒環境保護・自然資源大臣（92 年 9 月 30 日付大統領令 N1148、同年 11 月 12 日付 N1353）	
	バルチューク（Барчук, В. В.）財務大臣	⇒ 93 年 3 月 25 日解任（大統領令 N400）、後任の財務大臣にフョードロフ（Фёдоров, Б. Г.）（同日付大統領令 N401）閣僚会議副議長を兼任
	ヴァラビヨーフ（Воробьёв, А. И.）保健大臣	⇒ 92 年 10 月 23 日解任（大統領令 N1287）
	グラチョーフ（Грачёв, П. С.）国防大臣	
	コーズィレフ（Козырев, А. В.）外務大臣	
	バラーンニコフ（Баранников, В. П.）保安大臣	⇒ 93 年 7 月 27 日解任（大統領令 N1142）、後任の保安大臣にゴルーシコ（Голушко, Н. М.）（同年 9 月 18 日付大統領令 N1399）
	プリマーコフ（Примаков, Е. М.）対外諜報庁長官	
	イェーリン（Ерин, В. Ф.）内務大臣	
	フョードロフ（Фёдоров, Н. В.）法務大臣	⇒ 93 年 3 月 24 日解任（大統領令 N380）、後任の法務大臣にカルムィコーフ（Калмыков, Ю. Х.）（同年 8 月 5 日付大統領令 N1214）
		シャフラーイ（Шахрай, С. М.）政府副議長 兼 連邦・民族問題に関する国家委員会委員長、92 年 11 月 11 日付大統領令 N1348、同年 11 月 24 日付最高会議決定 3991-Ⅰ
		ニチャーエフ（Нечаев, Э. А.）保健大臣 兼 ロシア連邦軍衛生局長（92 年 12 月 23 日付大統領令 N1618）

（筆者作成）

表 2-2：黎明期の安保会議人事政策（2）

	93年「10月事件」直後～ エリツィン政権第1期目	人事の変遷
根拠法令	93年10月20日付大統領令N1688	
議長	エリツィン（Ельцин, Б. Н.）大統領	
常任委員	チェルノムィールジン（Черномырдин, В. С.）閣僚会議議長	93年憲法制定後の職名は、政府議長
	ローボフ（Лобов, О. И.）安保会議書記	⇒解任（96年6月16日付大統領令N922、同月20日付大統領令N953）、安保会議書記の後任にレーベジ（Лебедь, А. И.）（同年6月18日付大統領令N924）国家安全保障問題担当大統領補佐官を兼任
		シュメーイコ（Шумейко, В. Ф.）連邦会議議長（94年1月23日付大統領令N1145）非常任委員⇒常任委員（95年1月10日付大統領令N22）⇒解任（96年2月6日付大統領令N159）
		ルィーブキン（Рыбкин, И. П.）国家会議議長（94年1月23日付大統領令N1012）非常任委員⇒常任委員（95年1月10日付大統領令N23）⇒解任（96年2月6日付大統領令N158）
非常任委員	ガイダール（Гайдар, Е. Т.）閣僚会議第1副議長 兼 経済大臣	⇒94年1月31日解任（大統領令N233）
	ダニーロフ・ダニリヤン（Данилов-Данильян, В. И.）環境・天然資源大臣	⇒94年1月31日解任（大統領令N233）
	フョードロフ（Фёдоров, Б. Г.）閣僚会議副議長 兼 財務大臣	⇒94年1月31日解任（大統領令N233）、財務相はしばらく安保会議委員に任命されず、95年1月にパンスコフ（Пансков, В. Г.）が非常任委員に任命される（95年1月16日付大統領令N46）
		ニカラーエフ（Николаев, А. И.）ロシア連邦国境軍総司令官（94年4月18日付大統領令N795）
	グラチョーフ（Грачев, П. С.）国防大臣	⇒解任（96年6月20日付大統領令N953）
	コーズィレフ（Козырев, А. В.）外務大臣	⇒解任（96年2月6日付大統領令N157）、後任の外務大臣にプリマコーフ（Примаков, Е. М.）（96年1月9日付大統領令23号、同年2月6日付大統領令N157）
	ゴルーシコ（Голушко, Н. М.）保安大臣⇒連邦防諜庁長官（94年1月31日付大統領令N233）	⇒解任（94年2月28日付大統領令N399、96年6月20日付大統領令N953）、後任の連邦防諜庁長官にステパーシン（Степашин, С. В.）（同年3月3日付大統領令N444、同月17日付大統領令N548）⇒95年4月12日以降、職名は連邦保安庁長官に変更⇒解任（95年7月7日付大統領令N684）、後任の連邦保安庁長官にバルスコーフ（Барсуков, М. И.）（95年8月1日付大統領令N793）⇒解任（96年6月25日付大統領令N984）
	プリマコーフ（Примаков, Е. М.）対外諜報庁長官	⇒解任（96年1月9日付大統領令23号、同年2月6日付大統領令N157）、同氏は外務大臣に就任。後任の対外諜報庁長官にトルーブニコフ（Трубников, В. И.）（96年2月6日付大統領令N160）
	イェーリン（Ерин, В. Ф.）内務大臣	⇒解任（95年7月7日付大統領令N684）、後任の内務大臣にクリコーフ（Куликов, А. С.）（同大統領令）
	カルムィコーフ（Калмыков, Ю. Х.）法務大臣	⇒解任（94年12月7日付大統領令N2158）、後任の法務大臣にコヴァリョーフ（Ковалёв, В. А.）（95年4月24日付大統領令N404）
	シャフラーイ（Шахрай, С. М.）閣僚会議副議長 兼 連邦・民族問題に関する国家委員会委員長	⇒解任（96年1月18日付大統領令61号）
	ニチャーエフ（Нечаев, Э. А.）保健大臣	
		ショイグー（Шойгу, С. К.）（94年1月31日付大統領令N233）
		ミハーイロフ（Михайлов, В. Н.）原子力大臣（95年7月7日付大統領令N684）

（筆者作成）

表２−３：エリツィン政権第２期の安保会議人事政策（1）

エリツィン政権第2期 （96年7月〜）		人事の変遷
根拠法令	96年7月31日付大統領令N1121	
議長	エリツィン（Ельцин, Б. Н.）大統領	
常任委員	チェルノムィールジン（Черномырдин, В. С.）政府議長	⇒解任（98年3月23日付大統領令N281、同年5月26日付大統領令N592）、後任の政府議長にキリエーンコ（Кириенко, С. В.）（同大統領令N592）⇒解任（98年10月1日付大統領令N1174）
	レーベジ（Лебедь, А. И.）安保会議書記 兼 国家安全保障問題担当大統領補佐官	⇒解任（96年10月17日付大統領令N1449）、後任の安保会議書記にルィーブキン（Рыбкин, И. П.）（同月17日大統領令N1462）⇒解任（98年3月2日付大統領令N210）、後任にココーシン（Кокошин, А. А.）（同日付大統領令N212）⇒解任（98年9月10日付大統領令N1061）、後任にボルジュージャ（Бордюжа, Н. Н.）（同月14日付大統領令1098、同年10月1日付大統領令N1174）
	コヴァリョーフ（Ковалёв, Н. Д.）連邦保安庁長官	⇒解任（98年10月1日付大統領令N1174）、後任にプーチン（Путин, В. В.）（同大統領令）
	プリマコーフ（Примаков, Е. М.）外務大臣	⇒政府議長に職名変更（98年10月1日付大統領令N1174）
	ロジオーノフ（Родионов, И. Н.）国防大臣	⇒解任（97年6月14日付大統領令N576）、後任の国防大臣にセルゲーエフ（Сергеев, И. Д.）（同年7月4日付大統領令N680）
非常任委員		ユマーシェフ（Юмашев, В. Б.）大統領府長官（97年5月22日付大統領令N508）
	クラピーヴィン（Крапивин, Ю. В.）連邦警備庁長官	
	ミハーイロフ（Михайлов, В. Н.）原子力大臣	⇒解任（98年3月2日付大統領令N210）
	パク（Пак, З. П.）国防産業大臣	
	クリコーフ（Куликов, А. С.）内務大臣	⇒解任（98年5月26日付大統領令N592）
	コヴァリョーフ（Ковалев, В. А.）法務大臣	⇒解任（97年7月21日付大統領令N749）、後任の法務大臣にステパーシン（Степашин, С. В.）（同日付大統領令N750）⇒内務大臣に職名変更（98年5月26日付大統領令N592）
	ニカラーエフ（Николаев, А. И.）連邦国境警備庁長官	⇒解任（98年3月2日付大統領令N215）、後任にボルジュージャ（Бордюжа, Н. Н.）（同大統領令）⇒解任（98年9月14日付大統領令N1098、同年10月1日付大統領令N1174）
	トルーブニコフ（Трубников, В. И.）対外諜報庁長官	
	パンスコーフ（Пансков, В. Г.）財務大臣	⇒解任（96年9月18日付大統領令N1366）、後任の財務大臣にリーフシツ（Лившиц, А. Я.）（同大統領令）、政府副議長を兼任⇒解任（97年3月17日付大統領令N250）、後任にチュバーイス（Чубайс А. Б.）、その後、ザドールノフ（Задорнов, М. М.）（98年1月28日付大統領令N99）
	ショイグー（Шойгу, С. К.）民間防衛問題・緊急事態・災害復旧大臣	
		オーシポフ（Осипов, Ю. С.）ロシア科学アカデミー総裁（97年3月10日付大統領令N203）
		ニェムツォーフ（Немцов, Б. Е.）政府第1副議長 兼 燃料・エネルギー大臣（97年5月22日付大統領令N508）⇒政府第1副議長に職名変更（98年1月28日付大統領令N99）⇒解任（98年10月1日付大統領令N1174
		チュバーイス政府第1副議長 兼 財務大臣（97年5月22日付大統領令N508）⇒政府第1副議長に職名変更（98年1月28日付大統領令N99）⇒解任（98年5月26日付大統領令N592）

（筆者作成）

表 2-4：エリツィン政権第 2 期の安保会議人事政策（2）

	エリツィン政権第 2 期（98 年 11 月〜）から プーチン大統領臨時代行	人事の変遷
根拠法令	98 年 11 月 18 日付大統領令 N1418	
議長	エリツィン（Ельцин, Б. Н.）大統領	任期満了前の辞任、プーチン大統領臨時代行 兼 政府議長（99 年 12 月 31 日付大統領令 N1761、N1762）
常任委員	ボルジュージャ（Бордюжа, Н. Н.）安保会議書記	⇒大統領府長官を兼任（98 年 12 月 31 日付大統領令 N1764）⇒安保会議書記及び大統領府長官解任（99 年 3 月 19 日付大統領令 N371）、後任の安保会議書記にプーチン連邦保安庁長官（兼任）⇒セルゲイ・イワノーフ（Иванов, С. Б.）（99 年 11 月 15 日付大統領令 N1527）
	プリマコーフ（Примаков, Е. М.）政府議長	⇒解任（99 年 6 月 14 日付大統領令 N749）、後任にステパーシン（Степашин, С. В.）（同大統領令）⇒解任（99 年 11 月 15 日付大統領令 N1528）、下記の通りプーチンが代行
	プーチン（Путин, В. В.）連邦保安庁長官	⇒安保会議書記を兼任（99 年 3 月 29 日付大統領令 N386、99 年 4 月 13 日付大統領令 N466）⇒政府議長臨時代行 兼 政府第 1 副議長（99 年 8 月 9 日）、政府議長（同月 16 日）（99 年 11 月 25 日付大統領令 N1528 において職名変更）
		パートルシェフ連邦保安庁長官臨時代行（99 年 8 月 9 日付大統領令 N1013）、同長官・常任委員（同月 17 日付大統領令 N1068、99 年 11 月 25 日付大統領令 N1528）
	イーゴリ・イワノーフ（Иванов, И. С.）外務大臣	
	セルゲーエフ（Сергеев, И. Д.）国防大臣	
非常任委員	グーストフ（Густов, В. А.）政府第 1 副議長	⇒解任（99 年 6 月 14 日付大統領令 N749）、アクショーネンコ（Аксёненко, Н. Е.）政府第 1 副議長（同大統領令）⇒解任（2000 年 2 月 3 日付大統領令 N301）
	マスリュコーフ（Маслюков, Ю. Д.）政府第 1 副議長	
	クラピーヴィン（Крапивин, Ю. В.）連邦警備庁長官	
	アダーモフ（Адамов, Е. О.）原子力大臣	
	ステパーシン（Степашин, С. В.）内務大臣	⇒解任（99 年 6 月 14 日付大統領令 N749）、後任にルシャーイロ（Рушайло, В. Б.）（99 年 6 月 14 日付大統領令 N749）
	クラシェニーンニコフ（Крашенинников, П. В.）法務大臣	⇒解任（99 年 11 月 15 日付大統領令 N1528）、後任にチャーイカ（Чайка, Ю. Я.）（同大統領令）
	トーツキー（Тоцкий, К. В.）連邦国境警備庁長官	
	トループニコフ（Трубников, В. И.）対外諜報庁長官	
	ザドールノフ（Задорнов, М. М.）財務大臣	⇒解任（99 年 6 月 14 日付大統領令 N749）、後任にカシヤーノフ（Касьянов, М. М.）（同大統領令）⇒政府第 1 副議長 兼 財務大臣に職名変更（2000 年 2 月 3 日付大統領令 N301）
	ユマーシェフ（Юмашев, В. Б.）大統領府長官	⇒解任（98 年 12 月 7 日付大統領令 N1484、99 年 4 月 13 日付大統領令 N466）、後任にヴォローシン（Волошин, А. С.）（99 年 4 月 13 日付大統領令 N466）
	スタロヴォーイトフ（Старовойтов, А. В.）連邦政府通信・情報局長	⇒解任（99 年 4 月 13 日付大統領令 N466）、後任にシェルスチューク（Шерстюк, В. П.）（同大統領令）⇒解任、後任にマチューヒン（Матюхин）（同大統領令 N749）
	ショイグー（Шойгу, С. К.）民間防衛問題・緊急事態・災害復興大臣	⇒政府副議長 兼 民間防衛問題・緊急事態・災害復旧大臣に職名変更（2000 年 2 月 3 日付大統領令 N301）
	オーシポフ（Осипов, Ю. С.）ロシア科学アカデミー総裁	
		セレズニョーフ（Селезнёв, Г. Н.）連邦議会国家会議議長（99 年 4 月 13 日付大統領令 N466）
		ストローエフ（Строев, Е. С.）連邦議会連邦会議議長（99 年 4 月 13 日付大統領令 N466）
		フリースチェンコ（Христенко, В. Б.）政府第 1 副議長（99 年 6 月 14 日付大統領令 N749）⇒解任（2000 年 2 月 3 日付大統領令 N301）
		シャポヴァリヤンツ（Шаповальянц, А. Г.）経済大臣（99 年 6 月 14 日付大統領令 N749）

（筆者作成）

行う常設の審議機関である」[31]と定められている。議長は大統領が務め、副議長にはチェルノムィールジン首相、国防会議書記には、宇宙飛行士のバトゥーリン（Батурин, Ю. М.）大統領補佐官が任命された。

　委員には、内務・外務・国防省、連邦保安庁、対外諜報庁など主要省庁の大臣・長官、次官クラスのほか、大統領府長官、国務長官 兼 国防第1次官、ロシア軍参謀総長 兼 国防第1次官、そして、安保会議書記のレーベジも含まれ、会議は総勢18名から構成されることとなった[32]。

　また、国防会議事務機構の定員は53名で、そのうち最大25名については軍人・内務省職員をあてることができた[33]。一方、この時期の安保会議事務機構の定員は183名（うち軍からの出向者は最大30名）[34]で、機構・定員上の規模には大きな差がある。

　こうした点を考慮すると、国防会議は、軍事安全保障に特化した、安保会議の下位の機関と位置づけられよう。エリツィンは、レーベジのプレゼンス増大を警戒したというよりも、大統領の軍に対する監督機能を強化する狙いで国防会議を設置したものと考えられる。

　1996年8月末、チェチェン紛争の停戦合意（ハサヴユルト協定の締結）によるレーベジの政治的な影響力の増大に際して、エリツィンは人事権を行使してこれに対処し、同年10月、レーベジは安保会議書記から解任された。

　エリツィン政権2期目になって、安保会議常任委員の陣容がある程度固まり、主として首相、安保会議書記、外務・国防大臣、連邦保安庁長官から構成されることとなった。ただし、閣僚の交代は頻繁で、1996年7月から1999年12月までの3年5カ月間に、安保会議書記は5回交代し、プーチンを含む6名がこの職に任命された。

　また、ロシア科学アカデミー総裁のオーシポフは、1997年3月に非常任委員に任命されて以来、第2次プーチン政権下の2013年7月に委員を解任されるまで、およそ16年間にわたって委員を務めた[35]。学術機関のトップが「顧問」などではなく、正式な委員として安保会議の「内側」に入ることは、ロシア安保会議の特徴の一つであり、安保会議による決定の正当性を高める目的のほか、学術研究を通じて安保会議をサポートする安保会議附属学術会議と安保会議・会議体との連携を促すための人事政策と考えられる。

同時に安保会議におけるロシア科学アカデミー関係者の処遇は、現代ロシアにおける政治と学術の関係性を物語る人事でもある[36]。プーチン政権が「改革」と称して、学術界に対する締め付けを強化する 2013 年 7 月には、ロシア科学アカデミー総裁が安保会議委員から外れ、のちに政権に近いクラースニコフが総裁に就任すると、再びロシア科学アカデミー総裁は安保会議委員のメンバーシップを獲得する。

2. プーチンとクレムリン──政治改革と「垂直権力」の構築

2-1. モスクワの中央政界へ

　1998 年 10 月には、のちに第 2 代ロシア連邦大統領に就任するプーチンが、連邦保安庁長官として常任委員に任命され、安保会議入りを果たす[37]。レニングラード市出身のプーチンは、1968 年に第 193 学校（8 年間教育）を卒業後、化学に特化した第 281 学校に通い、1975 年にレニングラード国立大学法学部を卒業する。卒業と同時に KGB 職員としてレニングラード支局に配属、総務課付としてキャリアを歩み始め、KGB 第 401 学校（現 FSB サンクト・ペテルブルク学校）やジェルジーンスキ高等学校（現 FSB アカデミー）への入校と支局勤務を繰り返し、1984 年には KGB 赤旗大学（現対外諜報アカデミー、SVR アカデミー）への入校を果たす。1985 年には東独ドレスデンに派遣されたが、彼の任期は、東独の指導部が力を失う過程と重なった。1990 年に在外任務が完了するまでには、妻リュドミラとの間に長女マリアと次女カテリーナの 2 人の娘が生まれた。1990 年にレニングラードに戻ると、母校レニングラード国立大学学長の国際問題担当補佐官に就任した。その後、サプチャーク（Собчак, А. А.）市長のもとで、対外関係委員会議長、サンクト・ペテルブルク市政府第 1 副議長などを務めた[38]。彼がペテルブルクからモスクワへ移るのは 1996 年 8 月で、ボロディーン（Бородин, П. П.）や旧知のチュバーイス（Чубайс, А. С.）、クードリン（Кудрин, А. Л.）の力添えで、大統領総務局次長としてクレムリンに入る[39]。

　大統領総務局は管財部門であり、大統領管轄の保養地、病院、出版・印刷所、車輌部門、政府専用機の管理まで幅広い任務を与えられた執行権力機関

である。連邦警護庁（FSO）などとともに、大統領による内政・外交上の活動を直接に支援する重要部局として位置づけられる。翌97年3月には、大統領府次官 兼 大統領監督総局長に任命され[40]、連邦構成主体との間で締結する権限区分条約問題を担当することとなり、この時期の経験が第1次プーチン政権における中央集権化政策の遂行に影響したとされる[41]。

　同時に、このような中央集権化政策は、エリツィン政権期からの連続性を有する[42]点にも留意しなければならない。とくに1999年初頭、「連邦関係の発展問題に関する全ロシア会議」におけるプリマコーフ（Примаков, Е. М.）首相の提案（プリマコーフ提案）は、垂直的な執行権力機関の不在を指摘した上で、これを改めるために、連邦構成主体の合併と連邦構成主体首長の任命制の導入を提案している。この提案はエリツィン政権期にこそ実現しなかったものの、急速な分権化に歯止めをかけようとする政権中枢の試みは、エリツィン政権末期における一連の立法活動に反映された[43]。この過程では大統領監督総局長のプーチンとその後任であるパートルシェフ（Патрушев, Н. П.）、検察出身のリーソフ（Лисов, Е. К.）らが政策の策定に関与したとみられる[44]。

　プーチンは、1998年5月に大統領府第1次官[45]、同年7月には連邦保安庁長官[46]となり、この後、うなぎ上りの出世を果たす。彼は、連邦保安庁長官として、同庁の大規模な機構改編と人員削減を断行し[47]、とくに力を入れていた経済犯罪局の改革では、同局を経済安全保障局に改組の上、局長にパートルシェフを登用した[48]。

　プーチンは、その後1999年3月から約4カ月にわたって安保会議書記と連邦保安庁長官を兼任した後、同年8月には、政府第1副首相、直後に首相臨時代行、その後、国家会議の承認を得て正式に首相に就任する[49]。1999年12月31日には、健康上の理由によりエリツィン大統領が任期満了前に職を辞することとなり、プーチン首相は、大統領臨時代行に就任する[50]。この日の国民向け演説において、プーチン大統領臨時代行は「ロシアの法令と連邦憲法の枠組みから逸脱する、いかなる試みも例外なく阻止されることを警告したい」と述べ[51]、憲法秩序を重視する姿勢を明確にした。

　この人事の過程で、プーチンが政府第1副首相に就任する際、連邦保安庁長官の後任には、パートルシェフが就いた[52]。表2−5に示したように、プー

表2-5：プーチンとパートルシェフのプロフィール

	プーチン	特筆すべき事項	パートルシェフ
出生	1952年10月7日 レニングラード市	サンクト・ペテルブルク出身	1951年7月11日 レニングラード市
学歴	1975年 レニングラード国立大学法学部卒		1974年 レニングラード造船大学計器製造学部卒
初期のキャリア形成	1975年 国家保安委員会（KGB）、モスクワで特殊訓練後、レニングラード支局防諜部門、85年-90年 東独ドレスデン勤務	治安機関出身でKGBレニングラード支局勤務時に知り合う	1974年 国家保安委員会、ミンスク・モスクワにおいて研修（KGB高等課程修了）後、レニングラード支局防諜部門へ。その後、密輸・汚職対策部門を統括
ソ連邦からロシア連邦へ体制転換	レニングラード国立大学学長国際問題担当補佐官等、91年6月、レニングラード市対外関係委員会議長、その後96年までペテルブルク市政府第1副議長を兼任		92年、連邦防諜庁カレリア地域支局長、カレリア共和国保安相 93年、連邦議会委員候補を辞退
首都モスクワへ	96年8月、大統領府総務局次長		94年、連邦防諜庁（後に連邦保安庁）本庁勤務、連邦防諜監察局長、連邦保安庁組織・人事局次長 兼 局付首席組織監察官
1997年3月	大統領府次官 兼 監督総局長	連邦保安庁のほか、中央・地方関係制度を扱う大統領府の部局に勤務	連邦保安庁本庁局長級
1998年5月	大統領府第1次官⇒連邦保安庁次長、98年7月に連邦保安庁長官（安保会議委員）		大統領府次官 兼 大統領府監督総局長⇒98年10月に連邦保安庁次長 兼 経済安全保障局長
1999年3月	安全保障会議書記（連邦保安庁長官を兼任）⇒政府第1副議長、政府議長臨時代行、政府議長（99年8月）⇒大統領臨時代行（99年12月）		連邦保安庁長官第1次長（99年4月）、連邦保安庁長官（安保会議委員）（99年8月）
大統領就任 2000年5月	第1次プーチン政権	FSBによる国内治安対策、政治的安定性の確保	連邦保安庁長官（安保会議委員）
2008年5月から 2012年5月	タンデム政権（08年〜12年）首相	2010年には安保法制整備	安全保障会議書記
2012年5月から 2024年5月	第2次プーチン政権	安保会議は16年にわたりパートルシェフ体制	安全保障会議書記
2024年5月以降	第3次プーチン政権	安保会議書記は引退も、国家海洋政策および造船分野を任される	大統領補佐官

出典：長谷川（2016b）の表1および長谷川（2023b）の表3-1を基に作成。網掛け部分は、両者に共通する職歴を指す。

パートルシェフ
(出典) Президент России, http://kremlin.ru/events/security-council/72618/photos/73402

チンの後任ないしプーチンが重要視している職には、パートルシェフが就いており、このことは、プーチンが、同じ属性（治安機関出身、サンクト・ペテルブルク出身）を持つパートルシェフに極めて強い信頼を寄せていた証左であろう。

2–2. プーチン大統領臨時代行による安保会議事務機構の増強

大統領選挙直前の2000年2月26日、プーチン大統領臨時代行は、安保会議事務機構[53]の機構改編を行い[54]、専門局として北カフカース地域安全保障問題局を新設した[55]。同局は、前年の99年秋からはじまった第2次チェチェン紛争への対応能力を強化する目的で設置されたものと見られる。

安保会議事務機構は、大統領府の外局として設置されており[56]、1992年6月の段階では、官房、情報分析センター、計画調整局、戦略安全保障局から構成され[57]、発足当初の定員は10名程度といわれるが[58]、その後は肥大化する傾向にある。すなわち96年7月には、官房、国防安全保障局、社会・連邦安全保障局、経済安全保障局、情報安全保障・戦略予測局の官房ほか4局体制に改編され[59]、97年7月には、官房、国防安全保障局、国民の権利・社会安全保障局、経済安全保障局、情報安全保障・戦略保障局、国際安全保障局、連邦憲法安全保障局の官房ほか6局体制となった[60]。さらに98年3月には、官房、国防産業安全保障局、国内・社会安全保障局、経済安全保障局、情報問題安全保障局、国際関係局、軍建設局、軍監察局の官房ほか7局体制に増強された[61]。また、99年3月には、国防産業安全保障局が軍事技術協力局、経済安全保障局が経済・産業安全保障局、情報問題安全保障局が情報安全保障局、国際関係局が国際安全保障局にそれぞれ名称変更がなされた[62]。

エリツィン政権第2期からプーチン政権発足当時の大統領府では、組織の

図2−1：安保会議事務機構[63]

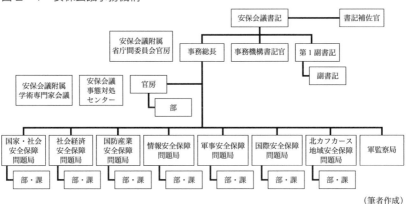

(筆者作成)

スリム化が行われており[64]、大まかな分類においては、部局数だけでも40部局から22部局に削減されている[65]。こうした動きは、安保会議事務機構の職員定数にも反映され、98年2月には定員が182名に[66]、99年3月には175名に削減されており[67]、これらは大統領府全体のスリム化の一環とみられる[68]。

一方、プーチン政権発足直後の2000年5月末には、安保会議第1副書記を2名体制（1名増員）とし[69]、同年10月には安保会議事務機構の職員数を28名増員し、204名とした[70]。エリツィン大統領が政権末期に4回にわたって事務機構職員数の削減を指示していたが、実際には実員が定員を超えていたものと考えられる。プーチンはこうした法整備を通じて、法令上の定員を実態に合わせるとともに、従来の事務機構職員の削減方針を転換した。

2-3. 第1次プーチン政権

第1次プーチン政権1期目の安保会議人事において特徴的なことは、大統領就任直後の2000年5月27日付大統領令第967号において、すべての連邦管区大統領全権代表を非常任委員として安保会議に加えたことである。この時期、クレムリンは、ロシア全土を7つの連邦管区に区割りして、それぞれに大統領全権代表を配置する連邦管区制を導入し、中央集権化を推進していた。

中央集権化政策における安保会議の役割については、本章第4節で詳細に

第2章　エリツィンからプーチンへ　59

検討するが、この人事政策を通じて、すべての連邦管区大統領全権代表と中央政府の首脳が一堂に会する安保会議には、中央と地方の連絡・調整機関としての機能が新たに加わった。安保会議では、大統領全権代表が地方の実態を政府首脳に直接伝達することが可能である一方、中央政府も全権代表を通じて、中央の政策を地方に周知し、進捗状況を監督することが可能となった。

　また、第1次プーチン政権1期目の政府人事の特徴として、プーチンに近いサンクト・ペテルブルク出身者やFSBを中心とした治安機関出身者が要職に登用されたことが挙げられる[71]。のちに国家官僚の育成システムが整備されるにつれて、こうした傾向は徐々に変化をみせ、必ずしもペテルブルク出身者や純粋なFSB出身者に限られない人材登用がなされるようになるが、初期のプーチン政権では、主要閣僚と連邦管区大統領全権代表の多くは、基本的にこうしたバックグラウンドを有する。

　例えば、レーベジェフ（Лебедев, С. Н.）は対外諜報機関出身で、ソ連時代を含む長い期間ドイツに駐在しており、1986年から1990年まで国家保安委員会（KGB）第1総局の対外諜報員として東独のドレスデンに勤務していたプーチンとは同僚であった[72]。また、セルゲイ・イワノーフ（Иванов, С. Б.）はプーチンが連邦保安庁長官であったとき、連邦保安庁次官を務めた人物であり、ソ連時代の1976年から77年にかけて、国家保安委員会レニングラード支局においてプーチンと同じ部局に勤務していた[73]。のちに大統領となるメドヴェージェフ（Медведев, Д. А.）もレニングラード市ソヴィエト執行委員会で勤務していた時代から、プーチンとは上司と部下の関係にあった[74]。ほかにも、パートルシェフ、イーゴリ・イワノーフ（Иванов, И. С.）など、以前からプーチンと同僚、もしくは上司と部下の関係にあった人物が主要閣僚や安保会議常任委員に任命されている。

　また、いわゆるサンクト・ペテルブルク派のなかでも、エリート同士の深いつながりがあるようだ。例えば、連邦保安庁長官（当時）のパートルシェフと国家会議議長（当時）のグルィズローフ（Грызлов, Б. В.）は、ともにペテルブルクの名門校である第211学校出身で、クラスまで同じであった[75]。国家保安委員会高等課程を修了し、連邦警護庁次長などを歴任したスミルノーフ（Смирнов, С. М.）連邦保安庁第1次長も第211学校出身で、パートルシ

ェフらと同期である[76]。さらに、連邦管区大統領全権代表と安保会議非常任委員を務めたクレバーノフ（Клебанов, И. И.）、パルターフチェンコ（Полтавченко, Г. С.）、マトヴィエーンコ（Матвиенко, В. И.）もサンクト・ペテルブルク出身者である[77]。

　このように、第1次プーチン政権1期目には安保会議人事は大幅に刷新され、サンクト・ペテルブルク出身者で固められた。ただし、カシヤーノフ（Касьянов, М. М.）はモスクワ出身の経済官僚で、エリツィン政権期には財務大臣などを歴任した人物である[78]。また、ヴォローシン（Волошин, А. С.）は「エリツィン・ファミリー」系財閥の総帥ベレゾーフスキ（Березовский, Б. А.）に近いとされ[79]、両者ともいわゆるサンクト・ペテルブルク派ではない点を見逃してはならない。全体的な傾向として、少なくともプーチン政権第1期の終わり頃（2003年12月）までは、エリツィン大統領を中心としたネットワークは一定の影響力を維持し、2004年に発足した政権2期目になって、プーチン大統領を中心としたネットワークに属する者が入閣しやすい政治秩序が形成された[80]。

　こうした政治秩序の変容は、安保会議の人事政策にも大きな影響を及ぼした。安保会議常任委員は、1996年7月31日付大統領令第1121号によって規定された人事以来、基本的に首相、安保会議書記、外務大臣、国防大臣および連邦保安庁長官の5人体制であったが、2004年5月に発足した第1次プーチン政権2期目においては、グルィズローフ国家会議議長、イーゴリ・イワノーフ安保会議書記、セルゲイ・イワノーフ国防大臣、ラヴローフ（Лавров, С. В.）外務大臣、レーベジェフ（Лебедев, С. Н.）対外諜報庁長官、メドヴェージェフ大統領府長官、ミローノフ（Миронов, С. М.）連邦会議議長、ヌルガリーエフ（Нургалиев, Р. Г.）内務大臣、パートルシェフ連邦保安庁長官、フラトコーフ（Фрадков, М. Е.）首相の10名が常任委員に任命され、その数は倍増した。

　国防大臣と連邦保安庁長官は従来から常任委員の地位にあったが、対外諜報庁長官と内務大臣が新たに非常任委員から常任委員に格上げされたことによって、常任委員による対策会合にシロヴィキの長が揃うこととなった[81]。

　これは2002年10月のモスクワ劇場占拠事件など、2000年代初頭から首都

モスクワを含む国内各地でテロ事件が相次ぎ、その対策がプーチン政権の最重要課題となったことに起因しているものといわれる[82]。前述の通り、安保会議には各連邦管区の政治・経済・社会情勢を大統領に報告する義務のある連邦管区大統領全権代表が非常任委員として加わっており、こうした人事政策を通じて安保会議の国内治安、防諜および対外諜報に係る機能が一層強化された。

2-4. 治安機関改革と安保会議

2004 年の安保会議・会議体の体制強化に先立ち、2003 年 3 月には、国境警備・国内治安を担当する連邦執行権力機関の大規模な再編が実施された[83]。3 月 11 日付ロシア連邦大統領令第 308 号では、連邦国境警備庁[84]と大統領附属連邦政府通信・情報局[85]が廃止された。前者は、1993 年 12 月 30 日に発足した、ロシア連邦国境警備軍[86]（92 年 6 月 12 日発足、当初は保安省の一部局であった）を管轄する連邦執行権力機関で、設置当初は、連邦国境警備庁－ロシア連邦国境軍総司令部[87]、94 年 12 月 30 日には、ロシア連邦国境警備庁と改称した。後者は、政府秘匿回線の管理・運用のみならず、通信・情報網を使って諜報活動を行う大統領直轄の連邦政府執行権力機関である。

その前身はともに国家保安委員会（KGB）で、2003 年の治安機関改革において、国境警備軍は、新設の連邦保安庁国境警備局に移管された。また、大統領附属連邦政府通信・情報局の任務は、連邦保安庁、対外諜報庁、新設の連邦警備庁特殊通信・情報局[88]にそれぞれ移管された。

2003 年の治安機関改革のなかで注目すべき点としては、連邦警護庁が独立官庁として維持されたことに加え、連邦保安庁（FSB）の任務拡大が挙げられる。連邦国境警備庁が連邦保安庁の一部門となったことで、とくに海上警備部門の地位の低下が指摘されるとともに、漁業利権をめぐる深刻な汚職問題も継続して政権の政策課題となっている[89]。多種多様な政策領域を所掌する巨大な国家官僚機構である FSB において、海上国境警備は、漁業問題のほか、北極海航路と天然資源の開発問題を含む多くの利権が絡むことから、シロヴィキの権力闘争と激しい部局間（派閥間）対立が生起しやすい政策領域といえよう。

図2-2：連邦保安庁（FSB）国境警備局の機構

(筆者作成)

　FSB国境警備局の機構は図2-2に整理したが、出入国管理から陸上・海上国境での警備救難政策の企画立案、運用調整等を担う内部部局を中心に、地域別または連邦構成主体（単独ないし複数）の単位で国境警備機関が置かれている。こうした2003年の組織改編を経て、執行権力機関のうち治安機関は、プーチン長期政権の中でも比較的早い段階で組織的な安定期を迎える。

　安保会議は情報のカスタマーであり、「情報機関とNSCは国家が安全保障・危機管理を推進する上で車の両輪のような存在である」[90]といわれる。また、テロ対策においては、インテリジェンス・コミュニティにおける連携の強化を図ることも求められる。このような観点から、第1次プーチン政権における一連の安保会議人事と治安機関改革は密接に関係しており、制度設計としては一定の合理性を見出すことができるが、実際的な運用の評価においては、ロシア国家官僚機構における強いセクショナリズムに留意する必要がある[91]。第3章と第4章で詳細に検討するように、大統領のもとには、かなりの数の省庁間調整メカニズムが構築されており、その改廃も頻繁である。安保会議ないしはロシア大統領は、常に「縦割り」という困難な課題に直面しているものと考えられる。

　また、上述の第1次プーチン政権2期目の安保会議人事では、連邦議会両院議長が非常任委員から常任委員に格上げされた[92]。これは、緊急事態や非常事態に際して、議会と政府の間における調整機能を強化する狙いがあっ

表2−6：第1次プーチン政権第1期における安保会議人事政策

根拠法令		第1次プーチン政権第1期目 2000年5月27日付大統領令 N967	2001年4月26日付大統領令第486号	人事の変遷
議長		プーチン (Путин, В. В.) 大統領	プーチン (Путин, В. В.) 大統領	
常任委員		カシヤーノフ (Касьянов, М. М.) 政府議長	カシヤーノフ (Касьянов, М. М.) 政府議長	
		セルゲイ・イヴァノーフ (Иванов, С. Б.) 安保会議書記 ⇒解任（01年3月28日付大統領令 N354）、後任にルシャーイロ (Рушайло, В. Б.)（同日付大統領令 N356）	ルシャーイロ (Рушайло, В. Б.) 安保会議書記	
		イーゴリ・イヴァノーフ (Иванов, И. С.) 外務大臣	イーゴリ・イヴァノーフ (Иванов, И. С.) 外務大臣	⇒解任（04年3月9日付大統領令 N333）、後任にイーゴリ・イワノーフ (Иванов, И. С.)（同日付大統領令 N334）
		セルゲーエフ (Сергеев, И. Д.) 国防大臣	セルゲイ・イヴァノーフ (Иванов, С. Б.) 国防大臣	ラヴローフ (Лавров, С. В.)（04年3月9日付大統領令 N319）
		パートルシェフ (Патрушев, Н. П.) 連邦保安庁長官	パートルシェフ (Патрушев, Н. П.) 連邦保安庁長官	
非常任委員		ヴォローシン (Волошин, А. С.) 大統領府長官	ヴォローシン (Волошин, А. С.) 大統領府長官	⇒解任（03年11月12日付大統領令 N1342）、後任にメドヴェージェフ (Медведев, Д. А.)（同日付大統領令）
		ドラチェーフスキー (Драчевский, Л. В.) シベリア連邦管区大統領全権代表	ドラチェーフスキー (Драчевский, Л. В.) シベリア連邦管区大統領全権代表	
		カザンツェフ (Казанцев, В. Г.) 北カフカース連邦管区大統領全権代表	カザンツェフ (Казанцев, В. Г.) 南方連邦管区大統領全権代表	⇒解任（04年3月9日付大統領令 N331）、後任にヤーコヴレフ (Яковлев, В. А.)（同日付大統領令 N332）
		キリエーンコ (Кириенко, С. В.) 沿ヴォルガ連邦管区大統領全権代表	キリエーンコ (Кириенко, С. В.) 沿ヴォルガ連邦管区大統領全権代表	
		ラティシェフ (Латышев, П. М.) ウラル連邦管区大統領全権代表	ラティシェフ (Латышев, П. М.) ウラル連邦管区大統領全権代表	
		レーベジェフ (Лебедев, С. Н.) 対外諜報庁長官	レーベジェフ (Лебедев, С. Н.) 対外諜報庁長官	

氏名（原語表記）・役職	氏名（原語表記）・役職	備考
マチューヒン (Матюхин, В. Г.) 連邦政府通信・情報局長	マチューヒン (Матюхин, В. Г.) 連邦政府通信・情報局長	⇒解任 (03年6月21日付大統領令 N695)
オーシポフ (Осипов, Ю. С.) ロシア科学アカデミー総裁	オーシポフ (Осипов, Ю. С.) ロシア科学アカデミー総裁	
パルターフチェンコ (Полтавченко, Г. С.) 中央連邦管区大統領全権代表	パルターフチェンコ (Полтавченко, Г. С.) 中央連邦管区大統領全権代表	
プリコーフスキー (Пуликовский, К. Б.) 極東連邦管区大統領全権代表	ブリコーフスキー (Пуликовский, К. Б.) 極東連邦管区大統領全権代表	
ルシャーイロ (Рушайло, Б. В.) 内務大臣	グルイズローフ (Грызлов, Б. В.) 内務大臣	⇒連邦議会国家会議に職名変更 (04年1月19日付大統領令 N62)
セレズニョーフ (Селезнёв, Г. Н.) 連邦議会国家会議議長	セレズニョーフ (Селезнёв, Г. Н.) 連邦議会国家会議議長	⇒解任 (04年1月19日付大統領令 N62)
ストローエフ (Строев, Е. С.) 連邦議会連邦会議議長	ストローエフ (Строев, Е. С.) 連邦議会連邦会議議長	⇒解任 (02年1月24日付大統領令 N83)、後任にミローノフ (Миронов, С. М.) 連邦議会連邦会議議長 (同大統領令)
トーツキー (Тоцкий, К. В.) 連邦国境警備庁長官	トーツキー (Тоцкий, К. В.) 連邦国境警備庁長官	⇒解任 (03年6月21日付大統領令 N695)
ウスチーノフ (Устинов, В. В.) 検事総長	ウスチーノフ (Устинов, В. В.) 検事総長	
チャーイカ (Чайка, Ю. Я.) 法務大臣	チャーイカ (Чайка, Ю. Я.) 法務大臣	
チェルケーソフ (Черкесов, В. В.) 北西連邦管区大統領全権代表	チェルケーソフ (Черкесов, В. В.) 北西連邦管区大統領全権代表	⇒解任 (03年6月21日付大統領令 N695)、後任にマトヴィエーンコ (Матвиенко, В. И.) (同大統領令 N1342) ⇒解任 (03年11月12日付大統領令 (Клебанов, И. И.) (同大統領令)
ショイグー (Шойгу, С. К.) 民間防衛問題・緊急事態・災害復旧大臣	ショイグー (Шойгу, С. К.) 民間防衛問題・緊急事態・災害復旧大臣	
クワシニーン (Квашнин, А. В.) 参謀総長 兼 国防第1次官 (00年6月10日付大統領令 N1097)	クワシニーン (Квашнин, А. В.) 参謀総長 兼 国防第1次官	⇒内務大臣 (Нургалиев, Р. Г.) (04年3月9日付大統領令 N333)

（筆者作成）

表2－7：第1次プーチン政権第2期における安保会議人事政策

根拠法令	第1次プーチン政権第2期 2004年4月24日付大統領令 N561	人事の変遷	
		2005年11月14日付大統領令 N1328	
議長	プーチン (Путин, В. В.) 大統領	プーチン (Путин, В. В.) 大統領	
常任委員	グルィズロフ (Грызлов, Б. В.) 連邦国家会議議長	グルィズロフ (Грызлов, Б. В.) 連邦議会国家会議議長	
	イーゴリ・イワノーフ (Иванов, И. С.) 安保会議書記	イーゴリ・イワノーフ (Иванов, И. С.) 安保会議書記	⇒解任 (07年7月17日付大統領令 N926、同年10月4日付大統領令 N1339)、ソーボレフ (Соболев, В. А.) 安保会議第1次官が代行
	セルゲイ・イワノーフ (Иванов, С. Б.) 国防大臣	セルゲイ・イワノーフ (Иванов, С. Б.) 国防大臣	⇒セルジュコーフ (Сердюков, А. Э.) (07年4月9日付大統領令 N447)
	ラヴロフ (Лавров, С. В.) 外務大臣	ラヴロフ (Лавров, С. В.) 外務大臣	
	レーベジェフ (Лебедев, С. Н.) 対外諜報庁長官	レーベジェフ (Лебедев, С. Н.) 対外諜報庁長官	⇒解任 (07年10月18日付大統領令 N1383)、後任にフラトコーフ (Фрадков, М. Е.) (同大統領令)
	メドヴェージェフ (Медведев, Д. А.) 大統領府長官	メドヴェージェフ (Медведев, Д. А.) 政府第1副議長	
	ミローノフ (Миронов, С. М.) 連邦議会連邦会議議長	ミローノフ (Миронов, С. М.) 連邦議会連邦会議議長	
	ヌルガリーエフ (Нургалиев, Р. Г.) 内務大臣	ヌルガリーエフ (Нургалиев, Р. Г.) 内務大臣	
	パートルシェフ (Патрушев, Н. П.) 連邦保安庁長官	パートルシェフ (Патрушев, Н. П.) 連邦保安庁長官	
	フラトコーフ (Фрадков, М. Е.) 政府議長	フラトコーフ (Фрадков, М. Е.) 政府議長	スプコーフ (Зубков, В. А.) 政府議長 (07年10月4日付大統領令 N1339)
		ソビャーニン (Собянин, С. С.) 大統領府長官	
			セルゲイ・イワノーフ (Иванов, С. Б.) 政府第1副議長 (07年4月9日付大統領令 N447)

非常任委員	ドラチェーフスキ (Драчевский, Л. В.) シベリア連邦管区大統領全権代表	⇒解任（04年9月29日付大統領令N1254）、後任にクワシニーン（Квашнин, А. В.）（同大統領令）	クワシニーン (Квашнин, А. В.) シベリア連邦管区大統領全権代表	
	クワシニーン (Квашнин, А. В.) 参謀総長 兼 国防第1次官	⇒解任（04年9月29日付大統領令N1254）、後任にバルエーフスキ（Балуевский, Ю. Н.）（同大統領令）	バルエーフスキ (Балуевский, Ю. Н.) 参謀総長 兼 国防第1次官	
	キリエーンコ (Кириенко, С. В.) 沿ヴォルガ連邦管区大統領全権代表		カナヴァーロフ (Коновалов, А. В.) 北西連邦管区大統領全権代表	
	クレバーノフ (Клебанов, И. И.) 北西連邦管区大統領全権代表		クレバーノフ (Клебанов, И. И.) 北西連邦管区大統領全権代表	
	クードリン (Кудрин, А. Л.) 財務大臣		クードリン (Кудрин, А. Л.) 財務大臣	⇒政府副議長 兼 財務大臣に職名変更（07年10月4日付大統領令N1339）
	ラティシェフ (Латышев, П. М.) ウラル連邦管区大統領全権代表		ラティシェフ (Латышев, П. М.) ウラル連邦管区大統領全権代表	
	オーシポフ (Осипов, Ю. С.) ロシア科学アカデミー総裁		オーシポフ (Осипов, Ю. С.) ロシア科学アカデミー総裁	
	バルターフチェンコ (Полтавченко, Г. С.) 中央連邦管区大統領全権代表		バルターフチェンコ (Полтавченко, Г. С.) 中央連邦管区大統領全権代表	
	プリコーフスキ (Пуликовский, К. Б.) 極東連邦管区大統領全権代表		イスハーノフ (Исхаков, К. Ш.) 極東連邦管区大統領全権代表	⇒解任（07年10月18日付大統領令N1383）、後任にサフォーノフ（Сафонов, О. А.）
	ウスチーノフ (Устинов, В. В.) 検事総長		ウスチーノフ (Устинов, В. В.) 検事総長	法務大臣に職名変更（07年4月9日付大統領令N447）
	チャーイカ (Чайка, Ю. Я.) 法務大臣		チャーイカ (Чайка, Ю. Я.) 法務大臣	検事総長に職名変更（07年4月9日付大統領令N447）
	ショイグー (Шойгу, С. К.) 民間防衛問題・緊急事態・災害復旧大臣		ショイグー (Шойгу, С. К.) 民間防衛問題・緊急事態・災害復旧大臣	
	ヤーコヴレフ (Яковлев, В. А.) 南方連邦管区大統領全権代表	⇒解任（04年9月29日付大統領令N1254）、後任にカザーク（Козак, Д. Н.）（同大統領令）	カザーク (Козак, Д. Н.) 南方連邦管区大統領全権代表	⇒解任（07年10月4日付大統領令N1339）、後任にラポータ（Рапота, Г. А.）（同年10月18日付大統領令N1383）

(筆者作成)

たとされる[93]。とくに上院にあたる連邦会議は、戒厳令・非常事態の承認、ロシア連邦軍の領域外（国外）における使用の可能性について決定するため、安全保障上、重要なアクターの一つであり、この人事政策により、国家としての政策決定の迅速性を高めることとなった。これに加えて、両院議長を議決権のある常任委員に格上げすることによって、大統領は、議題の採決に両院議長が加わった形で、会議の決定に関する大統領令ないし大統領命令を発することが可能となった。大統領による立法活動の正当性を高めることにつながるが、極度の集権化や拙速な意思決定、議会審議プロセスの軽視といった政治的・法的問題がある。

2-5. タンデム政権

第1次プーチン政権2期目の任期満了を前に中央政界では政治秩序の動揺がみられたが、安保会議人事も例に漏れず、2007年7月、イーゴリ・イワノーフ（Иванов, И. С.）安保会議書記の突如の辞任によって、ソーボレフ（Соболев, В. А.）安保会議第1副書記が書記臨時代行を務めることとなった。

ソーボレフは、国家保安委員会（KGB）高等課程を修了し、1990年代からトムスク支局長、連邦防諜庁次長や連邦保安庁次長などを務めた治安機関のエリートで、プーチンが連邦保安庁長官のときに、同庁第1次長、さらに、プーチンが安保会議書記に就くと、安保会議副書記に任命されている[94]。ソーボレフは、その後も第1次プーチン政権において、このポジションを維持し、ルシャーイロ（Рушайло, В. Б.）書記、イーゴリ・イワノーフ書記を支えた。こうした人事を考慮すると、プーチンにとってソーボレフは、イワノーフの代わりに、およそ1年弱にわたり安保会議書記臨時代行を任せられる、十分な信頼をおける人物であったと推察される。その証左として、ソーボレフは臨時代行の任を解かれた後も2012年3月まで安保会議副書記の座にとどまった。

2008年5月に発足したメドヴェージェフ政権（タンデム政権）では、パートルシェフを連邦保安庁長官から安保会議書記に配置転換し、プーチン政権期に副首相を務めたナルィーシキン（Нарышкин, С. Е.）大統領府長官を安保会議常任委員に任命するなど、常任委員については小幅な配置転換となった。

表2-8：メドヴェージェフ政権（タンデム政権）における安保会議人事政策

	メドヴェージェフ政権（タンデム政権）	人事の変遷
根拠法令	2008年5月25日付大統領令 N836	
議長	メドヴェージェフ（Медведев, Д. А.）大統領	
常任委員	プーチン（Путин, В. В.）政府議長	
	ボールトニコフ（Бортников, А. В.）連邦保安庁長官	
	グルィズロフ（Грызлов, С. В.）連邦議会国家会議議長	⇒職名削除（11年12月24日付大統領令 N1681）
	ラヴローフ（Лавров, С. В.）外務大臣	
	ミローノフ（Миронов, С. М.）連邦議会連邦会議議長	⇒解任（11年6月7日付大統領令 N718）、後任にマトヴィエーンコ（Матвиенко, В. И.）（11年9月22日付大統領令 N1229）
	ナルィーシキン（Нарышкин, С. Е.）大統領府長官	⇒連邦議会国家会議議長に職名変更（11年12月24日付大統領令 N1681）、後任の大統領府長官にセルゲイ・イワノーフ（Иванов, С. Б.）（同大統領令）
	ヌルガリーエフ（Нургалиев, Р. Г.）内務大臣	
	パートルシェフ（Патрушев, Н. П.）安保会議書記	
	セルジュコーフ（Сердюков, А. Э.）国防大臣	
	フラトコーフ（Фрадков, М. Е.）対外諜報庁長官	
		ソビャーニン（Собянин, С. С.）政府副議長 兼 政府官房長官（08年5月29日付大統領令 N859）⇒解任（2010年11月7日付大統領令 N1382）
非常任委員	バルエーフスキ（Балуевский, Ю. Н.）参謀総長 兼 国防第1次官	⇒解任（08年6月26日付大統領令 N999）、後任にマカーロフ（Макаров, Н. Е.）（同大統領令）
	クレバーノフ（Клебанов, И. И.）北西連邦管区大統領全権代表	⇒解任（11年9月12日付大統領令 N1191）、後任にヴィンニチェーンコ（Винниченко, Н. А.）（同大統領令）
	ヴィクトル・イワノーフ（Иванов, В. П.）連邦麻薬取引監督庁長官	
	サフォーノフ（Сафонов, О. А.）極東連邦管区大統領代表	⇒解任（09年6月2日付大統領令 N612）、後任にイシャーエフ（Ишаев, В. И.）（同大統領令）
	カナヴァーロフ（Коновалов, А. В.）法務大臣	
	クードリン（Кудрин, А. Л.）政府副議長 兼 財務大臣	⇒解任（11年11月30日付大統領令 N1557）、後任にシルアーノフ（Силуанов, А. Г.）（11年12月16日付大統領令 N1630）
	ラーティシェフ（Латышев, П. М.）ウラル連邦管区大統領全権代表	⇒解任（09年1月3日付大統領令 N3）、後任にヴィニチェーンコ（Винниченко, Н. А.）（同大統領令）、北西連邦管区大統領全権代表に職名変更（11年9月12日付大統領令 N1191）⇒クイヴァーシェフ（Куйвашев, Е. В.）（同大統領令）
	オーシポフ（Осипов, Ю. С.）ロシア科学アカデミー総裁	
	パルターフチェンコ（Полтавченко, Г. С.）中央連邦管区大統領全権代表⇒サンクト・ペテルブルク市知事に職名変更（11年9月4日付大統領令 N1141）	ガヴァルーン（Говорун, О. М.）（11年9月12日付大統領令 N1191）
	プローニチェフ（Проничев, В. Е.）連邦保安庁第1次長 兼 国境警備局長	
	ラポータ（Рапота, Г. А.）沿ヴォルガ連邦管区大統領全権代表	⇒バービチ（Бабич, М. В.）（11年12月24日付大統領令 N1681）
	クワシニーン（Квашнин, А. В.）シベリア連邦管区大統領全権代表	⇒解任（10年9月20日付大統領令 N1143）、後任にタラコーンスキ（Толоконский, В. А.）（同大統領令）
	ウスチーノフ（Устинов, В. В.）南方連邦管区大統領全権代表	
	チャーイカ（Чайка, Ю. Я.）法務大臣	
	ショイグー（Шойгу, С. К.）民間防衛問題・緊急事態・災害復旧大臣	
		フラポーニン（Хлопонин, А. Г.）政府副議長 兼 北カフカース連邦管区大統領全権代表（10年2月6日付大統領令 N149）
		ソビャーニン（Собянин, С. С.）モスクワ市長（10年11月7日付大統領令 N1382）

（筆者作成）

表２−９：第２次プーチン政権第１期における安保会議人事政策

	第２次プーチン政権第１期	人事の変遷
根拠法令	2012年5月25日付大統領令N715	
議長	プーチン（Путин, В. В.）大統領	
常任委員	メドヴェージェフ（Медведев, Д. А.）政府議長	
	ボールトニコフ（Бортников, А. В.）連邦保安庁長官	
	グルィズローフ（Грызлов, Б. В.）安保会議常任委員	⇒解任（16年4月11日付大統領令N170）
	セルゲイ・イワノーフ（Иванов, С. Б.）大統領府長官	⇒自然保護活動・環境・運輸問題担当大統領特別代表（16年8月12日付大統領令N408）
		ヴァーイノ（Вайно, А. Э.）大統領府長官（16年8月12日付大統領令N408）
	カラコーリツェフ（Колокольцв, В. А.）内務大臣	
	ラヴロフ（Лавров, С. В.）外務大臣	
	マトヴィエーンコ（Матвиенко, В. И.）連邦議会連邦会議議長	
	ナルィーシキン（Нарышкин, С. Е.）連邦議会国家会議議長	⇒対外諜報庁長官に職名変更（16年9月29日付大統領令N508）
		ヴォロージン（Володин, В. В.）連邦議会国家会議議長（16年10月5日付大統領令N526）
	ヌルガリーエフ（Нургалиев, Р. Г.）安保会議副書記	⇒非常任委員に格下げ（16年8月12日付大統領令N408）
	パートルシェフ（Патрушев, Н. П.）安保会議書記	
	セルジュコーフ（Сердюков, А. Э.）国防大臣	⇒解任（12年11月6日付大統領令N1484）、後任にショイグー（Шойгу, С. К.）（同日付大統領令N1486、N1487）
	フラトコーフ（Фрадков, М. Е.）対外諜報庁長官	⇒解任（16年9月29日付大統領令N508）
		ゾーロトフ（Золотов, В. В.）国家親衛軍連邦庁長官 兼 国家親衛軍総司令官（16年4月5日付大統領令N159）⇒非常任委員に格下げ（16年4月11日付大統領令N170）
非常任委員	バービチ（Бабич, М. В.）沿ヴォルガ連邦管区大統領全権代表	
	ベグローフ（Беглов, А. Д.）中央連邦管区大統領全権代表	⇒北西連邦管区大統領全権代表に職名変更（18年1月1日付大統領令N4）
	ヴィニチェーンコ（Винниченко, Н. А.）北西連邦管区大統領全権代表	⇒解任（13年3月25日付大統領令N285）、後任にブラーヴィン（Булавин, В. И.）（同大統領令）⇒連邦税関庁長官に職名変更（16年8月12日付大統領令N408）⇒解任（23年3月17日付大統領令N175）
		ツカーノフ（Цуканов, Н. Н.）北西連邦管区大統領全権代表（16年8月12日付大統領令N408）⇒解任（18年1月1日付大統領令N4）
	ヴィクトル・イワノーフ（Иванов, В. П.）連邦麻薬取引監督庁長官	⇒解任（16年5月7日付大統領令N214）
	イシャーエフ（Ишаев, В. И.）極東発展担当大臣 兼 極東連邦管区大統領全権代表	⇒解任（13年8月31日付大統領令N691、同年9月10日付大統領令N704）、後任にトルートネフ（Трутнев, Ю. П.）（政府副議長 兼 極東連邦管区大統領全権代表）（同年8月31日付大統領令N692）
	カナヴァーロフ（Коновалов, А. В.）法務大臣	
	マカーロフ（Макаров, Н. Е.）参謀総長 兼 国防第1次官	⇒解任（12年11月13日付大統領令N1528）、後任にゲラーシモフ（Герасимов, В. В.）（同大統領令）
	オーシポフ（Осипов, Ю. С.）ロシア科学アカデミー総裁	⇒解任（13年7月8日付大統領令N614）
	パルターフチェンコ（Полтавченко, Г. С.）サンクト・ペテルブルク市知事	
	プローニチェフ（Проничев, В. Е.）連邦保安庁第1次長 兼 国境警備局長	⇒解任（13年4月22日付大統領令N379）
	プチコーフ（Пучков, В. А.）民間防衛問題・緊急事態・災害復旧大臣	⇒解任（18年5月28日付大統領令N262）、後任にジーニチェフ（Зиничев, Е.Н.）（同大統領令）
	シルアーノフ（Силуанов, А. Г.）財務大臣	⇒政府第1副議長 兼 財務大臣に職名変更（18年5月28日付大統領令N262）
	ソビャーニン（Собянин, С. С.）モスクワ市長	
	タラコーンスキ（Толоконский, В. А.）シベリア連邦管区大統領全権代表	⇒解任（14年5月16日付大統領令N339）、後任にロゴージュキン（Рогожкин, Н. Е.）シベリア連邦管区大統領全権代表（14年5月16日付大統領令N329）⇒解任（16年8月12日付大統領令N408）、後任にメニャーイロ（Меняйло, С. И.）（同大統領令）
	ウスチーノフ（Устинов, В. В.）南方連邦管区大統領全権代表	
	フラポーニン（Хлопонин, А. Г.）政府副議長 兼 北カフカース連邦管区大統領全権代表	⇒解任（14年5月12日付大統領令N329）、後任にメーリコフ（Меликов, С. А.）（北カフカース連邦管区大統領全権代表）（同大統領令）⇒解任（16年8月12日付大統領令N408）
	ハルマーンスキフ（Холманских, И. Р.）ウラル連邦管区大統領全権代表	
	チャーイカ（Чайка, Ю. Я.）検事総長	
		ベラヴェンツェフ（Белавенцев, О. Е.）クリミア連邦管区大統領全権代表（14年3月28日付大統領令N181）⇒北カフカース連邦管区大統領全権代表に職名変更（16年8月12日付大統領令N408）

（筆者作成）

表 2 - 10：第 2 次プーチン政権第 2 期における安保会議人事政策

	第 2 次プーチン政権第 2 期	人事の変遷
法的根拠	2012 年 5 月 25 日付大統領令 N715	
議長	プーチン（Путин, В. В.）大統領	
常任委員	メドヴェージェフ（Медведев, Д. А.）政府議長	⇒安保会議副議長に職名変更（20 年 1 月 16 日付大統領令 N15）
		ミシュースチン（Мишустина, М. В.）政府議長（20 年 1 月 16 日付大統領令 N18）
	ボールトニコフ（Бортников, А. В.）連邦保安庁長官	
	セルゲイ・イワノーフ（Иванов, С. Б.）自然保護活動・環境・運輸問題担当大統領特別代表	
	ヴァイーノ（Вайно, А. Э.）大統領府官	
	カラコーリツェフ（Колокольцв, В. А.）内務大臣	
	ラヴロフ（Лавров, С. В.）外務大臣	
	マトヴィエーエンコ（Матвиенко, В. И.）連邦議会連邦会議議長	
	ナルィーシキン（Нарышкин, С. Е.）対外諜報庁長官	
	ヴォロージン（Володин, В. В.）連邦議会国家会議議長	
	パートルシェフ（Патрушев, Н. П.）安保会議書記	
	ショイグー（Шойгу, С. К.）国防大臣	
非常任委員	バービチ（Бабич, М. В.）沿ヴォルガ連邦管区大統領全権代表	⇒解任（18 年 9 月 18 日付大統領令 N523）、後任にコマーロフ（Комаров, И. А.）（同大統領令）
	ベグローフ（Беглов, А. Д.）北西連邦管区大統領全権代表	⇒解任（18 年 11 月 19 日付大統領令 N660） グーツァン（Гуцан, А. В.）北西連邦管区大統領全権代表（18 年 11 月 19 日付大統領令 N660） ガルデーエフ（Гордеев, А. В.）中央連邦管区大統領全権代表（18 年 1 月 1 日付大統領令 N4）⇒解任（18 年 5 月 28 日大統領令 N262） ショーゴレフ（Щёголев, И. О.）中央連邦管区大統領全権代表（18 年 7 月 3 日大統領令 N401）
	ブラーヴィン（Булавин, В. И.）連邦税務庁長官	⇒解任（23 年 3 月 17 日付大統領令 N175）
	ヌルガリーエフ（Нургалиев, Р. Г.）安保会議副書記	⇒安保会議第 1 副書記に職名変更（23 年 3 月 17 日付大統領令 N175）
	ゾーロトフ（Золотов, В. В.）国家親衛軍連邦庁長官 兼 国家親衛軍総司令官	
	トルートネフ（Трутнев, Ю. П.）（政府副議長 兼 極東連邦管区大統領全権代表）	
	カナヴァーロフ（Коновалов, А. В.）法務大臣	⇒解任（20 年 2 月 3 日付大統領令 N89）
		チューイチェンコ（Чуйченко, К. А.）法務大臣（20 年 2 月 3 日付大統領令 N89）
	ゲラーシモフ（Герасимов, В. В.）参謀総長 兼 国防第 1 次官	
		クラースニコフ（Красникова, Г. Я.）ロシア科学アカデミー総裁（24 年 1 月 15 日付大統領令 N34）
	ポルターフチェンコ（Полтавченко, Г. С.）サンクト・ペテルブルク市知事	⇒解任（18 年 11 月 4 日付大統領令 N675）、後任にベグローフ（Беглов, А. Д.）サンクト・ペテルブルク市知事臨時代行（19 年 2 月 18 日付大統領令 N52）⇒サンクト・ペテルブルク市知事に職名変更（19 年 9 月 19 日付大統領令 N461）
	ジーニチェフ（Зиничев, Е. Н.）民間防衛問題・緊急事態・災害復旧大臣	（18 年 5 月 28 日付大統領令 N262）⇒解任（21 年 9 月 27 日付大統領令 N547）⇒後任にクレンコーフ（Куренков, А. В.）（22 年 5 月 30 日付大統領令 N327）
	シルアーノフ（Силуанов, А. Г.）政府第 1 副議長 兼 財務大臣	（18 年 5 月 28 日付大統領令 N262）⇒財務大臣に職名変更（20 年 2 月 3 日付大統領令 N89）
	ソビャーニン（Собянин, С. С.）モスクワ市長	
	メニャーイロ（Меняйло, С. И.）シベリア連邦管区大統領全権代表	⇒解任（21 年 8 月 2 日付大統領令 N443）⇒後任にセールィシェフ（Серышев, А. А.）（21 年 10 月 25 日付大統領令 N599）
	ウスチーノフ（Устинов, В. В.）南方連邦管区大統領全権代表	
	ベラヴェンツェフ（Белавенцев, О. Е.）北カフカース連邦管区大統領全権代表	⇒解任（18 年 7 月 3 日大統領令 N401）、後任にマトーヴニコフ（Матовников, А. А.）（同大統領令）⇒解任（20 年 2 月 3 日付大統領令 N89）
	ハルマーンスキフ（Холманских, И. Р.）ウラル連邦管区大統領全権代表	⇒解任（18 年 7 月 3 日付大統領令 N401）、後任にツカーノフ（Цуканов, Н. Н.）（同大統領令）⇒解任（20 年 11 月 16 日付大統領令 N708）、後任にヤークシェフ（Якушева, В. В.）（同大統領令）
	チャーイカ（Чайка, Ю. Я.）検事総長	⇒北カフカース連邦管区大統領全権代表に職名変更（20 年 2 月 3 日付大統領令 N89）
		クラスノーフ（Краснов, И. В.）検事総長（20 年 2 月 3 日付大統領令 N89）

（筆者作成）

パートルシェフの配置換えは、当初は降格人事であるとの見立てもあったが[95]、安保法制の整備を通じて安保会議書記の権限が強化されたこと、後述する「出張会合」の制度化、その後の NSC 外交の展開などを踏まえると、今日的な評価としては、昇格人事といえよう。パートルシェフ書記率いる安保会議が、大統領およびその補助機関と連邦政府（内閣）から成る執行権力のハブとなり、メドヴェージェフ大統領とプーチン首相の間で総合的な調整機能を果たしていたとの分析が妥当である[96]。

　タンデム政権期の安保会議委員人事の変遷を見ても、前政権に引き続き、常任委員はとくに流動性が低く、グルィズローフのように、国家会議議長を辞職しても、安保会議常任委員のステータスを維持する特異な人事も見受けられるようになった[97]。

　一方、非常任委員には連邦麻薬取引監督庁長官、連邦保安庁第 1 次長 兼国境警備局長、連邦的意義を有する市の首長、すなわちモスクワ市長とサンクト・ペテルブルク市知事が新たに任命されるなど、第 1 次プーチン政権に引き続き委員数は増加し、安保会議は過去最高の総勢 27 名から構成されることとなった。

　メドヴェージェフ政権全般を振り返ると、政権発足直後にジョージア（グルジア）紛争、世界金融恐慌の対応に追われるなど、苦難とともに始まり、「近代化」路線を基調とした独自の社会・経済政策も順調には進展せず、厳しい政権運営を余儀なくされた。政権末期には、反体制運動の盛り上がりをみせるなか、下院選では政権与党が大敗を喫し、クレムリンは大きく求心力を失った。

　2011 年 12 月 4 日に行われた国家会議選挙では、2007 年の選挙の際に 315 議席を獲得した統一ロシア党が、238 議席まで大幅に獲得議席数を減らし[98]、法案の再議決および憲法的法律の採択に必要な憲法的多数、すなわち 300 議席以上を獲得することができなかった。また、国家会議選挙の不正報道に端を発する反政権デモ、反プーチン・デモといった政治運動が活発になり[99]、世界からロシアの内政が注目を集めるなか、2012 年 5 月 7 日に第 2 次プーチン政権が発足し、メドヴェージェフは首相として、大統領を支えることとなる。この頃には、プーチン大統領を中心としたネットワーク網がかなり拡充

し、脱制度化や個人支配の傾向が一層強まり[100]、次項で検討するように、これらは執政中枢の人事政策や制度変更に如実にあらわれる。

2-6. 第2次プーチン政権における内務省改革と安保会議

2012年5月に発足した第2次プーチン政権は、基本的にタンデム政権期の人事政策を踏襲したが、連邦執行権力機関や連邦管区制をめぐる制度変更により、小幅の人事異動があった。シロヴィキの人事では、2013年4月にロシアの国境警備を担うプローニチェフ（Проничев, В. Е.）連邦保安庁第1次長兼 国境警備局長が解任され、その後、FSB国境警備局長は安保会議委員のステータスを失った。国境警備当局は、2003年の治安機関改革を経て、連邦国境警備庁（FPS）という独立の連邦執行権力機関から連邦保安庁の一部門となったため、インナーサークルにおける地位が低下傾向にあったとの指摘がある[101]。

また、2016年4月には、国内治安部門の一つである内務省の組織改編が実施され、大統領直轄の連邦執行権力機関として、新たに国家親衛軍連邦庁（Росгвардия）が設置された[102]。その基本的な任務は、（ア）内務省諸機関と共同して、社会秩序の維持、ならびに社会安全保障および非常事態体制の保障に参加すること、（イ）テロ対策および対テロ作戦における法的レジームの保障に参加すること、（ウ）過激主義対策への参加、（エ）ロシア連邦の領域の防衛、（オ）ロシア連邦政府が承認するリストに従って、国家の重要施設および重要な特殊貨物を警備すること、（カ）ロシア連邦の国境警備における連邦保安庁国境警備専門諸機関との協同、（キ）武器取引および民間警備活動の領域におけるロシア連邦の法令遵守について連邦国家による監督（監視）を実施すること、当該官庁以外の機関による警備を実施すること、と定められた[103]。

国家親衛軍連邦庁の機構に含まれる部局・部隊は、（1）兵器流通および特殊警護活動分野における連邦法令遵守の連邦国家的監督を遂行する内務省の部局、内務省管轄官庁外警護特殊部隊センターを含む管轄官庁外の機関による警護を遂行する内務省の部局、（2）内務省地方機関・即応特殊部隊（СОБР）、（3）内務省地方機関・機動特殊任務部隊（ОМОН）、（4）内務省特殊任務

第2章　エリツィンからプーチンへ　73

センター作戦実施部隊および航空部隊、ならびに内務省航空局であり、以上の部局・部隊の職員（文官・武官）も移管されるとともに、内務省連邦国家単一企業体《Охрана（警備）》も国家親衛軍連邦庁に移管された[104]。

　今般の連邦執行権力機関の改編は、大統領令によって実施されたが、同日中に連邦法の改正案が大統領によって下院に提出された。同時に連邦移民庁および連邦麻薬取引監督庁が廃止され、その機能は内務省に移管され、同省には新たに内部部局として移民問題総局と麻薬流通監督総局が設置された。特殊部隊・警備実施部隊の多くが内務省から切り離され、内務省は警備・公安警察の機能を一定程度持ちつつも、地域・交通・刑事・生活安全警察に主眼を置いた国家機関となった。

　ロシアにおける警察改革は1990年代初頭から政策課題となっており、プーチン大統領は2001年にグルィズローフ内相に改革を任せたものの、連邦法律である「警察法」を実際に法制化したのは、タンデム政権期であり、メドヴェージェフ大統領がイニシアティブをとったといわれる[105]。内務省改革は、軍改革と同様にかなり長いスパンで実施されており、2016年の大規模な改革をもって、制度的に安定する。

　新たに設置された国家親衛軍連邦庁長官 兼 国家親衛軍総司令官には、ゾーロトフ（Золотов, В. В.）内務省第1次官 兼 国内軍総司令官が任命された。彼は1990年代からサンクト・ペテルブルク市のサプチャーク市長やプーチン市政府第1副議長の警護任務、2000年から2013年まで連邦警護庁（FSO）大統領警護局長を務めた人物であり[106]、長官職への就任と同時に安保会議常任委員に任命された[107]。しかし、任命後わずか7日間で非常任委員に降格となった[108]。これだけの短期間において常任委員から非常任委員に降格となる人事は、安保会議発足以来、極めて異例のことであり[109]、治安機関改革に伴うシロヴィキの権力闘争の結果という見方がある[110]。

　いずれにせよ2016年の国家親衛軍連邦庁設置を通じて、ゾーロトフの政治的影響力は高まり、彼に近い他の警護職種出身者も後に続くこととなる。大統領警護は、国家の再建期にあったロシアにおいて、体制維持という観点からとくに枢要な任務であり、2度の大規模な治安機関改革（2003年、2016年）とゾーロトフの処遇は、プーチン長期政権における連邦警護庁の影響力

伸張の象徴であるとともに、政治体制論の観点からは、個人支配化の文脈（軍の私兵集団化・準軍事組織の創設）で捉えられる[111]。

また、第1次プーチン政権2期目からタンデム政権にかけて、内務大臣を務めたヌルガリーエフ（Нургалиев, Р. Г.）は、第2次プーチン政権において安保会議副書記（2023年2月から第1副書記）に任命された上、安保会議常任委員の地位も維持した（2016年8月から非常任委員）。安保会議書記を除く安保会議事務機構の幹部が会議体の委員に任命される人事は、初めてのケースであり、この背景には、パートルシェフ安保会議書記との深いつながりがあるものと推察される。

ゾーロトフ
（出典）Президент России, http://kremlin.ru/events/president/news/71530

カザフ共和国生まれのヌルガリーエフは、1981年から国家保安委員会（カレリア自治共和国）に入り、92年からはパートルシェフ・カレリア共和国保安大臣のもとで働き、95年には連邦防諜庁中央機構（内部部局）に異動した。この頃、パートルシェフも同庁中央機構に勤務していた。

さらに、ヌルガリーエフは1998年、大統領府監督総局部長級（パートルシェフは監督総局長）に就任し、翌99年には連邦保安庁に戻り、2000年から連邦保安庁次長 兼 監察局長（パートルシェフは連邦保安庁長官）に任命された。その後、第1次官（のちに大臣臨時代行、大臣）として内務省に移るものの、パートルシェフとは長い間、上司と部下の関係にあった[112]。また、1990年代後半の大統領府監督総局は、中央集権化政策の企画・立案業務にあたっており、ヌルガリーエフは、監督総局長を務めたプーチンやパートルシェフらと中央・地方関係制度の現状について問題意識を共有していたと見られる。こうした監督総局における勤務経験やパートルシェフとの深い関係が、上述の人事政策につながったものと考えられる。

さらに、内相、下院議長、統一ロシア党最高評議会議長などを務めたグルィズローフや国防相、大統領府長官などを務めた自然保護活動・環境・運輸

第2章　エリツィンからプーチンへ　75

問題担当大統領特別代表のセルゲイ・イワノーフ（Иванов, С. Б.）が、要職引退後も安保会議に残り、議決権のある常任委員に任命されたことも特異な人事政策である。第1次プーチン政権第2期目以降、安保会議常任委員の基本的な構成は固定化しつつあるが、タンデム政権以降、プーチンに極めて近いこうした人物が、引退後も一定期間、安保会議・会議体に残るケースが見受けられる。2020年憲法改革に伴うメドヴェージェフの安保会議副議長への任命や2024年のパートルシェフの大統領補佐官への任命もこうしたケースに該当する（第5章、第6章）。彼らは常任委員としての地位を与えられているため、毎週開かれる対策会合に出席し、国家機関の要職から引退した後も「顧問」や特定政策の監督者として政策に一定の影響を及ぼしているものと考えられる。

3. 統計分析からみた人事政策

本節では、議長、常任委員と非常任委員から構成される安保会議・会議体の人事政策について、平均年齢、在任期間と委員数に焦点を当て、その特徴を抽出し、これまでの推移と現状を把握する。なお、平均年齢と委員数については、分析対象となる日付を毎年5月末日時点に設定した。これは2000年5月の第1次プーチン政権の発足以降、メドヴェージェフ政権、第2次プーチン政権を通じて安保会議委員を任命する大統領令が、大統領の任期満了の時期に関係して、おおむね5月下旬に発令されていることを考慮したからである[113]。

安保会議の審議において議決権を有する常任委員の平均年齢は、エリツィン政権期に50歳から60.3歳の高い水準で推移し、通算2期の常任委員の平均年齢は、55.7歳であった。一方、2000年5月の第1次プーチン政権発足を機に大きく下がり、2001年5月末日時点の常任委員の平均年齢は48.3歳まで低下した。これは人事の刷新が行われ、安保会議委員のなかで、年齢的にもプーチンに近い、サンクト・ペテルブルク出身者ないし治安機関出身者の割合が、急速に増大したことを意味する（図2-3）。

さらに、不安定な政治状況を反映するかのように、エリツィン政権期にお

図 2-3：安保会議委員の平均年齢の推移

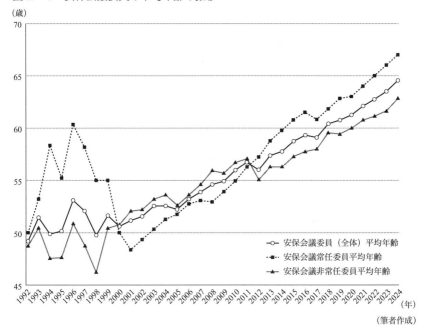

（筆者作成）

いて、平均年齢の推移を示す折れ線が大幅に上下している。一方で、第1次プーチン政権の発足以降、このような大幅な乱高下はみられず、全体として上昇傾向にある。その上、委員の平均年齢（とくに常任委員）は、おおむねプーチンの年齢と重なり合う部分が多い。第2次プーチン政権発足直後（2012年5月末時点）の平均年齢は、全体で56.0歳、常任委員は57.2歳、非常任委員は55.1歳となった。前年と比べると、全体としてやや下がったものの[114]、常任委員の平均年齢は依然として上昇を続け、ついに2024年5月末には67歳に到達した。

また、在任期間を分析した図2-4からは、第1次プーチン政権発足以降、在任期間の平均値がエリツィン政権に比べて、「倍以上」に伸びていることがわかる。2000年以降のプーチン政権下における常任委員の在任期間はとくに長く、第2次プーチン政権においても委員の任免が行われたのは、国防大臣などごく一部であり[115]、委員の構成にほぼ変化はみられなかった。

第2章　エリツィンからプーチンへ　77

図 2-4：安保会議委員の在任期間の分析

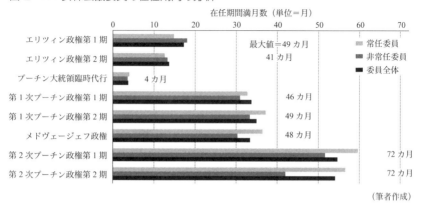

（筆者作成）

図 2-5：安保会議委員数の推移

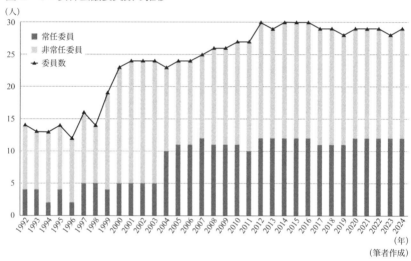

（筆者作成）

　委員数の変化については、2000年の連邦管区制導入に伴う非常任委員の増加と2004年の常任委員の大幅増が図2-5上で観察される。前者については次節の事例研究において詳細に検討するが、後者については、主として武力省庁の長および連邦議会両院議長の非常任委員から常任委員への昇格に起因する。また全体の委員数は、1992年の安保会議発足以来、概して増加傾向にある[116]。すなわちエリツィン政権期は、おおむね12名から16名で推

78

移したが、第1次プーチン政権期には24名、メドヴェージェフ政権期には27名まで増加した。さらに2012年5月の第2次プーチン政権発足直後には、30名にまで増加し、その後もおおむね30名の水準を維持している。また、ウクライナ戦争下の2024年5月に発足した第3次プーチン政権では、大統領補佐官に就任したニコライ・パートルシェフが常任委員の地位を維持するなど、過去最高の35名（常任委員13名、非常任委員22名）という大所帯となった。

　このような人事政策の分析を通じて、エリツィン政権との比較における第1次プーチン政権以降の政治的安定性の高まり、さらには、プーチン大統領を中核としたネットワークの影響力の増大・維持が窺える。同時に、長期政権における権力中枢部の高齢化、人事政策の硬直化も指摘できる。これらはとくに治安機関の人事政策において顕著である。本章を通じて、先行研究が指摘する「個人支配化」現象が、具体的な人事政策とともに浮かび上がる。

4. 連邦制改革における安保会議

4-1. 連邦管区制の導入と全権代表の人事政策

　2000年3月26日の大統領選挙を経て、5月7日に正式に発足した第1次プーチン政権は、早々に大規模な連邦制改革に着手し、これらの政策方針は安保会議委員の人事政策にも反映された。

　5月13日付大統領令第849号においては、ロシア全土を7つの管区に分ける連邦管区制が導入され[117]、「大統領の憲法上の権限の実現を保障する」[118]ため、各連邦管区に1人ずつ大統領全権代表が配置された。これは、大統領全権代表を連邦構成主体ごとに配置する従来の方式を改めたもので[119]、同時に大統領全権代表の権限も見直された。

　各連邦構成主体は、地理的にいずれかの連邦管区に属することになったが、行政上従属しているわけではない。ただ、連邦管区制導入に伴い、法務省、内務省、検察庁、会計検査院の連邦管区局が設置され[120]、地方出先機関の設置による地方権力の統制が図られることとなった。こうした政策方針は、連邦管区大統領全権代表のバックグラウンドを検討することで、より一層明

表２−11：連邦管区大統領全権代表のバックグラウンド
A：軍、国家保安委員会、連邦保安庁、対外諜報庁、内務省、検察庁等の治安機関関係者
B：サンクト・ペテルブルクにおいて高等教育を受けた者または勤務経験のある者
C：正副の知事・市長もしくはその顧問等の経験者、または大統領府もしくは大統領附属機関の地方政策部門に在籍したことのある者

→：管区の名称変更 ⇒：人事異動 （現）：現職 ［ ］：生年月日 丸数字：歴代	連邦管区 121)	A	B	C	備考 （安保会議委員歴や地方政治の経験、中央・地方関係制度に係る業務歴等）
パルターフチェンコ 122) (Полтавченко, Г. С.)［1953.2.23.-］	中央① 2000.4.-2011.9.	✓	✓		レニングラード航空機器大学（1976）、国家保安委員会レニングラード州支局、ロシア連邦保安省レニングラード州ヴィボルグ支部長 123)、サンクト・ペテルブルク市知事 兼 安保会議非常任委員 (2011.9.-)
ガヴァルーン 124) (Говорун, О. М.)［1969.1.15.-］	中央② 2011.9-2012.5.			✓	大統領府地方総局第1次長（2000-2004）、国内政策局次長（2004-2006）、同局長（2006-2008）
ベグロフ 125) (Беглов, А. Д.)［1956.5.19.-］	中央③ 2012.5.-2018.1.1 北西⑦ 2018.1.-2018.11.		✓	✓	サンクト・ペテルブルク市知事臨時代行（2003.6-10.）、大統領府監督局長（2004-2008）
ガルデーエフ 126) (Гордеев, А. В.)［1955.2.28.-］	中央④ 2018.1.-2018.5.			✓	モスクワ鉄道技師学校（1978）、国民経済アカデミー（1992）、農相（1999-2009）、ヴォローネジ州知事（2009-2017）
ショーゴレフ 127) (Щёголев, И. О.)［1965.11.10.-］	中央⑤（現）2018.7.-				ライプツィヒ大学、モスクワ国立外国語大学（1988）、タス通信、連邦政府情報局長（1998）、大統領府報道局長（2000）、大統領儀典長（2002）、通信マスコミ相（2008）、大統領補佐官（2012）
チェルケーソフ 128) (Черкесов, В. В.)［1950.7.13.-］	北西① 2000.4.-2003.6.	✓	✓		レニングラード国立大学法学部（1975）、連邦保安庁第1次長（1998.8）
マトヴィエーンコ 129) (Матвиенко, В. И.)［1949.4.7.-］	北西② 2003.6.-11.		✓		サンクト・ペテルブルク市知事（2003-2011）、連邦議会連邦会議議長 兼 安保会議常任委員（2011.9.-）
クレバーノフ 130) (Клебанов, И. И.)［1951.5.7.-］	北西③ 2003.11-2011.9.		✓	✓	レニングラード総合技術大学（1974）、サンクト・ペテルブルク第1副知事（1997.12.）
ブラーヴィン 131) (Булавин, В. И.)［1953.2.11.-］	北西⑤ 2013.3-2016.8.	✓			連邦保安庁次長（2006）、安保会議第1次官（2008）
ツカーノフ 132) (Цуканов, Н.Н.)［1965.3.22.-］	北西⑥ 2016.8-2018.1. ウラル⑤ 2018.7-2020.11.			✓	カリニングラード州生まれ、グセフ都市地区長（2005）、地方自治区長（2009）、統一ロシア党地方政治評議会書記 兼 同幹部会委員（2010-2011）、カリニングラード州知事（2010-2016）

氏名	連邦管区・期間				経歴
グーツァン 133)（Гуцан, А. В.）［1960.7.6.-］	北西⑦（現）2018.11.-	✓	✓		レニングラード出身、レニングラード大学卒（1987）、地方検察官、次長検事補（2000-2005）、連邦廷吏庁次長（2005-2007）、次長検事（2007）
ベラヴェンツェフ 134)（Белавенцев, О. Е.）［1949.9.15.-］	クリミア連邦管区①2014.3.-2016.7.→北カフカース連邦管区③2016.7.-2018.7	✓		✓	セヴァストーポリ海軍高等技術学校（1971）、軍需産業畑、モスクワ州知事公室長（2012）
カザーンツェフ 135)（Казанцев, В. Г.）［1946.2.22.-］	北カフカース→南方①2000.5.-2004.3.	✓	✓		レニングラード高等諸兵科指揮学校（1966）、第1次および第2次チェチェン紛争で参謀長 兼 北カフカース軍管区司令官第1代理、国防省・内務省統合軍司令官を歴任
ヤーコヴレフ 136)（Яковлев, В. А.）［1944.11.25.-］	南方②2004.3.-2004.9.		✓	✓	レニングラード機械組立職業技術学校（1965）、ペテルブルク市知事（1996-2003）、地域発展相（2004-2007）
カザーク 137)（Козак, Д. Н.）［1958.11.7.-］	南方③2004.9.-2007.9.		✓	✓	レニングラード国立大学法学部（1985）、サンクト・ペテルブルク市副知事（1998）、連邦中央・地方間の権限区分に関する委員会議長（2001.6.）、地域発展相（2007-2008）、政府副議長（2008-）
ラポータ 138)（Рапота, Г. А.）［1944.2.5.-］	南方④2007.9.-2008.5.沿ヴォルガ③2008.5.-2011.12.	✓			対外諜報庁次長（1993-1998）、安保会議次官（1998）
ウスチーノフ 139)（Устинов, В. В.）［1953.2.25.-］	南方⑤（現）2008.5.-	✓			検事総長 兼 安保会議非常任委員（2000-2008）
フラポーニン 140)（Хлопонин, А. Г.）［1965.3.6.-］	北カフカース①2010.1.-2014.5.			✓	タイミール自治管区首長（2001-2002）、クラスノヤルスク辺区首長（2002-2010）
メーリコフ 141)（Меликов, С. А.）［1965.9.12.-］	北カフカース②2014.5.-2016.7.		✓		ソ連内務省サラートフ高等軍事指揮学校（1986）、フルンゼ記念軍事アカデミー（1994）、ロシア連邦軍参謀本部軍事アカデミー（2011）、北カフカース地域で内務省軍を指揮
マトーヴニコフ 142)（Матовников, А. А.）［1965.9.19.-］	北カフカース④2018.7-2020.2.		✓		国境警備・軍事政治高等学校卒（1986）、ロシア連邦保安省高等学校卒（1992）、KGB対テロ部隊「アルファ」隊員としてアフガン派遣、ゴルバチョフの渡米時に警護任務に従事。「アルファ」第1副郡長、ロシア軍特殊作戦軍副司令、シリア作戦に従事

チャーイカ 143)（Чайка, Ю. Я.）［1951.5.21.-］	北カフカース⑤（現）2020.2-		✓		コムソモーリスク・ナ・アムーレ工業大学（1968-1970）、スヴェルドロフスク法律大学卒（1976）、捜査担当検事、東部シベリア輸送検察捜査部長（1983）、イルクーツク州第1次席検事（1986-1988）、同州検事正（1992）、第1次長検事（1995）、検事総長（1999）、法相（1999）、検事総長（2006）
プリコーフスキ 144)（Пуликовский, К. Б.）［1948.2.19.-］	極東① 2000.5.-2005.11.	✓		✓	北カフカース軍管区司令官代理（1996-1998）、クラスノダール市長補佐官として市環境整備委員会を担当（1998-2000）
イスハーコフ 145)（Исхаков, К. Ш.）［1949.2.8.-］	極東② 2005.11.-2007.10.			✓	カザン市長（1991-2005）
アントセンコ 146)（Антосенко, О. Д.）［1959.2.9.-］	極東（臨時代行）2007.10.			✓	カザン市副市長（1995）、極東連邦管区大統領全権代表第1代理（2006）
サフォーノフ 147)（Сафонов, О. А.）［1960.8.24.-］	極東③ 2007.10.-2009.4.	✓	✓	✓	サンクト・ペテルブルク市対外関係委員会専門家（1991）、レニングラード州知事経済問題顧問（2000）、南連邦管区大統領全権代表代理（2003）、会計検査院検査官（院長）（2005）、内務次官（2006-2007）
イシャーエフ 148)（Ишаев, В. И.）［1948.4.16.-］	極東④ 2009.4.-2013.8.			✓	ハバロフスク辺区首長（1991）、連邦議会連邦会議構成員（1996-2001）、ハバロフスク辺区知事（2001）、極東発展相（2012-2013）
トルートネフ 149)（Трутнев, Ю. П.）［1956.3.1.-］	極東⑤（現）2013.8.-			✓	ペルミ市長（1996-2000）、ペルミ州知事（2000-2004）、天然資源相（2004-2008）、天然資源・環境相（2004-2008）
ラーティシェフ 150)（Латышев, П. М.）［1948.8.30.-2008.12.2.］	ウラル① 2000.5.-2008.12	✓			内務次官 兼 人事総局長（1994-2000）
ヴィニチェーンコ 151)（Винниченко, Н. А.）［1965.4.10.-］	ウラル② 2009.1.-2011.9. 北西④ 2011.9.-2013.3.	✓	✓		レニングラード国立大学法学部（1987）、サンクト・ペテルブルク市検察庁次席検事（1998-2003）、同検事長（2004-2008）
クイヴァーシェフ 152)（Куйвашев, Е. В.）［1971.3.16.-］	ウラル③ 2011.9.-2012.5.			✓	チュメニ州生まれ、チュメニ市長（2007-2011）、スヴェルドロフスク州知事（2012-）
ハルマーンスキフ 153)（Холманских, И. Р.）［1969.6.29.-］	ウラル④ 2012.5.-2018.7.	✓			スヴェルドロフスク州の軍需企業Уралвагонзавод（УВЗ）（とくに戦車・タンク貨車を製造 154)）に勤務
ヤークシェフ 155)（Якушев, В.В.）［1968.6.14.-］	ウラル⑥（現）2020.11-			✓	チュメニ国立大学卒（1993）、西シベリア商業銀行ヤマロ・ネッツ支社、同支社長臨時代理（1994-1997）、チュメニ州副知事（2001）、チュメニ市副市長（2005）、チュメニ州知事（2005）、建設・公営住宅整備事業相（2018）

氏名	管区・期間				経歴
ドラチェーフスキ 156) (Драчевский, Л. В.)〔1942. 4.5.-〕	シベリア① 2000.5.-2004.9.				外務次官（1998-1999）、CIS 問題担当相 （1999-2000）
クワシニーン 157) (Квашнин, А. В.)〔1946. 8.15.-〕	シベリア② 2004.9-2010.9.	✓			ロシア連邦軍参謀総長 兼 国防第1次官 （1997-2004）、安保会議非常任委員 （2000-2010）
タラコーンスキ 158) (Толоконский, В. А.)〔1953. 5.27.-〕	シベリア③ 2010.9.-2014.5.		✓		ノヴォシビルスク市長（1993-2000）、ノ ヴォシビルスク州知事（2000-2010）
ロゴーシュキン 159) (Рогожкин, Н. Е.)〔1952. 6.21.-〕	シベリア④ 2014.5.-2016.8.	✓			内務第1次官 兼 内務省軍総司令官 （2013-2014）
メニャーイロ 160) (Меняйло, С. И.)〔1960. 8.22.-〕	シベリア⑤ 2016.8.-2021.8.	✓	✓		キーロフ記念高等海軍学校（1983）、掃 海艇БТ 22 艦長（1986）、ムルマンスク 州人民代議員（1990）、クズネツォフ記 念海軍アカデミー（1995）、第73水域警 備艦旅団長（1998）、ノヴォラシースク 海軍基地司令官（2005）、黒海艦隊司令 官補（2009）、北オセチア-アラニア共 和国地方行政長官（2010）、セヴァスト ーポリ市知事（2014）
セールィシェフ 161) (Серышев, А. А.)〔1965. 7.19.-〕	シベリア⑥（現） 2021.10.-	✓	✓		イルクーツク国立国民経済大学卒 （1988）、KGB 高等課程修了、KGB・ロ シア連邦保安省・連邦防諜庁・連邦保安 庁のイルクーツク州支局勤務、連邦保安 庁カレリア共和国支局第1次長（2010）、 同支局長（2011-2016）、連邦税務庁次 長、大統領補佐官（治安機関人事担当） （2018）、大統領附属会議委員長等
キリエーンコ 162)〔1962. (Кириенко, С. В.) 7.26.-〕	沿ヴォルガ① 2000.5.-2005.11.				エネルギー畑、政府議長 兼 安保会議常 任委員（1998）
カナヴァーロフ 163) (Коновалов, А. В.)〔1968. 6.9.-〕	沿ヴォルガ② 2005.11.-2008.5.	✓	✓		サンクト・ペテルブルク国立大学法学部 （1992）、ペテルブルク市検察庁（第1） 次席検事（2001-2005）、法務相 兼 安保 会議非常任委員（2008.5.-）
バービッチ 164)（Бабич, М.В.)〔1969.5.28.-〕	沿ヴォルガ④ 2011.12.-2018.9.	✓	✓		モスクワ州政府副議長（2000）、イヴァ ーノヴォ州第1副知事（2001-2002）、チ ェチェン共和国政府議長（2002-2003）、 連邦保安庁国境局長補佐官 兼 経済発 展・通商相補佐官（2003）
コマーロフ 165)（Комаров, И.А.)〔1964.5.25.-〕	沿ヴォルガ⑤ （現）2018.9.-	✓			モスクワ国立大学卒（経済学）（1986）、軍 勤務（1987-1992）、銀行勤務（1992-2002）、 「ノリリスク・ニッケル」（2002-2008）、「ロ ステフ」勤務（2008-2009）、「アフトヴァ ズ」総裁（2009-2013）、連邦宇宙局次長 （2013-2014）、ロケット・宇宙企業「エネル ギア」総裁、「ロスコスモス」総裁（2015）

（筆者作成）

らかとなる。

制度導入時（2000年5月）の連邦管区大統領全権代表「一代目」の人事政策をみると、ドラチェーフスキ、キリエーンコを除いて、軍・治安機関の出身者であり、そのなかにはペテルブルク出身者も多く含まれる。こうした人事政策の特徴は、その後も継続性を持つ一方、「二代目」以降の人事において、中央・地方関係、社会経済政策などの業務に携わる大統領府監督（総）局や国内政策局の出身者、連邦構成主体・地方自治体の正副首長経験者など、地方の社会経済政策の実務経験者が全権代表に任命されている点は注目に値する。制度導入後14年間において任命されたすべての大統領全権代表のうち半数弱が、こうした属性を有している。

連邦管区大統領全権代表は、大統領に直属し、連邦憲法・連邦法に違反する連邦構成主体執行権力機関の法令の一時的な効力の停止について、大統領に提案する権能を有し、任意の組織への自由出入権が認められているなど、地方の執行権力・立法権力に相当程度介入することが可能である[166]。したがって、大統領全権代表は、地域情勢に関係する情報収集活動[167]や連邦構成主体首長の監視[168]のみならず、地方の社会経済政策のプロフェッショナルとして、各種政策プログラムの遂行状況の監督者の役割も期待されている。

2000年5月27日付大統領令第967号[169]では、すべての全権代表（7名）が安保会議非常任委員に任命され、うち6名の全権代表が第1次プーチン政権1期目の終わりまで一度も交代することなく任務にあたることとなった。

その後、プーチン長期政権のもとで、徐々に連邦管区大統領全権代表のポストは、政治エリートのキャリアパスのなかに組み込まれ、一部連邦大臣にも比肩する地位を確立している。

総じて、第1次プーチン政権1期目における安保会議の新たな機能は、連邦管区制の導入と連動した安保会議の人事政策に反映されているとみられる。すなわち安保会議は、連邦執行権力諸機関の長と連邦管区大統領全権代表が一堂に会する場として、中央・地方関係制度を扱うこととなり、その後、段階的に連邦中央の地方に対する監督機能を有するようになったと考えられる。この点は、後述する2011年5月の出張会合の制度化に象徴されよう。

4-2. 連邦制改革の進展と安保会議

　連邦管区制導入のほかにも、第1次プーチン政権では、連邦構成主体の首長と議会議長が自動的に連邦議会連邦会議構成員（メンバー）に選出されるシステムを見直し[170]（2000年8月）、連邦法に違反した連邦構成主体の首長と連邦法に違反した立法を行った連邦構成主体の議会議長を解任、当該議会を解散する手続きを定めた連邦法の制定[171]（2000年7月）、地方自治体の法令と、連邦憲法、連邦法、連邦構成主体の法令との一致を目的とした立法活動[172]（2000年8月）など、一連の連邦制改革が推進された[173]。こうした立法活動は、第1次プーチン政権1期目の初頭に集中しており、その後一時的に立法活動が落ち着き、連邦制改革は政権1期目の終盤に次のフェーズを迎える[174]。

　2003年から2004年にかけての連邦制改革は、単純な法制度整備と連邦制の根幹に関わる重大な制度変更から成るといえよう。前者にあたるものとして、2003年7月4日付連邦法第95号および同年10月6日付連邦法第131号が挙げられる[175]。この2法は、連邦構成主体首長の任期やリコール制度、連邦中央と地方の間における管轄事項の権限、財源に関わる諸問題の明確化、連邦構成主体と地方自治体の間における公共サービスの管轄事項の変更などについて定めている[176]。後者の連邦制の根幹に関わる制度変更は、2004年9月の北オセチア共和国ベスラン市における学校占拠事件の後に行われた、連邦構成主体首長の大統領による事実上の任命制導入であり[177]、これにより1993年憲法体制における連邦制が大きく変容した。

　この制度変更では、連邦管区大統領全権代表により、同時に2名以上の首長候補者が大統領府長官に提案され、長官による検討を経て、最終的に大統領がそのなかから候補者1名を選び、連邦構成主体議会に諮ることとなっており、選出の過程では、一定の条件で大統領による連邦構成主体議会の解散または首長の免職が可能となった[178]。したがって、大統領府長官と連邦管区大統領全権代表（安保会議非常任委員を兼任）は、首長選出のプロセスの第一段階において重要な役割を担うことになり、両者の地方政治に対する影響力が強まったものとみられる。また、第2節で検討したように第1次プーチン政権第2期（2004年4月発足）においては、安保会議の人事政策が大きく

変容し[179]、安保会議の対策会合には、主要な武力省庁の長、連邦議会両院議長が一堂に会することとなった。

このような人事政策は、大規模テロ等の有事に際して、省庁間調整の円滑化のみならず、執行権力と立法権力の間における意思疎通のメカニズムを制度化する狙いがあったものと考えられる。その結果、安保会議の性質は大きく変化し、大統領の諮問機関というより、執行権力機関と立法権力機関の長から成る最高意思決定機関、換言すれば現代ロシアの「超大統領制」を象徴する国家機関となった。

4-3. 地方統制の強化

2008年5月7日、メドヴェージェフがロシア連邦第3代大統領に就任すると、同月25日には、安保会議の新たな陣容が明らかになった[180]。第2節で検討したように、この人事において特筆すべきは、パートルシェフの連邦保安庁長官から安保会議書記への配置転換であり、この人事は国家機関のなかで安保会議のステータスが上がる一つのきっかけとなった[181]。安保会議が強い国家機関となる中、安保会議を通じた地方統制も強まることとなる。2010年12月の安全保障法の制定を受けて、翌2011年5月には大統領令により、下位の規範にあたる安保会議規程の改訂が行われ、安保会議書記による出張会合が制度化された。

出張会合については、安保会議規程第20条において定められており[182]、注目すべきは以下の3点である。すなわち（1）安保会議書記は、出張会合を、大統領の委任により、連邦管区大統領全権代表と共同して、連邦構成主体において開催すること、（2）会合は、安保会議書記が承認する計画に従い、連邦管区大統領全権代表との調整に基づき開催されること、（3）会合の情報分析および組織・技術的保障は、安保会議事務機構および連邦管区大統領全権代表部（事務機構）が担当することである。

したがって、会合の開催には、安保会議書記と大統領全権代表の連携、さらには実務レベルにおいて、安保会議事務機構と大統領全権代表部の連携が求められる。会合の制度化は、連邦管区制を通じた、安保会議による地方権力に対する監督機能の強化といえる。

また、出張会合の旅程には、安保会議書記による現地視察、連邦構成主体首長・議会議長ら地方政治の指導者との会合が含まれ、これらは連邦中央の定めた様々な連邦プログラムの進捗状況を確認する査察指導の機能を果たしているものとみられる。

　出張会合の開催状況については、公表されている限り、2011年5月に制度化されて以降、翌年5月の第2次プーチン政権発足までに8回、第2次政権発足から2018年4月末までに35回にわたって開催されている[183]。出席者は、おおむね上述の安保会議規程第20条に従っており、例えば2014年5月19日に北西連邦管区のアルハーンゲリスクで行われた出張会合には、パートルシェフ書記と当該連邦管区大統領全権代表以外に、北西連邦管区全権代表附属評議会委員、管区内の連邦構成主体首長、連邦執行権力諸機関の管区・地域機関の高官、安保会議事務機構職員と北西連邦管区大統領全権代表部職員が出席している[184]。

　この会合では、木材産業複合体の健全化や当地の自然環境問題に関する審議を行っているが、開催日である5月19日は、プーチン大統領の中国訪問を控え、ロシア南部のソチにおいて安保会議対策会合も開催されている[185]。大統領のほか、連邦議会両院議長、安保会議書記・次官、内務・外務・国防大臣、連邦保安庁・対外諜報庁長官、グルィズローフ安保会議常任委員の11名がソチに集まり、ウクライナ情勢や大統領の訪中などに関して審議を行っている[186]。

　したがってパートルシェフ安保会議書記は、この日、連邦中央の指導者による安保会議対策会合（ソチ）と地方の指導者を集めた安保会議出張会合（アルハーンゲリスク）の両方に出席していたことになる。こうした会合日程と議事は、現代ロシアの安保会議が、広義の安全保障観に基づき、外交・軍事安全保障領域のみならず、社会・経済領域や環境領域の政策過程においても一定の役割を果たしていることの一例といえよう。

　出張会合の制度化により、安保会議の地方に対する監督機能が強化され、パートルシェフは、連邦管区大統領全権代表とともに、言わば「地方権力のお目付け役」を任された。

第2章　エリツィンからプーチンへ　87

表2-12：第2次プーチン政権における出張会合の実施状況

開催日[187)	開催場所	議題
2012年 6月27日	南方連邦管区ロストーフ・ナ・ドヌ市	法秩序の状況、自然火災の予防および対処のシステムの改善に関する諸措置等
10月31日	北カフカース連邦管区ピャチゴールスク市	社会安全保障および法秩序に関する国家権力諸機関の活動の改善についての諸問題
2013年 7月29日	シベリア連邦管区ウラーン・ウデ市	環境安全保障および環境保護の質向上に向けた諸措置、シベリアの発展に資する宇宙事業の成果活用の質向上に関する課題等
8月7日	北西連邦管区カリニングラード州	社会安全保障および治安維持の効率向上に関する追加的諸措置についての問題等
2014年 6月27日	北西連邦管区カリニングラード州	エネルギー、運輸、通信および食糧供給を含む国家安全保障の観点におけるカリニングラード州の状況
8月11日	中央連邦管区イヴァーノヴォ州	不法移民・不法就労対策、国防省財産の移譲問題等
8月19日	極東連邦管区アナーディリ市	極東地域の極圏における輸送インフラの発展・運輸安全保障問題
8月22日	極東連邦管区コムソモールスク・ナ・アムーレ市	動物界の対象種の保護
11月11日	沿ヴォルガ連邦管区ウファ市	森林利用の一層の効率化、木材産業複合体の健全化等
12月10日	クリミア連邦管区セヴァストーポリ特別市	法保護機関の地域支部局の編成に係る諸問題等
2015年 2月25日	ウラル連邦管区ハンティ・マンシースク市	エネルギー安全保障上の脅威の無効化、燃料エネルギー複合体における犯罪行為への対策に係る諸問題、シベリアの主な少数民族の権利と利益の保障に係る諸問題等
3月11日	北カフカース連邦管区ピャチゴールスク市	民族間・宗派間緊張の源の形成の予防、テロリズムおよび過激主義の予防に係る諸問題等
3月19日	北西連邦管区カレリア共和国	国境警備の整備に係る諸問題、カレリア共和国の領域における連邦の国境警備協力の分野における国家政策の実現に係る諸問題等
4月21日	中央連邦管区ヴォローネジ市	ロシア・ウクライナ国境における移民情勢の変化に伴う国および社会の安全保障に係る諸問題等
5月14日	南方連邦管区アーストラハン市	若者の就業促進および外国人の労働についての法令遵守の監督強化に向けた一連の諸措置等
7月8日	北西連邦管区ヴォーログダ市	連邦構成主体および地方自治体の国家権力諸機関の情報システムにおける情報保全に関する追加的諸措置等
8月5日	クリミア連邦管区シンフェローポリ市	国際情勢の先鋭化、ウクライナにおける軍事危機、一連の国々による対ロシア制裁の状況下における運輸・エネルギー・情報・食糧安全保障の確保に向けた大統領の指令の実現に関する諸措置等
8月26日	極東連邦管区ヴラジヴァストーク市	森林利用の領域における法令違反への対策に係る追加的諸措置、森林資源の効果的利用の促進
9月29日	沿ヴォルガ連邦管区ウリヤーノフスク市	利水分野における違法行為対策および水資源の効果的利用の促進に関する追加的諸措置等
10月6日	シベリア連邦管区クラスノヤールスク市	木材産業の健全化に関する追加的諸措置、国家安全保障の観点からの2020年までの麻薬対策の国家戦略の実現状況等
10月27日	北西連邦管区ムルマンスク州セヴェロモールスク市【出張188)】	北極圏におけるロシア連邦国家安全保障の確保に関する北方艦隊の課題
11月3日	ウラル連邦管区ヤマロ・ネネツィア自治管区サベータ村【出張】	ヤマロ・ネネツィア自治管区における経済・インフラ計画の実現に伴うロシア連邦の北極圏の最重要の施設および住民の安全の確保に係る諸問題等

（筆者作成）

小括

　第1次プーチン政権発足直後、大統領令によって導入された連邦管区制は、その後、「垂直権力」の構築を目指した連邦制改革において中心的役割を担った。各連邦管区に配置された連邦管区大統領全権代表は、安保会議非常任委員に任命され、その多くは、治安機関・軍などの武力省庁出身者、サンクト・ペテルブルク派、または首長経験者など地方政治のプロフェッショナルが占めた。こうした制度変更と人事政策の結果として、安保会議は、連邦中央の主要閣僚と中央・地方関係に携わる政策担当者が一堂に会する場となり、この時期、強力に推進された連邦制改革において一定の役割を果たしたと考えられる。

　さらに、安保会議が第1次プーチン政権のみならず、続くメドヴェージェフ政権と第2次プーチン政権においても、継続的に地方の社会・経済政策および連邦制改革に係る諸政策の立案・遂行過程と密接に関わっていることの証左として、出張会合の制度化とその開催実績が挙げられる。出張会合は、強い権限を有する安保会議書記が実際に連邦構成主体を訪れ、大統領全権代表や現地の指導者と会合を持ち、連邦中央と地方の政策調整を行う場として機能しているものと考えられるが、加えて、連邦レベルの各種政策プログラムの遂行状況を監督する査察指導の機能も果たしているものとみられる。プーチン大統領の側近中の側近であるパートルシェフ安保会議書記のもと、安保会議事務機構や連邦管区大統領全権代表部などの下支えにより、安保会議による地方統制が強化された。

　また、安保会議の軍事安全保障・治安政策面における機能については、2004年の人事政策が一つの転換点といえよう。第1次プーチン政権第2期発足に合わせて、連邦保安庁長官や対外諜報庁長官を常任委員に昇格させ、インテリジェンス・コミュニティの連携強化を図る人事政策が採られた。同時に、両院議長も常任委員に格上げされ、安保会議には立法権力機関と執行権力機関の間の調整機能が付与され、意思決定の迅速化が図られた。これらの人事政策により、安保会議の総合調整機能が一層強化されることとなった。

　さらに、安保会議における委員の人事政策を統計的手法により分析すると、

第2章　エリツィンからプーチンへ　89

第1次プーチン政権発足以降の政局の「安定化」が浮き彫りとなり、それは一方で委員人事の「固定化」や「高齢化」と言い換えることもできる。2000年代の第1次プーチン政権以降、安保会議は、第4章で扱う大統領府とともに、大統領の手足となって、ほぼすべての政策領域をカバーする現代ロシアの国家安全保障政策の司令塔として位置づけられた。とくに安保会議・会議体はシロヴィキの有力者が集う場となり、徐々に進展する個人支配化の制度的基盤となったのである。

注

＊本章は次の拙稿をもとに加筆・修正等を加えたものである。長谷川 2014; 2024d.

1）現代ロシアの中央・地方関係制度について詳細は、次の文献を参照されたい。上野 2010a; 中馬 2009; 2011.

2）上野 2010a, 6; なおレミントンの分析によると、1999 年の国家会議選挙を経て、プーチンが大統領に就任すると、大統領と議会の関係が変容し、連邦会議による法律案の否決および大統領による拒否権の行使が大幅に減少した上、2004 年のはじめには、国家会議を通過する法案の数が急激に増加し始めた。Remington 2014, 104-106.

3）2000 年 5 月以降のプーチン政権下における安保会議の動向について論じたものとして、次の文献が挙げられる。Kryshtanovskaya and White 2003; 2005; 2009; Vendil-Pallin 2001; White 2008; 兵頭 2004; 2009a; 2012; 小泉 2011. 序章でも示した通り、邦語文献では兵頭慎治を中心に、プーチン政権下における安保会議の機能強化を指摘する先行研究が存在する。一方で、軍事ドクトリン草案の作成など軍事安全保障問題について、ソ連時代からの軍による伝統的な影響力を重視する議論もある（乾 2003; 2004）。また、エリツィン期とプーチン期に共通して、重要な意思決定は大統領府内に集中する傾向にあったとする一方、安保会議の影響力がピークを迎えたのはプーチンとセルゲイ・イワノーフが安保会議書記を務めた 1999 年から 2001 年の間であり、これ以降、安保会議の役割は二義的であるという分析もある。Taylor 2011, 59.

4）兵頭 2009a, 136; Мигачев и Молчанов 2014, 47-48; Бабурин, Дзлиев и Урсул 2012, 27.

5）兵頭（2012）は、出張会合の制度化（2011 年 5 月）直後の動向に言及している。本書は、制度化後の経過も射程に入れて分析を行う。

6）Часть 2 статьи 13, Федерального закона от 28 декабря 2010г. № 390-ФЗ (ред. от 10 июля 2023г.), «О безопасности».

7）Часть 1 статьи 18, часть 2, 4 и 5 статьи 15, Федерального закона от 28 декабря 2010г., № 390-ФЗ (ред. от 10 июля 2023г.) «О безопасности»; 主として、定例会合（заседание）に

おける審議権を指す。

8）Пункт 13, «Положения о Совете Безопасности Российской Федерации», Указа Президента РФ от 07 марта 2020г., № 175 (ред. от 07 февраля 2024г.), «О некоторых вопросах Совета Безопасности Российской Федерации» (вместе с "Положением о Совете Безопасности Российской Федерации", "Положением об аппарате Совета Безопасности Российской Федерации"), *СЗРФ, 09 марта 2020г., № 10, ст. 1323.*

9）Часть 2 статьи 18, часть 2, 4 и 5 статьи 15, Федерального закона от 28 декабря 2010г., № 390-ФЗ (ред. от 10 июля 2023г.) «О безопасности».

10）Указ Президента РФ от 31 декабря 2005г., № 1574 (ред. от 01 марта 2024г.), «О Реестре должностей федеральной государственной гражданской службы», *СЗРФ, 02 января 2006г., № 1, ст. 118.*

11）Пункт 24, «Положения о Совете Безопасности Российской Федерации», Указом Президента РФ от 07 марта 2020г., № 175 (ред. от 07 февраля 2024г.).

12）Пункт 10, «Положения об Аппарате Совета Безопасности Российской Федерации», Указом Президента РФ от 07 марта 2020г., № 175 (ред. от 07 февраля 2024г.).

13）«г» пункта 11, «Положения об Аппарате Совета Безопасности Российской Федерации», Указом Президента РФ от 07 марта 2020г., № 175 (ред. от 07 февраля 2024г.).

14）森下が指摘するように、1990年代のエリツィン政権期には、大統領府長官は、安保会議副書記の人事の提案権を通じて、安保会議に一定の影響力を行使しうる制度設計となっていた（森下 2001, 137）。

15）Пункт 19, «Положения о Совете Безопасности Российской Федерации», Указом Президента РФ от 07 марта 2020г., № 175 (ред. от 07 февраля 2024г.).

16）Пункт 20, «Положения о Совете Безопасности Российской Федерации», Указом Президента РФ от 07 марта 2020г., № 175 (ред. от 07 февраля 2024г.).

17）Пункт 29 и 34, «Положения о Совете Безопасности Российской Федерации», Указом Президента РФ от 07 марта 2020г., № 175 (ред. от 07 февраля 2024г.).

18）6 части 2, статьи 14, Федерального закона от 28 декабря 2010г., № 390-ФЗ (ред. от 10 июля 2023г.) «О безопасности».

19）«и» пункта 4, «Положения о Совете Безопасности Российской Федерации», Указом Президента РФ от 07 марта 2020г., № 175 (ред. от 07 февраля 2024г.).

20）Часть 4, статьи 18, Федерального закона от 28 декабря 2010г., № 390-ФЗ (ред. от 10 июля 2023г.), «О безопасности».

21）92年安保法の第14条第5項によって定められた手続きに則り、92年4月3日付大統領令第352号によってスコーコフ（Скоков, Ю. В.）が安保会議書記に任命され、この人事は、92年5月22日付最高会議決定第2816-I号によって承認された。Указ Президента РФ от 03 апреля 1992г., № 352, «О Секретаре Совета Безопасности Российской

Федерации», *Ведомости СНД и ВС РФ, 16 апреля 1992г., № 16, ст. 878*; Постановление Верховного Совета РФ от 22 мая 1992 г., № 2816-Ⅰ, «Об утверждении Ю.В. Скокова секретарем Совета безопасности Российской Федерации», *Ведомости СНД и ВС РФ, 04 июня 1992г., № 22, ст. 1181.*

22) Лента. ру, «Скоков, Юрий», https://lenta.ru/lib/14171490/

23) Подберезкин 2000, 842; 上野 2001. 62.

24) 上野俊彦もスコーコフの初代安保会議事務局長（書記）への任命について、同様の見解を示している。上野2001, 62.

25) もっとも、93年憲法の制定以前から、ロシア連邦最高会議第1副議長が安保会議常任委員に任命されていた点にも留意を要する。

26) 上野 2001, 182-187.

27) 上野 2001, 187-189.

28) 兵頭 2009a, 163; Министерство образования Красноярского края, http://www.krao.ru/cd-item.php?id=17

29) 兵頭 2009a, 141-143.

30) Huskey 2015, 129.

31) 傍点は筆者によるもの。Пункт 1, «Положения о Совете обороны Российской Федерации», Указа Президента РФ от 25 июля 1996г., № 1102, *СЗРФ, 29 июля 1996г., № 31, ст. 3699.*

32) このほか、ロシア科学アカデミー副総裁（同意に基づく）、連邦国境警備庁長官、軍事産業大臣、経済大臣、財務第1次官、政府官房事務局長が委員に任命された。«Состав Совета обороны Российской Федерации», Указом Президента РФ от 25 июля 1996г., № 1102.

33) Пункт 3, Указа Президента РФ от 25 июля 1996г., № 1102.

34) Пункт 1 и 4, Указа Президента РФ от 25 июня 1996 г., № 987, «Вопросы Совета Безопасности Российской Федерации», *СЗРФ, 01 июля 1996г., № 27, ст. 3231.*

35) Указ Президента РФ от 08 июля 2013 г., № 614, «О внесении изменения в состав Совета Безопасности Российской Федерации, утвержденный Указом Президента Российской Федерации от 25 мая 2012 г. № 715», *СЗРФ, 15 июля 2013г., № 28, ст. 3814.*

36) この点については次の文献を参照。橋本 2023, 222-230.

37) Указ Президента РФ от 01 октября 1998 г., № 1174, «О составе Совета Безопасности Российской Федерации», *СЗРФ, 05 октября 1998г., № 40, ст. 4955.*

38) ショート 2023; Президент России, «Владимир Путин, Биография», http://putin.kremlin.ru/bio/page-0

39) Щеголев 2010, 421; 上野 2002, 4-6.

40) Указ Президента РФ от 26 марта 1997 г., № 265, «О заместителе Руководителя Админи-

страции Президента Российской Федерации - начальнике Главного контрольного управления Президента Российской Федерации», *СЗРФ, 31 марта 1997г., № 13, ст. 1526.*

41）上野 2010a, 6.

42）塩川 2007, 66-68.

43）上野 2010a, 4-7; 油本 2015, 76-77.

44）Зенькович 2006, 338; 上野（2010a, 5-6）の注 10；リーソフは検察出身で、1991 年から 1993 年までロシア連邦最高検察庁次長検事を、第 1 次プーチン政権第 1 期において大統領府次官 兼 監督総局長を務めた。Зенькович 2006, 273.

45）Указ Президента РФ от 25 мая 1998 г., № 575, «О Путине В.В.», *СЗРФ, 30 мая 1998г., № 22, ст. 2419.*

46）Указ Президента РФ от 25 июля 1998 г., № 886, «О Путине В.В.», *СЗРФ, 28 июля 1998г., № 3, ст. 3769.*

47）Sakwa 2008, 14.

48）Hill and Gaddy 2015, 187.

49）Владимир Путин личный сайт, http://putin.kremlin.ru/bio; Указ Президента РФ от 09 августа 1999 г., № 1011, «О Первом заместителе Председателя Правительства Российской Федерации», *СЗРФ, 09 августа 1999 г., № 32, ст. 4047*；なおプーチンの前任者であるボルジュージャ（Бордюжа, Н. Н.）安保会議書記は、エリツィン大統領からの信頼を得られず、結果としてこの頃、安保会議には大統領がほとんど出席しない事態となっていた。Vendi-Pallin 2001, 81.

50）Указ Президента РФ от 31 декабря 1999 г., № 1761, «Об исполнении полномочий Президента Российской Федерации», *СЗРФ, 03 января 2000г., № 1, ст. 109*; Указ Президента РФ от 31 декабря 1999 г., № 1762, «О временном исполнении полномочий Президента Российской Федерации», *СЗРФ, 03 января 2000г., № 1, ст. 110*；なお大統領令第 1761 号第 1 項は、連邦憲法第 92 条第 2 項を、第 1761 号第 2 項は連邦憲法第 92 条第 3 項を、発令の根拠としている。

51）Путин 2016, 7-8（Том 2）.

52）Указ Президента РФ от 09 августа 1999 г., № 1013, «О временно исполняющем обязанности директора Федеральной службы безопасности Российской Федерации», *СЗРФ, 09 августа 1999г., № 32, ст. 4079*; Указ Президента РФ от 17 августа 1999 г., № 1068, «О директоре Федеральной службы безопасности Российской Федерации», *СЗРФ, 23 августа 1999г., № 34, ст. 4240*; Указ Президента РФ от 15 ноября 1999 г., № 1528 «Вопросы Совета Безопасности Российской Федерации», *СЗРФ, 22 ноября 1999г., № 47, ст. 5684.*

53）エリツィン政権期には、クレムリンと大統領府庁舎の間のイリーンカ通り（Улица Ильинка）の建物に所在し、3 フロアを使用していたといわれる。Huskey 2015, 74. 官公庁のアドレスを集約したウェブサイトの情報（https://gosbar.gosuslugi.ru/ru/

organizations/43/）では、安保会議事務機構の所在地は変わらず、住所は以下の通り。103132, г. Москва, Ипатьевский пер., д.4-10. 大統領府や大統領特別プログラム総局などに隣接しているものとみられる。

54）Указ Президента РФ от 26 февраля 2000 г., № 442, «Вопросы аппарата Совета Безопасности Российской Федерации», *СЗРФ, 28 февраля 2000г., № 9, ст. 1026.*

55）当時の事務機構は、官房、北カフカース地域安全保障問題局、国家・社会安全保障局、経済・産業安全保障局、情報安全保障局、国際安全保障局、軍建設局、軍監察局から構成された。

56）Пункт 1, «Положения об Аппарате Совета Безопасности Российской Федерации», Указом Президента Российской Федерации от 06 мая 2011 г. № 590.

57）Распоряжение Президента РФ от 03 июня 1992г., 266-рп, «О первоочередных мерах по обеспечению деятельности Совета Безопасности Российской Федерации», *Ведомости СНД и ВС РФ, 18 июня 1992г., № 24, ст. 1324.*

58）Huskey 2015, 74.

59）Указ Президента РФ от 10 июля 1996г., № 1024 (ред. от 18 ноября 1998г.), «Вопросы Совета Безопасности Российской Федерации», *СЗРФ, 15 июля 1996г., № 29, ст. 3479.*

60）Указ Президента РФ от 29 июля 1997г., № 793, «Об изменении структуры аппарата Совета Безопасности Российской Федерации», *СЗРФ, 04 августа 1997г., № 31, ст. 3673.*

61）Указ Президента РФ от 28 марта 1998г., № 294, «Об Аппарате Совета Безопасности Российской Федерации», *СЗРФ, 06 апреля 1998г., № 14, ст. 1536.*

62）Указ Президента РФ от 15 марта 1999г., № 333, «О структуре аппарата Совета Безопасности Российской Федерации», *СЗРФ, 22 марта 1999г., № 12, ст. 1452.*

63）2000 年 12 月 25 日付大統領令第 2078 号の発令を最後に安保会議事務機構の組織図は公開されていない。したがってここでは、同大統領令および以下の資史料を参考に、機構図を作成した。Иванов 2007; Муров 2011; 乾 2003, 82; 兵頭 2009a, 152; Указ Президента РФ от 25 декабря 2000г., № 2078, «Об утверждении структуры аппарата Совета Безопасности Российской Федерации», *СЗРФ, 01 января 2001г., № 1, ст. 67.* なお 2024 年 12 月 27 日付大統領令第 1119 号により、安保会議附属学術会議は廃止され、新たに学術専門家会議が設置された。Указ Президента РФ от 27 декабря 2024г., № 1119, «О научно-экспертном совете Совета Безопасности Российской Федерации (вместе с "Положением о научно-экспертном совете Совета Безопасности Российской Федерации")», http://publication.pravo.gov.ru/document/0001202412270013?index=1

64）Bacon 2014, 102-103.

65）Указ Президента РФ от 02 октября 1996 г., № 1412, «Об утверждении Положения об Администрации Президента Российской Федерации», *СЗРФ, 07 октября 1996г., № 41, ст. 4689;* Указ Президента РФ от 12 февраля 1998 г., № 162, «О мерах по совершенствованию структуры Администрации Президента Российской Федерации», *СЗРФ, 14 февраля 1998г., № 7, ст. 827*; Указ Президента РФ от 03 июня 2000 г., № 1013, «О формировании Администрации Президента Российской Федерации», *СЗРФ, 05 июня 2000г., № 23, ст. 2387.*

66) Указ Президента РФ от 12 февраля 1998г., № 162, «О мерах по совершенствованию структуры Администрации Президента Российской Федерации», *СЗРФ, 14 февраля 1998г., № 7, ст. 827.*

67) Указ Президента РФ от 15 марта 1999г., № 333, «О структуре аппарата Совета Безопасности Российской Федерации», *СЗРФ, 22 марта 1999г., № 12, ст. 1452.*

68) 詳細は以下の通りである。96 年 7 月には、定員を 183 名（軍からの出向者は最大 30 名）に削減するよう指示した。98 年 2 月には、定員を 182 名とし、25 名減員するよう指示している。翌 3 月には、定員を 200 名とするよう指示し、1 年後の 99 年 3 月には、定員を 175 名に減員するよう指示している。Указ Президента РФ от 25 июня 1996 г., № 987, «Вопросы Совета Безопасности Российской Федерации», *СЗРФ, 01 июля 1996г., № 27, ст. 3231*; Указ Президента РФ от 12 февраля 1998 г., № 162, «О мерах по совершенствованию структуры Администрации Президента Российской Федерации», *СЗРФ, 12 февраля 1998г., № 7, ст. 827*; Указ Президента РФ от 28 марта 1998 г., № 294, «Об аппарате Совета Безопасности Российской Федерации», *СЗРФ, 06 апреля 1998г., № 14, ст. 1536*; Указ Президента РФ от 15 марта 1999 г., № 333, «О структуре аппарата Совета Безопасности Российской Федерации», *СЗРФ, 22 марта 1999г., № 12, ст. 1452.* この時期の行政改革については、次の文献を併せて参照されたい。Ogushi 2009.

69) Указ Президента РФ от 31 мая 2000 г., № 989, «Вопросы аппарата Совета Безопасности Российской Федерации», *СЗРФ, 05 июня 2000г., № 23, ст. 2384.*

70) Указ Президента РФ от 23 октября 2000 г., № 1770, «Вопросы аппарата Совета Безопасности Российской Федерации», *СЗРФ, 30 октября 2000г., № 44, ст. 4351.*

71) Chebankova 2016, 48.

72) Щеголев 2010, 288; 上野 2001, 195.

73) Щеголев 2010, 191.

74) Щеголев 2010, 324.

75) Щеголев 2010, 389.

76) Щеголев 2010, 484-485.

77) Щеголев 2010, 232, 405-406; Совет Федерации Федерального Собрания РФ, http://council.gov.ru/structure/person/257/

78) Подберезкин 2000, 402.

79) 上野 2001, 197.

80) Baturo and Elkink 2021, 62.

81) 2004 年 6 月 7 日に改訂された安保会議規程において制度化された。Пункт 11,「Положения о Совете Безопасности Российской Федерации」, Указа Президента РФ от 07 июня 2004г., № 726,「Об утверждении Положений о Совете Безопасности Российской Федерации и аппарате Совета Безопасности Российской Федерации, а также об изменении и признании утратившими силу отдельных актов Президента Российской Федерации」, *СЗРФ, 14 июня 2004г., № 24, ст. 2392.*

82) 兵頭 2009a, 158.

83) Указ Президента РФ от 12 июня 1992г., № 620,「Об образовании Пограничных войск Российской Федерации」, *Ведомости СНД и ВС РФ, 25 июня 1992г., № 25, ст. 1410*; Указ Президента РФ от 11 марта 2003 г., № 308,「О мерах по совершенствованию государственного управления в области безопасности Российской Федерации」, *СЗРФ, 24 марта 2003г., № 12, ст. 1101*; Проничев 2009, 342-344; Маслов 2008, 437-439; 上野 2007, 812; 小川 2002; 小泉 2016a, 310-313.

84) Федеральная пограничная служба России のこと。

85) Федеральное агентство правительственной связи и информации при Президенте Российской федерации «ФАПСИ» のこと。

86) Пограничиная войска Российсокй Федерации のこと。

87) Федеральная пограничная служба – Главное командилование Пограничная войска Российсокй Федерации のこと。

88) Служба специальной связи и информации при Федеральной службе охраны のこと。

89) 小川 2010, 55-84. なお図 2–2 は次の文献を基に作成した。Федеральная служба безопасности Российской Федерации,「Перечень образовательных организаций. Порядок приема」; Пограничная служба ФСБ России,「Перечень пограничных управлений ФСБ России」и「Карта расположения пограничных управлений ФСБ России」; agentura.ru «Пограничная служба ФСБ」. このほか, 第 1 次長・国境警備局長官房などの管理部門が設置されているものとみられる。

90) 松田 2009, 15; インテリジェンス・コミュニティについては、次の文献を併せて参照されたい。小林 2011; ローエンタール 2011.

91) 大串 2011, 91-92.

92) 前述の通り、エリツィン政権下においても連邦議会両院議長は、一定期間、常任委員に任命されていた。

93) 兵頭 2009a, 158.

94) Лента. ру, «Соболев, ВалентинБывший заместитель секретаря Совета безопасности РФ», https://lenta.ru/lib/14183252/

95) Kryshtanovskaya 2008, 601-602.

96) 兵頭慎治は「タンデム体制が発足するにあたり、プーチンは自らの腹心を安保会議

に送り込み、安保会議の権限を強化することで（中略）パトルシェフを通じたコント
ロールを図っていたとも考えられる」（兵頭 2012, 8）との見解を示す。

97) グルィズローフは、2012年5月の第2次プーチン政権発足から2016年4月まで約4
年間にわたって安保会議常任委員を務めたが、国家会議議長を辞任した後、引き続き
常任委員に任命された理由は定かではない。いずれにせよ連邦国家権力機関の指導的
地位に就いていない者が、議決権のある常任委員に任命されたことは、92年の安保
会議発足以来、初めてのことである。Указ Президента РФ от 25 мая 2012 г., №715, «Об
утверждении состава Совета Безопасности Российской Федерации», *СЗРФ, 28 мая
2012г., № 22, ст. 2758*; Указ Президента РФ от 11 апреля 2016 г., № 170, «Вопросы Сове-
та Безопасности Российской Федерации», *СЗРФ, 18 апреля 2016г., № 16, ст. 2196*; *Рос-
сийская Газета*, от 12 апреля, 2016г., «Борис Грызлов исключен из состава Совбеза Рос-
сии»; *Ведомости*, от 12 апреля, 2016г., «Виктор Золотов сменил в Совете безопасности
Бориса Грызлова».

98) *Российская газета*, от 03 декабря 2008 г., «Выборы в Госдуму-2011».

99) この点については、次の文献に詳しい。上野 2013.

100) Baturo and Elkink 2021, 162.

101) 小川 2010.

102) Указ Президента РФ от 05 апреля 2016г., № 157 (ред. от 17 июня 2019г.), «Вопросы
Федеральной службы войск национальной гвардии Российской Федерации», *СЗРФ, 11
апреля 2016г., № 15, ст. 2072*; なお「国家親衛軍」は「国家警衛軍」とも訳出すること
が可能である。

103) Указ Президента РФ от 05 апреля 2016 г., № 157, «Вопросы Федеральной службы во-
йск национальной гвардии Российской Федерации», *СЗРФ, 11 апреля 2016г., № 15,
ст.2072*; Указ Президента РФ от 05 апреля 2016 г., № 156, «О совершенствовании госу-
дарственного управления в сфере контроля за оборотом наркотических средств, пси-
хотропных веществ и их прекурсоров и в сфере миграции», *СЗРФ, № 15, 2016г., ст. 2071*;
Указ Президента РФ от 13 апреля 2016 г., № 183, «О назначении на должности сотрудни-
ков органов внутренних дел Российской Федерации», *СЗРФ, 11 апреля 2016г., № 16, ст.
2208*; Президент России, «Президент внёс в Госдуму законопроекты о национальной
гвардии и изменениях в ряд законодательных актов», http://kremlin.ru/events/president/
news/51650; 国家親衛軍の創設については、次の文献も併せて参照されたい。小泉
2016b.

104) Пункт 4, 5, 6 и 10, Указа Президента РФ от 05 апреля 2016 г., № 157.

105) Смирнов 2013; Beck and Robertson 2005.

106) Зенькович 2006, 176; *Коммерсантъ*, от 20 января 2020г., «О персоне»; РИА Новости,
«Биография Виктора Золотова», https://ria.ru/spravka/20160405/1402960522.html

107) Указ Президента РФ от 05 апреля 2016 г., № 158, «О директоре Федеральной службы войск национальной гвардии Российской Федерации – главнокомандующем войсками национальной гвардии Российской Федерации», *СЗРФ, 11 апреля 2016г., № 15, ст. 2077*; Указ Президента РФ от 05 апреля 2016 г., № 159, «О внесении изменения в составе Совета безопасности Российской Федерации, утвержденный Указом Президента Российской Федерации от 24 мая 2012 г. № 715», *СЗРФ, 11 апреля 2016г., № 15, ст. 2073.*

108) Указ Президента РФ от 11 апреля 2016 г., № 170, «Вопросы Совета Безопасности Российской Федерации», *СЗРФ, 18 апреля 2016г., № 16, ст. 2196.*

109) Президент России, http://www.kremlin.ru/structure/security-council/members; Совбез РФ, http://www.scrf.gov.ru/persons/sections/6/

110) 小泉 2016e, 276-278.

111) 大澤 2023, 27-31, 62-65.

112) Лента. py, https://lenta.ru/lib/14161086/; https://lenta.ru/lib/14160892/

113) 具体的には、2000 年 5 月 27 日付大統領令第 967 号、2001 年 4 月 26 日付大統領令第 486 号、2004 年 4 月 24 日付大統領令第 561 号、2008 年 5 月 25 日付大統領令第 836 号および 2012 年 5 月 25 日付大統領令第 715 号の 5 件である。これ以外の月に、委員を一括で任命する大統領令が発令されたケースは、2005 年 11 月 14 日付大統領令第 1328 号の 1 件に限られる。また、エリツィン政権において、このように委員を一括で任命する形式の大統領令は、1996 年 7 月 31 日付大統領令第 1121 号および 1998 年 11 月 18 日付大統領令第 1418 号の 2 件に限られる。ただし、安保会議の設置が 1992 年 6 月 3 日であることから、1992 年に関しては、6 月末日を分析対象としている。

114) 主として 2011 年 9 月–12 月にかけて行われた連邦管区大統領全権代表の人事異動による。ウラル、沿ヴォルガ、北西および中央連邦管区大統領全権代表の人事異動により、非常任委員の平均年齢が若干下がった。Указ Президента РФ от 12 сентября 2011 г., № 1191, «О внесении изменений в состав Совета Безопасности Российской Федерации, утвержденный Указом Президента Российской Федерации от 25 мая 2008 г. № 836», *СЗРФ, 19 сентября 2011г., № 38, ст. 5367*; Указ Президента РФ от 24 декабря 2011 г., № 1681, «О внесении изменений в состав Совета Безопасности Российской Федерации, утвержденный Указом Президента Российской Федерации от 25 мая 2008 г. № 836», *СЗРФ, 26 декабря 2011г., № 52, ст. 7565*; ウラル連邦管区大統領全権代表部, http://www.uralfo.ru/polpred_pers.html; 沿ヴォルガ連邦管区大統領全権代表部, http://www.pfo.ru/?id=8365; 北西連邦管区大統領全権代表部, http://szfo.gov.ru/plenipotentiary; 中央連邦管区大統領全権代表部, http://cfo.gov.ru/polpred/bio

115) 国防省の資産売却を担うアバロンセルヴィス「オボロンセルビス」をめぐる横領事件と関連して、セルジュコーフ（Сердюков, А. Э.）は国防大臣を解任され、代わってショイグー（Шойгу, С. К.）が同職に就いた（同時に安保会議委員人事も変更された）。

ショイグーは、民間防衛問題・緊急事態・災害復旧省の設置時からメドヴェージェフ政権期まで一貫して同省の大臣を務めていたが、第2次プーチン政権では、モスクワ州知事に任命されていた。Указ Президента РФ от 06 ноября 2012 г., № 1484, «О Сердюкове А.Э.», СЗРФ, 12 ноября 2012г., № 46, ст. 6318; Указ Президента РФ от 06 ноября 2012 г., № 1486, «О Министре обороны Российской Федерации», СЗРФ, 12 ноября 2012г., № 46, ст. 6320; Указ Президента РФ от 06 ноября 2012 г., № 1487, «О внесении изменений в состав Совета Безопасности Российской Федерации, утвержденный Указом Президента Российской Федерации от 25 мая 2012 г., № 715», СЗРФ, 12 ноября 2012г., № 46, ст. 6321; Коммерсантъ, от 16 ноября 2012 г., «Владимир Путин: у следствия нет претензий к Анатолию Сердюкову»; 国家親衛軍連邦庁長官 兼 国家親衛軍総司令官のゾーロトフが2016年4月5日に常任委員に任命されたものの、同月11日に非常任委員に格下げされたため、図2-5では、常任委員としてカウントしていない。

116) この増加傾向は、エリツィン政権末期に端を発している点も見逃してはならない。98年11月には、政府第1副議長や大統領府長官、ロシア科学アカデミー総裁などが新たに委員に任命されたため、委員数が19名まで増員されており、翌99年4月13日に連邦議会国家会議議長・連邦会議議長らが安保会議非常任委員に任命され、エリツィン政権終盤における委員の増加傾向に拍車がかかることになった。Указ президента РФ от 18 ноября 1998 г., № 1418, «Вопросы Совета Безопасности Российской Федерации», СЗРФ, 23 ноября 1998г., № 48, ст. 5745; Указ президента РФ от 13 апреля 1999 г., № 466, «Об изменении состава Совета Безопасности Российской Федерации», СЗРФ, 19 апреля 1999г., № 16, ст. 1973.

117) Указ Президента РФ от 13 мая 2000 г., № 849, «О полномочном представителе Президента Российской Федерации в федеральном округе», СЗРФ, 15 мая 2000г., № 2, ст. 2112.

118) Пункт 2, «Положения о полномочном представителе Президента Российской Федерации в федеральном округе», Указом Президента РФ от 13 мая 2000 г., № 849, «О полномочном представителе Президента Российской Федерации в федеральном округе».

119) 上野 2010a, 7.

120) 上野 2010a, 8.

121) 2000年6月21日付大統領令第1149号によって北カフカース連邦管区は南方連邦管区に名称が変更される。また、2010年1月19日付大統領令第82号によって南方連邦管区の一部（ダゲスタン共和国、チェチェン共和国、イングーシ共和国、北オセチア-アラーニア共和国、カバルジノ・バルカリア共和国、カラチャエヴォ・チェルケシア共和国、スターヴロポリ辺区）を分離して北カフカース連邦管区が創設され、8連邦管区に、2014年3月には、クリミア編入に伴い、クリミア連邦管区が設置され9連邦管区となった。さらに、2016年7月28日にクリミア連邦管区は、南方連邦管区に吸収され、再び8連邦管区（中央連邦管区、北西連邦管区、沿ヴォルガ連邦管区、南

第2章 エリツィンからプーチンへ 99

方連邦管区、北カフカース連邦管区、ウラル連邦管区、シベリア連邦管区、極東連邦
管区）となった。なお本書では、ウクライナ憲法および国際法に違反するクリミア強
制占領に関して、事実関係の整理のため、クリミア連邦管区大統領全権代表の設置お
よび人事ならびに同管区における安保会議出張会合の開催について取り上げた。Указ
Президента РФ от 21 июня 2000 г., № 1149, «Вопросы обеспечения деятельности аппара-
тов полномочных представителей Президента Российской Федерации в федеральных
округах», *СЗРФ, 26 июня 2000г., № 26, ст. 2748*; Указ Президента РФ от 19 января 2010
г., № 82, «О внесении изменений в перечень федеральных округов, утвержденный Указом
Президента Российской Федерации от 13 мая 2000 г., № 849, и в Указ Президента Россий-
ской Федерации от 12 мая 2008 г., № 724 "Вопросы системы и структуры федеральных
органов исполнительной власти"», *СЗРФ, 25 января 2010г., № 4, ст. 369*; Указ Президен-
та РФ от 21 марта 2014 г., № 168, «Об образовании Крымского федерального округа»,
СЗРФ, 24 марта 2014г., № 12, ст. 1265; Указ Президента РФ от 28 июля 2016г., № 375,
«О Южном федеральном округе», *СЗРФ, 24 марта 2016г., № 31, ст. 4984*.

122）Щеголев 2010, 405-406.

123）職名の訳出に際して、次の文献を参照した。上野 2001, 200.

124）Лента. ру, http://lenta.ru/lib/14189798/; People.ru, http://www.peoples.ru/state/minister/
oleg_govorun/

125）Лента. ру, http://lenta.ru/lib/14183658/; Президент России, «Беглов, Александр
Дмитриевич».

126）*Коммерсантъ*, 25 декабря 2017 г., «Чем известен Алексей Гордеев»; Единая Россия,
https://er.ru/person/b6831a67-3788-40eb-a84b-f9af0112ab6b

127）*Коммерсантъ*, 25 декабря 2017 г., «Чем известен Игорь Щеголев»; Полномочный
представитель Президента Российской Федерации в Центральном федеральном округе,
http://cfo.gov.ru/polpred/polpred/

128）Зенькович 2006, 498-499; Щеголев 2010, 573.

129）Зенькович 2006, 297-299.

130）Щеголев 2010, 232-233.

131）Щеголев 2010, 76-77.

132）Президент России, http://kremlin.ru/catalog/persons/209/biography; РИА Новости, «Биогра-
фия Николая Цуканова», https://ria.ru/spravka/20150913/1241902524.html

133）*Коммерсантъ*, 07 ноября 2018 г., «Чем известен Александр Гуцан».

134）*Коммерсантъ*, 22 марта 2014 г., «Чем известен Олег Белавенцев»; 北カフカース連邦
管区大統領全権代表部, http://skfo.gov.ru/polpred/

135）Зенькович 2006, 204-206.

136）Зенькович 2006, 556-559.

137) Щеголев 2010, 243-245; Зенькович 2006, 236-238.

138) Щеголев 2010, 426-427.

139) Щеголев 2010, 534-535.

140) Зенькович 2006, 487; Лента. ру, http://lenta.ru/lib/14160278/

141) РИА Новости, «Биография Сергея Меликова», https://ria.ru/spravka/20140512/1007 506464.html; Указ Президента РФ от 28 июля 2016г., № 372, «О Меликове С.А.», *СЗРФ, 01 августа 2016г., № 31, ст. 4998.*

142) *Коммерсантъ*, 21 января 2020 г., «Чем известен Александр Матовников».

143) *Коммерсантъ*, 20 января 2020 г., «Чем известен Юрий Чайка».

144) Зенькович 2006, 357-358; Лента. ру, https://lenta.ru/lib/14165927/

145) Щеголев 2010, 202-203.

146) Комитет государственного строительного надзора города Москвы, http://stroinadzor. mos.ru/about/staff/antosenko_oleg_dmitrievich/

147) Щеголев 2010, 456-457; Лента. ру, http://lenta.ru/lib/14185288/

148) Лента. ру, http://lenta.ru/lib/14164555/

149) Щеголев 2010, 528-529; Лента. ру, http://lenta.ru/lib/14161088/

150) Зенькович 2006, 265-266; Лента. ру, http://lenta.ru/lib/14162981/

151) Щеголев 2010, 95-96; Лента. ру, http://lenta.ru/lib/14181095/

152) Лента. ру, http://lenta.ru/lib/14213441/

153) Лента. ру, http://lenta.ru/lib/14217779/

154) Сайт ОАО Научно-производственная корпорация «Уралвагонзавод», http://www.uvz. ru/product

155) *Коммерсантъ*, 09 ноября 2020 г., «Чем известен Владимир Якушев».

156) Зенькович 2006, 150-151.

157) Щеголев 2010, 220-221; Лента. ру, http://lenta.ru/lib/14160855/full.htm

158) Лента. ру, http://lenta.ru/lib/14161164/

159) РИА Новости, «Биография Николая Рогожкина», http://m.ria.ru/spravka/20140512/ 1007496399.html

160) РИА Новости, «Биография Сергея Меняйло», https://ria.ru/spravka/20160728/ 1473061937.html

161) *Коммерсантъ*, от 12 октября 2021 г., «Чем известен Анатолий Серышев».

162) Зенькович 2006, 222-224.

163) Щеголев 2010, 253-254; Лента. Ру, http://lenta.ru/lib/14168439/

164) Полномочный представитель Президента Российской Федерации в Приволжском федеральном округе, http://www.pfo.ru/?id=8365

165) РИА Новости, «Биография Игоря Комарова», https://ria.ru/20180907/1528009838.html

166) 上野 2001, 201.

167) 上野 2010a, 7.

168) 永綱 2011, 58.

169) Указ Президента РФ от 27 мая 2000 г., № 967, «Об утверждении состава Совета Безопасности Российской Федерации», *СЗРФ, 29 мая 2000г., № 22, ст. 2290.*

170) Федеральный закон РФ от 05 августа 2000 г., № 113-ФЗ, «О порядке формирования Совета Федерации Федерального Собрания Российской Федерации», *СЗРФ, 07 августа 2000 г., № 32, ст. 3336.*

171) Федеральный закон РФ от 29 июля 2000 г., № 106-ФЗ, «О внесении изменений и дополнений в Федеральный закон "Об общих принципах организации законодательных (представительных) и исполнительных органов государственной власти субъектов Российской Федерации"», *СЗРФ, 31 июля 2000г., № 31, ст. 3205.*

172) Федеральный закон РФ от 04 августа 2000г., № 107-ФЗ, «О внесении изменений и дополнений в Федеральный закон "Об общих принципах организации местного самоуправления в Российской Федерации"», *СЗРФ, 07 августа 2000г., № 32, ст. 3330.*

173) エリツィン政権期は、連邦議会国家会議において与党が安定多数をとれず、地方首長と地方議会議長から構成される連邦議会連邦会議に頼らざるを得ない状況となり、急速に地方分権化が進行した。そのため、連邦構成主体の法令が連邦憲法や連邦法に違反するような事態に陥っていた。連邦議会国家会議において与党が多数を占めるプーチン政権は、こうした事態を問題視し、一連の中央集権化政策で、中央と地方の関係を改めた。「連邦制改革」について詳しくは、次の文献を参照されたい。上野 2010a.

174) ここで取り上げた3法については、次の文献に詳しい。上野 2001, 201-203; 2010a, 8-10.

175) Федеральный закон РФ от 04 июля 2003г., № 95-ФЗ, «О внесении изменений и дополнений в Федеральный закон "Об общих принципах организации законодательных (представительных) и исполнительных органов государственной власти субъектов Российской Федерации"», *СЗРФ, 07 июля 2003г., № 27, ст. 2709;* Федеральный закон РФ от 06 октября 2003г., № 131-ФЗ, «Об общих принципах организации местного самоуправления в Российской Федерации», *СЗРФ, 06 октября 2003г., № 4, ст. 3822.*

176) 上野 2010a, 10-12.

177) Федеральный закон РФ от 11 декабря 2004г., № 159-ФЗ, «О внесении изменений в Федеральный закон "Об общих принципах организации законодательных (представительных) и исполнительных органов государственной власти субъектов Российской Федерации" и в Федеральный закон "Об основных гарантиях избирательных прав и права на участие в референдуме граждан Российской Федерации"», *СЗРФ, 13 декабря 2004г., № 5,*

ст. 4950; Указ президента РФ от 27 декабря 2004г., № 1603, «О порядке рассмотрения кандидатур на должность высшего должностного лица (руководителя высшего исполнительного органа государственной власти) субъекта Российской Федерации», *СЗРФ, 27 декабря 2004г., № 52(Часть II), ст. 5427.*

178） 制度変更について、次の文献を併せて参照されたい。中馬 2013.

179） Указ Президента РФ от 24 апреля 2004г., № 561, «Об утверждении состава Совета Безопасности Российской Федерации», *СЗРФ, 26 апреля 2004г., № 17, ст. 1653.*

180） Указ Президента РФ от 25 мая 2008г., № 836, «Об утверждении состава Совета Безопасности Российской Федерации», *СЗРФ, 02 июня 2008г., № 22, ст. 2534.*

181） この時期のパートルシェフ書記による NSC 外交については、2013 年には、中国、インド、米国、ルーマニアなどを訪問し、同年 5 月 21 日から 22 日にかけての米国訪問では、オバマ大統領を表敬し、国防長官や国家安全保障問題担当大統領補佐官らと会談した。*Российская газета*, от 23 мая 2013 г, «Патрушев лично передал Обаме ответное послание Путина»; このほかにも、各国外相・国防相や NSC（国家安全保障会議）のカウンターパートとの間で数多くの会談を実施している。また、2014 年には、ウクライナ問題をめぐって国際情勢が緊迫化するなか、谷内正太郎国家安全保障局長（当時）と 2 回（3 月と 5 月）にわたり会談を行っている。Совбез РФ, от 14 марта 2014г., «Секретарь Совета Безопасности Российской Федерации Н.П.Патрушев встретился с Генеральным секретарем Совета национальной безопасности Японии С.Яти», http://www.scrf.gov.ru/news/allnews/812/; от 06 мая 2014г., «О встрече Секретаря Совета Безопасности Российской Федерации Н.П.Патрушева со специальным посланником Премьер-министра Японии С.Абэ», http://www.scrf.gov.ru/news/allnews/815/;「『NSC 外交』活発にウクライナ危機、谷内局長が訪ロ」『日本経済新聞』2014 年 3 月 13 日、https://www.nikkei.com/article/DGXNASFS12036_S4A310C1PP8000/

182） Пункт 20, «Положения о Совете Безопасности Российской Федерации», Указом Президента РФ от 06 мая 2011 г., № 590.

183） Совбез РФ, http://www.scrf.gov.ru/news/

184） Совбез РФ, http://www.scrf.gov.ru/news/817.html

185） Президент России, http://state.kremlin.ru/security_council/21034

186） 本文中で紹介したアルハーンゲリスクにおける出張会合（2014 年 5 月 19 日）は除く。また、各会合の出席者は、おおむねアルハーンゲリスクにおける出張会合のそれと重なる。タンデム政権期の出張会合については、次の文献を併せて参照されたい。兵頭 2012.

187） 以下、表 2-12 における出張会合の開催日、開催場所、議題などについては、次のウェブサイトを参照。Совбез РФ, http://www.scrf.gov.ru/news/

188） 2015 年 10 月 27 日および同年 11 月 3 日の会合は、連邦管区大統領全権代表部との

共催による公式の出張会合ではないが、国家安全保障上、重要度が高い問題を取り扱っているため、安保会議書記による出張として、表に入れることとした。

第3章 | 国家安全保障戦略の体系化
──政策の総合調整メカニズムと 2010 年安保法の整備

　現代ロシアの国家安全保障は、「国家安全保障戦略」を頂点として、「軍事ドクトリン」や「対外政策概念」など政策領域ごとに個別の政策文書が策定されている。とくに幅広い政策領域を包含する「国家安全保障戦略」の策定作業は、セクショナリズムの強いロシアの国家官僚機構において、一大事業である。本章では、国家安全保障の司令塔である安保会議に設置された省庁間委員会に焦点を当て、総合調整メカニズムが整備される過程を追う。またその背景にある連邦法律、とくに国家安全保障分野における法的基盤たる安全保障法制にも目配りし、国家官僚機構における安保会議の位置づけを詳細に検討する。

1. 国家安全保障政策と安保会議

現代ロシアにおける国家安全保障政策は、最高位の戦略文書「ロシア連邦国家安全保障戦略」に示されているように、軍事安全保障から外交、社会・経済・文教政策まで幅広い政策領域を包含するものである。第2章で検討したように安保会議は、国家安全保障政策の司令塔として、機能を強化・拡大し、「出張会合」などを通じて、地方統制の役割も付与されるようになった。一方で、部門間対立の強いロシアの国家官僚機構において、省庁横断的な政策の総合調整を要する「国家安全保障戦略」の策定作業は大きな困難を伴う。これに対応するため、安保会議には、政策課題ごとに省庁間委員会が設置されている。本章では、現代ロシアの国家安全保障政策領域における総合調整メカニズムを解明するため戦略企画問題省庁間委員会に焦点を当て、規範的文書の分析を通じて、その機能について検討する。あわせて2010年7月から12月にかけて行われた安全保障法制の整備について検討し、安保会議・会議体、事務機構および安保会議書記の権限強化など、安保会議が現代ロシアにおける「超大統領制」を制度的に支える大統領補助機関となるプロセスを明らかにする。

2. 安保会議附属省庁間委員会と「ロシア連邦国家安全保障戦略」

2-1. 省庁間委員会の変遷——エリツィンからプーチンへ

安保会議附属省庁間委員会は、1992年6月の安保会議発足よりも前から存在し、その前身は、安保会議の設置準備を担った策定委員会[1]と同時に発足した、実務会議であるといわれる[2]。ソ連邦解体の直後、92年5月には、安保会議初代書記のスコーコフを議長として、特別省庁間委員会が発足し、軍事政策と軍事ドクトリン、軍建設の基本諸規程の作成、過去にソ連邦に加盟していた他の諸国との交渉プロセスの組織と調整を担った[3]。このように省庁間委員会は、ソ連邦解体に伴う混乱期における外交・安全保障政策の調整メカニズムにおいて、一定の役割を果たしていたものと考えられる。

92年12月から93年8月にかけて対外政策や犯罪・汚職対策などを担当す

表3－1：安保会議附属省庁間委員会の変遷 4)

創設～エリツィン政権第1期	エリツィン政権第2期	第1次プーチン政権第1期	第1次プーチン政権第2期
地域間特別委員会 (92年8月28日～97年9月19日)	国民の権利擁護、社会安全保障、犯罪・汚職対策IC (97年9月19日)	国民の権利擁護、社会安全保障、犯罪および汚職対策IC→社会安全保障および汚職対策・汚職対策IC (00年9月1日)	戦略企画問題IC (05年10月28日)
省庁間対外政策委員会 (92年12月16日～97年9月19日)	国際安全保障IC (同上)	国際安全保障IC (既設)	社会安全保障および犯罪・汚職対策・汚職対策IC (同日付)
犯罪・汚職対策IC (93年1月20日)	国防産業複合体問題IC (同上)	国防産業複合体問題IC→国防産業IC (00年9月1日)	社会安全保障および汚職対策IC→社会安全保障IC (同日付)
環境安全保障IC (93年7月13日)	連邦の憲法的安全保障IC (同上)	連邦の憲法的安全保障IC→憲法的安全保障IC (00年9月1日)	国際安全保障IC (同日付、廃止)
国防産業に係わる科学技術的問題に関するIC (93年8月2日～97年9月19日)	チェチェン共和国発展問題および北カフカース地域情勢の安定化問題臨時IC (98年1月29日～同年11月27日)	防衛安全保障IC→軍事安全保障IC (00年9月1日)	国防産業安全保障IC (同日付、廃止)
防衛安全保障IC (93年9月19日)	動員準備・動員IC (99年9月30日)	経済安全保障IC→経済領域IC (00年9月1日)	経済領域IC→経済・社会領域IC (同日)
情報安全保障IC (同上)	国境政策IC (既設)	国境政策IC (既設)	国民保健IC (同日付、廃止、経済・社会領域ICに機能を移管)
経済安全保障IC (同上)	防衛安全保障IC (既設)	国境政策IC (03年5月28日廃止)	憲法的安全保障IC (同日付、廃止、社会安全保障ICに機能を移管)
国民保健IC (同上)	経済安全保障IC (既設)	動員準備・動員IC (既設)	動員準備・動員IC (同日付、廃止、軍事安全保障ICに機能を移管)
社会安全保障IC (93年10月20日～97年9月19日)	国民保健IC (既設)	CIS問題IC (00年9月1日)	CIS問題IC (既設)
国境政策IC (95年2月27日)	情報安全保障IC (既設)	情報安全保障IC (既設)	軍事安全保障IC (既設)
	環境安全保障IC (既設)	環境安全保障IC (既設)	情報安全保障IC (既設)
			環境安全保障IC (既設)

(筆者作成)

表3−2：安保会議附属省庁間委員会の増強[6]

第2次プーチン政権第2期（2018年5月～2024年5月）、第3次プーチン政権（2024年5月～）
北極における国益の保障問題IC（20年8月25日新設）
新型感染症防疫国家システム創設問題IC（20年10月12日新設）→生物安全保障上の現代的脅威対策IC（23年10月5日改編）
国家移民政策改善問題IC（22年2月10日新設）
最重要情報インフラ発展領域における国家の技術主権保障問題IC（22年4月12日新設）
契約軍人補任IC（24年9月20日新設）
CIS問題IC（既設）
軍事安全保障IC（既設）
社会安全保障IC（既設）
経済・社会領域IC（既設）
情報安全保障IC（既設）
環境安全保障IC（既設）
戦略企画問題IC（既設）

（筆者作成）

る省庁間委員会が設置され、93年10月には、10委員会体制となり、軍事安全保障から経済、社会、環境安全保障に至るまで幅広い政策領域をカバーする体制が整った（表3-1）。

2000年5月に大統領に就任したプーチンは、同年9月にCIS問題省庁間委員会を設置し、対CIS参加諸国との関係におけるロシア連邦の国益を擁護することを当該委員会の課題とした。さらに、政権2期目にあたる2005年10月には、5委員会の廃止、2委員会の改称を含む大規模な組織改編[7]を実施し、新たに戦略企画問題省庁間委員会を設置して、7委員会体制となった。さらに2012年以降の第2次プーチン政権期には、新たに北極における国益の保障問題省庁間委員会など4つの委員会が設置され、機構・定員の増強が図られた（表3-2）。

安保会議規程によると、省庁間委員会は、機能的または地域的特徴に基づいて設置[8]されることとなっているが、常設の省庁間委員会のほかにも、国家安全保障の個別の諸問題に関する提案の準備のために、臨時の省庁間委員会を設置することができる[9]。

また、「安保会議書記によって承認された省庁間委員会の決定は、それに続いて省庁間委員会により作成される検討結果についての、また必要な場合

表3-3：第3次プーチン政権における省庁間委員会委員の構成10)

	委員会議長	委員総数	大臣・長官級	次官・次長級	局長級	局次長級	連邦議会	その他機関等（学術研究機関・国営企業等）
戦略企画問題省庁間委員会	議長：安保会書記	31	1	24	4	3	0	1
軍事安全保障省庁間委員会	議長：ロシア軍参謀総長 兼 国防第1次官	38	1	16	4	11	2	4
社会安全保障省庁間委員会	議長：内務大臣	24	3	13	2	4	2	0
情報安全保障省庁間委員会	議長：安保会副書記	43	0	28	5	3	2	5
経済・社会領域安全保障省庁間委員会	議長：安保会副書記または書記補佐官	31	0	18	2	4	3	4
環境安全保障省庁間委員会	議長：安保会副書記または書記補佐官（2016年8月までロシア科学アカデミー幹部会委員）	25	0	16	5	1	2	1
CIS問題省庁間委員会	議長：安保会副書記	35	0	19	7	7	2	0
北極における国益の保障問題IC	議長：安保会副議長	31	18	7	1	1	2	2
生物安全保障上の現代的脅威対策IC	議長：安保会副議長	26	16	6	2	0	0	2
国家移民政策改善問題IC	議長：安保会副議長	29	17	3	4	0	2	3
最重要情報インフラ発展領域における国家の技術主権保障問題IC	議長：安保会副議長	29	20	2	1	1	0	5

（筆者作成）

には採択された諸措置についての通知書とともに、検討のために当該機関及び組織に送付される」[11]と定められている。上述の通り、安保会議書記は、自らの権限を行使するために命令を発することができるため、パートルシェフ安保会議書記の政治的影響力も相まって、省庁間委員会の決定は、各省庁にとって重要な意味を持つものと推察される。

2024年5月に発足した第3次プーチン政権における省庁間委員会の人員構成（表3-3）を分析すると、委員の数は、25名から43名と委員会によってばらつきがあるものの、主として次官級から構成され、ほかに局長級・局次長級、連邦議会担当委員会の議長・副議長らが委員に任命されている。大臣・長官は、委員会議長に任命されているケースを除くと、いわゆる外局の長がほとんどであるが、近年新設された省庁間委員会では委員に主要省庁の大臣・長官が任命されるケースがある。また、すべての委員会に安保会議事務機構書記官が配置されており、委員会の情報分析と組織の技術的保障（事務局機能）を担っているものと考えられる[12]。

本章では、国家安全保障政策の総合調整プロセスに焦点を当てるため、分析対象を戦略企画問題省庁間委員会に絞って、議論を進める。

2-2. 第1次プーチン政権下における「戦略企画問題省庁間委員会」の設置

1999年12月31日、エリツィン大統領の辞職に伴い、大統領臨時代行に就いたプーチンは、早速2000年1月10日に外交・安全保障政策の基本方針を体系化した「国家安全保障概念」（国家安保概念）を改訂した[13]。そのなかでは、NATOの東方拡大、米国の一極支配への反発を一層強め、いわゆる外交政策の「多極化路線」[14]を明確に示した。

一方で、それに続く第1次プーチン政権は、2001年9月の米国同時多発テロ、2002年10月に発生したモスクワ劇場事件など、内政・外交両面において、非伝統的な脅威であるテロリズムへの対応を迫られた。こうしたグローバルな安全保障環境の急激な変化を受けて、2002年10月29日、プーチン大統領は国家安保概念の改訂を指示した[15]。その後、安保会議事務機構は、2年以上かけて改訂作業を進め[16]、2005年には草案を作成したものの[17]、新版の承認は2009年5月のタンデム政権の発足を待つこととなった[18]。これ

には、省庁間において脅威認識の統一が図れなかったことに加え[19]、イラク戦争やNATOの東方拡大、中東欧へのMD配備計画[20]、旧ソ連圏における一連のカラー革命、リーマン・ショックに象徴される国際金融情勢の急激な変化などが影響したものといわれている。

こうしたなか、安保会議附属戦略企画問題省庁間委員会（以下、戦略企画委員会）は、2005年10月、安保会議書記を委員会議長として、主要省庁の次官級、大統領府局長級等から成る16名体制で発足した（表3-5）。その主な目的は、社会・経済的発展および国家安全保障に係る戦略企画の領域において、安保会議に課された任務を実現することである[21]。また、戦略企画委員会は、国家安保概念の改訂作業が遅れていた時期に設置されたことから、国家安全保障に関する省庁間の調整メカニズムの構築が目指されたものと考えられる。

戦略企画委員会初代議長を務めたイーゴリ・イワノーフ（Иванов, И. С.）安保会議書記（当時）は、外交畑で、1995年から98年まで連邦大臣 兼 外務第1次官、98年から2004年にかけては外務大臣を務めた人物である[22]。2001年9月の米国同時多発テロの発生時には、安保会議書記（当時）ルシャーイロ（Рушайло, В. Б.）らと国際テロリズム分野における対米支援の準備とこれに伴う外交政策の急速な転換に奔走した[23]。

一方で、2006年6月には、戦略企画委員会の構成が刷新され、委員会議長には安保会議書記ではなく、新たに委員に任命されたソビャーニン（Собянин, С. С.）大統領府長官（当時）が任命された。さらに、イーゴリ・イワノーフ安保会議書記は、2007年7月に突如自ら辞意を示し、その理由について、書記任命時に大統領が設定した安保会議および同事務機構の組織化という課題を遂行したからであると説明したが[24]、プーチン大統領による親米派の更迭といった見方もある[25]。いずれにせよ戦略企画委員会の設置を中心とした安保会議の省庁間調整メカニズムの構築において、彼が一定の役割を果たしたことは確かであろう。

後任のソビャーニン大統領府長官 兼 戦略企画委員会議長は、天然資源の豊富なウラル地方のハンティ・マンシ自治管区の出身で、「ルクオイル」などエネルギー産業との関係も深く、地方議会議長、連邦会議構成員、ウラル

連邦管区大統領全権代表部第1次席代表などを務めている[26]。連邦会議憲法・司法問題委員会議長時代には、連邦会議編成手続き法[27]をはじめとする、プーチン大統領による一連の中央集権化政策に関する法案の制定に協力し[28]、タンデム政権期には、大統領府からプーチン政府議長のもとに移り、政府副議長 兼 政府官房長官を務めるなどプーチンからの信頼が極めて厚い。

2-3. タンデム政権下における2009年版安保戦略の承認と事態対処センター

2008年5月、メドヴェージェフが第3代ロシア連邦大統領に就任し、プーチン政府議長とともに政権運営にあたるタンデム（二人乗り自転車、二頭立て馬車の意）政権が発足した。政権発足とともに、戦略企画委員会議長には、大統領府長官に代わり、新たに安保会議書記に就任したパートルシェフが任命された。この人事においては、戦略企画委員会議長の安保会議書記への交代と同時に、大統領府長官は、戦略企画委員会の委員からも解任されているほか、委員会副議長には、連邦保安庁次長に代わり安保会議副書記が就任した[29]。これにより、戦略企画委員会の議長（安保会議書記）、副議長（2名のうち1名[30]：安保会議副書記）、書記（安保会議事務機構書記官[31]）の委員会三役を安保会議事務機構の幹部が占めることとなった。

タンデム政権下、2009年5月に「2020年までの国家安全保障戦略」が承認されたことを考慮に入れると、2005年から2009年にかけて、イーゴリ・イワノーフ、ソビャーニンとパートルシェフの三人の戦略企画委員会議長のもとで、旧安保戦略の策定における調整作業が行われたものと考えられる。「2020年までの国家安全保障戦略（09年版安保戦略）」は、2008年2月に発表された「プーチン・プラン（2020年までのロシアの発展戦略）」を継承して、産業構造の転換やイノベーションを通じた経済発展路線を基軸としており[32]、「2020年まで」という一定の期限を設けて、多極的世界の一極としてロシアのプレゼンスを増大させることが示された。

一方で、このような国際社会におけるプレゼンスの増大は、必ずしも米国や西欧諸国との対立の先鋭化を表すものではない。旧安保戦略では、国連と国連安全保障理事会が安定的な国際関係のシステムの中心的要素であること

を指摘した上で、G8、G20、RIC、BRIC の順に、相互関係を強化する多国間の枠組みを列挙している[33]。これは、第二次世界大戦の結果としてロシア連邦（当時のソ連邦）が獲得した国連安保理常任理事国（P5）の地位を基盤としつつ、中国以外の安保理常任理事国と日本・ドイツ・カナダをはじめとする先進諸国が集まる G8（当時）の枠組みを通じて、旧西側諸国との対等な関係の構築を目指したものと考えられる。

　また、2011 年 5 月に改訂された安保会議規程においては、戦略企画委員会の任務として、「ロシア連邦の事態対処センターのシステムの改善に関する安保会議の提案の準備に参加すること」が新たに加えられ[34]、2005 年規程[35]の「国家安全保障を確保するシステムの改善に関する提案の検討」[36]よりも具体的になった。

　事態対処センターは、垂直的な三層構造から成り、最上位のものは大統領、政府議長（首相）、大統領府と安保会議に設置され[37]、次いで連邦管区大統領全権代表と連邦の省庁に、さらに連邦構成主体首長、地方自治体首長、団体、大企業に設置されている[38]。そのなかで、安保会議の事態対処センターは、対策会合・拡大会合の開催において、情報・技術面の運用支援を担うとされており[39]、重要政策の決定をロジスティクス面で支える部局として位置づけられている。事態対処センターにおける秘匿通信（政府特殊通信）の管理・運営は連邦警護庁が担うが、戦略企画委員会は、有事に際して情報集約・指揮機能を果たす「司令塔」を、連邦の戦略的観点から「改善」する役割を付与されたのである。

2–4. 第 2 次プーチン政権下における新たな「国家安全保障戦略」の承認

(1) 戦略企画法の成立

　2012 年 5 月に発足した第 2 次プーチン政権下では、戦略企画委員会の人事政策が大きく変容した（表3–5）。13 年 1 月には、中央・地方関係を担当する大統領監督局次長や連邦管区（8 管区）大統領全権代表部次席代表ら 11 名が新たに戦略企画委員会に加わり、設置以来最大の 29 名体制となった[40]。安保戦略が社会・経済政策やテロリズム、国境政策について言及していることに加え、安保会議書記による出張会合が制度化されたこと（2011 年 5 月）を

踏まえると、これらの人事政策は、戦略企画委員会における連邦中央と地方の調整機能の強化を図ったものと考えられる。

さらに、2014年3月には、ソ連邦解体後、ウクライナ共和国の領土として国際的に承認されているクリミア半島が、ロシア連邦に強制的に占領され[41]、クリミア共和国とセヴァストーポリ特別市（連邦的意義を有する市）から構成されるクリミア連邦管区が新たに設置された[42]。同年6月には早速、クリミア連邦管区大統領全権代表部次席代表が戦略企画委員会委員に任命された[43]（表3–5）。

また、第2次プーチン政権下の2014年6月には、連邦議会の審議を経て[44]、戦略企画法が制定された。これにより、連邦法レベルにおいて、戦略企画における安保会議の主導的な役割[45]が明確化された上、安保戦略の6年毎の改訂が法的に義務づけられた。

（2）2015年版「国家安全保障戦略」

09年版安保戦略の承認から6年がたつ2015年7月、プーチン大統領は、安保会議拡大会合において、政治、経済、情報、その他の潜在的な挑戦およびリスクの諸相の分析、それを基にした安保戦略の修正を短期間において遂行することの必要性を指摘した[46]。そして、同年10月、パートルシェフ書記は、新版の安保戦略を審議するため、自ら議長を務める戦略企画委員会を招集した。委員会における審議の過程では、会合の参加者らによって、積極的な対外政策、他国との協力の発展、外国資本の誘致とテクノロジーの吸収が、国家安全保障の強化と経済の近代化のための能力強化をフォローする、といった指摘がなされたという[47]。

さらに、パートルシェフ書記は、新安保戦略の承認を前にしたインタビューのなかで、09年版安保戦略が効果を発揮し、最重要の国際問題の決定や国家間の紛争と危機の解決にあたって、安保戦略の役割が増大したことを指摘した。そして、新たな安保戦略においても国家の優先事項、国家安全保障の基本的原則およびアプローチは変わらないとして[48]、安保戦略の継続性を強調した。

2015年12月31日に承認された新たな安保戦略（15年版安保戦略）は、09

年版安保戦略と同様、全6章から構成される。ウクライナ紛争（第1次ロシア・ウクライナ戦争）の長期化やシリアへの軍事介入、欧州を中心に頻発するテロ事件といったロシアを取り巻く安全保障環境の変化を踏まえて、内容は大幅に刷新された[49]。

「第2章　現代世界におけるロシア」では、形成されつつある多極世界において、ロシアの果たす役割が増大している[50]、という戦略環境認識に基づき、ロシアの自主的な内外政策の展開により、米国およびその同盟国との関係が悪化していることを指摘した上で[51]、ウクライナ紛争における欧米の行動を批判している[52]。

　経済情勢については、「不安定な世界経済の状況と一連の国々がロシア連邦に対して導入した経済制裁措置が適用された状況において、自らのポテンシャルを維持し、強化する能力を示した」[53]との認識を提示しているが、旧安保戦略のなかでは、国家安全保障の戦略的目標として「GDP上位5カ国入り」[54]を掲げたのに対して、新安保戦略では当該箇所が「GDP上位国入り」[55]と改められており、国際的な原油安の長期化などによる近年のロシア経済の低迷や他の新興国の台頭を反映した表現となっている。

　外交分野に関して、多国間の枠組みでは、BRICSや上海協力機構、APEC、G20[56]、二国間関係では中国、インドの重要度が高まり[57]、米国との関係構築については09年版安保戦略と比べて控えめな表現[58]が用いられるようになった。その一方で、欧州諸国および欧州連合との関係については、「互恵的協力の強化、欧州および旧ソ連圏における統合プロセスの調和、欧州大西洋地域における、明確な条約および法に基づいた、開かれた集団安全保障システムの形成のために行動する」[59]と記され、伝統的に紐帯を持つ同地域との関係に重きを置いた内容となった。また、経済安全保障分野においては、「とりわけ北極、東シベリアおよび極東における、基盤的な輸送、エネルギー、情報および軍事的インフラ整備の完遂、ならびに北極海航路、バイカル－アムール鉄道、シベリア横断鉄道[60]の発展」が謳われており[61]、これは、ロシアが近年、北極圏および極東地域を戦略的要衝として捉えていることを反映している[62]。

第3章　国家安全保障戦略の体系化　115

（3）2021年版「国家安全保障戦略」

戦略企画法に基づき、安保戦略は6年毎の改訂が義務づけられており、2020年中の改訂も取り沙汰されたが、最終的には2021年7月2日に大統領令によって新たな安保戦略（21年版安保戦略）が承認された[63]。安保会議の戦略企画委員会に関わる法令と人事政策がある程度制度化されたため、総合調整メカニズムに大きな変化はないものと考えられるが、戦略文書の内容は様変わりした。

新興国の台頭などを踏まえて、国際秩序が「転換期」にあるとの戦略環境認識を示すとともに、軍事衝突が核大国の参加を含む局地戦・地域戦争に発展する危険性が高まっているとして、大国間競争時代における核を巡る軍事的エスカレーションに力点が置かれた。また、輸送ルートの管制権、国境の保全・警備、領海警備、国境インフラの整備が強調されるなど、15年版安保戦略に続き、北極海および隣接する海域を重視する姿勢が示された。こうした政策方針を実現すべく、国境警備を担う連邦保安庁（FSB）国境警備局の体制が強化されるとともに、諸外国のカウンターパートとの協力関係も深化している。とくにFSB国境警備局と中国海警局は、2023年4月に協力についての覚書を締結し、翌2024年4月にはウラジオストクにおいて実務者協議が実施されるなど、中露の戦略的連携強化の枠組みの中で、機関交流が活発化している。FSB国境警備局と中国海警局は、2024年9月20日から10月10日にかけて、「北太平洋における中露沿岸警備艦艇による第1回共同パトロール」を日本海、ベーリング海、チュクチ海などにおいて実施した。ロシア軍と中国人民解放軍による「共同哨戒飛行」、「海上連携」、軍管区演習への部隊参加といった合同軍事演習・共同訓練に加えて、中露の準軍事組織間の協力関係は深化する傾向にある[64]。

さらに2021年版安保戦略は、前年の2020年憲法改革において示されたプーチン政権の基幹的政策を色濃く反映している。安保戦略の基本的な構造は踏襲したものの、第3章に示された9つの戦略的優先事項では、「文化」（2015年版）が「伝統的なロシアの精神的・道徳的価値の擁護、文化および歴史的記憶の保存」（2021年版）に改められた。また、第85項では「基盤的な倫理・文化的規範、宗教的基礎、婚姻制度および家族の価値がますます壊

表３−４：戦略企画問題省庁間委員会の構成[65]

議長：安保会議書記
副議長：安保会議副書記
委員会担当書記：安保会議事務機構局長級

委員
次官・次長級：内務第１次官、緊急事態第１次官、外務次官、法務次官、科学・高等教育次官、教育次官、財務次官、経済発展次官、軍参謀本部第１参謀次長、対外諜報庁第１次長、連邦保安庁次長、国家親衛軍連邦庁次長 兼 国家親衛軍総司令官補、北西・南・北カフカース・沿ヴォルガ・ウラル・シベリア・極東連邦管区大統領次席代表
局長級：連邦政府官房次長、安保会議書記官
局次長級：大統領監督局次長、大統領内政局次長、大統領専門官局次長
その他：ロシア科学アカデミー副総裁、会計検査官

（筆者作成）

滅的な影響を受けている」、第87項では「伝統的なロシアの精神・道徳的価値および文化・歴史的価値は、米国とその同盟国、多国籍企業、外国のNPO・NGO、宗教組織、過激派組織、テロ組織から活発な攻撃を受けている」として、米国を中心とした西側のリベラルな価値観の浸透により、ロシアの伝統的な精神・道徳的価値観が脅威にさらされているという政権の現状認識が示された。さらに「ロシア史・世界史を改竄し、歴史的真実を歪め、歴史的記憶を破壊する試みが増えている」として、歴史問題を強調するなど、2020年憲法改革によって新たに設けられた保守主義・愛国主義的条項が実際の政策に反映されることとなった。

戦略企画法のもと、戦略企画委員会による総合調整メカニズムが徐々に整備され、脅威認識のすり合わせといった作業が比較的スムーズに行われるようになったものと考えられる。ただし、こうした安保会議による政策の総合調整のメカニズムは、かなり時間をかけて整備されてきたことにも留意を要する。次節では、現代ロシアの安全保障法制に焦点を当て、法的基盤が整備される過程を分析・検討する。

第３章　国家安全保障戦略の体系化　117

表３−５：戦略企画省庁間問題委員会における委員人事の変遷 66)

日付	2005年10月28日 №1244	2006年6月12日 №601	2008年6月19日 №982	2008年11月1日 №1575	2013年1月19日 №37	2014年6月23日 №451	2016年8月26日付№436及び2018年11月10日付№646による人事発令
議長	安保会議書記（委員会議長）	大統領府長官（委員会議長） 安保会議書記	解任 委員会議長に昇進			安保会議書記（委員会議長）	[留任]
委員	内務次官	内務第1次官		[留任]		内務第1次官	[留任]
	外務次官	外務次官		[留任]		外務次官	[留任]
	国防次官	国防第1次官 兼 連邦軍参謀総長	[留任]		解任 任命：軍参謀本部次長	軍参謀次長	軍第1参謀次長又は次長 №646
		法務次官		[留任]		法務次官	[留任]
	保健・社会発展次官	保健・社会発展次官		[留任]		保健・社会発展次官	[留任]
	教育・科学次官	教育・科学次官 地域発展次官		[留任]		教育・科学次官 地域発展次官	科学・高等教育次官 №646 教育次官 №436
	財務次官	財務次官		[留任]		財務次官	解任 №436 [留任]
	経済発展・通商次官	通邦大臣 兼 経済発展・通商次官	解任	任命：経済発展次官		経済発展次官	[留任]
					任命：緊急事態次官	緊急事態次官	緊急事態第1次官又は次長 №646
	対外諜報庁次長	対外諜報庁次長（委員会事務局次長）		[留任]		対外諜報庁第1次長又は次官 №646	[留任]
	連邦保安庁次長	連邦保安庁次官（委員会副議長）	副議長職を解任			連邦保安庁次長（委員会事務局長）	[留任]
	ロシア科学アカデミー副総裁	科学アカデミー副総裁−07年5月29日 委員会副議長（同意に基づく）に昇進		[留任]	委員会副議長を解任、委員に降格	委員会副議長を科学アカデミー副総裁（同意に基づく）	国家親衛軍連邦庁次長 兼 総司令官補 №646
				任命：会計検査官	[留任]	会計検査官	[留任]

区分	従前の職／委員任免	状態	解任	新たな職	状態
大統領府	大統領内政局長	[留任]	任命：大統領内政局長	大統領内政局次長	[留任]
	大統領専門官局長	[留任]	任命：大統領専門官局長	大統領専門官局次長	[留任]
	大統領対外政策局次長	[留任]	任命：大統領監督局長	大統領監督局次長	[留任]
連邦政府	07年5月29日 政府官房長を委員に任命	[留任]	任命：政府官房長	政府官房次長	[留任]
	政府議長補佐官—07年5月29日 委員を解任	安保会議副書記に昇進 委員会副議長	[留任]	安保会議副書記（委員会副議長）	[留任]
安保会議事務機構	安保会議書記補佐官—07年5月29日 委員を解任		委員会書記を解任	安保会議事務機構書記局長級（委員会書記）	[留任]
	安保会議事務機構局長付審議官（委員会書記）	[留任]	委員会書記を解任	安保会議事務機構書記官	[留任]
連邦管区大統領全権代表部			任命：安保会議事務機構書記局長級（委員会書記）	安保会議事務機構書記局長級（委員会書記）	[留任]
			任命：中央連邦管区大統領全権代表部代表	中央連邦管区大統領全権代表	[留任]
			任命：北西連邦管区大統領全権代表部代表	北西連邦管区大統領全権代表	[留任]
			任命：南方連邦管区大統領全権代表部代表	南方連邦管区大統領全権代表	[留任]
			任命：北カフカース連邦管区大統領全権代表部代表	北カフカース連邦管区大統領全権代表	[留任]
			任命：沿ヴォルガ連邦管区大統領全権代表部代表	沿ヴォルガ連邦管区大統領全権代表	[留任]
			任命：ウラル連邦管区大統領全権代表部次席代表	ウラル連邦管区大統領全権代表	[留任]
			任命：シベリア連邦管区大統領全権代表部次席代表	シベリア連邦管区大統領全権代表	[留任]
			任命：極東連邦管区大統領全権代表部次席代表	極東連邦管区大統領全権代表	[留任]
			任命：クリミア連邦管区大統領全権代表部次席代表	クリミア連邦管区大統領全権代表部次席代表	解任 No.436

（筆者作成）

3. 新たな安全保障法制

3-1. 2010 年安保法とは何か

2010 年 12 月 28 日には、およそ 18 年ぶりに安全保障についての連邦法が改正された[67]。これに基づいて、翌 2011 年 5 月には、下位の規範にあたる安保会議規程が改められ、安全保障法制が一新された[68]。これまで、1992 年 3 月に制定された安全保障法を基盤として、安保会議規程の改訂を重ねることによって、安保会議の権限強化や運用方法の変更が行われてきたが、今般の上位規範（連邦法）の改正によって、93 年憲法の制定後初めて、連邦法レベルにおける安全保障の法的基盤が整備された[69]。

本節では、2010 年安保法の制定と 2011 年安保会議規程の改訂に焦点を当て、現代ロシアにおける安全保障法制の体系的分析および評価を行う。具体的には、連邦議会国家会議の速記録や議定書などの分析を通じて、安保法の改正過程を検討した上で、関連法令の変遷を分析し、現行法制の特徴を抽出した後、安保会議の具体的な機能を法的側面から検討する[70]。

2010 年安全保障法は、92 年安保法を廃止制定[71]したものである。その全体像を把握するため、表 3-6 において、法律の構成を示す。

全体の構成をみると、双方とも安全保障に関する法的関係や安全保障政策に関する国家機関の管轄事項、安保会議の地位などを定めており、法律の基本的な性格は変わらない。一方で、2010 年安保法の特徴としては、92 年安保法の第 4 章「安全保障の実現に関する財政活動」および第 5 章「安全保障に関する活動に対する統制及び監督」が独立した章とされていない点が挙げられる。

次に 2010 年安保法の制定過程について分析した上で、新旧の法令の詳細な比較分析を行う。まず表 3-7 において、法案採択までのプロセスを審級に基づいて整理した。表中の整理番号 3.1 にあるように、2010 年 9 月 9 日に国家会議（下院）安全保障委員会（第 1 読会）にて、国家会議評議会（第 1 読会）へ安全保障法案[72]を提出すること、国家会議第 1 読会における審議予定日を 9 月 22 日とすることが提案され、同 20 日の国家会議評議会（第 1 読会）において、法案を国家会議第 1 読会の審議に付すことが決まった。

表 3-6：1992 年安全保障法と 2010 年安全保障法の構成

1992 年安全保障法	2010 年安全保障法
【第 1 章 総則】	【第 1 章 総則】
第 1 条 安全保障の概念及びその目的	第 1 条 本連邦法の規制の対象
第 2 条 安全保障の実現の主体	第 2 条 安全保障の基本的概念
第 3 条 安全保障上の脅威	第 3 条 安全保障に関する活動内容
第 4 条 安全保障の実現	第 4 条 安全保障領域における国家政策
第 5 条 安全保障の実現の原則	第 5 条 安全保障の法的基盤
第 6 条 安全保障の法的基盤	第 6 条 安全保障に関する活動の調整
第 7 条 市民の権利及び自由の擁護	第 7 条 安全保障領域における国際協力
【第 2 章 ロシア連邦の安全保障制度】	【第 2 章 安全保障領域における、連邦国家権力機関の権限、ロシア連邦構成主体国家権力機関及び地方自治体の機能】
第 8 条 安全保障制度の基本的要素	
第 9 条 安全保障制度の基本的機能	
第 10 条 安全保障制度における権力機関の権限区分	第 8 条 安全保障領域におけるロシア連邦大統領の権限
第 11 条 安全保障の実現に係る国家機関による指導	第 9 条 安全保障領域におけるロシア連邦議会両院の権限
第 12 条 安全保障の実現に係る強制力と手段	第 10 条 安全保障領域におけるロシア連邦政府の権限
	第 11 条 安全保障領域における連邦執行権力機関の権限
	第 12 条 安全保障領域におけるロシア連邦構成主体国家権力機関及び地方自治体の機能
【第 3 章 ロシア連邦安全保障会議】	【第 3 章 安全保障会議の地位】
第 13 条 ロシア連邦安全保障会議の地位	第 13 条 安全保障会議
第 14 条 ロシア連邦安全保障会議の構成及びその組織化の諸手続き	第 14 条 安全保障会議の基本的任務及び機能
第 15 条 ロシア連邦安全保障会議の基本的課題	第 15 条 安全保障会議の構成
第 16 条 ロシア連邦安全保障会議による決定の諸手続き	第 16 条 安全保障会議書記
第 17 条 ロシア連邦安全保障会議省庁間委員会	第 17 条 安全保障会議の活動の組織
第 18 条 ロシア連邦安全保障会議事務機構	第 18 条 安全保障会議の決定
第 19 条 ロシア連邦安全保障会議省庁間委員会の基本的課題	
【第 4 章 安全保障の実現に関する財政活動】	【第 4 章 雑則】
第 20 条 安全保障の実現に関する財政活動	第 19 条 ロシア連邦の若干の立法的アクト（立法的アクトの諸規程）の失効の承認について
	第 20 条 本連邦法の発効
【第 5 章 安全保障に関する活動に対する統制及び監督】	
第 21 条 安全保障に関する活動に対する統制	
第 22 条 安全保障に関する活動に対する監督	

（筆者作成）

安保法案について審議する国家会議第 1 読会は、予定通り 9 月 22 日午前 10 時より開催された[73]。議長は、グルィズローフが務め、出欠登録システムによる出欠確認の後（450 名のうち 431 名が出席、すなわち出席率は 95.8%）、議事進行手続きについての票決が行われ、411 名の議員が賛成し、手続きが承認された。

　審議の冒頭では、本法案の発議者である大統領に代わり、国家会議大統領全権代表のミーンフ（Минх, Г. В.）によって、趣旨説明が行われた。

　ミーンフは、トムスク出身の法学者で、大学での勤務を経て、1992 年から大統領国家・法総局の幹部職を務め、連邦会議政府議長全権代表（2002 年）、連邦政府法務局長（04 年）などを経て、09 年に現職に就いた[74]。04 年と 08 年の大統領選挙では、それぞれプーチン、メドヴェージェフの選対本部につめた[75]。

　趣旨説明では、(1) 現行の 1992 年安保法の法的基盤は、ロシア共和国憲法であり、制定後 18 年の間に生じたあらゆる変化に対応していないため、廃止制定が必要であること、(2) 安保会議の地位や権限を明確にすることの二点が強調された。

　ミーンフ全権代表は (1) について、以下のように述べている[76]。「大統領提出の法案、連邦法『安全保障について』は、事実上、連邦法『安全保障について（92 年安保法：筆者注）』の廃止制定であり、この法案によって見込まれる規制は、国家安全保障分野における立法の完成に向けたものであります。現在有効な連邦法『安全保障について』は、1992 年 3 月に制定されたものであることを委員の皆様、ご承知ください。とくに、18 年の間に生じた変化について語るとすれば、手始めに、1993 年 12 月を挙げましょう。これは、ロシア連邦憲法であります。（中略）現行法第 6 条において規定されている、安全保障の法的諸基盤は、ロシア共和国憲法である。すなわちロシア・ソヴィエト連邦社会主義共和国憲法である。さらに安全保障の実行力および手段は、ロシア連邦最高会議の決定に従って、組織・展開される。これは第 12 条である。等々。すなわち、これらの例は、今日、現行の連邦法『安全保障について』は、事実上、実際に適用することの不可能な法令になっているのであります。いま、国家安全保障に係る諸問題を規定するための法的ないし

表 3 - 7：2010 年安全保障法案の審議日程 77)

	審級・通知等	日付	議定書番号	審議・通知の内容等
1.1	国家会議事務・文書交換自動化システムへの法案(第 408210-5 号) の登録	2010 年 7 月 17 日 9 時 16 分	なし	法案が登録され、国家会議議長への法案の送付。
1.2	プロファイル委員会への法案の送付	7 月 19 日 9 時 15 分		国家会議安全保障委員会への法案の送付。
2.1	プロファイル委員会	7 月 27 日	140 п. -	プロファイル委員会によって、国家会議評議会への法案提出が決定される。また、法案に対する提案の締め切りは 2010 年 9 月 2 日までとされる。
2.2	国家会議評議会 (予審)	7 月 29 日	223, п. 1	担当委員会を国家会議安全保障委員会とする。法案に対する提案を示すこと。国家会議における審議に向けて法案を準備すること。
3.1	担当委員会における法案の審議 (第 1 読会)	9 月 9 日	145 п. 3	法案を国家会議評議会第 1 読会において採択することを提案。国家会議による審議日程を 2010 年 9 月 22 日と提案する。
3.2	国家会議評議会における法案の審議 (第 1 読会)	2010 年 9 月 20 日	229, п. 46	法案を国家会議における審議に付すことを決定する。
3.3	国家会議における法案の審議 (第 1 読会)	2010 年 9 月 22 日	4142-5 ГД	第 1 読会における法案の採択。法案への修正案の提出期限を採択決定日から 30 日間とする。
0.2	書簡の受理	9 月 30 日		(法案に対する) ロシア連邦政府の所見
4.1	担当委員会における法案の審議 (第 2 読会)	11 月 18 日	158 п. 2	法案を国家会議評議会第 2 読会において採択することを提案。国家会議による審議日程を 2010 年 11 月 24 日と提案する。
4.2	国家会議評議会における法案の審議 (第 2 読会)	11 月 22 日	246, п. 36	法案を国家会議における審議に付すことを決定する。
4.3	国家会議における法案の審議 (第 2 読会)	11 月 24 日	4489-5 ГД	第 2 読会における法案の採択。
5.1	担当委員会における法案の審議 (第 3 読会)	12 月 3 日	-	法案を国家会議評議会第 3 読会において採択することを提案。国家会議による審議日程を 2010 年 12 月 7 日と提案する。
5.2	国家会議評議会における法案の審議 (第 3 読会)	12 月 6 日	249, п. 98	法案を国家会議における審議に付すことを決定する。
5.3	国家会議における法案の審議 (第 3 読会)	12 月 7 日	4533-5 ГД	法案の採択。12 月 7 日付で連邦会議へ採択された法律を送付。
6.1	連邦会議における法律の登録	12 月 7 日		法律の受理。
		12 月 8 日		担当委員会への法律の送付。連邦会議防衛・安全保障委員会が担当委員会となる。
6.2	連邦会議における法律の審議 (予審)	12 月 14 日	23, п. 7	連邦会議による法律の審議が必要であると認められる。法律の承認が提案された。
6.3	連邦会議における法律の審議	12 月 15 日	571-СФ	法律の承認。同日付で大統領に送付される。同日付で国家会議に関係通知が送付される。
8.1	大統領による法律の検討	12 月 28 日	390-ФЗ	法律への署名
8.2	法律の公布	12 月 29 日		ロシア新聞
		2011 年 1 月 14 日		議会新聞
		2011 年		ロシア連邦官報第 1 号掲載番号第 2 号

(筆者作成)

規範的基盤は、本質的な変化を被ったということをご承知ください」。

　また（2）について、ミーンフ全権代表は次のように説明した。「安全保障会議が、安全保障および国防の編成に係る諸問題ならびに安全保障に関係した一連の諸問題に関する大統領の決定の準備を行う、憲法に定められた機関であることは、確固としたものであります。安全保障会議は、ロシア連邦大統領が編成し、主宰する、と規定されております。本法案では、ロシア連邦安全保障会議の基本的課題が規定され、その機能、編成の手続き、安全保障会議の活動の組織化に係る手続きおよびその構成が明確にされます」

　すなわち、発議者（大統領）サイドは、安全保障の法的基盤たる92年安保法が、すでに失効したロシア・ソヴィエト連邦社会主義共和国憲法に基づいて制定されていることをとくに問題視し、93年憲法の条文に即した連邦法の制定を求めている。92年安保法を、93年憲法をベースとした法体系のなかに位置づけることには、ある程度困難が伴うことは明らかであり、この点では、本立法イニシアティブが一定の妥当性を持つものと考えられる。

　これに続いて、国家会議安全保障委員会副議長のカレースニコフ（Колесников, В. И.）から補充報告（副報告）が行われ、本立法イニシアティブの概念に対して、70通もの賛意を示す意見書が寄せられたこと、そのなかには、安保会議常任委員および非常任委員に対して資格要件を追加すること、連邦構成主体における安保会議[78]の法的地位を定義した規程を定めることなどが含まれると報告している。

　補充報告に続いて、質疑応答が行われたが、以下、安保会議の地位や権限など、とくに本章の議論と関係の深い部分について、詳細に検討する。

3-2.　第1読会における質疑応答——安保会議に関する事項

　第1読会では、安保会議の地位や権限、機能、さらに議会による統制といった問題が扱われた。第1読会における質疑応答について、主だったものを表3-8に整理した[79]。

　質問Aのように、安保会議が憲法上の機関であることすら知らない議員が質問に立っている例もみられ、議員サイドの準備不足も見受けられる。したがって、ミーンフ全権代表の答弁も、93年憲法体制における統治機構や

大統領権限についての基本的な事柄に関する説明が多くを占めた。一方で、興味深い答弁も一部で見受けられた。質問Cに対するミーンフ全権代表の答弁では、体制転換期の政体の模索とその結末について言及し、これに対する大統領サイドの否定的な評価を示している。エリツィン大統領と最高会議の対立の末に発生した、93年のいわゆる「10月事件」に言及し、ロシアにとって議会制[80]が「大惨事」であったともいう。

議会による監督機能や国家機関の権限の区分に関する質問（C、D、E）に対して、大統領サイドが、93年憲法と同憲法体制における大統領権限をたびたび持ち出して答弁しているのは、立法府における重要事項である法律論を展開するためであるが、それに加えて、体制転換期における混乱や93年憲法において「強い」大統領権限を与えられたエリツィン政権が、ある種の「弱さ」を露呈し、政治的混乱を招いたことに対するタンデム政権の基本認識が現れているものと考えられる。すなわち第1次プーチン政権（2000年5月発足）以降、政治的安定性を取り戻すこと、垂直的権力を軸とした中央・地方関係制度の構築が最重要であるという認識に基づいて政権運営を行ってきた。ゆえに、この「弱さ」に対して、政権は93年憲法に基づいた「本来」の大統領制を重視している。

質疑の後、第1読会における採決が行われ、その結果、法案は、賛成361（80.2%）、反対48（10.7%）、棄権0、投票不参加41（9.1%）で採択された[81]。

3-3. 第2読会における法案の修正と採択

条文の具体的な修正事項について審議する第2読会では、国家会議安全保障委員会によって安保法案の逐条修正が提案されている[82]。表3-9において、第1読会に提出された法案、第2読会における修正を経て第3読会に提出された法案および修正された箇所を整理した[83]。

安保会議の基本的任務について定めた、第14条第1項の修正は、連邦議会連邦会議（上院）構成員で、安保会議に関する著作[84]も有するメーリニコフ（Мельников, В. И.）らによるものである[85]。この修正によって、安保会議は、連邦執行権力諸機関のみならず、連邦構成主体の執行権力諸機関による安全保障政策領域の活動の調整に関与することとなった。これにより安保会

表３-８：第１読会における安保会議に関する質疑応答（一部抜粋）

（表中、議員の氏名の直後にある記号は、第１読会における本法案への賛否を示す。すなわち、○、×、－の記号は、それぞれ賛成［○］、反対［×］、採決に参加せず［－］、を指す。また、便宜上、各質問に英語のアルファベットを付した）

質問者による発言の要点または引用	答弁の要点または該当箇所の引用
A　ロシア連邦共産党　カラメーイツェフ（Коломейцев, Н. В.）×	ミーンフ大統領全権代表
(1) 安保会議の決定と政府の決定は、ともに強制力を持つが、両者が矛盾した際に、何の効果もないと指摘 (2)「実際、憲法では安全保障会議について、何も書き記されておりません。したがって、例えば、これは憲法上の機関である、という引用は、それほど裏付けられるものではないのです」	(1)「第一に、（安保会議は：筆者注）憲法上の（すでにはじめの部分の回答であなたに注意しましたように）機関です。第二に、審議機関です。なぜならば、安全保障会議が採択する諸決定は、ロシア連邦大統領規範およびロシア連邦大統領令によって、所定の措置がとられるからであります。最後に、あなたにお話しした、効力のある安全保障会議の諸決定、すなわち大統領令によって所定の措置がとられたものについては、すべての国家機関および公職者に対して遂行の義務があります。法的階層構造について話せば、ご承知の通り、ロシア連邦大統領規範は、階層関係上、ロシア連邦政府より上位に位置します」 (2)「はじめに、ロシア連邦大統領が安全保障会議を編成する、という規定がどこに定められているのか、ロシア連邦憲法をざっとみることをお勧めします」
B　共産党　イリューヒン（Илюхин, В. И.）×	ミーンフ全権代表
(1)「本法案の提出が十分に正当化されることについて、私は完全に同意します。しかし、率直に申し上げると、それでもやはり答えを見出だせないことを懸念しております。強制力、やはり、安保会議の決定の強制力です。90年代中ごろ、国防に GDP の3.5パーセントを、少なくとも、3.5パーセントを支出するという決定がありましたが、これは全く遂行されませんでした。私は全会期において議員でしたし、どのように予算が決まるか、非公開箇所なども含めて知っています。だから私は懸念しているのです」 (2) 安保会議に関する個別の法律が必要ではないか？	(1)「ご承知の通り、安保会議の枠内における拡大会合や対策会合の議事日程に関する諸問題の議論の局面において、何らかの決定がなされた場合、例えば、当該年および計画期における予算案の立案および国家会議への提案について話をしたら、（その：筆者注）結果に基づいて、政府に対する指令が作り上げられる。ここに何ら問題を見出すことはない」 (2) 答弁なし
C　公正ロシア　ベスチョートノフ（Бесчётнов, К. В.）－	ミーンフ全権代表
「率直にいって、国家会議の役割の関係について、質問があります。第９条第２項には、国家会議は、安全保障分野における連邦法を採択するとあります。これに関係して、政府、国家会議、連邦会議、大統領の間における権限の区分の概念について質問があります」	「政体の観点からして、ロシアが議会制共和国ではないということを完璧に正しく知っているのならば、どのような概念についての話になるのでしょうか？　議会制、議会制共和制は、ロシアにとって大惨事であるという大統領の評価は、ここで私が思うに、十分に明確に形成されています。国家会議または連邦議会全体としての役割が十分であるかどうかについて話すならば、現行の安保法において、概して、議会は、ロシア連邦最高会議として言及されることに注意を向けたいのです。ロシア共和国憲法を引用することが重要か、または重要ではないか、という問題に戻りますと、93年まで修正を伴って有効であった1978年共和国憲法に従って、ロシア共和国最高会議は、最後の改訂を含めても、ロシア連邦の常設の最高の立法機関であり、執行機関であり、監督機関としての性質を有した、ということを思い起こしていただきたいのです。議員ご承知の通り、93年には事件がありました。これは、大統領がお話しになったことの実例でもあります。それゆえ、ロシア共和国憲法ではなく現行のロシア連邦憲法に規定されていることと比較して、修正条項は、権力分立概念の問題には、決して抵触することはないのです」

D　公正ロシア　モスカーリコヴァ（Москалькова, Т. Н.）○	カレースニコフ国家会議安全保障委員会副議長
「実際に、安全保障についての法律が現行憲法の採択まで、有効でありましたので、絶望的なまでに時代遅れになっております。我々が今日、安全保障の法的基盤を改善させることは素晴らしいのですが、これに伴って一連の規範が、問題を呼び起こします。とりわけ、前（の権力分立の話：筆者注）に続いて、ヴラディーミル・イリーチ氏（カレースニコフ国家会議安全保障委員会副委員長：筆者注）にお聞きしたい。安全保障領域における連邦会議の権限は、どのくらい十分に反映されているとお考えなのか、そしてそれらは、憲法の当該箇所と矛盾していないのかどうか？」	「私は、それらが最適であり、憲法に矛盾していないと考えます」
E　共産党　カーシン（Кашин, Б. С.）×	ミーンフ全権代表
「ガリー・ヴラディーミラヴィッチ（ミーンフ代表：筆者注）さん、前の質問の続きですが、確かに、第9条（安全保障分野における連邦議会両院の権限：筆者注）は、法律にとって何の損失もなく取り除くことができる。というのも、同条は、現行のロシア連邦憲法を完全に繰り返しているからであります。安全保障上の脅威や緊急事態が発生した際、議会は、そういう事態においてしばしば盗まれるお金の流れを監督しうるということを、表明しなければなりません。（中略）まさに切迫した状況における……議会のための何らかの監督機能を検討してはいけないのでしょうか」マイク切れる	「ヴラディーミル・イリーチ氏がより正確に、集中的に、表明した考えをもう一度繰り返したいと思います。すなわち、連邦議会ではなく、予算であるかないかは重要ではありませんが、財政的な資源の支出のプロセスにおいて、機動的な手段で邪魔をし、緊急事態委員のような役を演じる、議員のなんらかの活動形式について、具体的な法律の枠組みにおいて見出すことはやめましょう。私たちはロシア共和国の体制ではなくロシア連邦の体制の中にいるということをもう一度思い起こしていただきたい。そしてそれゆえ、採択された決定に対する刑事責任を含む可能な範囲の法的責任に基づいて、具体的な経営管理に関わる実用的な問題にあなた方が取り組むのであれば、単に経歴を立法府から執行府や私的セクターに変えるべきなのです。もし、議員の地位の枠内で働きたいのであれば、議員の地位についての法律において定められた議員という形態が、他の権力諸機関や組織の仕事の邪魔をせず、立法権力の枠内で、決定を採択し、監督の役割をも果たすための十分な可能性を提供しています」
F　共産党　イリューヒン（Илюхин, В. И.）×	ミーンフ全権代表
(1)「安保会議についての個別の法律の制定が必要であるという点について、答弁を受けていません」 (2)「安保会議の監督機能についても考える必要があります。すなわち、採択された決定そのものに対する〔監督：筆者注〕。そしてもう一つの規定。我々両院の議長の法的地位に注目してください。法的地位、すなわち、審議権のみで参加するのであります。彼は、すべての立法府に対して、連邦会議に対して。これは深刻な問題ですので、この場で疑念を取り払う必要があります」	(1)「本法案では、現行法もそうですが、安保会議規程が大統領によって承認されることが想定されております。現行法にも、本法案にも、このことは〔定めて：筆者注〕あります。もし我々が、いま現行のモデルを再現するならば、我々はそれを再現するよう提案するのです。そうなれば、安保会議についての特別な法律、すなわちあなたが考えているようなものは、必要ないのです。基盤的規定は、ここにあります。安保会議についての規程の承認に関する大統領の権限の問題もここにあります。そのほか、大統領令において定められ、現在も連邦法レベル……まだ連邦法案ですが、そのレベルにおいて記されている、安保会議の地位についての基盤的な規定を、原則として実際に再現することを強調したい。したがいまして、私の見解では、このテーマに対する特別な、補足的な、個別的な法律は、必要ないのです」 (2)「連邦議会両院議長の法的地位についていえば、両者は安保会議の常任委員で、その常任委員を含めて、他のすべての安全保障会議の委員と同様に、両者はともに安全保障会議全体で審議権を有しています」

（筆者作成）

表3-9：2010年安全保障法第14条の修正箇所
(修正前の箇所は点下線、修正後は一重下線、補足は二重下線)

第1読会に提出された法案	第2読会において修正され、第3読会に提出された法案	修正された箇所
第3章 第14条 第1項 安全保障会議の基本的任務は、 第1号）ロシア連邦大統領による安全保障分野の権限の実現のための条件を保障することである。 1. Основными задачами Совета Безопасности являются: 1) обеспечение условий для реализации Президентом Российской Федерации полномочий в области обеспечения безопасности;	第3章 第14条 第1項 安全保障会議の基本的任務は、 第1号）ロシア連邦大統領による安全保障分野の権限の遂行のための条件を保障することである。 1. Основными задачами Совета Безопасности являются: 1) обеспечение условий для осуществления Президентом Российской Федерации полномочий в области обеспечения безопасности;	«для реализации»「実現のため」の部分を«для осуществления»「遂行のため」に修正した。
第5号）ロシア連邦大統領によって採択された、安全保障分野の決定の実現に関する連邦執行権力諸機関の活動の調整〔である：筆者注〕 5) координация деятельности федеральных органов исполнительной власти по реализации принятых Президентом Российской Федерации решений в области обеспечения безопасности;	第5号）ロシア連邦大統領によって採択された、安全保障分野の決定の実現に関するロシア連邦の連邦執行諸権力機関及び連邦構成主体執行権力諸機関の活動の調整〔である：筆者注〕 5) координация деятельности федеральных органов исполнительной власти и органов исполнительной власти субъектов Российской Федерации по реализации принятых Президентом Российской Федерации решений в области обеспечения безопасности;	この修正により、安全保障会議は、連邦執行権力諸機関の活動の調整のみならず連邦構成主体の執行権力諸機関の活動の調整も行うことになった。
第14条 第3項 ロシア連邦大統領は、安全保障会議に対して他の任務及び機能を付与することができる。 3. Президент Российской Федерации может возложить на Совет Безопасности иные задачи и функции.	第14条 第3項 ロシア連邦大統領は、ロシア連邦の法令に従って、安全保障会議に対して他の任務及び機能を付与することができる。 3. Президент Российской Федерации может возложить на Совет Безопасности иные задачи и функции в соответствии с законодательством Российской Федерации.	「ロシア連邦の法令に従って」という文言が補足された。

(筆者作成)

議の権限が拡大し、2011年安保会議規程において制度化された出張会合の開催が、連邦法レベルで保障されることとなった（第2章）。

第2読会では、安全保障委員会による提案が採択され[86]、最終的に第3読会において、賛成363（80.7%）、反対55（12.2%）、棄権0、投票不参加32（7.1%）で法案が採択された[87]。その後、連邦会議の承認（12月15日）、大統領の署名（同月28日）を経て、翌29日に官報に掲載された[88]。

4. 2010年安全保障法の特徴

4-1. 安全保障と人権、民主的統制

前節の冒頭で筆者は、2010年安保法の特徴として、92年安保法の第4章「安全保障の実現に関する財政活動」と第5章「安全保障に関する活動に対する統制及び監督」が独立した章とされていない点を指摘した。

すなわち、92年安保法の第5章第21条によると、「安全保障に関する活動に対する統制は、最高会議及び国家機関が遂行するとされており、ロシア連邦の社会的・その他の団体及び組織並びに国民は、効力のある法令に従って、安全保障の実現に係る諸機関の活動についての情報を得る権利を有する」[89]と定められている。加えて、第22条において、監督は、検事総長及びその直近下位の検事（通常ならば次長検事[90]）が遂行すると定められていた[91]。

一方、2010年安保法では、第2条第1項において「人及び国民の権利及び自由の遵守並びに擁護は、安全保障の基本的な原則である」[92]とされるにとどまり、上記のような規定が設けられることはなかった。

しかし、国家会議安全保障委員会が第2読会において否決することを勧告した修正提案のなかには、注目すべきものもある[93]。すなわち、前出のイリューヒン議員（ロシア連邦共産党）は、「人及び国民の権利と自由並びに国家安全保障」という条を補足するよう提案している。その内容は以下の通りである。「何人も、連邦法によって禁止されることのない、すべての手段及び方法によって、生活する権利及び自らの生活の安全確保（財産保全）の権利を有する。国民の財産保全の権利の実現に際しては、他人の生活の安全確保の権利を侵害してはならない。（中略）人及び国民の権利と自由は、国家

第3章　国家安全保障戦略の体系化　129

安全保障のために不可欠である場合に限り、連邦法によって、制限されることがある。国家は、ロシア連邦の法令に従って、ロシア連邦の領域において、人及び国民の安全を保障する。ロシア連邦の領域外にいるロシア連邦の国民に対する保護及び擁護は、国家が保障する。(中略) 人及び国民の権利と自由が制限される際、国民は、まずロシア連邦の法令に従って、国家安全保障を担当する国家権力諸機関及び公職者から、説明を受け、情報を得る。国家安全保障の確保に際して、自らの権利と自由が侵害された者は、ロシア連邦の法令の定める手続きによって、国家権力諸機関及び公職者の行為に対して不服申し立てを行う権利がある」

　安全保障委員会における審議の詳細は不明であるが、この提案が掲載されている「委員会が否決することを勧告した修正提案」は、第2読会において、賛成308（68.4％）、反対0、投票不参加142（31.6％）で採択されている[94]。安全保障委員会が第2読会に提出した修正提案（採択を勧告するもの及び否決を勧告するもの）に関する票決には、当のイリューヒン議員を含むすべての共産党会派所属議員、すべての自民党会派の議員、一名を除く公正ロシア会派の議員が参加しなかった。採決の結果については、統一ロシア党の圧倒的優位体制にある国家会議においては当然の結末といえるが、この時期のロシア議会では、国家安全保障と個人の権利保障の関係性について議論がなされていた点には注目すべきである。

4-2. 安保会議・会議体の地位と権限

　2010年安保法の制定から約半年後、2011年5月9日には、下位の規範にあたる安保会議規程が改訂された。

　本項では、10年安保法と11年安保会議規程において、安保会議の地位や権限がどのように定められているのか、92年安保法と旧ヴァージョンの安保会議規程との比較を通じて検討する。

　安保会議の地位については、92年安保法が安保会議を「憲法上の機関」と定めているのに対して、10年安保法は「憲法上の審議機関」[95]と定めている。下位の規範にあたる安保会議規程では、「憲法上の機関」とされていたが、10年安保法の制定に伴って、11年安保会議規程では「憲法上の審議機

表3-10：連邦法における安保会議の地位

1992年安保法	2010年安保法
【安保会議の地位】 第13条 ロシア連邦安全保障会議の地位 安全保障会議は、安全保障の領域に関する大統領の決定の準備を行う憲法に定められた機関であり、安全保障領域の内外政策の諸問題、並びに国家、経済、社会、防衛、情報、環境、その他の安全保障の形態、国民の保健、非常災害の予測と予防、その被害の除去、安寧及び法秩序の保障、の戦略的諸問題を検討し、内外の脅威から個人、社会、国家の死活的に重要な利益を守ることに関し最高会議に対し責任を負う[96]。	第13条 安全保障会議 第1項 安全保障会議は、安全保障問題、国防体制の編成、軍建設、防衛産業及び外国とロシア連邦の軍事技術協力に係わる諸問題、ロシア連邦の憲法体制、主権、独立、領土の擁護に関係する諸問題、並びに安全保障分野における国際協力に係わる諸問題に関して、ロシア連邦大統領の決定の準備を行う憲法に定められた審議機関である。
【安全保障】 安全保障―内外の脅威から、個人、社会及び国家の死活的に重要な利益が擁護された状態 (「第1条 安全保障の概念及びその目的」より)	国家の安全保障、社会安全保障、環境安全保障、個人の安全保障、ロシア連邦の法令で規定された他の形態の安全保障(以下、安全保障又は国家安全保障)(「第1条 本連邦法の規制対象」より)

(筆者作成)

関」と改められた。いずれにせよ、安保会議は、93年12月12日の時点から憲法上の地位を有しており、この条文を以て、その地位に大きな変化があったとは言い難い。また、10年安保法と11年規程において、安保会議が審議機関とされた件についても、すでに92年安保法において、安保会議は、議決権を有する常任委員と審議権のみ与えられた非常任委員から構成され、単純多数決によって決定を下す議決機関であることが定められており[97]、安保会議の性質を変えるものではなく、安保会議の性質を、より直接的に示すよう文言を改めたものと考えられる。

　管轄事項については、92年安保法と10年安保法で大きく異なり、前者は、あらゆる政策領域を管轄事項に含み、後者は、軍事安全保障に重点が置かれている。しかし、これは、安保会議の管轄事項が軍事安全保障に特化したことを必ずしも意味しない。

　そもそも「ロシア連邦国家安全保障戦略」[98]にも反映されているように、現代ロシアにおける安全保障観は、あらゆる政策領域を包含する広義のもの

第3章　国家安全保障戦略の体系化　131

であり、10年安保法における安全保障の定義（表3-10参照）も軍事安全保障に特化したものではない。したがって、10年安保法第13条第1項「安全保障問題」の文言には、外交・安全保障政策から環境政策、人口政策まで含まれているものと捉えることが可能である。むしろ、軍事安全保障に重点が置かれているのは、安保会議が当該政策領域により積極的にコミットメントすることを意味するものと筆者は考える。

　10年安保法と11年規程が制定された時期は、まさにセルジュコーフ国防相による軍改革が実施されていた。民間企業出身のセルジュコーフは、2007年2月の国防相就任から12年10月にスキャンダルによって失脚するまで、約5年にわたって軍改革に励んだが、小規模紛争に対応した軍のコンパクト化、将校を中心とした大幅な人員削減、外国製兵器の導入といったラディカルな改革を強行し、軍や軍需産業からは強い反発を受けていた[99]。

　民間企業の社長、連邦税務庁長官を務めたセルジュコーフ国防相の軍改革の方向性は、任命者であるプーチン大統領の意向に沿ったもので、10年安保法と11年規程における安保会議の管轄事項として、軍事安全保障に重きが置かれたのは、強い反発を招いていたセルジュコーフの軍改革を安保会議および同書記がアシストする狙いがあったものと考えられる。国防分野における年度連邦予算に盛り込まれた財政支出の執行状況の監督権が安保会議に付与されたこと（後述）も同様の狙いがあるものと考えられる。

　安保会議規程の変遷に目を向けると、直近に安保法が制定された92年規程および11年規程と比べると、96年規程、99年規程および04年規程における規定は、上位規範である安保法のそれとは大きく異なる[100]（表3-11）。

　96年および99年規程第1条は、92年安保法第1条の安全保障の定義と第13条の後半部分をそのまま反映したもので、逆に第13条の前半部分を取り除いている。第4条を含め96年規程の管轄事項は、抽象度の高いものとなった。

　04年規程の管轄事項も基本的に96年および99年規程を踏襲しているが、新たに「ロシア連邦の発展戦略」が加わった。従来の「個人、社会、国家の死活的に重要な利益の、内外の脅威からの安全の確保」とあわせて、これらが「国家安全保障」であると定義された。2000年代、原油高による未曾有

表3-11：規程における安保会議の地位[101]

92年安保会議規程	96年安保会議規程および99年安保会議規程
第1条 ロシア連邦法「安全保障について」に従い、ロシア連邦安全保障会議（以下、安全保障会議又は会議）が編成される。安全保障会議は、内外政策の基本方針に関する、ロシア連邦大統領の決定の案を準備する憲法に定められた機関である。 この目的のために、安全保障会議は、ロシア連邦における安全保障分野の内外政策の諸問題、並びにロシア連邦における、国家、経済、社会、防衛、情報、環境、その他の安全保障の形態、国民の保健、緊急事態の予測及び予防、その被害の除去、安定及び法秩序の保障に関わる戦略的諸問題を検討する。	Ⅰ　総則 第1条 ロシア連邦安全保障会議（以下、安全保障会議）は、個人、社会、国家の死活的に重要な利益の、内外の脅威からの擁護、及び安全保障分野における統一的国家政策の遂行の諸問題に関する、ロシア連邦大統領の決定を準備する憲法に定められた機関である。 （中略） 第4条 安全保障会議は、人及び国民の権利及び自由の擁護、並びにロシア連邦の主権、独立及び国家的統一の擁護に関する、ロシア連邦大統領による憲法上の権限の実現のための条件を保障する機関である。

2004年会議規程	2011年安保会議規程
第1条 ロシア連邦安全保障会議（以下、安全保障会議）は、ロシア連邦の発展戦略、個人、社会、国家の死活的に重要な利益の、内外の脅威からの安全の確保（以下、国家安全保障）、国家安全保障分野における統一的国家政策の遂行に関わる諸問題に関する、ロシア連邦大統領の決定を準備する憲法に定められた機関である。	第1条 ロシア連邦安全保障会議（以下、安全保障会議）は、国家の安全保障、社会安全保障、環境安全保障、個人の安全保障、ロシア連邦の法令によって規定される他の形態の安全保障（以下、国家安全保障）、国防の組織、軍建設、防衛産業及び諸外国とロシア連邦との軍事及び軍事技術協力の保障に関わる諸問題、ロシア連邦の、憲法体制、主権、独立及び領土的一体性の擁護に関係する諸問題、並びに安全保障分野における国際協力に係わる諸問題に関して、ロシア連邦大統領の決定の準備を行う、憲法に定められた審議機関である。

（筆者作成）

の好景気に見舞われたロシアは、プーチン大統領のもと、「強いロシア」を取り戻す機運が高まっていた。安保会議の管轄事項の一番に「発展戦略」の文言が書き加えられた背景には、こうした社会・経済的な変化があった。

　安保会議・会議体の権限については、表3-12に整理した。92年安保法および92年規程の段階で、すでに安全保障問題に関する安保会議の決定は、大統領令によって所要の措置がとられる、と定められているが、96年規程

以降、様々な監督権が付与され、権限が強化される傾向にある。

　96年7月10日に承認された96年規程の立案が、同年6月18日に安保会議書記に就任したレーベジによるものであるかどうかは判然としない。第2章で検討した通り、96年7月25日には、国防会議が設置された。国防会議は、法的には安保会議とセットで機能するものであったこと、軍事安全保障政策に対する安保会議の監督権が新たに付与されたことを踏まえると、軍事安全保障政策に対する安保会議の監督権が新たに付与されたことから、96年規程の制定は、軍に対する大統領の監督権強化の一環であったとみることができる。

　また、安保会議の決定と大統領令の発令について、92年安保法および92年規程では、安全保障問題に関する安保会議の決定とされ、96年および99年規程においては、最重要問題に関する安保会議の決定と規定されている。同時に、その他の決定は、議定書によって所要の措置がとられると定められている。一方、04年規程では、安保会議の決定は、議定書として確定し、決定を実現するために大統領令などを発令することが定められ、手続き上の変更が生じた。その上、10年安保法および11年規程からは、国家権力諸機関および公職者に対する安保会議決定の遵守規定が設けられ、大統領令などの規範的アクトおよび議定書の形式をとる、安保会議決定の重要度が一層高まった。

　さらに、連邦執行権力諸機関と連邦構成主体に対する、安保会議の監督権については、96年、99年および04年規程において、一定程度認められていたが、11年規程において、大幅に拡大された。具体的には、「安全保障分野における連邦執行権力諸機関の活動に対する監督」、「国防、国家安全保障及び法秩序活動に関する当該年度連邦予算に盛り込まれた財政支出の執行状況に対する監督の組織（11年規程第4条）」である。04年規程までは、「国家安全保障に関わる連邦プログラムの策定及びその実現の監督に関する活動を組織する（04年規程第4条）」といったように、特定の政策の実現に対する安保会議の監督権が認められていたが、11年規程では、財政支出の執行状況や国家機関の業務そのものに対する監督権が付与された。これにより、安保会議の監督機関としての性質[102]が一層強まり、国家安全保障政策を担う外務・

134

表 3-12：安保会議・会議体の権限

1992 年安保法		第 16 条　安全保障問題に関する安全保障会議の決定については、大統領令によって、所要の措置がとられる。
下位規範	92 年規程	第 4 条第 4 項　安全保障問題に関する安全保障会議の決定については、大統領令によって、所要の措置がとられる。その他の安全保障会議の決定は、議定書として確定する。
	96 年規程	第 3 章第 6 条（一部抜粋）ロシア連邦の連邦執行権力機関及び連邦構成主体による、ロシア連邦の、内外政策、軍事政策、軍事技術協力及び情報安全保障分野における戦略の実現を監督する。 安全保障に関わる連邦の統一的プログラムの策定を組織し、その進捗状況を監督する。 第 5 章第 11 条（一部抜粋）最重要問題に関する安全保障会議の決定は、ロシア連邦大統領令によって、その他の決定は、議定書によって、所要の措置がとられる。
	99 年規程	96 年規程と同じ。
	04 年規程	第 4 条（一部抜粋）国家安全保障に関わる連邦プログラムの策定及びその実現の監督に関する活動を組織する。 第 9 条（一部抜粋）安全保障会議の決定は、安全保障会議合の議定書として確定する。また、決定を実現するため、大統領令若しくは大統領命令を発する、又は大統領指令を発することができる。 第 11 条（一部抜粋）安全保障会議対策会合の決定は、安全保障会議議長の承認のもと、議定書として確定する。また、対策会合の決定を実現するため、大統領令若しくは大統領命令を発する、又は大統領指令を発することができる。 第 12 条（一部抜粋）安全保障会議戦略企画会合の決定は、安全保障会議議長の承認のもと、議定書として確定する。また、戦略企画会合の決定を実現するため、大統領令若しくは大統領命令又は大統領指令を発することができる。
2010 年安保法		第 14 条　安全保障会議の基本的課題及び任務（一部抜粋） 第 2 項第 6 号　安全保障問題に関する大統領の規範的アクトの案の準備及び安全保障分野における連邦執行権力諸機関の活動の調整の遂行 　第 7 号　安全保障分野における連邦プログラムの準備に関する活動の組織及びその実現に対する監督の遂行 第 18 条　安全保障会議の決定 第 3 項　効力を有する安全保障会議の決定は、国家権力諸機関及び公職者に対して、その遂行を義務付けるものである。 第 4 条　安全保障会議の決定を実現するため、大統領令又は大統領命令を発することができる。
下位規範	11 年規程	第 3 条　安全保障会議の任務は、次の通りとする。（一部抜粋） б）国家安全保障分野における国家政策の編成及びその実現に対する監督 第 4 条　安全保障会議の機能は、次の通りとする。（一部抜粋） ж）国家安全保障問題に関する大統領の規範的アクトの案の準備及び安全保障分野における連邦執行権力諸機関の活動に対する監督の遂行 з）国家安全保障分野における連邦の（国家の）統一的プログラムの策定の組織及びその実現に対する監督の遂行 и）国防、国家安全保障及び法保護活動に関する当該年度連邦予算に盛り込まれた財政支出の執行状況に対する監督の組織 第 15 条　安全保障会議の決定は、拡大会合議定書又は対策会合議定書として確定し、大統領の承認を以て効力を有する。 安全保障会議の決定の実現のために、大統領令若しくは大統領命令又は大統領指令を発することができる。 第 16 条　効力を有する安全保障会議の決定は、国家権力諸機関及び公職者に対して、その遂行を義務付けるものである。 第 19 条（一部抜粋）安全保障会議戦略企画会合の決定は、安全保障会議議長の承認のもと、議定書として確定する。また、戦略企画会合の決定を実現するため、大統領令若しくは大統領命令又は大統領指令を発することができる。 第 20 条（一部抜粋）安全保障会議出張会合の決定は、安全保障会議書記の承認のもと、議定書として確定する。また、出張会合の決定は、その実現のため、連邦執行権力諸機関又は連邦構成主体国家権力諸機関に送付される。

（筆者作成）

国防・内務省、連邦保安庁をはじめとする治安機関に対する安保会議の影響力が増大した。

4-3. 安保会議書記の権限

安保会議書記の権限も会議体と同様に、権限が強化される傾向にある。安保会議書記は、安保会議・会議体、事務機構、省庁間委員会および学術会議における幅広い事務を所掌し、大統領に対する安全保障情勢の報告や会合の準備、安保会議決定の案の作成、事務機構の職員人事などを担当する、事務方のトップである。92年安保法のもとでは、当初、議会同意人事であり、就任に際しては、最高会議の承認を要した。しかし、第1章で言及した通り、93年12月の大統領令第2288号により、これを定めた92年安保法第14条の一部が無効となり、大統領によって任免されることとなった。

92年規程の段階から、安保会議の決定の遂行に対する監督権、国家機構や公職者に対する資料請求の権限を有するなど、書記には一定の権限が付与されていたが、書記の職権を執行するための書記訓令および書記命令は、安保会議事務機構に関するものに限られていた。

また、安保会議事務機構の職員の任免については、副書記を除き、安保会議書記が執行すると定められていたが、98年事務機構規程[103]および99年規程では、大統領府長官に職員の任免権が委譲されている。同様に事務機構の組織構造や職員定員の決定についても、98年事務機構規程および99年規程において、大統領府長官の同意が求められるようになった。一方で、安保会議副書記、書記補佐官、事務機構書記官および事務機構局長級の職務の分掌は、安保会議書記が担うことから、大統領府の外局である事務機構の組織・人事面と運用面を、それぞれ大統領府長官と安保会議書記で分掌しているものとみられる。

一方、安保会議書記の権限は、11年規程において一段と強化されることとなる。第一に、安保会議書記は、「国家の監督及び監視機関を参加させることを含み、ロシア連邦軍、その他の軍、軍事部隊及び軍事機関の活動を監督する（11年規程第22条）」ことが規定され、その上、書記が「自らの職権を執行するために、命令を発する（同第23条）」ことが定められた。これに

より連邦軍や準軍事組織に対する監督権が明示され、連邦軍を含む国家安全保障政策を担当する幅広い国家機関に対して、安保会議書記命令を発することが可能となった。上述の財政支出の執行状況に対する、会議体による監督権と合わせて、セルジュコーフ国防相による軍改革の進展を目的として、安保会議・会議体と書記による連邦軍と準軍事組織に対する引き締めを図るべく、監督機能を一層強化したものと考えられる。

また、「大統領の委任に基づいて、安全保障分野における国際協力の強化に向けた諸措置を遂行する（第22条）」という安保会議書記の管轄事項も興味深い。安保会議書記の対外的な活動については、1992年規程における規定「安全保障会議の管轄事項に含まれる問題に関する安全保障の国際組織及び外国の国家機関との交渉を行う（第5条第2項）」が存在したものの、96年規程以降、こうした権限は認められていなかった。

パートルシェフ書記は、活発な外交活動（NSC外交）を展開しており、その主たる目的は、安全保障分野における対外的な協力関係の強化である。こうした規定の復活は、NSC主導による外交活動を法的に保障することを目的としたものであろう。後任のショイグー書記も北朝鮮を訪問するなど[104]、NSC外交は外務省とは別のラインにおける外交活動として、制度化されている。

こうした11年規程における権限強化により、安保会議書記は、事務方のトップという従来からの役割に加え、国家安全保障政策領域において、主要閣僚級またはそれ以上の役割を与えられている。

小括

本章第1節では、規範的文書の分析を通じて、安保会議附属省庁間委員会が果たす役割の一端を解明しようと試みた。主たる分析対象となった戦略企画問題省庁間委員会（戦略企画委員会）は、国家安全保障に関わる体系的な政策文書の改訂作業が停滞していた2005年10月に発足したが、これは、時の政権が安保会議による政策の総合的な調整機能の強化を図ったものと考えられる（表3-5）。

戦略企画委員会を取りまとめる議長は、発足間もない時期に、安保会議書記から大統領府長官に交代したものの、2008年にパートルシェフが安保会議書記に就任して以来、一貫して同氏が務めている。戦略企画委員会の決定は、「プーチン-パートルシェフ・ライン」を背景としており、省庁にとって極めて重要な決定事項となろう。

また、戦略企画委員会の議長のみならず、副議長（2名のうち1名）と書記の三役は、2008年以降、安保会議事務機構の公職者が任命されている点も注目に値する。安保会議事務機構は、国家安全保障の状況の分析および予測[105]、ならびに省庁間委員会の活動計画の策定を行い[106]、省庁間委員会の活動の情報分析・組織の技術的保障を担うことから[107]、安保戦略の改訂作業では、戦略企画を主導しつつ、全体のロジスティクスを担っているものとみられる。

戦略企画委員会は、有事の際、情報集約・指揮の中核となる事態対処センターの整備に関与するようになり、そのプレゼンスは高まる傾向にある。

さらに、2013年初頭には、中央・地方関係制度を担う大統領監督局次長や各連邦管区大統領全権代表部次席代表が戦略企画委員会委員に任命された。戦略企画委員会には、パートルシェフ書記による出張会合と同様に、連邦中央と地方の調整機能が付されているものと考えられる。現代ロシアにおける国家安全保障戦略が、外交・軍事安全保障政策、エネルギー・経済政策から保健・文教政策まで、幅広い政策領域の基本方針を定めていることに鑑みて、地域発展省などとともに地方の社会・経済政策を担う大統領府と連邦管区大統領全権代表部の幹部を戦略企画委員会に入れることには一定の合理性がある。

国家安全保障政策領域における安保会議による総合調整機能は、戦略企画委員会の制度的拡充と2008年から2024年まで16年にわたり安保会議書記を務めたパートルシェフの実務的なリーダーシップのもとで、着実に強化された。

また第2節で検討した2010年安保法の審議過程を振り返ると、大統領サイドの丁寧さに欠ける答弁が多々見受けられる一方で、野党側の事前の準備不足も指摘することができる。未だ筆者がアクセスできていない、専門委員

会における審議の分析が今後の課題として残る。

　いずれにせよ2010年安保法において、安保会議委員の任命手続きが定められ、本件に関する連邦法レベルの「法の空白」がおよそ18年ぶりに埋められた。これにより、現代ロシアの安全保障政策分野における法秩序がようやく形成されたことになる。

　また、安保法および安保会議規程の比較分析では、安保会議の権限は、規程が改訂されるごとに強化される傾向にあることが明らかとなった。とくに11年規程では、安全保障政策を担当する執行権力諸機関の活動に対する監督権およびそれらの機関の財政支出の執行状況に対する監督権が付与された。さらに、安保会議書記の権限も同様に強化され、11年規程では、ロシア連邦軍や準軍事組織の活動に対する監督権が付与され、書記は自らの職権を執行するために、書記命令を発することも可能となった。これについては、セルジュコーフ国防相が主導した軍改革との関係を指摘したが、この時期の政軍関係の変容について、さらに分析・検討を進めることが課題として残った。

　10年安保法および11年規程の施行前において、安保会議の政策過程に対する法令上の関与の仕方は、その事務機構および省庁間委員会が中心となって政策立案・調整を行い、会議体が決定を下し、必要に応じて大統領が立法措置を講じる、というものであった。以前から、特定の政策やプログラムの進捗状況に対する監督権などは認められていたものの、10年安保法および11年規程の施行後は、安保会議・会議体および書記の監督権が大幅に強化され、NSC外交や出張会合の実施が法的に保障されることとなった。

　したがって、現在では、国家安全保障政策の立案・調整・決定・監督に対する安保会議による包括的な関与を可能にする制度が構築されており、第2章で検討した通り、安保会議は、上述の法的権限を行使し、与えられた役割を実際に果たしているものと考えられる。

　他省庁に対する監督権限を付与された安保会議は、次章で検討する大統領府とともに、現代ロシアの「超大統領制」を実務的に支える大統領補助機関となったのである。

注

＊本章は次の拙稿をもとに加筆・修正等を加えたものである。長谷川 2016b.

1) 1991 年 7 月 19 日、ロシア共和国大統領のもとに設置された「ロシア共和国安全保障会議の地位、機構及び活動手続きに関する提案の策定に関する委員会」のこと。策定委員会は、最高会議立法委員会とともに、安全保障法案（92 年 3 月 5 日付「安全保障についての連邦法」）の策定作業を実施した。Митюков 1997, 35.

2) Чапчиков 2011, 94-95.

3) Чапчиков 2011, 95.

4) 省庁間委員会は、適宜 IC: Interagency Committee と略記した。括弧内は、設置または設置期間、→は改編または名称変更を指す。なお、作成にあたっては、次の文献および法令を参照した。Литвинов 2011; Самородов 2012b; 乾 2003; 兵頭 2009a; 2012; Указ Президента РФ от 16 декабря 1992г., № 1571, *Собрание Актов Президента и Правительства РФ (САППРФ), 21 декабря 1992г., № 25, ст.2234*; Распоряжение Президента РФ от 28 августа 1992г., № 472-рп; Указ Президента РФ от 20 января 1993г., № 103, IN ПРАВО, http://arhiv.inpravo.ru/data/base304/text304v529i264.htm; Указ Президента РФ от 18 декабря 1993г., № 2211, Президент России, http://www.kremlin.ru/acts/bank/25311; Указ Президента РФ от 13 июля 1993г., № 1035, «Об образовании Межведомственной комиссии Совета безопасности Российской Федерации по экологической безопасности», *САППРФ, 19 июля 1993г., № 29, ст. 2675*; Указ Президента РФ от 02 августа 1993г., № 1192, «Об образовании Межведомственной комиссии Совета безопасности Российской Федерации по научно-техническим вопросам оборонной промышленности», *САППРФ, 09 августа 1993г, № 32, ст. 3009*; Указ Президента РФ от 20 октября 1993 г., № 1686, «О совершенствовании деятельности межведомственных комиссий Совета Безопасности Российской Федерации», *САППРФ, 25 октября 1993г, № 43, ст. 4085*; Указ Президента РФ от 27 февраля 1995 г., № 211, «Об образовании Межведомственной комиссии Совета Безопасности Российской Федерации по пограничной политике»; Указ Президента РФ от 19 сентября 1997 г., № 1037, «О Межведомственных комиссиях Совета Безопасности Российской Федерации», *СЗРФ, 29 сентября 1997г., № 39, ст. 4527*; Указ Президента РФ от 24 декабря 1998г., № 1637, «Об утверждении составов межведомственных комиссий Совета Безопасности Российской Федерации», *СЗРФ, 28 декабря 1998г., № 52, ст. 6394*; Указ Президента РФ от 30 сентября 1999г., № 1326, «О Межведомственной комиссии Совета Безопасности Российской Федерации по мобилизационной подготовке и мобилизации», *СЗРФ, 04 октября 1999г., № 40, ст. 4822*; Указ Президента РФ от 01 сентября 2000 г., № 1603, «Вопросы межведомственных комиссий Совета Безопасности Российской Федерации»,

СЗРФ, 11 сентября 2000г., № 37, ст. 3701; Указ Президента РФ от 28 мая 2003г., № 581, «О Государственной пограничной комиссии», *СЗРФ, 02 июня 2003г., № 22, ст. 2144*; Указ Президента РФ от 28 октября 2005 г., № 1244, «О межведомственных комиссиях Совета Безопасности Российской Федерации, *СЗРФ, 31 октября 2005г., № 44, ст. 4536*; なお、管見の限り、1992 年 8 月 28 日付大統領命令第 472 号は、1993 年 12 月 18 日付大統領令第 2211 号および 2005 年 10 月 28 日付大統領令第 1244 号において、その存在を確認したが、電子法令集および紙媒体の法令集には収録されておらず、非公開のものと考えられる。1995 年 2 月 27 日付大統領令第 211 号についても同様で、1997 年 9 月 19 日付大統領令第 1037 号および 2003 年 5 月 28 日付大統領令第 581 号において、その存在を確認した。

5) 設置後間もなく廃止されたという指摘もある。シュベルト 1999, 60.

6) Указ Президента РФ от 07 октября 2022г., № 719, «О внесении изменений в состав Межведомственной комиссии Совета Безопасности Российской Федерации по вопросам обеспечения национальных интересов Российской Федерации в Арктике по должностям, утвержденный Указом Президента Российской Федерации от 25 августа 2020 г. № 526», *СЗРФ, 10 октября 2022г., № 41, ст. 7051*; Указ Президента РФ от 12 октября 2020г., № 620 (ред. от 15 августа 2022г.), «О Межведомственной комиссии Совета Безопасности Российской Федерации по вопросам создания национальной системы защиты от новых инфекций (вместе с "Положением о Межведомственной комиссии Совета Безопасности Российской Федерации по вопросам создания национальной системы защиты от новых инфекций")», *СЗРФ, 19 октября 2020г., № 42 (часть II), ст. 6566*; Указ Президента РФ от 05 октября 2023г., № 743, «О Межведомственной комиссии Совета Безопасности Российской Федерации по противодействию современным угрозам биологической безопасности (вместе с "Положением о Межведомственной комиссии Совета Безопасности Российской Федерации по противодействию современным угрозам биологической безопасности")», *СЗРФ, 09 октября 2023г., № 41, ст. 7310*; Указ Президента РФ от 10 февраля 2022г., № 48, «О Межведомственной комиссии Совета Безопасности Российской Федерации по вопросам совершенствования государственной миграционной политики», *СЗРФ, 14 февраля 2022г., № 7, ст. 946*; Указ Президента РФ от 14 апреля 2022г., № 203 (ред. от 11 февраля 2023г.), «О Межведомственной комиссии Совета Безопасности Российской Федерации по вопросам обеспечения технологического суверенитета государства в сфере развития критической информационной инфраструктуры Российской Федерации (вместе с "Положением о Межведомственной комиссии Совета Безопасности Российской Федерации по вопросам обеспечения технологического суверенитета государства в сфере развития критической информационной инфраструктуры Российской Федерации")», *СЗРФ, 18 апреля 2022г., № 16, ст. 2650*; Указ Президента РФ от 20 сентября

2024г., № 814, «О Межведомственной комиссии Совета Безопасности Российской Федерации по комплектованию Вооруженных Сил Российской Федерации военнослужащими, проходящими военную службу по контракту (вместе с "Положением о Межведомственной комиссии Совета Безопасности Российской Федерации по комплектованию Вооруженных Сил Российской Федерации военнослужащими, проходящими военную службу по контракту")», *СЗРФ, 23 сентября 2024г., № 39, ст. 5798.*

7) この大規模な組織改編については、2004年に実施された行政改革との関連性を指摘する議論もある。Самородов 2012b, 27.

8) Пункт 26, «Положения о Совете Безопасности РФ», Указом Президента РФ, № 590.

9) Пункт 27, «Положения о Совете Безопасности РФ», Указом Президента РФ, № 590.

10) Указ Президента РФ от 19 января 2013г., № 37 (ред. от 30 сентября 2024г.), «Об утверждении состава Межведомственной комиссии Совета Безопасности Российской Федерации по проблемам стратегического планирования по должностям», *СЗРФ, 21 января 2013г., № 3, ст. 180*; Указ Президента РФ от 05 марта 2014г., № 119 (ред. от 10 ноября 2018г.), «О внесении изменений в составы некоторых межведомственных комиссий Совета Безопасности Российской Федерации по должностям», *СЗРФ, 10 марта 2014г., № 10, ст. 1015*; Указ Президента РФ от 10 ноября 2018г., № 650, «Об утверждении состава Межведомственной комиссии Совета Безопасности Российской Федерации по проблемам Содружества Независимых Государств по должностям», *СЗРФ, 12 ноября 2018г., № 46, ст. 7038*; Указ Президента РФ от 10 ноября 2018г., № 648 (ред. от 24 апреля 2023г.), «Об утверждении состава Межведомственной комиссии Совета Безопасности Российской Федерации по информационной безопасности по должностям», *СЗРФ, 12 ноября 2018г., № 46, ст. 7036*; Указ Президента РФ от 10 ноября 2018г., № 647 (ред. от 30 сентября 2024г.), «Об утверждении состава Межведомственной комиссии Совета Безопасности Российской Федерации по общественной безопасности по должностям», *СЗРФ, 12 ноября 2018г., № 46, ст. 7035*; Указ Президента РФ от 26 августа 2016г., № 436 (ред. от 10 ноября 2018г.), «О внесении изменений в составы некоторых межведомственных комиссий Совета Безопасности Российской Федерации по должностям», *СЗРФ, 29 августа 2016г., № 35, ст. 5303*; Указ Президента РФ от 10 ноября 2018г., № 649 (ред. от 12 сентября 2022г.), «Об утверждении состава Межведомственной комиссии Совета Безопасности Российской Федерации по безопасности в экономической и социальной сфере по должностям», *СЗРФ, 12 ноября 2018г., № 46, ст. 7037*; Указ Президента РФ от 12 декабря 2016г., № 666 (ред. от 30 сентября 2024г.), «Об утверждении состава Межведомственной комиссии Совета Безопасности Российской Федерации по военной безопасности по должностям», *СЗРФ, 19 декабря 2016г., № 51, ст. 7356*; Указ Президента РФ от 30 сентября 2012г., № 1321 (ред. от 15 января 2024г.), «Об утверждении состава Межведомственной

комиссии Совета Безопасности Российской Федерации по экологической безопасности по должностям и внесении изменений в Указ Президента Российской Федерации от 29 января 2009 г. № 102 "Об утверждении состава Межведомственной комиссии Совета Безопасности Российской Федерации по безопасности в экономической и социальной сфере по должностям и об изменении и признании утратившими силу отдельных актов Президента Российской Федерации" и в состав Межведомственной комиссии, утвержденный этим Указом», *СЗРФ, 08 октября 2012г., № 41, ст. 5577*; Указ Президента РФ от 05 декабря 2014г., № 758 (ред. от 16 мая 2017г.), «О внесении изменений в некоторые акты Президента Российской Федерации и о признании утратившим силу пункта 3 Указа Президента Российской Федерации от 24 сентября 2007 г. № 1274 "Вопросы структуры федеральных органов исполнительной власти", *СЗРФ, 08 декабря 2014г., № 49 (часть VI), ст. 6931*; Совбез РФ, http://www.scrf.gov.ru/about/commission/

11) Пункт 31, «Положения о Совете Безопасности РФ», Указом Президента РФ, № 590.

12) Пункт 11, «Положения о Межведомственной комиссии Совета Безопасности Российской Федерации по безопасности в экономической и социальной сфере», Указом Президента РФ, № 590; 経済・社会領域安全保障省庁間委員会の情報分析および組織の技術的保障は、安保会議事務機構、必要に応じて、委員会に代表者を送っている機関および組織が担うこととされている。その他の省庁間委員会においても委員会の情報分析および組織の技術的保障について定めた第11条は、同様の内容である。

13) Указ Президента РФ от 10 января 2000 г., № 24, «О Концепции национальной безопасности Российской Федерации», *СЗРФ, 10 января 2000г., № 2, ст. 170.*

14) 兵頭 2002, 123.

15) «Путин поручил отредактировать концепцию национальной безопасности страны», *NEWSru.com*, от 29 октября, 2002г., http://m.newsru.com/russia/29oct2002/conceptual.html

16) 兵頭 2004, 132-133.

17) 兵頭 2006, 1; 小泉 2016a, 48.

18) 2007年1月のロシア連邦軍事学アカデミー（非政府組織）の会議において、ガレーエフ（Гареев, М. А.）アカデミー総裁は、国家安保概念の改訂作業が遅れており、軍事ドクトリンの改訂が先に完了することに言及した。Haas 2011, 33.

19) 乾 2011, 230. 乾は、「〇八年には『安全保障戦略草案』が概成していたが、〇八年九月のリーマン・ショックに起因する金融危機、〇九年一月のオバマ政権誕生などにより再検討が必要となった」（231頁）と説明する。

20) 小泉 2016a, 48.

21) Пункт 1, «Положения о Межведомственной комиссии Совета Безопасности Российской Федерации по проблемам стратегического планирования», Указом Президента РФ, № 590.

22) Зенькович 2006, 192-194.

23) 松井 2003, 16-17.

24) «Иванов, Игорь», Лента. ру, https://lenta.ru/lib/14161074/full/

25) Gvosdev and Marsh 2014, 89.

26) Лента. ру, «Собянин, Сергей», https://lenta.ru/lib/14161169/full/; ルシコーフ（Лужков, Ю. М.）モスクワ特別市（連邦的意義を有する市）市長の失脚を機に 2010 年 10 月から現在に至るまで同市長を務めている。

27) 詳細は次の文献を参照されたい。上野 2010a, 8-9.

28) Зенькович 2006, 426-428.

29) Указ Президента РФ от 19 июня 2008 г., № 982, «О внесении изменений в состав Межведомственной комиссии Совета Безопасности Российской Федерации по проблемам стратегического планирования по должностям, утвержденный Указом Президента Российской Федерации от 12 июня 2006 г., № 601», *СЗРФ, 23 июня 2008г., № 25, ст. 2960.*

30) もう一名の副議長は、同意に基づき、ロシア科学アカデミー副総裁が務めることとなっている。 Указ Президента РФ от 29 мая 2007 г., № 679, «О внесении изменений в составы межведомственных комиссий Совета Безопасности Российской Федерации по должностям, утвержденные Указом Президента Российской Федерации от 12 июня 2006 г. № 601», *СЗРФ, 04 июня 2007г., № 23, ст. 2749.*

31) Указ Президента РФ от 12 июня 2006 г., № 601, «Вопросы межведомственных комиссий Совета Безопасности Российской Федерации», *СЗРФ, 19 июня 2006г., № 25, ст. 2698*; その後、2013 年 1 月の大統領令により戦略企画問題省庁間委員会の書記は、安保会議事務機構局長級に交代した。 Указ Президента РФ от 19 января 2013 г., № 37, «Об утверждении состава Межведомственной комиссии Совета Безопасности Российской Федерации по проблемам стратегического планирования по должностям», *СЗРФ, 21 января 2013г., № 3, ст. 180.*

32) 兵頭 2009b, 26-27; 2010, 75.

33) Пункт 13, «О Стратегии национальной безопасности Российской Федерации до 2020 года».

34) «л», пункта 3, «Положения о Межведомственной комиссии Совета Безопасности Российской Федерации по проблемам стратегического планирования», Указом Президента РФ от 6 мая 2011 г., № 590.

35) 2005 年 10 月 28 日に承認された戦略企画問題省庁間委員会規程を指す。 «Положение о Межведомственной комиссии Совета Безопасности Российской Федерации по проблемам стратегического планирования», Указом Президента РФ от 28 октября 2005г., № 1244.

36) «г», пункта 3, «Положения о Межведомственной комиссии Совета Безопасности Рос-

сийской Федерации по проблемам стратегического планирования», Указом Президента РФ от 28 октября 2005г., № 1244.

37）安保会議事態対処センターについては、次の法令において詳細が定められているものとみられるが、筆者が電子法令集と紙媒体の法令集を確認した限り、非公開のものと考えられる。Указ Президента Российской Федерации от 19 июня 1995 г., № 600, «О ситуационном центре Совета Безопасности Российской Федерации».

38）Муров 2011, 425-433.

39）«а» статьи 1, Указа Президента РФ от 07 февраля 2024г., № 105, «О внесении изменений в Положение о Совете Безопасности Российской Федерации и Положение об аппарате Совета Безопасности Российской Федерации, утвержденные Указом Президента Российской Федерации от 7 марта 2020 г. № 175», *СЗРФ, 12 февраля 2024г., № 7, ст. 923.*

40）Указ Президента РФ от 19 января 2013 г., № 37, «Об утверждении состава Межведомственной комиссии Совета Безопасности Российской Федерации по проблемам стратегического планирования по должностям», *СЗРФ, 21 января 2013г., № 3, ст. 180.*

41）クリミア強制占領については、次の文献に詳しい。渋谷 2014; 2015; 末澤 2014; 松里 2014.

42）Указ Президента РФ от 21 марта 2014 г., № 168, «Об образовании Крымского федерального округа», *СЗРФ, 24 марта 2014г., № 12, ст. 1265.*

43）Указ Президента РФ от 23 июня 2014 г., № 451, «О внесении изменения в состав Межведомственной комиссии Совета Безопасности Российской Федерации по проблемам стратегического планирования по должностям», *СЗРФ, 30 июня 2014г., № 26, ст. 3516.*

44）Государственная Дума Федерального Собрания Российской Федерации, Автоматизированная система обеспечения законодательной деятельности, http://asozd2.duma.gov.ru/main.nsf/%28SpravkaNew%29?OpenAgent&RN=143912-6&02; 本法は、連邦政府により、2012 年 10 月に国家会議に提出されたもので、採択まで 2 年弱の時間を要した。

45）Часть 1, Статьи 18, ФЗ от 28 июня 2014г., № 172-ФЗ.

46）Совбез РФ, «Заседание Совета Безопасности», http://www.scrf.gov.ru/news/929.html

47）Совбез РФ, «Новая редакция Стратегии национальной безопасности Российской Федерации до 2020 года рассмотрена Межведомственной комиссией по стратегическому планированию Совета Безопасности Российской Федерации», http://www.scrf.gov.ru/news/971.html

48）*Российская газета,* от 22 декабря 2015 г., «Вызов принят».

49）次の文献を併せて参照されたい。小泉 2016a, 50-51; 2016c, 216-230; 2016d.

50）「ロシア連邦の国家安全保障および社会・経済的発展の分野における国家政策は、国家の戦略的優先課題の実現および国益の効果的な擁護を促進する。今日、ロシア連邦の経済的、政治的、軍事的、および精神的ポテンシャルを今後増強し、形成されつ

つある多極世界におけるロシア連邦の役割を高めるための、安定した基盤が構築されている」Пункт 7, «О Стратегии национальной безопасности Российской Федерации»；「ロシアは、主権、独立、国家および領土的一体性、ならびに在外同胞の権利擁護を保障する能力を強く示した。最重要の国際問題の解決、紛争の解決、戦略的安定性および国際関係における国際法の支配の確保におけるロシア連邦の役割が増大した」Пункт 8, «О Стратегии национальной безопасности Российской Федерации».

51)「ロシアの強化は、複合的な相互作用の性質を有する、国家安全保障の新たな脅威を背景として、行われている。ロシア連邦の自主的な内外政策の遂行は、世界情勢における自らの支配を保持せんとする、米国およびその同盟国との対立を惹き起こしている。彼らが遂行するロシアを抑制する政策は、政治的、経済的、軍事的および情報の圧力を及ぼすことを想定している」Пункт 12, «О Стратегии национальной безопасности Российской Федерации».

52) Пункт 17, «О Стратегии национальной безопасности Российской Федерации».

53) Пункт 9, «О Стратегии национальной безопасности Российской Федерации».

54) Пункт 53, «О Стратегии национальной безопасности Российской Федерации до 2020 года».

55) Пункт 55, «О Стратегии национальной безопасности Российской Федерации». 小泉悠も表現の後退に注目し、「原油安と経済制裁によるロシア経済の苦境を考えれば、あまり強気なことはいえなかった」と分析している。小泉 2016c, 227.

56) 相互関係を強化する国際機構については、BRICS、RIC、上海協力機構、APEC、G20の順に列挙している。これは、2014年のクリミア強制占領に伴い、09年版安保戦略では真っ先に名前の挙がったG8から、事実上「追放」されたことを反映している。Пункт 88, «О Стратегии национальной безопасности Российской Федерации».

57) 中国とインドについては、15年版安保戦略において初めて個別に言及され、それぞれ「中華人民共和国との包括的パートナーシップ関係および戦略的相互関係を、グローバルかつ地域的安定性を支える重要な要素であるとみなし、これを発展させる」、「インド共和国との優先的戦略パートナーシップの担う重要な役割を認める」と記された。Пункт 93 и 94, «О Стратегии национальной безопасности Российской Федерации».

58) 米国との関係について、旧安保戦略では「共通の利害を基盤とし、露米関係が国際情勢全般に与える重大な影響を考慮して、米国との対等かつ十分に価値のある戦略的パートナーシップの構築を達成しようと努力する」とされていたが、新安保戦略では、「経済分野を含む共通の利害を基盤とし、露米関係が国際情勢全般に与える重大な影響を考慮して、米国と十分に価値のあるパートナーシップを構築することに関心がある」と改められた。Пункт 18, «О Стратегии национальной безопасности Российской Федерации до 2020 года»; Пункт 98, «О Стратегии национальной безопасности Рос-

сийской Федерации».

59）Пункт 97, «О Стратегии национальной безопасности Российской Федерации».

60）同地域におけるインフラの整備については、旧安保戦略第62項でも言及されていたが、バイカル-アムール鉄道（バム鉄道）やシベリア横断鉄道といった個別の鉄道路線への言及は、新安保戦略に特有であり、注目に値する。Пункт 62, «О Стратегии национальной безопасности Российской Федерации до 2020 года».

61）Пункт 62, «О Стратегии национальной безопасности Российской Федерации».

62）兵頭 2013a, 8-18; 2013b.

63）Указ Президента РФ от 02 июля 2021г., № 400, «О Стратегии национальной безопасности Российской Федерации», *СЗРФ, 05 июля 2021г., № 27 (часть II), ст. 5351;* 2021年版国家安全保障戦略の邦訳および分析については次の文献に拠る。長谷川・坂口 2022, 164-178.

64）Пограничная служба ФСБ России, от 11 октября 2024г., «Состоялось первое совместное патрулирование кораблей береговых охран Российской Федерации и Китайской Народной Республики в северной части Тихого океана», http://ps.fsb.ru/fps/smi/news/more.htm%21id%3D10322083%40fsbMessage.html; 長谷川 2024d.

65）Указ Президента РФ от 19 января 2013г., № 37 (ред. от 10 ноября 2018г.), «Об утверждении состава Межведомственной комиссии Совета Безопасности Российской Федерации по проблемам стратегического планирования по должностям», *СЗРФ, 21 января 2013г., № 3, ст. 180.*

66）表の作成にあたっては、次の法令を参照した。なお既出の法令については、法令集の名称、掲載番号等を省略した。Указ Президента РФ от 28 октября 2005 г., № 1244; Указ Президента РФ от 12 июня 2006 г., № 601, «Вопросы межведомственных комиссий Совета Безопасности Российской Федерации», *СЗРФ, 19 июня 2006г., № 25, ст. 2698;* Указ Президента РФ от 29 мая 2007 г., № 679, «О внесении изменений в составы межведомственных Комиссий Совета Безопасности Российской Федерации по должностям, утвержденные Указом Президента Российской Федерации от 12 июня 2006 г., № 601», *СЗРФ, 04 июня 2007г., № 23, ст. 2749;* Указ Президента РФ от 19 июня 2008 г., № 982, «О внесении изменений в состав Межведомственной комиссии Совета Безопасности Российской Федерации по проблемам стратегического планирования по должностям, утвержденный Указом Президента Российской Федерации от 12 июня 2006 г., № 601», *СЗРФ, 23 июня 2008г., № 25, ст. 2960;* Указ Президента РФ от 01 ноября 2008 г., № 1575, «Об утверждении состава Межведомственной комиссии Совета Безопасности Российской Федерации по военной безопасности по должностям и внесении изменений в Указ Президента Российской Федерации от 12 июня 2006 г., № 601 «Вопросы межведомственных комиссий Совета Безопасности Российской Федерации» и в состав Межведомственной комиссии Совета Безопасности Российской Федерации по проблемам стратегического планирования по должностям, утвержденный этим Указом», *СЗРФ, 03 ноября 2008г., № 44, ст. 5048*; Указ Президента РФ от 19 января 2013 г., № 37, «Об утверждении состава Межведомственной комиссии Совета Безопасности Российской Федерации по проблемам стратегического планирования по должностям», *СЗРФ, 21 января 2013г., № 3, ст. 180*; Указ Президента РФ от 23 июня 2014 г., № 451, «О внесении изменения в состав Межведомственной комиссии Совета Безопасности Российской Федерации по проблемам стратегического планирования по должностям», *СЗРФ, 30 июня 2007г., № 26 (часть II), ст. 3516*; Указ Президента РФ от 26 августа 2016г., № 436 (ред. от 10 ноября 2018г.), «О внесении изменений в составы некоторых межведомственных комиссий Совета Безопасности Российской Федерации по должностям», *СЗРФ, 29 августа 2016г., № 35, ст. 5303*; Указ Президента РФ от 10 ноября 2018г., № 646, «О внесении изменений в некоторые акты Президента Российской Федерации», *СЗРФ, 12 ноября 2018г., № 46, ст. 7034.*

67) Федеральный Закон от 28 декабря 2010г., № 390-ФЗ, «О безопасности», *СЗРФ, 03 января 2011г., № 1, ст. 2.*

68) Указ Президента РФ от 06 мая 2011г., № 590 (ред. от 07 марта 2020г.), «Вопросы Совета Безопасности Российской Федерации (вместе с "Положением о Совете Безопасности Российской Федерации", "Положением об аппарате Совета Безопасности Российской Федерации", "Положением о Межведомственной комиссии Совета Безопасности Российской Федерации по безопасности в экономической и социальной сфере", "Положением о Межведомственной комиссии Совета Безопасности Российской Федерации по военной безопасности", "Положением о Межведомственной комиссии Совета Безопасности Российской Федерации по информационной безопасности", "Положением о Межведомственной комиссии Совета Безопасности Российской Федерации по общественной безопасности", "Положением о Межведомственной комиссии Совета Безопасности Российской Федерации по проблемам Содружества Независимых Государств", "Положением о Межведомственной комиссии Совета Безопасности Российской Федерации по проблемам стратегического планирования", "Положение о Межведомственной комиссии Совета Безопасности Российской Федерации по экологической безопасности", "Положением о научном совете при Совете Безопасности Российской Федерации")», *СЗРФ, 09 мая 2011г., № 19, ст. 2721*; Босхамджиева 2011. なお、本大統領令によって定められた «Положение о Совете Безопасности Российской Федерации» は、以下適宜、2011 年安保会議規程、2011 年規程、11 年安保会議規程、または 11 年規程と略記する。

69) Закон РФ от 05 марта 1992 г., № 2446-Ⅰ, «О безопасности». *Ведомости СНД и ВС РФ, 09 апреля 1992г., № 15, ст. 769.*以下適宜、1992 年安保法ないし 92 年安保法と略記する。

70) こうした分析手法については、次の文献を参照した。上野 2010b, 119-120.

71) 「廃止制定」の形式面の特徴は、新しく制定した法律の附則に廃止規定が置かれることであり、本法律はこれに該当する。ちなみに「全部改正」の場合、冒頭、第1条の前に制定文（全改文）を置く。ぎょうせい法制執務研究会 2013, 50-51.

72) 以下適宜、安保法案または法案と略記する。

73) 以下、とくに断りがない限り、第1読会における速記録は下記のものを使用した。Стенограмма заседания 22 сентября 2010 г., № 181, Сайт Государственной Думы Федерального Собрания Российской Федерации, http://transcript.duma.gov.ru/node/67/; 以下、速記録より発言を引用する場合、冒頭の挨拶（例えば、「尊敬する議員の皆様」、「親愛なる議員の皆様」）は、適宜省略した。また、引用文においては、国家機関の名称を略記せず、例えば、「安全保障会議」を「安保会議」と表記するなど、速記録に記載されている通りに翻訳した。加えて、引用文中の（中略）および（注）を除く丸括弧については、とくに断りがない限り、速記録の原文に即して付した。

74) Щеголев 2010, 333-334.

75) Газета. Ru, https://www.gazeta.ru/tags/minh_garri_vladimirovich.shtml

76) 引用箇所のほかに、ミーンフ代表は、規範的基盤の変化として、「2020年までのロシア連邦国家安全保障戦略」の承認（2009年5月12日付）を併せて指摘している。同文書は、いわゆる軍事・外交を主な内容とした伝統的安全保障領域のみならず、テロリズム、資源エネルギー問題、自然環境問題、教育、人口問題、保健衛生など非伝統的安全保障領域を包含する、国家安全保障領域の最高位の政策文書である。Указ Президента РФ от 12 мая 2009 г., № 537; 本戦略文書の分析は、兵頭・秋本・山添（2011）；兵頭（2011）を参照されたい。

77) Автоматизированная система обеспечения законодательной деятельности, Сайт Государственной Думы Федерального Собрания РФ, http://asozd2.duma.gov.ru/main.nsf/%28Spravka%29?OpenAgent&RN=408210-5&02; 法案の登録番号は、第408210-5号である。表中では、適宜「本法案」ないし「法案」と略記する。左の欄には、国家会議法令データベースにある整理番号を記載した。表中のプロファイル委員会とは、実質的には国家会議に設置されている各委員会を指す。プロファイル委員会は、法案が提出され、審議の必要性を判断し、国家会議評議会に答申する役割を担う。この役割を担う段階で、各委員会は、プロファイル委員会と呼ばれる。本件については、上野俊彦氏のご教示による。なお国家会議評議会は、国家会議規則において、以下のように定められている。国家会議規則第2章第13条第1項「国家会議評議会は、議会活動の諸問題に関わる事前の準備及び検討のために設置される」、第2項「議決権を有する国家会議評議会委員は、国家会議議長、国家会議第1副議長、国家会議副議長及び会派の長である。本規則第16条第4項に従って、会派に会派内グループが設置された場合、（会派の長の委任に基づいて）2名以下の会派内グループ代表を、議決権を付与

して、国家会議評議会に含むことができる」; Постановление ГД ФС РФ от 22 января 1998г., № 2134-II ГД (ред. от 07 октября 2016г.) «О Регламенте Государственной Думы Федерального Собрания Российской Федерации», *СЗРФ, 16 февраля 1998г., № 7, ст. 801*; 本表の作成にあたり、次の文献を参照した。上野 2010b, 119-120.

78) 例えば、イングーシ共和国安全保障会議（Совет Безопасности Республики Ингушетия, http://www.sovbez06.ru/）やダゲスタン共和国安全保障会議（Совет Безопасности Республики Дагестан, http://president.e-dag.ru/2013-03-24-22-27-10）が存在する。

79) Система анализа результатов голосований на заседаниях Государственной Думы Федерального Собрания РФ, http://vote.duma.gov.ru/?convocation=AAAAAAA5&from=22.09.2010&to=24.12.2010&deputy=99103008&sort=date_asc; http://vote.duma.gov.ru/?convocation=AAAAAAA5&from=22.09.2010&to=24.12.2010&deputy=99100179&sort=date_asc; http://vote.duma.gov.ru/?convocation=AAAAAAA5&from=22.09.2010&to=24.12.2010&deputy=99100179&sort=date_asc; http://vote.duma.gov.ru/?convocation=AAAAAAA5&from=22.09.2010&to=24.12.2010&deputy=99110920&sort=date_asc; http://vote.duma.gov.ru/?convocation=AAAAAAA5&from=22.09.2010&to=24.12.2010&deputy=99110981&sort=date_asc

80) ゴルバチョフ期の政治改革においては、それまで共産党の決定にラバースタンプを与えるだけの存在であったソヴィエトの制度改革が実施された。1988 年 12 月には、ソ連邦人民代議員大会が設置され、最高会議とともに二層構造を成す議会制が導入された。翌 89 年 10 月には、連邦からの自立化の傾向にあった、ロシア共和国においても類似のシステムが採用され、90 年 3 月に初めての人民代議員選挙が実施された。詳細は以下の文献を参照されたい。溝口 2016.

81) Система анализа результатов голосований на заседаниях Государственной Думы Федерального Собрания РФ, http://vote.duma.gov.ru/vote/71192

82) 国家会議安全保障委員会は、採択を勧告する逐条修正提案および否決を勧告する逐条修正提案を第 2 読会に提出した。

83) «ТАБЛИЦА № 1 поправок к проекту федерального закона № 408210-5 «О безопасности», рекомендуемых Комитетом Государственной Думы по безопасности к принятию», Автоматизированная система обеспечения законодательной деятельности, Сайт Государственной Думы Федерального Собрания РФ, http://asozd2.duma.gov.ru/main.nsf/%28Spravka%29?OpenAgent&RN=408210-5&02

84) Мельников 2011.

85) ほかに、オーゼロフ（Озеров, В. А.）連邦会議国防・安全保障委員会議長、フェダリャーク（Федоряк, Н. А.）同副議長。

86) Стенограмма заседания 24 ноября 2010 г., № 196, Государственная Дума Федерального Собрания Российской Федерации, http://api.duma.gov.ru/api/transcript/408210-5

87) Стенограмма заседания 07 декабря 2010 г., № 198, Государственная Дума Федерально-

го Собрания Российской Федерации, http://api.duma.gov.ru/api/transcript/408210-5

88）Автоматизированная система обеспечения законодательной деятельности, Государственная Дума Федерального Собрания РФ, http://asozd2.duma.gov.ru/main.nsf/%28Spravka%29?OpenAgent&RN=408210-5&02

89）Статья 21, Закона РФ от 05 марта 1992 г., № 2446-Ⅰ, «О безопасности».

90）ロシア連邦の検察における最高位の職、すなわち検事総長 Генеральный прокурор の直近下位の職名は、次長検事 Заместитель генерального прокурора である。なお、地方検察における最高位の職、すなわち検事 Прокурор の直近下位の職名は、（第1）次席検事（Первый）заместитель прокурора である。

91）Статья 22, Закона РФ от 05 марта 1992 г., № 2446-Ⅰ, «О безопасности».

92）Часть 2, статьи 1, Федерального Закона от 28 декабря 2010г., № 390-ФЗ, «О безопасности».

93）«ТАБЛИЦА № 2 поправок к проекту федерального закона № 408210-5 «О безопасности», рекомендуемых Комитетом по безопасности к отклонению», Автоматизированная система обеспечения законодательной деятельности, Государственная Дума Федерального-го Собрания РФ, http://asozd2.duma.gov.ru/main.nsf/%28Spravka%29?OpenAgent&RN=408210-5&02

94）Стенограммы обсуждения законопроекта № 408210-5 «О безопасности», Государственная Дума Федерального Собрания РФ, http://api.duma.gov.ru/api/transcript/408210-5

95）Совещательный органのこと。露和辞典では、諮問機関と訳出されるが（東郷正延、染谷茂ほか編 1988, 2159）、審議機関と訳されることもある（ラヂオプレス 2010, 155）。どのように訳出するかは、日本語における法令用語の問題になるが、法令用語辞典には以下のように記されている。諮問とは、「意見、考えを尋ね求めること。法令上は、通例、一定の機関に意見を求めるべき事項（通常、法令により定められている）を示し、それに対する意見（通常、答申という）を求めること（法令用語研究会・横畠裕介編 2012, 530）」、審議とは、「物事を検討してその可否を議論すること（法令用語研究会・横畠裕介編 2012, 630）」とある。「諮問機関としての地位には、ごく軽い意味で意見を聴くものから議決機関たる性質を有するものまで各種のものがある（吉国一郎、角田禮次郎ほか編 2009, 441）」。一方、日本語の法令用語に、審議機関という用語は収録されていない。ところで、日本の法令用語には参与機関というものがある。参与機関は「自ら国家又は公共団体の意思を決定する権限はないが、その意思決定の要件としての議決をし、その意思の決定に参与する機関（法令用語研究会・横畠裕介編 2012, 470）」とある。安保会議が議決を行い、その決定は大統領による承認を得て、大統領令・大統領命令によって遂行されることから、参与機関の性質も有すると考えられるが、安保会議における議決が大統領による意思決定の要件とされているわけではない。したがって、議決機関ではあるが、単純多数決によって最終的な意思を決定

する機関ではない、ということになるので、より幅広い概念を有する前出の諮問機関
または日本語の法令集には掲載されていない審議機関と訳出することが適当であると
筆者は考える。外国法研究の性格上、必ずしも日本語の法令用語とは一致しないこと
もやむを得ず、筆者は、安保会議が「ごく軽い意味で意見を聴く」機関ではないと考
え、この意味で解釈されることを避けるため、本書では「審議機関」と訳出すること
とした。

96) 訳出に際して、次の文献を参照した。上野 2001, 61.

97) Статья 16, Закона РФ от 05 марта 1992г., № 2446-Ⅰ.

98) «О Стратегии национальной безопасности Российской Федерации до 2020 года», Ука-
зом Президента РФ от 12 мая 2009 г., № 537; «О Стратегии национальной безопасности
Российской Федерации», Указом Президента РФ от 31 декабря 2015г., № 683.

99) 小泉 2016a, 207-216.

100) 92 年規程において、「大統領の決定の案を準備する」と定められていた箇所は、
96 年規程では、「大統領の決定を準備する」と改められている。もっとも、上位規範
たる 92 年安保法では、「大統領の決定を準備する」とあるため、96 年規程は、当該
箇所を上位規範の文言に合わせたものと考えられる。

101) Указ Президента РФ от 10 июля 1996г., № 1024, «Вопросы Совета Безопасности Рос-
сийской Федерации», *СЗРФ, 15 июля 1996г., № 29, ст. 3479*; Указ Президента РФ от 02 ав-
густа 1999г., № 949, «Об утверждении Положения о Совете Безопасности Российской Фе-
дерации», *СЗРФ, 09 августа 1999г., № 32, ст. 4041*; Указ Президента РФ от 07 июня
2004г., № 726, «Об утверждении Положений о Совете Безопасности Российской Федера-
ции и аппарате Совета Безопасности Российской Федерации, а также об изменении и при-
знании утратившими силу отдельных актов Президента Российской Федерации», *СЗРФ,
14 июня 2004г., № 24, ст. 2392*; 訳出に際して、次の文献を参照した。小泉 2011; 兵頭
2009a, 341-344; 兵頭 2012.

102) CIS 諸国の NSC を比較分析したサマロードフ（Самородов, Н. М.）によると、そ
れらは二つの型に分類できるという。一つは、審議・諮問機関としての地位を有する
もの、もう一つは、審議・諮問の機能に加え、調整・監督の機能を有するものである。
前者にあたるものは、ロシア連邦、アゼルバイジャン共和国、アルメニア共和国、モ
ルドヴァ共和国、ウズベキスタン共和国、トルクメニスタンの NSC で、後者にあた
るものでは、ベラルーシ共和国、カザフスタン共和国、クルグズスタン共和国、ウク
ライナ、タジキスタン共和国の NSC である。同氏によると、10 年安保法の制定によ
り、ロシアの安保会議も後者の機能を持つ可能性があるという。文中において、2004
年規程が改訂中であると説明していることから、11 年規程の制定前に同氏の論文は
執筆されたものであるとみられる。Самородов 2012a, 33.

103) Указ Президента РФ от 28 марта 1998г., № 294 (ред. от 25 сентября 2004г.), «Об Аппа-

рате Совета Безопасности Российской Федерации», *СЗРФ, 06 апреля 1998г., № 14, ст. 1536.*

104）Совбез РФ, 13 сентября 2024г., «О визите Секретаря Совета Безопасности Российской Федерации С.К.Шойгу в КНДР».

105）«в», пункта 4, «Положения об Аппарате Совета Безопасности РФ», Указом Президента РФ от 06 мая 2011 г. № 590.

106）«а», пункта 4, «Положения об Аппарате Совета Безопасности РФ», Указом Президента РФ от 06 мая 2011 г. № 590.

107）«б», пункта 3, «Положения об Аппарате Совета Безопасности РФ», Указом Президента РФ от 06 мая 2011 г., № 590. 上述の通り、省庁間委員会の情報分析および組織の技術的保障は、安保会議事務機構、必要に応じて、委員会に代表者を送っている機関および組織が担うこととされている。

第4章 | ロシア大統領府と国家官僚機構
——集権化と部門間対立

　モスクワ中心部、スターラヤ・プローシャジ（Старая площадь）から赤の広場、クレムリンにかけての一帯には、大統領府本府庁舎をはじめとする大統領補助機関の施設群が広がる。本章では、安保会議とともに憲法上の地位を有する大統領補助機関である大統領府に焦点を当て、内部部局の組織改編と人事政策の分析を通じて、ロシアの国家官僚機構において大統領府が果たす役割を検討する。

1. ロシア大統領府とは何か

1-1. 超大統領制的な政治秩序の出現

ソ連邦解体後、1993年12月に採択されたロシア連邦憲法のもと[1]、現代ロシアの大統領制は[2]、憲法上の大統領権限の強さから、しばしば「超大統領制」や「超然大統領制」といわれてきた[3]。先行研究では、「超大統領制」（Superpresidentialism）の制度的特徴として、他の国家機関および立法権力機関に対して、規模とリソースの点で勝る巨大な執行権力機関が存在すること、大統領令の発令を通じて大統領が立法権を有すること、大統領の弾劾が極めて難しいか不可能であることなどが指摘されている[4]。しかし、1990年代のエリツィン政権下では、大統領を支える政権与党の弱さや地方権力の遠心化などにより、大統領の弱さが露呈し、1993年憲法が規定した強い大統領制（超大統領制）とは異なる政治秩序が出現した。

2000年に発足した第1次プーチン政権は、これに対応すべく中央・地方関係制度に係る大規模な政治改革を遂行し、大統領を頂点とする垂直権力の構築を推進した。また、選挙制度・政党制の改革を通じた政権党の育成に取り組み、与党・統一ロシア党が下院の議席数において憲法的多数を占めることとなった。2008年に発足したタンデム政権下では、メドヴェージェフ大統領が、第1次プーチン政権から引き継いだ国家の発展戦略、いわゆる「プーチン・プラン」を軸として政権運営を行うとともに[5]、大統領任期を1期4年から1期6年に延長する憲法修正を実施するなど[6]、大統領権力が一層強化された。

政治の諸改革と下院における統一ロシア党の一党優位体制のもと、2000年代のロシアでは、国際的な原油高による経済状況の好転も寄与して、ソ連邦解体に伴う内政上の混乱状態からの脱却、すなわち1993年憲法体制の安定化に相当程度成功した。こうした憲法体制の安定化に伴い、2000年代のプーチン政権下では、1990年代のエリツィン政権下とは対照的に、超大統領制的な政治秩序が出現した[7]。

同時に、2000年代のロシアにおける国家安全保障上の事案に目を向けると、1990年代から続いたチェチェン戦争、国内におけるテロ事件の多発とテロ

対策分野における対米協調、ジョージア（グルジア）戦争、第1次ロシア・ウクライナ戦争やシリアへの軍事介入など、安全保障情勢の激しい変化がみられた。こうした局面において、大統領に実質的な権力資源が集中するプーチン政権下の超大統領制的な政治秩序では、大統領本人はもちろんのこと、大統領を補佐・支援する大統領府や安保会議といった国家機関（大統領補助機関）が政策立案・決定における重要なアクターとなる。第2章と第3章において、安保会議の機能については詳細に検討したが、もう一つの柱である大統領府は補助機関としていかなる機能を果たしてきたのであろうか。

　大統領府に関する研究動向に目を向けると、1990年代の動向については一定の研究史があり[8]、相当程度これらに依拠して議論を進めることができよう。また、ソ連末期からメドヴェージェフ政権期を射程に入れた大串敦の論考は、大統領府について、かつてソ連共産党中央委員会事務機構が果たしてきた国家官僚機構諸部門の統合機能を果たしているという説得力のある議論を展開しており[9]、以下分析を進める上で基礎となる研究である。

　一方、序章で検討したように、2010年代、とくに2012年5月に発足した第2次プーチン政権期における大統領府の動向は十分に分析されていない。したがって本章では、主として当該時期における大統領府内部部局の動向に焦点を当て、規範的文書の分析を軸とした実証研究を通じて、大統領府の構造や権限、人事政策などの特徴を検討し、超大統領制的な政治秩序における大統領府の役割を明らかにする。

　ここでいう超大統領制的な政治秩序とは、大統領を支える強い与党が存在し、大統領－議会関係が安定的で、大統領が主導する立法活動が円滑に遂行され、政治過程における大統領権力がかなりの程度強い政治秩序と定義する。本章では、こうした政治秩序においても大統領の権力資源が増強されている点を示した上で、集権化・個人支配化が進んだプーチン長期政権のもとでも依然として激しい部門間対立に対応すべく、大統領府内部部局などによる直接的な指揮監督の必要性があることを主張する。

1-2. 大統領の権力資源──連邦執行権力機関の諸類型
　第2次プーチン政権下の大統領府について論じる上で、現代ロシアの統治

第4章　ロシア大統領府と国家官僚機構　157

機構における大統領の権力資源について簡単に整理する[10]。なかでも執行権力機関は、複雑な法体系に基づいて構築されており、所掌事項の重複などの問題を抱える[11]。

政府議長（首相）は任命から1週間以内に連邦執行権力機関の構成について、大統領に提案することが定められており[12]、大統領は、大統領令によりこれを決定することから[13]、行政組織編成権の大部分は大統領にあるものと解される。

序章で概観したように、連邦執行権力機関は、大統領管轄機関と首相管轄機関から構成される。内務省・外務省・国防省などは大統領管轄、財務省・経済発展省・農業省などは政府議長管轄とされている。しかし、そもそも執行権力は、憲法上、連邦政府[14]が行使すると定められており[15]、連邦の憲法的法律である政府法において[16]、連邦政府は、最高執行権力機関と位置づけられ、この状況は2020年憲法改革まで続く[17]。それにもかかわらず、大統領が国防省や外務省などの連邦省を管轄する根拠としては、「特定の連邦執行権力諸機関の指揮に係る特殊性」を定めた政府法第32条が挙げられる[18]。それによると大統領は、防衛・治安・内務・法務・外務・緊急事態の予防と自然災害の復旧・国家親衛軍の活動に係る諸問題を担当する連邦執行権力諸機関の活動を指揮することが定められている。

連邦大臣は、政府議長（首相）率いる連邦政府の一員であり、連邦省は連邦執行権力機関に含まれるが、首相管轄以外で、連邦省の外局[19]ではない連邦庁・連邦局、すなわち連邦保安庁や対外諜報庁、連邦警護庁、国家親衛軍連邦庁などの連邦執行権力機関およびその長は、連邦政府（Правительство РФ）には含まれないものと解される。同時にこれらの連邦庁・連邦局の長が、連邦政府の閣議に定期的に参加することは、政府法において想定されていないものと考えられ[20]、実際のところ一部の例外を除いて、閣議には基本的に参加していない[21]。

以上を整理すると、連邦執行権力機関は、表4-1に示した3つのカテゴリーに分類される[22]。

このうちカテゴリー3の連邦庁および連邦局については、第2次プーチン政権下、2016年4月に内務省国内軍を基盤として、国家親衛軍連邦庁が新

表4-1：連邦執行権力機関の分類

カテゴリー1：執行権力の担い手とされる連邦政府を構成し、首相が管轄するもの	財務省・経済発展省・農業省・運輸省など
カテゴリー2：同様に連邦政府を構成するものの、大統領が管轄する連邦省	国防省・内務省・外務省・法務省など
カテゴリー3：連邦政府の枠組みの外にある、大統領管轄の連邦庁および連邦局	連邦保安庁・対外諜報庁・連邦警護庁・大統領総務局など

（筆者作成）

たに設置され[23]、7庁2局体制となった[24]。カテゴリー2および3については、いずれも軍事・外交・治安維持・インテリジェンスに係る国家安全保障上の重要官庁であり、大統領の権力資源の一角をなすものと考えられる。本章では、カテゴリー2および3、ならびに憲法上の国家機関として設置されている大統領府および安全保障会議を統治機構における大統領の権力資源として扱う。

1-3. 大統領府の地位と権限

　1993年憲法体制における大統領直属の国家機関として、大統領府と安保会議は、ともに憲法上の地位を有し、その前身は、それぞれソ連時代のロシア共和国[25]大統領府と同安保会議である。第1章で検討したように、ソ連邦からの自立化の文脈において、ロシア共和国では、1991年5月、憲法改正を実施して大統領制を導入し[26]、7月には共和国大統領府を設置した[27]。1991年12月のソ連邦解体とロシア連邦の誕生、それに続く新憲法論争のなか、大統領府は組織改編を重ね[28]、93年2月までには現在の大統領府の基本構造が構築された[29]。

　大統領府の職務権限に関する法的根拠は、大統領令により定められる大統領府規程であり[30]、以下それらに依拠して、大統領府の地位や権限、組織構造について検討する。

　大統領府の地位について、1996年規程までは、基本的に大統領の憲法上の権限および大統領の活動を保障する国家機関とされてきたが、第1次プーチン政権期に定められた2004年規程では「大統領の活動を保障し、大統領の決定の遂行を監督する、国家機関」と定められた。これにより、大統領を

表 4‒2：大統領府の地位[31]

大統領府規程	地位
93 年 2 月規程	ロシア連邦大統領府は、ロシア連邦大統領及びロシア連邦副大統領の活動を保障し、ロシア連邦大統領の憲法上の権限を実現するために設置された、実務機構である。
96 年 1 月規程	地位：ロシア連邦大統領府は、国家元首としての大統領によるロシア連邦における国家権力の執行に関する活動を保障するために、ロシア連邦憲法に従って編成される国家機関である。
96 年 10 月規程	ロシア連邦大統領府は、ロシア連邦憲法第 83 条（и）に従って編成され、かつ、ロシア連邦大統領の活動を保障する国家機関である。
04 年 4 月規程	ロシア連邦大統領府は、ロシア連邦憲法第 83 条（и）に従って編成され、大統領の活動を保障し、大統領の決定の遂行を監督する、国家機関である。

（筆者作成）

直接に補佐・支援する機関（補助機関）という従来の性質を受け継ぎつつ、大統領が下した決定が実際に遂行されているのか、監督する機関としての地位が明確になった。従来から大統領府には内部部局として監督総局が設置されており、監督機関としての機能を有していたが、憲法の下位規範である大統領府規程第 1 条を変更したことで、その機能がより明確なものとなった[32]。

　大統領府の所掌事項および権限として、(1) 国家会議に提出する大統領発議法案の準備作業の組織、(2)（国家会議により採択された）法案に対する修正に係る準備作業の組織、(3) 連邦の憲法的法律、連邦法（とくに、人および国民の権利と自由の保障を含む大統領の権限に係るもの）、大統領令、大統領命令、および大統領によるその他の決定の執行の監督、(4) 連邦執行権力諸機関、連邦構成主体国家権力諸機関およびその他の国家機関の協調的機能および相互作用の保障についての大統領に対する提案の準備、(5) 大統領指令の遂行およびその監督、(6) 連邦執行権力諸機関、連邦構成主体国家権力諸機関、その他の国家機関、ならびに地方自治諸機関および組織に対して、必要な情報について照会し、提供を受けることなどがある[33]。

　また、大統領府を率いる大統領府長官も、情報の発注や秘密の指定権限など[34]、府の職務に係る権限を有しており、大統領指令の執行を組織し、大統領府の活動の諸問題[35]に関する命令の発令権限を有する[36]。

　こうした長官権限は、大統領府による政策の企画立案、総合的な調整、実

施状況の監督を可能にする法的根拠となる。また（6）に関する同様の権限は安保会議書記にも付与されており[37]、大統領府は、安保会議事務機構とともに、政策過程において、インテリジェンス・コミュニティに対する情報発注を適宜実施し、大統領のもとで「情報の『総合整理』機能」[38]を果たすことが期待されている。

　次節で詳しくみるように、大統領府内部部局には、官房や文書・情報保障局といった管理部門のみならず、外交政策局や内政局[39]といった政策部門も設置されている。つまり、大統領府内部部局と連邦執行権力諸機関の各部局の間では、制度上、所掌事項の重複が生じうる。これを避けるため、大統領府には、総合調整機能や政策実施状況の監督権限が付与され、指揮命令系統の明確化が図られたものと考えられる。

2. 第2次プーチン政権下の「内部部局増強」と人事政策

2-1. ロシアの国家官僚機構と大統領府

　大統領府は、長官を筆頭として、第1次官（2名）、次官（4名）、大統領補佐官、内部部局長、各大統領全権代表など幹部職員とその他職員から構成され[40]、大統領補佐官のうち3名が内部部局長（国家法局長、大統領書記官と監督局長）を兼任している。

　職員数は、第1次プーチン政権下の2005年以降公開されており、同年は2,679名（連邦中央2,037名、地方642名）であった。連邦中央の職員数は、モスクワの大統領府に勤務する者、地方の職員数は、連邦管区大統領全権代表部に勤務する者を指すものと考えられる。職員数は、メドヴェージェフ政権下の2011年に2,046名（1,510名、536名）と減少したが、第2次プーチン政権が発足した2012年以降は増加傾向に転じ、2017年には2,409名（連邦中央1,773名、地方636名）となった[41]。他の国家官僚機構と同様に、2019年以降は連邦統計庁によるデータ公開が大幅に限定され、職員数の把握が難しくなった。大統領府については、財務省ウェブサイトのデータから、2018年から2023年のデータを閲覧することが可能で[42]、2019年から2023年まで純増を続けており、2023年には実員は2,565名まで増加している。一方で大統

図4-1：連邦統計庁データに基づく連邦中央・地方勤務別の大統領府職員数

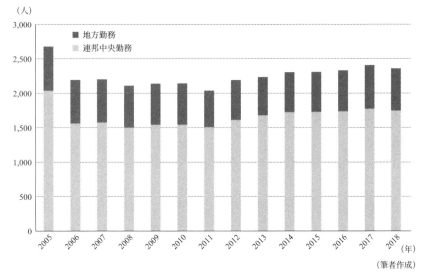

（筆者作成）

図4-2：大統領府職員数（連邦管区大統領全権代表部含む）

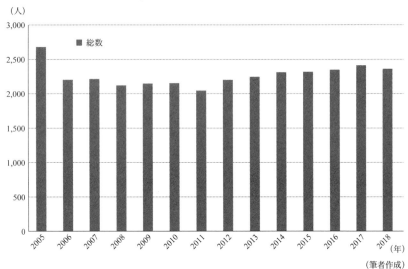

（筆者作成）

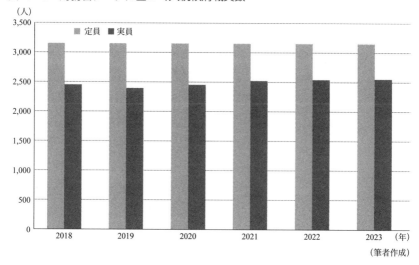

図4-3：財務省データに基づく大統領府職員数

(筆者作成)

領府職員の定数（3,159名）はほぼ変わらない。連邦統計庁によるデータと齟齬がある点には留意を要するが、次項で検討するように、近年の増員傾向は、大統領府内部部局の体制強化と関係しているものと考えられる。

ロシアの国家官僚制に関する法制として、次の三つの規範的文書が挙げられる。具体的には、2003年5月27日付連邦法第58号「国務制度について」（2003年法）、2004年7月27日付連邦法第79号「国家文官職の事務について」（2004年法）および2005年12月31日付大統領令第1574号「連邦国家文官職一覧について」（2005年大統領令）である[43]。2003年法は、国務を一般国務（非軍事的国務）、軍務、その他国務に分類するなど、国務制度全般について定義している。2004年法は、国家文官職の一般原則を定義し、連邦憲法を頂点とした垂直的な法体系のなかに国家文官職を位置づけている。さらに2005年大統領令は、これらの連邦法律で定められた一般原則に基づき実際の官職を規定したものであり、官職の一覧と官職コードのほか、大統領府内部部局長と大統領補佐官の関係性など運用上の様々な規定が記載されている。

また、ロシアの国家官僚機構全体の傾向として、連邦構成主体や地方自治体職員数の多さから、潜在的に常に遠心的になりやすいことが指摘されてい

図４－４：国家権力機関および地方自治体職員総数と執行権力機関職員総数

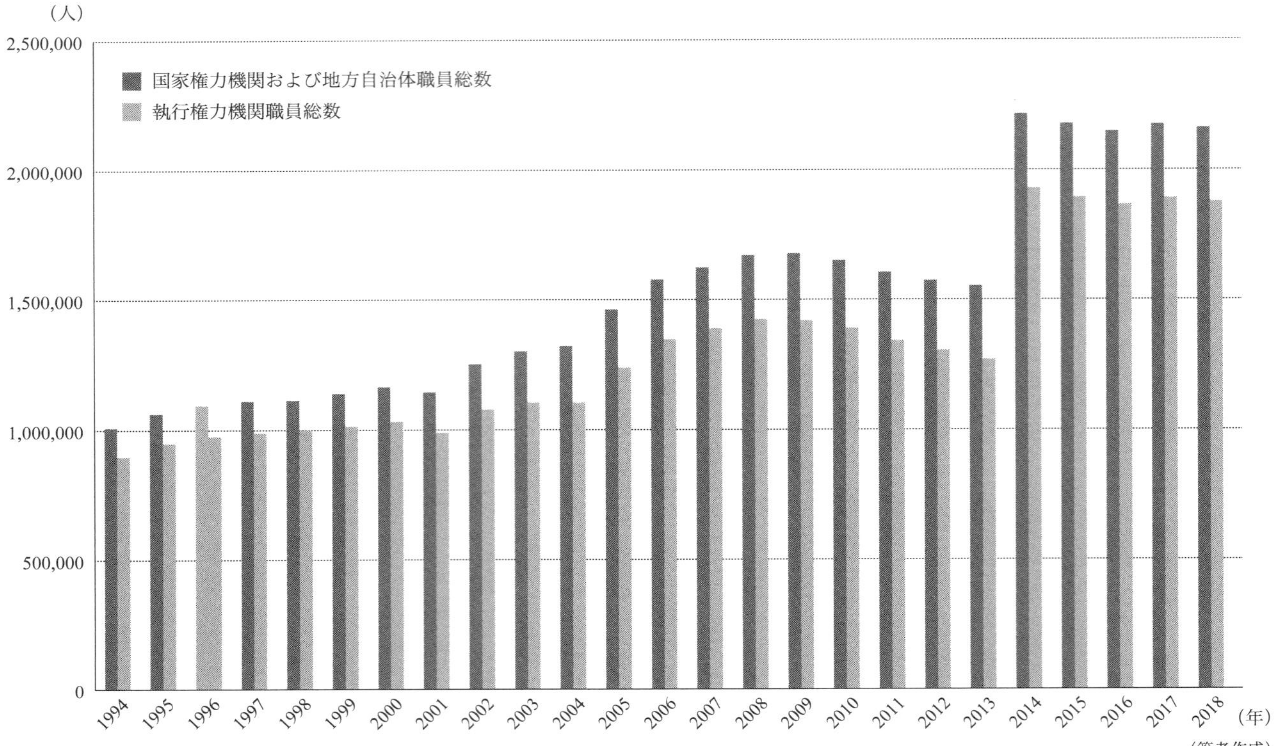

図4-5：立法・執行・司法権力機関別職員数

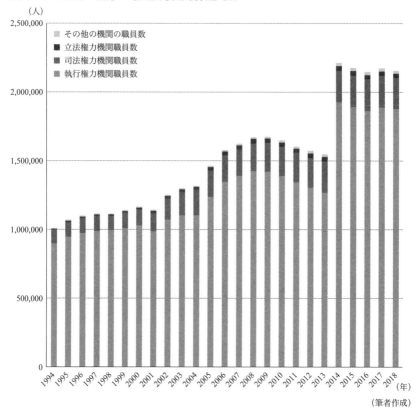

（筆者作成）

る[44]）。図4-4から4-7は先行研究の分析手法を参考に[45]）、入手可能なデータから近年の動向を含めて国家官僚機構を定量的に捉えたものである[46]）。図4-4からは、大統領府職員と同様に、タンデム政権期を中心にスリム化が観察される。なおグラフ中における2014年以降の執行権力機関職員数の急激な伸びは、内務省地方機関の司法警察職員を統計データに含めたためであり、執行権力機関職員数の大規模な増員が行われたわけではない。

図4-5からは、執行権力、立法権力および司法権力から成る国家権力諸機関の中では、執行権力機関の身分を有する者が圧倒的に多いことが確認される。同時に、執行権力機関の職員数を細かく観察すると、地方自治体に勤務

第4章　ロシア大統領府と国家官僚機構　165

図４－６：連邦執行権力機関職員数（連邦中央・地方勤務別）

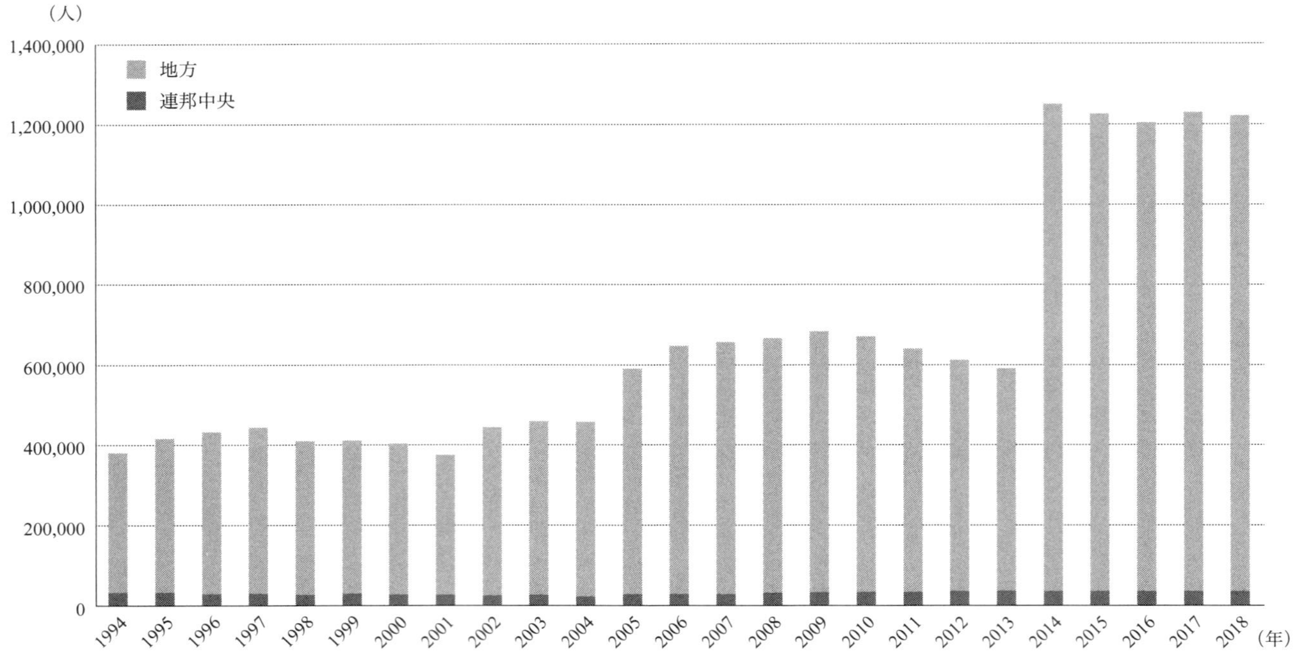

図4-7：連邦中央、連邦構成主体、地方自治体別執行権力機関職員数

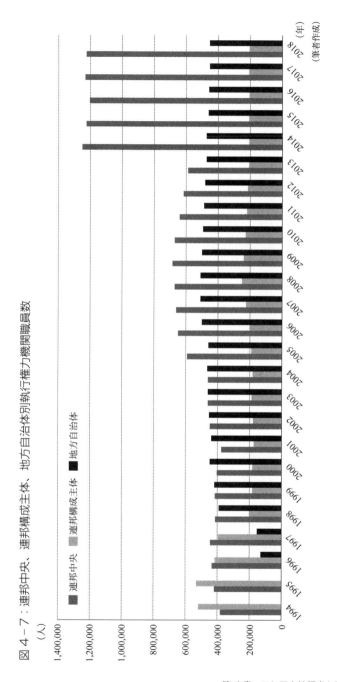

(筆者作成)

第4章 ロシア大統領府と国家官僚機構 167

する職員は、連邦中央に勤務する職員に次いで数が多いことがわかる。

　また、勤務別（連邦中央・地方）の執行権力機関職員数（図4-6）からは、伝統的に中央政府の身分を有する地方勤務者が圧倒的多数であることが明らかになる。また図4-7からは、執行権力機関職員のなかで、地方自治体職員については、2010年代の連邦レベルにおけるスリム化の波をあまり受けずに、一定の数を維持していることがわかる。改めてロシアの執行権力の基本的な構造として、「地方の存在感」の強さが浮き彫りになる。2020年憲法改革における単一公権力システムの導入を通じた一層の中央集権化政策は、こうした中央・地方関係制度の文脈のなかに位置づけられる（第5章）。

　クレムリンの大統領府職員は、こうした「地方の存在感」を所与の条件として、連邦管区大統領全権代表部職員と連携し、少数精鋭で政策の総合調整に取り組んでいるものと考えられる。

2-2. 大統領府内部部局の機構

　1993年2月の時点で30部局から構成された大統領府内部部局は、エリツィン政権下で肥大化し、96年10月には41部局にまで増大した。1998年頃からの行政全般のスリム化[47]にあわせる形で、大統領府内部部局の統廃合が進み、その後、第1次プーチン政権下では、2000年6月の時点で22部局、2004年3月には19部局にまで減少した。

　注目すべきことに、2012年5月に発足した第2次プーチン政権第1期では、一転して内部部局が増強された。同6月には、社会関係・コミュニケーション局、対CIS参加諸国・アブハジア共和国・南オセチア共和国社会経済協力局、科学・教育政策局、情報技術応用・E-デモクラシー発展局の4局、続く10月には、社会計画局、翌2013年12月には汚職対策局が新設された。

　新設部局は、政権が長期的に取り組んできた技術革新や経済構造の改革を軸とした近代化政策などの政策課題、さらには、アブハジア共和国・南オセチア共和国などとの関係や汚職といった政権にとってセンシティブな問題を担当する。また、社会計画局は、「愛国教育領域における国家政策の改善について」と題した大統領令によって設置されており[48]、愛国教育領域における国家政策の基本方針の策定に際し、大統領を補助する。こうして大統領

表4−3：大統領府内部部局の組織改編 49)

エリツィン政権		プーチン政権（タンデム政権期含む）	
1993年2月22日 N273	1996年10月2日 N1412	2000年6月30日 N1013	2004年3月25日 N400（〜12年4月末日）
内部局 30 部局	41 部局	22 部局	19 部局
安保会議事務機構 大統領官房／副大統領官房 大統領府長官・次官官房 監督局 人事局 国家勲章部 特赦問題部 国籍問題部 政治的弾圧による犠牲者の名誉回復部 国民投票・対応部 報道局 儀典局 庶務局 特別プログラム企画・実施局 情報リソース局 出版出版部 «Юридическая литература» 図書館 大統領文書館 社会産業総合局 地方・大統領代表活動局及び最高会議連絡局 社会政策分析センター 大統領特別プログラム分析センター 情報運用センター 組織部 附属専門官会議 附属専門官会議実務機構	安保会議事務機構 外交政策事務機構 国防会議事務機構（98年3月、廃止） 補佐官・書記官事務機構 （複） 大統領官房 大統領府長官官房 国家法制局 監督総局 地方局 人事局 大統領人事政策局 国家勲章局 特赦問題局 国民対策局 社会交流局 儀典局 庶務局 機密庁文書部 資料情報基盤課 大統領文書館 図書館 コサック部隊総局 国家紋章局 組織局 政党、社会団体並びに国家会議会派及び議員の相互協力問題局 (→97年8月、内政問題局) 大統領プログラムセンター 連邦国家権力機関及び連邦構成主体国家権力機関間の権限区分条約準備局 活動保障課・課50) (6) 実務機構 51) (4) 連邦構成主体大統領全権代表活動調整局（97年8月新設） 国家審察局	安保会議事務機構 連邦管区大統領全権代表 表部（複） 大統領官房 大統領府長官官房 国家法制局 監督総局 大統領書記官組織 文書情報保障局 外交政策局 内政局 地方総局 人事局 国家勲章局 特赦問題局 国民対策局 報道局 儀典局 組織局 専門官局 経済局 コサック問題局	安保会議事務機構 連邦管区大統領全権代表部（複） 大統領官房 大統領補佐官事務機構 国家法制局 監督局 大統領書記官組織 外交政策局 内政局 人事・国家勲章局（10年1月廃止） 国務・人事局（10年1月新設） 国家勲章局 国家の憲法的権利保障局 文書・情報保障局 国民請願対策局→国民・団体請願対策局（10年2月） 報道・情報局 儀典組織局→儀典局（10年1月） 専門官局 地域交流・対外文化交流局（05年2月新設） 国家評議会活動保障局
大統領総務局（連邦執行権力機関、95年8月〜）	大統領総務局（連邦執行権力機関） 大統領特別プログラム総局（連邦執行権力機関、98年4月〜）	同左	

（筆者作成）

表4-4：大統領府内部部局の構成 [52]

第2次プーチン政権および第3次プーチン政権
2012年5月〜2024年6月
大統領官房以下26部局（24年6月時点）

安保会議事務機構
連邦管区大統領全権代表部（複）
大統領補佐官事務機構➡廃止（13年2月）
大統領官房
大統領府長官官房
国家法局
監督局
大統領書記官組織
外交政策局
内政局
国務・人事局➡国務・人事・汚職対策局（23年5月）
国家勲章局
国民の憲法的権利保障局
文書・情報保障局
国民・団体請願対策局
報道・情報局
儀典局
専門官局
地域交流・対外文化交流局
国家評議会活動保障局➡廃止・改編（24年6月）

【第2次プーチン政権期新設部局】
社会関係・コミュニケーション局（12年6月新設）
対CIS参加諸国・アブハジア共和国・南オセチア共和国社会経済協力局（12年6月新設）
　➡**国境協力局（18年10月）**
科学・教育政策局（12年6月新設）
情報技術応用・E-デモクラシー発展局（12年6月新設）➡**情報コミュニケーション技術・通信インフラ発展局（18年6月）**
社会計画局（12年10月新設）
汚職対策局（13年12月新設）➡国務・人事局と統合（23年5月）

【第3次プーチン政権期新設部局（24年6月）】
社会プロセス監視・分析局
国家海洋政策局
国家評議会編成・活動局（国家評議会活動保障局の後継組織）
人文領域国家政策局
軍需産業領域国家政策局

（筆者作成）

府内部部局には、政権の重要課題を扱う6局が新たに設けられ、2000年代では最大の25部局体制となった。

また、第2次プーチン政権第2期（2018年5月発足）においては、情報技術応用・E-デモクラシー発展局が情報コミュニケーション技術・通信インフラ発展局に、対CIS参加諸国・アブハジア共和国・南オセチア共和国社会経済協力局が国境協力局に改編された。いわゆる未承認国家問題に関わる政策課題を扱う後者の組織改編はとくに重要である。従来、同局の基本的な所掌事項は「CIS参加諸国、アブハジア共和国及び南オセチア共和国との社会・経済協力の諸問題に関する大統領の活動の保障」[53]であったが、国境協力局に改編されたことで、「アブハジア共和国、南オセチア共和国及びウクライナ、並びに大統領指令に基づくその他隣接諸国との国境協力の諸問題に関する大統領の活動の保障」[54]と所掌事項が大幅に変更された。また、社会・人道プログラム、財政・インフラ計画の策定、同局管轄国とロシア連邦との国家間および政府間条約の締結についての提案の準備なども基本的な所掌事項に含まれる[55]。

こうした組織改編を通じて、従来のアブハジア共和国と南オセチア共和国に加え、新たにウクライナが管轄に含まれ、ウクライナ東部における紛争やクリミアに関する問題を直接的に担当するようになったものとみられる。大統領府規程では、大統領の決定に基づき、大統領補佐官が内部部局を指揮することも可能で[56]、ウクライナ問題を担当するスルコーフ（Сурков, В. Ю.）補佐官が国境協力局を指揮することが制度的には想定される。こうした大統領府内部部局を指揮する補佐官は、「連邦国家文官職一覧」において、最上位の「第1カテゴリー：長官級」に分類され、「第2カテゴリー：補佐官級」よりも格上の職として位置づけられる[57]（第5章表5-9参照）。

また、国境協力局は大統領の指令に基づいて「その他隣接諸国との国境協力」も所掌する[58]。ロシアは欧州からアジアまで長大な国境線を有するため、旧ソ連諸国のみならず広く国境政策を担当することが可能で、国家安全保障上、極めて重要な問題を扱う部局が大統領府内に誕生したといえる。

こうした内部部局の増強・組織改編から、第2次プーチン政権下では、重要政策課題への対応に際し、既存の連邦執行権力諸機関（とくに首相管轄機

表 4‒5：2024 年 6 月新設の大統領府内部部局の所掌事項[59]

社会プロセス監視・分析局	連邦中央・地方の社会政治情勢の発展傾向、国民生活の最重要事項、選挙運動の状況についての情報の収集・整理、社会プロセスの監視・分析、専門家集団の代表者との協力関係の組織、国内の社会政治情勢およびその展開の予測に関するプロダクトの作成準備など
国家海洋政策局	国家海洋政策の編成、世界の太洋における国益の保障・海洋活動の遂行などの諸問題の立案および提案、情報分析・組織面で海洋参事会の活動を保障、北極・南極における海洋活動、造船業の発展など
人文領域国家政策局	ロシアおよび世界における文化政策・歴史教育の社会プロセスの分析・予測、国家の文化・歴史教育政策の実現に関する諸措置の監視、ロシアの伝統的な精神・道徳的価値の保護および発展に向けた文化・教育・啓蒙プログラムの実現ならびに創造産業に関する諸問題についての提言の起案
軍需産業領域国家政策局	大統領による軍需産業領域の国家政策の編成および実現、連邦中央・地方の国家機関と軍産複合体の調整、軍需産業の動員体制の向上および動員準備に関する諸問題、(安保会議事務機構および大統領府外交政策局とともに) 外国との軍事技術協力の改善、情報分析・組織面で大統領附属対外軍事技術協力問題委員会の活動を保障

(筆者作成)

関) の活用ないし改編、新設といった手段[60]が常に講じられているわけではなく、大統領府内部部局の体制強化が選択されるケースも見受けられる点は、注目に値する。

　第 3 次プーチン政権下の 2024 年 6 月には、社会プロセス監視・分析局、国家海洋政策局、人文領域国家政策局、軍需産業領域国家政策局の 4 局が新設され、大統領府内部部局が一層増強された[61]。新設部局の所掌事項は表4-5 の通りであるが、社会プロセス監視・分析局は、権威主義体制における政治指導部の情報劣勢 (情報統制下において国民・社会セクターが抱える不満の把握) を補う部局として注目される[62]。ほかにも大統領府国内政策局や連邦警護庁が同様の機能を果たしており、所掌事項の重複が観察されるが、いずれにせよ政治体制の個人支配化が進展するとともに、国家の最重要政策について、連邦政府 (内閣) を介さず、大統領補助機関を増強して事態に対処する傾向が強まっている。

2-3. 大統領府内部部局長の人事政策

内部部局長の人事動向をみると、その平均年齢（現職）は、56.63歳で[63]、最高齢は74歳のオーシポフ（Осипов, В. Б.）国家勲章局長、最年少は41歳のフィラートフ（Филатов, А. Е.）国境協力局長である。年齢層は40代から70代まで幅広く、内部部局長となる要件に年齢が入っているとはいえない。在任期間にもばらつきがあり、国家法局長は1999年から同一人物が務めるなど、極めて長いケースもある。

また、人事政策の特徴として、タンデム政権期にプーチン率いる連邦政府（内部部局等）に所属し、第2次プーチン政権が発足すると、大統領府内部部局に異動するケースが一定程度見受けられる。儀典部門勤務を経験している大統領府長官のヴァイノ[64]（Вайно, А. Э.）と同次官のオストロヴェーンコ[65]（Островенко, В. Е.）、大統領儀典長のキターエフ（Китаев, В. Н.）は、いずれも外務省附属モスクワ国立国際関係大学（MGIMO）出身で、外務省本省、在外公館での勤務経験を有し、ヴァイノとキターエフは、第1次プーチン政権期に大統領府儀典部門に異動している。さらに三者ともタンデム政権下において、連邦政府に異動し、儀典長 兼 官房次長（ヴァイノ）と儀典局長（オストロヴェーンコ）、儀典局次長（キターエフ）などを務め、上司と部下の関係にあった。その後、第2次プーチン政権において、再びクレムリンに復帰し、それぞれ大統領府長官など、府の最高幹部職に昇りつめた。

このほか、大統領書記官組織（大統領書記官長）のカリムーリン（Калимулин, Д. Р.）、国家評議会活動保障局長のブリュハーノフ（Брюханов, М. Д.）、科学・教育政策局長のフルーノフ（Хлунов, А. В.）、社会計画局長のゼニコーヴィチ（Зенькович, П. С.）らがこうした人事異動のパターンに該当する（表4-6参照）。

こうした人事政策は、タンデム政権期において、プーチンが首相という地位にありながらも、政治的影響力を維持するためのメカニズムであったと捉えられる。プーチン首相は、安保会議のパートルシェフ書記のほか、連邦政府内に優秀な人材を一定程度確保して、政治権力を調整していたものと考えられる。

また、大統領府内部部局長に連邦管区大統領全権代表部での勤務経験者が

一定数含まれており、さらに新設部局を中心に比較的若い世代が登用されている点にも注目すべきであろう。2000 年代のプーチン政権下で構築された新たなシステムを経験した層がクレムリンで中核的な役割を担う傾向にある。

　あわせて、省庁の次官・局長（級）経験者、なかには大臣経験者が内部部局長に任命されるケースもある。例えば、国境協力局長のガヴァルーン（Говорун, О. М.）の前職は地域発展相であり、シャーリコフ（Шальков, Д. В.）監督局長の前職は、連邦保安庁次長 兼 国務書記官、スミルネーンコ（Симоненко, В. А.）専門局長は経済発展省の次官経験者である。これらは統治機構における大統領府内部部局長の地位の高さ、さらには大統領府と連邦執行権力諸機関の力関係を象徴している。

　2019 年 10 月には主に管理部門の局長が入れ替わるなど、小幅な配置転換が行われたほか、大統領官房長については、2020 年 10 月に現職者のゴールベフ（Голублев, А. М.）が死亡したため[66]、コザコーフ（Казаков, А. А.）大統領官房次長がそのまま官房長に就任した[67]。さらに 2024 年 6 月の大統領府内部部局の増強に伴い、社会プロセス監視・分析局長には国家評議会活動保障局長のハリチョフ（Харичев, А. Д.）を、国家海洋政策局長にはニコライ・パートルシェフのもとで安保会議副書記を務めたヴァフルコーフ（Вахруков, С. А.）を任命した。軍需産業領域国家政策局長には、マーントゥロフ（Мантуров, Д. В.）産業・通商相（当時、現第 1 副首相）のもとで次官を務めたサンクト・ペテルブルク出身のエフトゥホーフ（Евтухов, В. Л.）をあてた。属性と人脈、国家官僚としての実力を総合的に勘案した人事政策と捉えられる。人文領域国家政策局長は、局の新設後しばらくは局長が不在でメジーンスキ（Мединский, В. Р.）大統領補佐官が指揮していたが、2024 年 9 月末になってようやくボチャールニコフ（Бочарников, В. В.）が任命された[68]。

　人文領域国家政策局は、文化政策、教科書作成を含む歴史教育政策、ロシアの伝統的な精神・道徳的価値の強化に関わる政策を扱うため、引き続きメジーンスキ大統領補佐官が指揮監督するものと考えられるが、キリエーンコ（Кириенко, С. В.）大統領府第 1 次官が指揮監督し、愛国主義政策などを担う社会計画局との所掌事項の重複がロシアの新聞報道で指摘されている[69]。大統領府第 1 次官や大統領補佐官が自身の指揮監督する内部部局の所掌事項を

174

表 4－6：大統領府内部局局幹部人事（第 2 次プーチン政権期を中心として）70)

局長・役職／氏名	経歴
国家法局長 ブルイチョーヴァ 71)（Брычёва, Л. И.）(67) 1957 年 5 月 26 日、モスクワ 兼 大統領補佐官	モスクワ大学法学部 (81)、ソ連邦科学アカデミー国家・法研究所研究者養成課程 (85)、名著法曹、法務関係、雑誌『ソヴィエト国家・法』副編集長 (92)、ロシア連邦最高会議立法委員会上席専門官等 (92-93)、大統領府法務部長級、連邦議会大統領全権代表部長級、国家・法総局次長 (93-99)、99 年～現職 兼 大統領補佐官
監督局長 チュイチェンコ 72)（Чуйченко, К. А.）※ 52 1965 年 7 月 12 日、リーツベツ 兼 大統領補佐官	レニングラード国立大学法学部（メドヴェージェフと同じクラス）(87)、レニングラード市カリーニンスク地区検察取調官、治安機関勤務、民間勤務、弁護士業を経て、ガスプロム法務局長 (01-02)、取締役兼務 (02-08)、監督局長 (08～18.6)
シャリコフ 73)（Шальков, Д. В.）(56) 兼 大統領補佐官 1967 年 8 月 10 日、モスクワ	国防省附属軍事大学 (89)、軍検察 (89-93)、保安省、連邦防諜庁、連邦保安庁勤務 (93.3-08)、検察庁捜査委員会軍捜査局長次長 (08-11)、連邦捜査委員会軍 国務書記官 (15.3-18.6)、18 年 6 月～現職
大統領書記官管制組織 カリムーリン 74)（Калимулин, Д. Р.）(53) 兼 大統領補佐官 1971 年 4 月 5 日、ケーメロヴォ	モスクワ大学歴史学部 (93)、法学部 (00)、МОСТ グループ審査・予測局コンサルタント (94-95)、商業銀行 НЕФТЕКИ 代表取締役や国際問題担当文書専門官を経て、大統領書記官組織補佐官、首席補佐官 (97-01)、大統領書記官 (大統領書記官長)、12 年～現職
外交政策局長 マンジョーシン 75)（Манжосин, А. Л.）※ 60 1958 年 9 月 28 日、モスクワ	モスクワ国際関係大学 (80)、駐トルコ・ソ連邦通商代表部通訳官 (80-82)、外務省外務書記官、同先任、外務書記官 (82-85)、駐ギリシャ・ソ連大使館書記官補・三等書記官 (85-91)、ソ連邦外務省二等書記官、ロシア連邦外務省二等書記官・一等書記官 (91-93)、外交政策局次長 (96-97)、外交政策局長 (Рюриков, Д. Б.)、大統領補佐官付専門官、参事官、書記官、在任期間 (04～18.9)
ネヴェーロフ 76)（Неверов, И. С.）(67) 1956 年 6 月 20 日、モスクワ	モスクワ国際関係大学 (78)、外務省本省、在外公館等勤務 (78-94)、本省北米局次長 (94-98)、在米大使館常任代表 (98-02)、本省北米局長 (02-09)、在ワシントン大使館付全権大使 (09-14)、本省副第 2 局長 (14-18)、18.9 年～現職
内政局長 モローゾフ 77)（Морозов, О. В.）※ 61 1953 年 11 月 5 日、カザン	カザン国立大学 (76)、同大教職 (-87)、党タタール州委員会、国家会議議員、国家会議副議長等、国家会議第 1 副議長 (12-15.3.)、連邦会議議員（「祖国」「祖国・全ロシア」等に所属、その後「統一ロシア」幹部)、連邦会議委員 (タタルスタン共和国)、式会社 Биотехнологии 取締役副社長、地域政策問題、地域政策問題協力部長、大統領府内政策顧問
ヴォロノヴァ 78)（Воронова, Т. Г.）※ 41 1975 年 3 月 30 日、イルクーツク 兼 大統領補佐官	イルクーツク国立経済アカデミー経済理論学部 (97)、青年ビジネスセンター「Выбор」マネージャー (98-00)、「青年の統一」運動イルクーツク執行委員会委員長 (04)、極東北ロシア州議会委員長 (03)、イルクーツク州議会議員 兼 社会文化委員会副議長、イルクーツク州議会議員 (07-11)、統一ロシア党シベリア連邦管区地域間調整会議副議長、連邦中央選挙委員会委員 (11-13)、大統領府内政策党協力部次長、内政局次長 (13-14)、内政局次長 (14-15)、内政局長 (15-16.10)、国家会議事務総長
マーリン 79)（Ярин, А. В.）(54) 1970 年 2 月 13 日、スヴェルドロフスク	スヴェルドロフスク経済学部 (92)、内務省サンクト・ペテルブルグ大学 (02)、非公開型株式会社 Дисконт・плюс 代表取締役 (95)、モスクワ商業銀行 Дисконт 信用課エコノミスト (92-93)、同行信用部次長、部長 (92-93)、取締役 (95-01)、チェーミシ山州副知事・連邦管区付属代表モスクワ代表取締役 (95)、非公開型株式会社属部長 (02-03)、麻薬・向精神薬取引監視庁内政部長 (01-02)、内務省連邦財政代表 (04-05)、カバル・バルカリア共和国政府第 1 副議長 (04-05)、南連邦管区大統領全権代表府監督局次長 (05-06)、カバル・バルカリア共和国政府顧問 (06-09)、ベラロース (Беглов, А. Л.) 大統領府次官官房長、官房長 (09-12)、中央連邦区大統領全権代表次席代表 (12-16)、又はソ連人民代議員 (エリツィン信者)、16 年～現職

氏名・役職	経歴
国務・人事局長　→改組　国務・人事・汚職対策局長（23年5月） キコチ80）(Кикоть, В. Я.）※61 1952年1月1日、ヴォロシログラード、ウクライナ	内務省高等政治学校（76）、全連邦レーニン共産主義青年同盟、同高等政治学校勤務等（76-94）、レーニン記念軍事政治アカデミー（86）、内務省ペテルブルク高等軍事指揮学校研究活動担当副校長（94-97）、同省ペテルブルク大学校長等（97-00）、連邦議会連邦会議委員会（10）、国務・人事局長（12.6-13.8）
フョードロフ81）(Фёдоров, А. Ю.)(62) 1961年9月16日、クーイビシェフ、現サマーラ →情報・文書保障局長（19年10月）	クーイビシェフ国立大学法学部、ロシア連邦外務省附属アカデミー、全連邦レーニン共産主義青年同盟クーイビシェフ州クラスノグリンスク地区委員会第1書記（80年代）、ロシア連邦代議員、最高会議代表、ソ連最高会議代表（91-93）、地方・州代表、成長国家委員会副議長（96）、連邦構成主体大統領全権代表支援、小規模企業支援（00）、国家コーポレーション・ロシアト・ム地方代表活動調整局長（96-00）、中央連邦管区大統領全権代表部第1次所代表（12）、国務・人事（13-19.10）、19年10月～情報・文書保障局長
国務・人事　汚職対策局長 トラーヴニコフ82）(Травников, М. А.)（前国民の憲法的権利保障局長）（19年10月着任）(49)	国務・人事・汚職対策局長
国家勲章局長 オーシポフ83）(Осипов, В. Б.）(74) 1950年5月21日、ティラースポリ	ハリコフ高等軍事学校（73）、国家保安委員会高等課程（76）、軍務、ウラル軍管区（73-75）、国家保安委員会軍事防諜機関（75-91）、連邦政府通信（98-99）、情報局（99）人事・国家勲章局長（04）、09年～現職
国民の憲法的権利保障局長 ジューコフ84）(Жуйков, Д. С.）※54 1964年6月28日、モスクワ	全ソ連通信教育大学（90）、モスクワ地区裁判所書記等（82）、企業・団体の法律顧問等（85-90）、ソ連政府（90-91）、ロシア共和国最高会議事務機構法務部主任専門官等（91-93）、株式会社の法務部長、商業銀行経営幹部等（93-97）、大統領府法律官問題補佐官（97-04）、国民の憲法的権利保障局長
トラーヴニコフ85）(Травников, М. А.)(49) 1974年7月1日、モスクワ	モスクワ国際関係大学（96）、大統領府、3等書記官（96-99）、EU常設代表部3等書記官（99-03）、大統領第1次官および次官付参事官（03-04）、連邦政府官房長（カザフ）補佐官（04）、連邦政府国際協力局次長（04）、G8ロシア大統領代行チャーム（04）、上海協力機構等の組織に従事、地域発展省次官（08-12）、法務省次官（12）、国民の憲法的権利保障局長（18.7～19.10）、国務・人事・汚職対策局長（19.10～23.5）、局次長、19年10月～現職
ロカトキナ86）(Локаткина, Т. А.）(49) 1974年6月24日	モスクワ国際関係大学書記官、19年10月～現職
情報・文書保障局長 オーシポフ87）(Осипов, С. Н.）※63 1956年2月3日、ロストフ	カミネーツ＝ポドーリスキ高等軍事技術指揮学校学生（73-77）、レーニン記念軍事政治アカデミー聴講生（85-88）、国防省軍史研究所所勤務（88-92）、防衛・安全保障問題担当大統領顧問事務機構専門官（92-93）、第2次世界大戦期および大統領府米国人失踪者情報調査に関する省庁間委員会作業部会専門官、大統領府権利保障問題総局部長級（99-01）、法務省本省部長級（99-01）、情報機関活動保障問題総局保障局部長（01-04）、同局組織保障・文書管理部長（04-08）、情報・文書保障局長
フョードロフ（Фёдоров, А. Ю.）（前国務・人事局長着任）(62) 人事局長	情報・文書保障局長

職名・氏名・生年月日等	経歴
国民・団体訴願対策局長 ミハイローフスキ 88 (Михайловский, М. Г.) (62) 1961年6月27日、レニングラード	レニングラード総合技術大学 (84)、レニングラードの金属工場勤務 (84)、レニングラード市人民代議員大会カリーニンスク地区資格審査委員会議長 (90)、カリーニンスク地区行政府政府長官 (93)、ペテルブルグ国立大学法学部卒 (94)、大統領附属国務アカデミー (97)、ペテルブルグ市副市長 (00-02)、連邦会議委員 (02)、09年〜現職
報道・情報局長 ツィブリン 89 (Цыблин, А. М.) (58) 1965年7月24日	報道・情報局次長などを経て、08年〜現職
儀典局長 キタエーフ 90 (Китаев, В. Н.) ※38 1978年4月10日、モスクワ	モスクワ国際関係大学 (00)、外務省北米局勤務、在米ロシア大使館 3 等書記官等 (00-05)、大統領府勤務（儀典担当等）(05-07)、政府第 1 副議長付書記官 (07.10-)、連邦政府儀典局次長 (08.06-)、同局長 (11.12-)、大統領府儀典局長 (12-16.9)、大統領儀典長
クリコーヴァ 91 (Куликова, А. А.) 12月6日生まれ	大統領府儀典局審議官などを経て、16年〜現職
専門官局長 スミルネーンコ 92 (Симоненко, В. А.) (48) 1975年9月19日	デブレツェン農業大学（ハンガリー）(98)、連邦政府経済局、経済財政局勤務 (03-08)、同経済財政局次長 (08-12)、経済発展省次官 (12-13)、13年〜現職
アガフォーノフ 93 (Агафонов, Д. В.)	連邦プログラム「管理要員養成・再訓練リーダー」受講 (2010-2015)、大統領府外交政策局次長
地域間交流・対外文化交流局長 チェルノーフ 94 (Чернов, В. А.) ※70 1951年2月5日、モスクワ	モスクワ財政大学 (73)、財務省附属財務学術研究所研究員 (73-78)、LSE (81)、外務省附属小委員会国際勤務（在ロンドン）(79-87)、世界経済・国際関係研究所研究員 (83-87)、ソ連邦（ロシア連邦）商工会議所顧問会頭（在ヘルシンキ）(87-93)、モスクワ国際銀行顧客部次長 (93-96)、国家単一企業体国家投資コーポレーション取締役社長等 (在-03)、イワノフ (Иванов, С. Б.) 国防大臣顧問、インガーフ政府第 1 副議長秘書官長等、勤務時期は不明であるが、対外課報などにおいて将官級まで昇進した人物。
マースロフ 95 (Маслов, И. В.) (63) 1960年10月18日	大統領府地域間交流・対外文化交流局長などを経て、21年〜現職
国家評議会活動保障局長 ➡収斂 国家評議会活動局長 (24年6月) ブリューハノフ 96 (Брюханов, М. Д.) ※59 1959年3月31日、マガダン	モスクワ国立大学歴史学部 (84)、国際観光関連の国家組織・社会団体に勤務、大統領府儀典局次長 (02-05)、報道・情報報道書記官 (05-07)、連邦政府報道・儀典局次長 (08-12)、国家評議会活動局長、CIS 問題連邦庁 (Россотрудничество) 次長
ハリチョーフ 97 (Харичев, А. Д.) (58) 1966年2月8日、コストロマ	コストロマ高等軍事指揮化学防護学校 (87)、同校勤務 (87-94)、全連邦レーニン共産主義青年同盟 (89-92)、コストロマ高等軍事指揮化学防護学校心理職 (94-96)、国防省軍事科学研究に関する国家委員会担当部局 (96-01)、化学兵器軍縮に関する国家委員会等国家委員会役員 (01-06)、大統領府内政局長 (06-09)、水道事業Российские коммунальные системы等企業役員 (09-13)、ロシア・ムイ代表取締役副会長 (13-17)、大統領府内政局次長 (17-18)、18年〜現職
スミルネーンコ (Симоненко, В. А.)（前専門官局長）(48) 門局長 (24年6月着任)	国家評議会活成・活動局長

第4章 ロシア大統領府と国家官僚機構

【第2次プーチン政権下 新設局】

社会関係・コミュニケーション局長
スミルノーフ98）（Смирнов, А. Ю.）（52）
1972年2月29日、モスクワ

モスクワ国際関係大学（95）、在メキシコ大使館員、本省ラテンアメリカ局（95-00）、大統領府報道局情報運用部参事官、同局マスコミ連絡部次長（00-02）、報道・情報部次長（08-12）、12年～現職

対CIS参加諸国・アブハジア共和国・南オ ［国境改組→］
セチア共和国社会経済協力局長（18年10月）
ヴォローニン99）（Воронин, Ю. В.）※50
1962年10月17日、モスクワ

モスクワ市社会保障総局勤務（82-）、ソ連邦労働・社会問題国家委員会勤務（-96）、住民社会保障省等勤務（-96）、モスクワ国立社会大学卒（96）、社会発展省局長級（96-04）、保健・社会発展省次官（兼 国務次官）、対CIS参加諸国・アブハジア共和国・南オセチア共和国社会経済協力局長（12-13.9）、会計検査院事務局長（13）、ロシア連邦中央銀行総裁顧問（18）

ガヴルーニン100）（Говорун, О. М.）※50
1969年1月15日、イルクーツク

軍務（87-89）、モスクワ林業大学（93）、民間企業勤務・アルファ銀行等（93-00）、大統領地方総局第1次長（00-04）、大統領府内政局次長（04-06）、同局長（06-11）、中央連邦管区大統領全権代表（11-12）、地域発展相（12）、住宅開発セクターの政府系金融機関最高幹部

フィラートフ101）（Филатов, А. Е.）（41）
1983年2月12日

対CIS参加諸国・アブハジア共和国・南オセチア人民共和国との調整（総括担当）、19年4月～現職

科学・教育政策局長
フルーノフ102）（Хлунов, А. В.）※55
1958年9月17日、ベルゴロド

モスクワ工学物理大学（81）、同大学勤務、国連ロシア連邦政府代表部、在米大使館参事官（16-18）、審議官佐官（04-05）、同省国家政策局（科学・イノベーション）局長（05）、同省次官（08）、連邦政府高度技術・高度政策局（科学・イノベーション）局長（05）、科学・教育次官（08）、連邦政策府科学術基金総長

ビレンキナ103）（Биленкина, И. П.）（60）
1963年7月17日、ベルゴロド

ベルゴロド第2中等学校ビオチーレ主任教諭（80-81）、科学アカデミー中央経済数理研究所（86-95）、産業・科学・技術・教育省補佐官（10）、教育・科学省次官（10）、教育・科学省次官（10）、14～現職、技術・科学・教育発展基金局級（96-04）、運邦科学・イノベーション局次長（04-10）、教育・科学省次官（10）、14～現職

情報技術応用・E-デモクラシー発展局長 ［改組→］
インターネット発展局長（18年6月）
リーボフ104）（Липов, А. Ю.）※50
1969年11月23日、モスクワ

モスクワ無線・電子・自動化技術工科大学（92）、博士（技術）（95）、情報技術・通信分野において様々な職を経験（90-07）、通信・マスコミ省情報・情報技術分野国家政策局入局（08）、プログラム開発部次長、情報技術部次長、次長等、情報・情報技術分野国家政策応用、E-デモクラシー発展局長（12-20.3）

マトヴェーエヴァ105）（Матвеева, Т. В.）（48）
1976年1月4日、リトアニア

モスクワ国立工科大学（00）、税務・徴税省入省（00）、本省次長級まで昇進（04）、政府系企業経営陣、政府系経営経験（05-09）、連邦税務庁（10）、本庁局長（11）、外務省勤務（99-04）、G8ペテルブルク・サミット組織委員会、イラク大統領府報道（13-20）、20年～現職
ノーク（Иванов, С. Б.）政府第1副議長補佐官（07）、運邦政府内政局次長（08）、大統領府内政局次長、情報政府報道（04）、会計画局長（12.10-17.1）、国務書記官 兼 教育・科学次官

社会計画局長
ゼニューヴィチ106）（Зенькович, П. С.）※38
モスクワ

モスクワ国立大学（99）、政府第1副議長補佐官（07）、国務次官

ノーヴィコフ107）（Новиков, С. Г.）（46）
1978年6月19日、モスクワ

ニジニ・ノヴゴロド国立大学（01）、Радио Рандеву СФ（ラジオ局）チーフプロデューサー（99-01）、連邦原子力庁広報官顧問（05-08）、ロシアチーム社コミュニケーション局長（08-16）、大統領府内政局次長（16-17）、17～現職

汚職対策局長 プラホーイ 108 (Плохой, О. А.) ※48 1968年12月4日、キエフ	国家保安委員会高等課程修了、科学生産公団Kвантの旋盤工見習い、軍務 (86-88)、治安機関勤務 (88-99)、大統領府勤務、人事局参事官、国務、国務・人事局次長 (99-)、汚職対策局長 (13-17.9)、法務第1次官
チェボトフ 109 (Чеботов, А. С.) ※58 1960年8月13日、ハバン地区、沿海州 →統合 [国務・人事・汚職対策局長 (23年5月)]	モスクワ国立大学 (82)、治安機関勤務、国家保安委員会軍事防諜部門、同中央機構 (82-)、連邦保安庁分析・予測・戦略立案局 (90-)、安保会議事務機構幹部 (99)、国防省大臣補佐官 (01)、国防省官房長 (次官級) (04)、汚職対策局長 (17.9～19.5)
第3次プーチン政権新設局 社会プロセス監視・分析局 ハリチェフ 110 (Харичев, А. Д.) (58) 1966年2月8日、コストロマ	前国家評議会活動保障局長、24年6月の大統領府内部部局の組織改編の際に人事異動
国家海洋政策局 ヴァフルコーフ 111 (Вахруков, С. А.) (65) 1958年6月20日、ヤロスラヴリ州	ルイビンスク航空技術学校 (80)、軍務 (80-82)、コムソモール (82)、同ヤロスラヴリ州委員会第1書記 (88)、ロシア国立人文大学 (97)、ヤロスラヴリ州行政府に勤務、同州第1副知事、ウラル連邦管区大統領全権代表次官、安保会議書記補佐官 (13.1-)、安保会議書記補佐官 代表 (00-07)、ヤロスラヴリ州知事 (07-12)、地域発展省次官 (13.1-24.6)、大統領府国家海洋政策局長 (24.6-)
人文領域国家政策局 ボチャールニコフ 112 (Бочарников, В. В.)	局新設から2024年9月30日まで局長人事は発令されずメジンスキ (Мединский, В. Р.) 大統領補佐官が同局を監督 113)。9月30日付で国務・人事局部長級、対外文化交流次長等を務めたボチャールニコフが昇任し局長就任。
軍需産業領域国家政策局 エフトゥホーフ 114 (Евтухов, В. Л.) (56) 1968年3月2日、レニングラード	レニングラード財政・経済大学 (93)、サンクト・ペテルブルク市議会議員 (98-09)、サンクト・ペテルブルク国立大学法学部 (02)、同大国際関係研究科修士 (04)、連邦会議 (上院) (09)、法務次官 (11)、産業・通商次官 (12-)、兼 国務省書記官 (14)、Ph. D. (経済学)

(筆者作成)

めぐって対立関係に陥れば、本来は政策の総合調整を期待される大統領府内部部局間においても強いセクショナリズムが働く可能性がある。

小括

　本章では、まず超大統領制という概念について整理し、現代ロシアにおける連邦執行権力諸機関の諸類型と大統領の権力資源について検討した。その上で、大統領府の地位や権限を分析し、第1次プーチン政権下では、監督機関としての大統領府の位置づけが法的に明確化されたこと、大統領府は、法令上、インテリジェンス・コミュニティに対する情報発注を適宜実施し、政策の企画立案、総合調整、監督を実施することが可能であることを示した。加えて同政権下では、大統領府内部部局の整理統合も実施され、組織構造が大きく変化した点を指摘したが、これらは指揮命令系統の整備を通じた、所掌事項の重複（多重行政）への対応ないしその防止、さらには政策の円滑な推進を企図したものと捉えられる。また、タンデム政権期から第2次プーチン政権第1期目における、大統領府と連邦政府（内部部局等）の間での人事異動や比較的若い世代の幹部への登用は、権力中枢の重心移動やその機会を利用した世代交代を映し出しているものと捉えられる。

　2012年5月に発足した第2次プーチン政権下では、大統領選挙に関連した反プーチン・デモ、さらには汚職問題、第1次ロシア・ウクライナ戦争とシリアへの軍事介入、経済制裁を伴う欧米諸国との対立など、前のタンデム政権と比べても内外情勢に大きな変化がみられた。こうしたなか、第2次プーチン政権下では、大統領府内部部局の増強とカテゴリー3に属する国家親衛軍連邦庁の新設を通じて、大統領の権力資源が拡大した。

　こうした権力資源の拡大、とくに大統領府内部部局の増強は、政権の重要政策課題への対処に際して、連邦政府（内閣）への委任では必ずしも十分ではなく、大統領府内部部局による直接的な事態対応や指揮監督の必要性を含意するものと筆者は考える。大統領府内部部局長のステータスの高さも、こうした指揮監督の遂行に欠かせない重要な要素となる。一方で、ロシア国家官僚機構の最大の特徴である「地方の影響力」は依然として強く、大統領府

は少数精鋭で政策の総合調整を担っている。ただ、大統領府内部部局の増強は、連邦政府との所掌事項の重複のみならず、大統領府内部部局間における「部門間対立」を招く可能性がある。

プーチン長期政権下の超大統領制的な政治秩序においても、クレムリンはロシア国家官僚機構全体の統制に相当なリソースを割いているものと考えられる。

注

＊本章は次の拙稿をもとに加筆・修正等を加えたものである。長谷川 2019.

1) *Конституция Российской Федерации (принята всенародным голосованием 12 декабря 1993г. с изменениями, одобренными в ходе общероссийского голосования 01 июля 2020г.),* Официальный текст Конституции РФ с внесенными поправками от 14 марта 2020г. опубликован на Официальном интернет-портале правовой информации, http://www.pravo. gov.ru; Абаева 2020; Бархатова 2017; 2021; Дмитриев и Скуратов 2013; Зорькин 2011; Обручев 2021; 上野 2020, 80-105; 佐藤 2018, 551-574; 竹森 2014, 331-357; 渋谷 2012, 457-517; 溝口 2020a, 281-341.

2) 執政制度としては半大統領制に分類される。半大統領制の下位分類としては、首相―大統領制と大統領―議会制があり、大統領による閣僚の任免権や議会の解散権等にそれぞれ違いがある。ロシアは、首相に対する大統領の立場が強い一方、内閣不信任決議を背景として議会と大統領の間で取引や対立が生じうる、後者の大統領―議会制に分類される。Shugart and Carey 1992, 23-24; Elgie 2011, 146-148; 久保・末近・高橋 2016, 112-113.

3) Fish 2000, 178-179; 竹森 2003, 82.

4) Fish によると、このほか超大統領制の特徴は以下の通りである。(1) 大統領が公的支出の手段の全部または多くを監督する、(2) 執行権力機関に対する立法権力機関による実際の監督権がほとんどない、(3) 司法権力機関について、その人事権が大統領にあり、大統領によって大いにコントロールされていて、大統領の権限や権力の濫用を審査することが実際にはできない（番号は便宜上、筆者が付した）。Fish 2000, 178-179. また Barany は、大統領に並外れた権限が集中する、根本的な権威主義国家を「超大統領権威主義体制」（Superpresidential authoritarian polity）と呼び、ソ連崩壊後のロシアが徐々にこのような体制になっているという。Barany 2007, 15.

5) 社会経済構造の近代化や競争力の拡大を目指した政策方針。詳しくは次の文献を参照されたい。伏田 2018, 47-53.

6) Статья 1, Закона РФ о поправке к Конституции РФ от 30 декабря 2008г., № 6-ФКЗ, «Об изменении срока полномочий Президента Российской Федерации и Государственной Думы», *СЗРФ, 05 января 2009г., № 1, ст. 1.*

7) 大串は、こうした秩序の出現について、革命状況の終焉、垂直権力の再興、支配政党の安定といった点から説明する。Ogushi 2009, 18-20; 大串 2011, 94-98.

8) Huskey 2015; 森下 1998, 1-123; 2001; 上野 2001; タルノフスキー 2007, 133-162.

9) Ogushi 2009; 大串 2011; また、ロシア連邦大統領府をソ連共産党中央委員会書記局と米国ホワイトハウスと比較した永綱は、後者との類似性を指摘している。その上で、大統領府の役割について「日常的なルーティン活動が仕事の中心」であるが、「大統領の意向次第では、これらの部局が政治イニシャチブの起点となる可能性も常に残されている」と指摘する。永綱 2010, 50.

10) このほか、統一ロシア党などの政党組織や企業団体等も大統領の権力資源に含まれると考えられるが、本書のテーマ設定に鑑みて、分析対象を執行権力に限定した。

11) 森下 1998, 9-25. 国家元首であり、事実上の執行権力の長である大統領の地位についても二重性が指摘されている。

12) Часть 1, статьи 112, Конституции РФ.

13) Указ Президента РФ от 15 мая 2018г., № 215, «О структуре федеральных органов исполнительной власти», *СЗРФ, 21 мая 2018г., № 21, ст. 2981.*

14) 連邦政府という場合、政府議長率いる連邦政府（Правительство РФ）のことを指す。

15) Часть 1, статьи 110, Конституции РФ.

16) Федеральный конституционный закон(ФЗК) от 17 декабря 1997г., № 2-ФКЗ (ред. от 28 декабря 2016г.), «О Правительстве Российской Федерации», *СЗРФ, 22 декабря 1997г., № 51, ст. 5712.*

17) Статья 1, ФЗК от 17 декабря 1997г., № 2; 森下は、97年の政府法制定以前において、「『最高верховный』という形容詞が政府に付けられることはなかった」と指摘する。森下 1998, 10. なおここでは2020年憲法改革以前の連邦政府（内閣）の位置づけに依拠して議論する。2020年憲法改革後の動向は、第5章と第6章で扱う。

18) Статья 32, ФЗК от 17 декабря 1997г., № 2.

19) 例えば、連邦省の外局としては、財務省のもとに連邦税関庁等がある。2024年5月に大統領管轄機関となった連邦軍事技術協力庁も、以前は国防省の外局であった。

20) Статья 24-27, ФЗК от 17 декабря 1997г., № 2.

21) 第2次プーチン政権第2期目が発足した2018年5月から同年10月に開催された閣議（計17回）を確認した限り、6月6日に財政監視庁長官、7月19日に国家親衛軍連邦庁長官、8月30日に国家親衛軍連邦庁次官が閣議に参加している。したがって、定期的には参加しないが、政府法第27条の定めるところにより、必要に応じて

参加しているものと解される。Правительство России, http://government.ru/meetings/

22）連邦政府ウェブサイトの人員構成（Персональный состав Правительства）には、政府議長および副議長、カテゴリー1および2の大臣のみが含まれていて、カテゴリー3の連邦庁・連邦局の長は含まれていない。

23）Указ Президента РФ от 05 апреля 2016г., № 157 (ред. от 15 мая 2018г.), «Вопросы Федеральной службы войск национальной гвардии Российской Федерации», *СЗРФ, 11 апреля 2016г., № 15, ст. 2072.*

24）2024年5月には、連邦軍事技術協力庁が大統領管轄庁となったため、8庁2局体制となった。

25）ロシア・ソヴィエト連邦社会主義共和国（Российская Советская Федеративная Социалистическая Республика）のこと。

26）上野 2001, 19.

27）Указ Президента РСФСР от 19 июля 1991г., № 13(ред. от 28 июня 2005г.), «Об Администрации Президента РСФСР», Президент России, http://www.kremlin.ru/acts/bank/24; 訳出に際して次の文献を参照した。永綱 2010, 53. このとき、共和国大統領府は、次の部局から構成された。大統領事務局、副大統領事務局、閣僚会議議長事務局、国務長官官房、国家顧問局（4局：法制担当、経済政策担当、学術・教育・文化担当、社会団体協力担当）、総務局（共和国閣僚会議総務局を基盤として設置）、監督局、情報分析センター、保安局、報道局。同時に大統領附属国家評議会も同時に設置されたが、1991年11月には廃止されている。上野 2001, 28-29.

28）大統領府の前史について、詳細は次の文献を参照。上野 2001; 森下 1998; 2001; 永綱 2010; 大串 2011; Ogushi 2009; Huskey 2015.

29）Указ Президента РФ от 22 февраля 1993г., № 273, «О совершенствовании системы обеспечения деятельности Президента Российской Федерации (вместе с «Положением о Президентском совете», «Положением о Совете глав администраций при Президенте Российской Федерации», «Положением об Администрации Президента Российской Федерации», «Положением об Управлении Администрации Президента Российской Федерации по работе с территориями, представителями Президента Российской Федерации, связям с Верховным Советом Российской Федерации», «Положением об Аналитическом центре Администрации Президента Российской Федерации по общей политике», «Положением об Аналитическом центре Администрации Президента Российской Федерации по социально-экономической политике», «Положением об Аналитическом центре Администрации Президента Российской Федерации по специальным президентским программам», «Положением об Экспертном совете при Президенте Российской Федерации»), *Собрание актов Президента и Правительства РФ (САППРФ), 01 марта 1993г., № 9, ст. 735.* 同時に大統領府長官附属監督監視会議も設置された。

30) 大統領府規程については、以下、規程と略記。Указ Президента РФ от 06 апреля 2004г., 490 (ред. от 14 июня 2018г.), «Об утверждении Положения об Администрации Президента Российской Федерации», *СЗРФ, 12 апреля 2004г., № 15, ст. 1395.*

31) Указ Президента РФ от 22 февраля 1993г., № 273; Указ Президента РФ от 29 января 1996г., № 117 (ред. от 28 июня 2005г.), «Вопросы Администрации Президента Российской Федерации», *СЗРФ, 05 февраля 1996г., № 6, ст. 532*; Указ Президента РФ от 02 октября 1996г., № 1412 (ред. от 17 августа 2000г.), «Об утверждении Положения об Администрации Президента Российской Федерации», *СЗРФ, 07 октября 1996г., № 41, ст. 4689*; Указ Президента РФ от 06 апреля 2004г., № 490 (ред. от 14 июня 2018г.).

32) 2020年の憲法改革において、憲法第83条における大統領府の条文に「大統領の権限の執行を保障するために」という文言が加えられたが、大統領府規程の条文は維持された。詳細は第5章において検討する。

33) Пункт 5 и 6, «Положения об Администрации Президента Российской Федерации», Указ Президента РФ от 06 апреля 2004г., № 490 (ред. от 14 июня 2018г.).

34) 大統領府長官は、大統領府において秘に該当する資料リストの指定権限を有する。Пункт 8, «Положения об Администрации Президента Российской Федерации».

35) 長官の所掌事項の範囲に限定される。Пункт 8, «Положения об Администрации Президента Российской Федерации».

36) Пункт 8, «Положения об Администрации Президента Российской Федерации».

37) «ц», пункта 22, «Положения о Совете Безопасности Российской Федерации», Указом Президента РФ от 06 мая 2011г., № 590 (ред. от 25 июля 2014г.), «Вопросы Совета Безопасности Российской Федерации», *СЗРФ, 09 мая 2011г., № 19, ст. 2721.*

38) 内閣官房国家安全保障局の業務の一つで「関係行政機関等に対し、適時に情報を発注。また、会議に提供された情報を、政策立案等のために活用」すること。内閣官房、https://www.cas.go.jp/jp/gaiyou/jimu/anzenhosyou.html

39) Vendil-Pallin によると、シンクタンクと連携した世論分析・醸成や若年層・エリートの動員、選挙対策を含む内政全般について担当している。詳細は次の文献を参照されたい。Vendil-Pallin 2017, 255-278.

40) Указ Президента РФ от 14 мая 2024г., № 330, «О внесении изменения в Положение об Администрации Президента Российской Федерации, утвержденное Указом Президента Российской Федерации от 6 апреля 2004 г. № 490», *СЗРФ, 20 мая 2024г., № 21, ст. 2680.*

41) *Российский статистический ежегодник*, Москва: Федеральная служба государственной статистики, https://rosstat.gov.ru/statistic; 2006年版から2019年版（14年分）を使用。

42) Министерство финансов Российской Федерации, Открытое министерство, Открытые данные, «156. Численность работников федеральных государственных органов (без уче-

184

та численности работников, переведенных на новые системы оплаты труда) в разрезе центральных аппаратов и территориальных органо», https://minfin.gov.ru/OpenData/7710168360-FGO_staff/

43) Федеральный закон от 27 мая 2003г., № 58-ФЗ (ред. от 14 февраля 2024г.), «О системе государственной службы Российской Федерации» (с изм. и доп., вступ. в силу с 12 матра 2024г.), *СЗРФ, 02 июня 2003г., № 22, ст. 2063*; Федеральный закон от 27 июля 2004г., № 79-ФЗ (ред. от 08 августа 2024г.), «О государственной гражданской службе Российской Федерации», *СЗРФ, 02 августа 2004г., № 31, ст. 3215*; Указ Президента РФ от 31 декабря 2005г., № 1574 (ред. от 22 августа 2024г.), «О Реестре должностей федеральной государственной гражданской службы», *СЗРФ, 02 января 2006г., № 1, ст. 118.*

44) Osgushi 2009; 大串 2011.

45) Osgushi 2009; Гимпельсон 2002; 横手 2015.

46) Министерство финансов Российской Федерации, https://minfin.gov.ru/ru/opendata/; Федеральная служба государственной статистики, https://rosstat.gov.ru/folder/210/document/12994

47) ハスキーによると、1998年初頭から、官僚機構のスリム化の一環として、連邦政府内部部局の削減、大統領府と連邦政府の役割分担の明確化、「制度的余剰」に制限を加える施策が実施された。Huskey 2015, 221.

48) 詳細は、次の分析を参照。廣瀬 2012.

49) 表中では主な改編のみを示し、Ｎは大統領令の番号（№）を指す。内部部局について、補佐官・書記官事務機構や連邦管区大統領全権代表部は、複数の部局から構成される上、後者については、連邦管区の改編により代表部の数が変化するため、それぞれ一つとしてカウントし、部局数は、改編後における、およその数を示している。また、大統領総務局、大統領特別プログラム総局（当初、特別プログラム企画・実施局）は、途中から連邦執行権力機関となったため、内部部局としてカウントしていない。作成に際して、次の文献と法令、ウェブサイトを参考にした。永綱 2010, 53-60; Ogushi 2009, 11-13; Указ Президента РФ от 25 июля 1996г., № 1102 (ред. от 03 марта 1998г.), «О Совете обороны Российской Федерации», *СЗРФ, 29 июля 1996г., № 31, ст. 3699*; Указ Президента РФ от 02 октября 1996г., № 1412 (ред. от 17 августа 2000г.), «Об утверждении Положения об Администрации Президента Российской Федерации», *СЗРФ, 07 октября 1996г., № 41, ст. 4689*; Указ Президента РФ от 18 августа 1997г., № 898 (ред. от 01 сентября 2000г.), «Об Управлении Президента Российской Федерации по вопросам внутренней политики», *СЗРФ, 25 августа 1997г., № 34, ст. 3951*; Указ Президента РФ от 28 августа 1997г., № 946 (ред. от 28 марта 1998г.), «О мерах по усилению государственного управления военным строительством в Российской Федерации (вместе с «Положением о Государственной военной инспекции Президента Российской Федерации»)», *СЗРФ, 01*

сентября 1997г., № 35, ст. 4058; Указ Президента РФ от 03 марта 1998г., № 220, «О некоторых мерах по совершенствованию государственного управления в области обороны и безопасности», *СЗРФ, 09 марта 1998г., № 10, ст. 1155;* Указ Президента РФ от 30 апреля 1998г., № 483 (ред. от 29 ноября 2004г.), «О структуре федеральных органов исполнительной власти», *СЗРФ, 04 мая 1998г., № 18, ст. 2020;* Указ Президента РФ от 03 июня 2000г., № 1013(ред. от 17 августа 2000г.), «О формировании Администрации Президента Российской Федерации», *СЗРФ, 05 июня 2000г., № 23, ст. 2387;* Указ Президента РФ от 25 марта 2004г., № 400, «Об Администрации Президента Российской Федерации», *СЗРФ, 29 марта 2004г., № 13, ст. 1188;* Указ Президента РФ от 12 января 2010г., № 59 (ред. от 08 июля 2013г.), «Об изменении и признании утратившими силу некоторых актов Президента Российской Федерации», *СЗРФ, 18 января 2010г., № 3, ст. 274;* Указ Президента РФ от 17 февраля 2010г., № 201 (ред. от 25 июля 2014г.), «Об Управлении Президента Российской Федерации по работе с обращениями граждан и организаций» (вместе с «Положением об Управлении Президента Российской Федерации по работе с обращениями граждан и организаций»), *СЗРФ, 22 февраля 2010г., № 8, ст. 838;* Главное управление специальных программ Президента Российской Федерации, http://www.gusp.gov.ru/pages/gusp/3729/index.shtml

50) 政治的弾圧による犠牲者の名誉回復に関する委員会活動保障部、国籍問題委員会活動保障部、文学・芸術分野ロシア連邦国家賞委員会活動保障部、人権委員会活動保障部、地方自治委員会活動保障部、プログラミング技術保障課。

51) 国家会議大統領全権代表活動保障実務機構、憲法裁判所大統領全権代表活動保障実務機構、連邦会議大統領全権代表活動保障実務機構、大統領附属情報紛争裁判所実務機構。

52) Указ Президента РФ от 12 июня 2024г., № 482, «О некоторых вопросах Администрации Президента Российской Федерации», *СЗРФ, 17 июня 2024г., № 25, ст. 3461;* Указ Президента РФ от 25 марта 2004г., № 400 (ред. от 26 июня 2023г.), «Об Администрации Президента Российской Федерации», *СЗРФ, 29 марта 2004г., № 13, ст. 1188;* Указ Президента РФ от 11 февраля 2013г., № 128 (ред. от 07 марта 2020г.), «Вопросы Администрации Президента Российской Федерации», *СЗРФ, 18 февраля 2013г., № 7, ст. 632.*

53) «а», пункта 4, «Положения об Управлении Президента Российской Федерации по социально-экономическому сотрудничеству с государствами - участниками Содружества Независимых Государств, Республикой Абхазия и Республикой Южная Осетия», Указом Президента РФ от 25 июня 2012г., № 893 (ред. от 25 июля 2014г), «Об утверждении Положения об Управлении Президента Российской Федерации по социально-экономическому сотрудничеству с государствами - участниками Содружества Независимых Государств, Республикой Абхазия и Республикой Южная Осетия», *СЗРФ, 02 июля 2012г., №*

27, ст. 3680.

54）«а», пункта 4, «Положения об Управлении Президента Российской Федерации по приграничному сотрудничеству», Указом Президента РФ от 02 октября 2018г., № 559, «Об Управлении Президента Российской Федерации по приграничному сотрудничеству», *СЗРФ, 08 октября 2018г., № 41, ст. 6223.*

55）«в» и «г», пункта 5, «Положения об Управлении Президента Российской Федерации по приграничному сотрудничеству».

56）Пункт 11, «Положения об Администрации Президента Российской Федерации».

57）Статья 1, Указа Президента РФ от 31 декабря 2005г., № 1574 (ред. от 17 июня 2024г.), «О Реестре должностей федеральной государственной гражданской службы», *СЗРФ, 02 января 2006г., № 1, ст. 118.*

58）規程では、CIS 参加諸国という文言が削除されたものの、「大統領指令に基づくその他隣接諸国」に、ロシア連邦と隣接する CIS 参加諸国は含まれると解される。«а», пункта 4, «Положения об Управлении Президента Российской Федерации по приграничному сотрудничеству».

59）Указ Президента РФ от 05 августа 2024г., № 665, «Об утверждении Положения об Управлении Президента Российской Федерации по вопросам мониторинга и анализа социальных процессов», *СЗРФ, 12 августа 2024г., № 33 (Часть II), ст. 5146*; Указ Президента РФ от 13 августа 2024г., № 690, «Об утверждении Положения об Управлении Президента Российской Федерации по вопросам национальной морской политики», *СЗРФ, 19 августа 2024г., № 34, ст. 5227*; Указ Президента РФ от 26 августа 2024г., № 732, «Об утверждении Положения об Управлении Президента Российской Федерации по государственной политике в гуманитарной сфере», *СЗРФ, 02 сентября 2024г., № 36, ст. 5432*; Указ Президента РФ от 08 августа 2024г., № 678, «Об утверждении Положения об Управлении Президента Российской Федерации по государственной политике в сфере оборонно-промышленного комплекса», *СЗРФ, 12 августа 2024г., № 33 (Часть II), ст. 5154.*

60）第 2 次プーチン政権下においても連邦執行権力諸機関の組織改編等は実施されている。例えば、通信・マスコミ省がデジタル発展・通信・マスコミ省に改編され、教育科学省が教育省と科学・高等教育省に分割された。Пункт 2 и 5, «О структуре федеральных органов исполнительной власти», Указом Президента РФ от 15 мая 2018г., № 215.

61）Указ Президента РФ от 12 июня 2024г., № 482, «О некоторых вопросах Администрации Президента Российской Федерации», *СЗРФ, 17 июня 2024г., № 25, ст. 3461.*

62）Vendil-Pallin 2017.

63）安保会議事務機構、連邦管区大統領全権代表部（複）、大統領官房、大統領府長官官房の長、ならびに儀典局長を除く内部部局長のうち生年月日が判明している者の平

均年齢。

64）Президент России, http://kremlin.ru/catalog/persons/307/biography

65）オストロヴェーンコ（Островенко, В. Е.）は、1969年モスクワ生まれ、外務省附属モスクワ国立国際関係大学卒（92）、外務省内部部局、在外公館勤務（92-08）、連邦政府儀典局長（08）、同儀典長 兼 官房次長（11）、大統領儀典長（12）、2016年から現職。Президент России, http://kremlin.ru/catalog/persons/306/biography

66）*Коммерсантъ*, от 01 октября 2020г., «Умер начальник канцелярии Путина».

67）*Коммерсантъ*, от 21 ноября 2020г., «Путин назначил нового начальника своей канцелярии».

68）Указ Президента РФ от 30 сентября 2024г., № 823, «О начальнике Управления Президента Российской Федерации по государственной политике в гуманитарной сфере», *СЗРФ, 07 октября 2024г., № 41, ст. 6142.*

69）*Коммерсантъ*, от 30 сентября 2024г., «Сферою в любовь, с правом на надежду: Новое управление президента по госполитике в гуманитарной сфере возглавил Владимир Бочарников».

70）氏名の後の丸括弧内の数字は、2024年5月末日時点の年齢。前職・元職は※印の後に離任時の年齢を記した。略歴中の2桁数字は、1970年代以降の西暦の省略で、例えば、（81）は1981年、（04）は2004年である。Указ Президента РФ от 12 июня 2024г., № 483, «О должностных лицах Администрации Президента Российской Федерации», *СЗРФ, 17 июня 2024г., № 25, ст. 3474.*

71）Президент России, http://www.kremlin.ru/catalog/persons/7/biography; Лента. Ру, https://lenta.ru/lib/14161149/

72）Президент России, http://www.kremlin.ru/catalog/persons/23/biography; Лента. Ру, https://lenta.ru/lib/14160434/

73）Президент России, http://kremlin.ru/catalog/persons/569/biography; *Коммерсантъ*, от 13 июня 2018г., «Новые лица в администрации президента России»; Информационно-образовательный портал «Государственное и муниципальное управление», http://gimyrf.ru/persona/shalkov_dmitrij_vladislavovich/

74）РИА Новости, «Биография Дмитрия Калимулина», https://ria.ru/spravka/20120522/655126514.html

75）РИА Новости, «Александр Леонидович Манжосин. Биографическая справка», https://ria.ru/spravka/20080520/107898982.html

76）РИА Новости, «Биография Игоря Неверова», https://ria.ru/spravka/20180929/1529631130.html; Российское информационное агентство «Руспех», https://ruspekh.ru/people/item/neverov-igor-svyatoslavovich

77）Виперсон, http://viperson.ru/people/morozov-oleg-viktorovich

78) ТАСС, «Воронова, Татьяна Геннадьевна», http://tass.ru/encyclopedia/person/B/voronova-tatyana-gennadevna

79) ТАСС, «Начальник Управления президента РФ по внутренней политике Андрей Ярин», http://tass.ru/info/3726583

80) РИА Новости, «Биография Владимира Кикотя», https://ria.ru/spravka/20130813/955972969.html; ТАСС, «Владимир Кикоть. Биография», https://tass.ru/spravochnaya-informaciya/588097

81) РИА Новости, «Биография Антона Федорова», https://ria.ru/spravka/20130911/962389408.html

82) Указ Президента РФ от 11 июля 2018г., № 416, «О начальнике Управления Президента Российской Федерации по обеспечению конституционных прав граждан», *СЗРФ, 16 июля 2018г., № 29, ст. 4426*; ТАСС, «Травников возглавил управление президента по обеспечению конституционных прав граждан», http://tass.ru/politika/5365312; Руспех, https://ruspekh.ru/people/item/travnikov-maksim-aleksandrovich

83) Виперсон, http://viperson.ru/people/osipov-vladimir-borisovich; ВЕСТИ.RU, «Владимир Осипов. Биография», https://www.vesti.ru/doc.html?id=182425&cid=5

84) ВЕСТИ.RU, «Дмитрий Жуйков. Биография», https://www.vesti.ru/doc.html?id=182424&cid=5

85) Указ Президента РФ от 11 июля 2018г., № 416, «О начальнике Управления Президента Российской Федерации по обеспечению конституционных прав граждан», *СЗРФ, 16 июля 2018г., № 29, ст. 4426*; ТАСС, «Травников возглавил управление президента по обеспечению конституционных прав граждан», http://tass.ru/politika/5365312; Руспех, https://ruspekh.ru/people/item/travnikov-maksim-aleksandrovich

86) Завтра. РУ, «О новых назначениях в Кремле и по теме «кротов»», https://zavtra.ru/events/o_novih_naznacheniyah_v_kremle_i_po_teme_krotov БЕЗФОРМАТА, «Список дней рождения руководителей подразделений Аппарата Мэра и Правительства Москвы, органов исполнительной власти Москвы, государственных и общественных организаций», https://moskva.bezformata.com/listnews/vlasti-moskvi-gosudarstvennih/94369157/

87) Виперсон, http://viperson.ru/people/osipov-sergey-nikolaevich; Федеральное агентство по печати и массовым коммуникациям, http://fapmc.ru/rospechat/newsandevents/media/2008/06/item5267.html

88) Виперсон, http://viperson.ru/people/mihaylovskiy-mihail-gennadievich

89) Виперсон, http://viperson.ru/people/tsybulin-andrey-mihaylovich; LOBBYING.RU, http://www.lobbying.ru/content/persons/id_4971.html

90) Президент России, http://kremlin.ru/catalog/persons/490/biography; РИА Новости, «Биография Владислава Китаева», https://ria.ru/spravka/20180613/1522645613.html

91) REGNUM, «Женское дело: Васильева, Кузнецова, Памфилова··· кто следующий?», https://regnum.ru/news/2177545.html; Ассоциация Юристов России, «Поздравляем Анну Куликову с юбилеем!», https://alrf.ru/news/pozdravlyaem-annu-kulikovu-s-yubileem/?ysclid =lwk2inwelj434428225

92) РИА Новости, «Биография Владимира Симоненко», https://ria.ru/spravka/20130911/ 962387171.html

93) *РБК*, от 29 июля 2024г., «Путин назначил начальника экспертного управления президента»

94) Виперсон, http://viperson.ru/people/chernov-vladimir-aleksandrovich; LOBBYING.RU, http://lobbying.ru/content/persons/id_3327_linkid_21.html; *РБК*, от 23 января 2023г., «СМИ узнали о перестановках в двух управлениях администрации президента».

95) Виперсон, https://viperson.ru/people/maslov-igor-venidiktovich

96) Виперсон, http://viperson.ru/people/bryuhanov-mihail-dmitrievich; Российский Международный Олимпийский Университет, http://www.olympicuniversity.ru/ru/about/ administration/detail/-/content/entry/1948724

97) ТАСС, «Харичев, Александр Дмитриевич», https://tass.ru/encyclopedia/person/X/ harichev-aleksandr-dmitrievich; Виперсон, http://viperson.ru/people/harichev-aleksandr-dmitrievich

98) Виперсон, http://viperson.ru/people/smirnov-aleksandr-yurievich; LOBBYING.RU, http:// www.lobbying.ru/content/persons/id_3277_linkid_2.html

99) Россия сегодня, http://pressmia.ru/authors/voronin_yury/; Виперсон, http://viperson.ru/ people/voronin-yuriy-viktorovich

100) РИА Новости, «Биография Олега Говоруна», https://ria.ru/spravka/20131011/969329870. html; Президент России, http://www.kremlin.ru/catalog/persons/273/biography

101) Виперсон, https://viperson.ru/people/filatov-aleksey-evgenievich; ТАСС, «Филатов, Алексей Евгеньевич»

102) РИА Новости, «Биография Александра Хлунова», https://ria.ru/spravka/20131216/ 984384537.html; Российский научный фонд, http://rscf.ru/ru/mng/ceo/; Указ Президента РФ от 16 декабря 2013г., № 918, «О генеральном директоре Российского научного фонда», *СЗРФ, 23 декабря 2013г., № 51, ст. 6852.*

103) Указ Президента РФ от 23 апреля 2014г., № 278, «О начальнике Управления Президента Российской Федерации по научно-образовательной политике», *СЗРФ, 28 апреля 2014г, № 17, ст. 2051*; TADVISER, http://www.tadviser.ru/index.php/Персона:Биленкина_Инна_ Петровна

104) РИА Новости, «Биография Андрея Липова», https://ria.ru/spravka/20120712/697723763. html

105) Кто есть кто, https://whoiswho.comnews.ru/person/26151/matveeva-tatyana-vladimirovna

106) РИА Новости, «Биография Павла Зеньковича», https://ria.ru/spravka/20121020/592529570.html; Министерство образования и науки, https://минобрнауки.рф/лица/223

107) РИА Новости, «Биография Сергея Новикова», https://ria.ru/spravka/20170131/1486850106.html

108) РИА Новости, «Биография Олега Плохого», https://ria.ru/spravka/20131203/981609414.html

109) Руспех, https://ruspekh.ru/people/item/chobotov-andrej-sergeevich; Министерство юстиции, http://minjust.ru/ru/guide/plohoy-oleg-anatolevich

110) ТАСС, «Харичев, Александр Дмитриевич», https://tass.ru/encyclopedia/person/X/harichev-aleksandr-dmitrievich; Виперсон, http://viperson.ru/people/harichev-aleksandr-dmitrievich

111) Совбез РФ, http://www.scrf.gov.ru/about/leadership/person348/; Лента. ру, «Вахруков, Сергей Бывший губернатор Ярославской области», https://lenta.ru/lib/14186180/

112) *Коммерсантъ*, от 30 сентября 2024г., «Сферою в любовь, с правом на надежду: Новое управление президента по госполитике в гуманитарной сфере возглавил Владимир Бочарников».

113) *Ведомости*, от 12 июня 2024г., «Владимир Путин назначил начальников управлений администрации президента».

114) *Коммерсантъ*, от 20 января 2020г., «О персоне: Евтухов Виктор Леонидович».

第5章 | 2020年憲法改革
——「超大統領制」の制度化

2020年の憲法改革は、1993年憲法体制の根幹に関わる重大な制度変更である。いわゆる「大統領任期のリセット条項」に関心が集まるが、連邦政府に対する大統領の全般的指揮権の導入、組閣プロセスの変更、「単一公権力システム」の導入による一層の中央集権化など、プーチン長期政権下における政治改革の「集大成」であり、現代ロシア法制史において画期を成す事象といえよう。本章では、2020年憲法改革そのものと、並行して実施された安保会議改革に焦点を当て、2020年代のロシア大統領権力の実相に迫る。

1．2020年憲法改革とは何か

1-1.「政治ショー」の始まり

2019年12月19日のプーチン大統領による大規模記者会見とこれに続く2020年1月15日の大統領年次教書演説により本格化したロシア連邦憲法の修正プロセスは、現代ロシア政治史・法制史の観点から、極めて重要な政治事象といえる。1993年12月に制定されたロシア連邦憲法は、連邦制の改編を除けば、大統領と国家会議（下院）議員の任期延長など、これまで4度の修正がなされてきた。今般の改憲は、組閣手続きの変更を含む統治機構改革から文教政策、子ども家庭政策まで幅広い政策領域に及ぶものであり、大規模な憲法改革といえよう。

1月15日の年次教書演説でプーチンは、大統領3選禁止の厳格化や組閣手続きの変更を含む憲法修正を提案したが[1]、同日中にドミートリー・メドヴェージェフ内閣総辞職が決定し、憲法修正提案を準備する作業部会（以下、作業部会）が設置された[2]。さらに1月20日には、憲法修正案が国家会議に提出されるなど[3]、一連の政治事象は、「政治ショー」として、クレムリンによって入念に準備されたシナリオに沿って展開したものと考えられる。国家会議における審議の過程では、大統領の3選禁止規定の厳格化をめぐって、いわゆる「任期のリセット条項」により、改憲成立時における現職者・元職者が次期大統領選に出馬できるよう条文を改める提案がなされるなど、憲法修正プロセスは極めて短期間でありながら、修正事項そのものは大きく変化した。

今般の憲法修正については、大統領任期のほか、国際法と連邦憲法その他法令との関係、公職者の資格要件の厳格化、単一公権力システムの導入による中央・地方関係制度の変容、組閣手続きの変更が研究者の主要な関心事となった。先行研究では、比較政治学・比較法の観点から、総じて大統領と連邦中央の権限強化、これに伴う権力不均衡の一層の進展、現行の権威主義的レジームによる実践を93年憲法に適合させたことなどが指摘されている[4]。また、改憲に対するクレムリンの認識が徐々に変化しており、改憲が国家の不安定化を惹起する「タブー」から、権力維持のためのツールと化している

との分析もある[5]。

このように、2020年憲法修正については、新たな条項の分析を基礎として、社会科学上の諸問題が検討され、研究領域ごとにある程度論点が明確化されつつあり、全体の研究動向としては、憲法運用の実際に関する分析など、次のフェーズを迎えているといえよう。

憲法修正案は、2020年7月1日の全ロシア投票を経て成立し、これを受けて2020年11月には、連邦の憲法的法律「政府について」[6]が改正されるなど、下位法令の整備が進展した。また、憲法修正と並行して、安保会議の制度変更も実施され、新たに安保会議副議長職とこれを支えるスタッフ機構も整備された。

本章では、2020年の憲法修正について、安保会議改革など一連の制度変更を含めて「憲法改革」と呼称し[7]、これを相対的に分析して、制度変更による大統領権力の変容を検討する。こうした作業を行うことで、2020年憲法改革を通じて、ロシアの「超大統領制」が制度化される過程を明らかにする。

1-2. 1993年憲法体制における改憲

ソ連解体後、1993年12月12日に採択されたロシア連邦憲法は、基本理念として、人民主権、人権尊重、政治的多元主義、権力分立といった諸原則を掲げている。こうした原則を定めた第1章、第2章および改正手続きを定めた第9章の3つの章は、憲法体制の基盤であり、これを改める場合には、憲法改正（пересмотр Конституции）の手続きを要する。憲法改正には、連邦議会上下両院における連邦の憲法的法律（ФЗК）の採択手続きに加え、憲法制定会議（Конституционное Собрание）の招集や全国民投票（Всенародное голосование）の実施など、高いハードルが設けられている。一方で、第3章から第8章は、連邦制、執行・立法・司法のシステム、地方自治について定めており、これらの章を改める場合は、憲法修正（Конституционные поправки）の手続きを要する。憲法修正は、連邦議会上下両院による連邦の憲法的法律の採択手続きと連邦構成主体立法（代表）機関による承認手続き（3分の2以上）によってなされる。

第5章　2020年憲法改革　195

憲法改正にあたり、実質的な新憲法制定の作業を要するという点で、93年憲法は硬性憲法といえるが、議会手続きによる憲法修正を通じた統治機構改革は、連邦制の変更[8]を除き、メドヴェージェフ政権以降、4度実施されてきた。2008年12月に実施された大統領と国家会議（下院）議員の任期変更もその一つで、大統領任期は4年から6年、下院議員任期は4年から5年に延長された[9]。同時に、下院への年次活動報告書の提出を連邦政府に義務付ける憲法修正がなされ[10]、下院の監督権限が強化された。

　さらに、2014年には相次いで2度の憲法修正が実施され、検察人事と連邦会議（上院）構成員の決定に関わる大統領権限が強化された[11]。このようにメドヴェージェフ政権、第2次プーチン政権は、現実的に選択可能な手段である憲法修正による統治機構改革を通じて、大統領権限の強化に取り組んできた。一方、2020年の憲法修正は、以下で検討するように、第3章から第8章を対象とした憲法修正に該当するが、第1章および第2章で規定されている93年憲法の基本理念に関わるイシューにまで踏み込んだという点で、従来の憲法修正とは異なる性質を有する。

1-3. 修正プロセスと憲法修正議論

　2020年憲法改革は、COVID-19の影響により、全ロシア投票が延期され、全体として約7カ月を要したが、修正法案自体は極めて短期間のうちにまとめられた。表5-1に示した通り[12]、憲法の修正プロセスは1月15日の大統領年次教書演説を起点とするが、作業部会の設置や国家会議（下院）への法案提出の日程に鑑みて、アクター間の相互調整を含め、事前に相当入念なシナリオ策定が行われたものと考えられる。

　2018年5月に発足した第2次プーチン政権第2期目においては、政府高官が改憲の可能性にたびたび言及してきた[13]。政権の憲法解釈上、当時の憲法規定では、大統領の任期は「連続で2期12年」となっており、2012年に再登板したプーチン大統領の任期は、最大で2024年までとなるため、プーチン大統領の去就を含め「ポスト・プーチン問題」がロシア研究者の関心事となっていた。ただし、改憲をめぐる政府高官の発言ないし論評は、統治機構改革に主眼が置かれており、なかでも安保会議常任委員を兼任するヴァチ

196

表5-1：2020年憲法修正をめぐる政治過程（アクター別）

1月15日	【大統領】 ・年次教書演説➡大規模な憲法修正に言及 ・大統領命令により、憲法修正準備作業部会設置
	【内閣】 ・メドヴェージェフ内閣総辞職 ・政府議長（首相）候補者（ミシュースチン税務長官）を国家会議に提案
1月16日	【大統領】 ・憲法修正準備作業グループ第1回会合 ・大統領令により、官職一覧および安全保障法制の一部を変更（ウカース立法） ・メドヴェージェフを安保会議副議長（新設）に任命
	【内閣】 ・ミシュースチン首相の任命
1月20日 〜 3月11日	【大統領】 ・憲法修正案を国家会議に提出
	【国家会議】 ・第1読会（1/21-23）、第2読会（2/14-3/10）、第3読会（3/10-11） ・第2読会の準備段階で「任期数のリセット条項」を含む大幅な修正が提案される
	【連邦会議】 ・法案送付・可決（3/11）
3月12日	【連邦構成主体立法（代表）機関】 ・85の立法（代表）機関で法案を承認（3/12-13）
	【大統領】 ・署名・公布（3/14）
	【憲法裁判所】 ・合憲性の判断（3/16）
全ロシア 投票	4月22日に予定されていた全ロシア投票は、COVID-19の影響により7月1日に延期

（筆者作成）

ェスラフ・ヴォロージン下院議長による改憲議論は、クレムリンの権力中枢からの提案として注目を集めた。

2019年7月17日付『議会新聞』[14]のなかで、ヴォロージン議長は、議会による連邦政府の活動に対する監督権限の強化に関わる2008年の憲法修正を高く評価し、「国家会議は閣僚の任命に伴う協議に最低限関与する」ことを提案した[15]。憲法修正前の組閣プロセスにおいて、下院の関与は、首相候補者の任命手続きに限定される。すなわち下院は、政府議長（首相）候補

第5章　2020年憲法改革　197

ヴォロージン
(出典) Президент России, http://kremlin.ru/events/president/news/67825/photos/67650

者に関する大統領の提案について審議し、大統領は下院の同意を得られた候補者を大統領令により正式に首相に任命する[16]。仮に下院が首相候補者を3回否決した場合、大統領は首相を任命の上、下院を解散することができる[17]。したがって、大統領を支える強い政権党の存在を要件として、大統領に有利な制度設計となっている。ただし、強い政権党の不在という点で、1990年代のエリツィン政権下では、首相任命手続きにおいて大統領と議会の間で駆け引きが行われることもあった。

　また、政府副議長（副首相）と連邦大臣については、首相の提案に基づいて、大統領が任命・解任する[18]。さらに連邦執行権力諸機関（省庁）の構成については、首相が任命から1週間以内に大統領に提案し[19]、大統領令によりこれを決めることから[20]、閣僚人事の権限と行政組織編成権の大部分は、大統領と首相に属するといえよう。この観点から、ヴォロージンによる提案は、組閣プロセスにおける下院権限の強化と捉えられる。

　こうした提案についてヴォロージンは、『議会新聞』の中で「立法権力と執行権力の活動における必要なバランスの欠如と関係した問題」と位置づけるが、同時に「国家権力諸機関の協調的機能および協力の保障に関するロシア連邦大統領の憲法上の権限の実現とも合致する」と述べている点は興味深い。

　93年憲法体制は、大統領権限の強さに特徴づけられ、しばしば「超大統領制（Superpresidentialism）」と呼ばれるが[21]、執行権力の立法権力に対する優位は、とくに2000年以降のプーチン政権下において顕著である。ヴォロージンが執行権力と立法権力の均衡に焦点を当てたことについては、統一ロシア党の一党優位体制による議会審議の形骸化を念頭に置いているという解釈が可能である一方、大統領による「国家権力諸機関の協調的機能及び協力の保障」は、憲法第80条において規定された大統領権限であり、他の諸規

定とともに、大統領令による法創造の根拠とされるなど[22]、93年憲法体制における大統領の特殊な地位・権限を特徴づけてきた。ヴォロージンの提案は、権力均衡について形式上、若干の改善を試みることで、3権の調整者としてのロシア大統領権力の正当化を図るものと捉えられる。

　2019年12月19日には、プーチン大統領が年末恒例の大規模記者会見の場で、憲法修正による大統領任期の明確化（最大2期12年）について言及したことから[23]、改憲とポスト・プーチン問題が改めてクローズアップされることとなった。ヴォロージンの議論を含めて、2018年5月に発足したプーチン現政権では、政治的エリートの間では憲法議論がある程度活発に行われており、クレムリンによる入念なシナリオ策定のもと、2020年1月15日の年次教書演説の日を迎えたといえよう。当初4月22日に予定されていた全ロシア投票は、COVID–19の国内における急拡大の影響により7月1日に延期され[24]、投票率67.97%、賛成票率77.92%で成立した[25]。

1–4. 憲法改革の保守主義・愛国主義的側面

　2020年憲法改革は、大規模な統治機構改革と保守主義・愛国主義的条項の新設に特徴づけられる。本章の主眼は、あくまで前者にあるが、憲法改革を総体的に把握するためにも、本項では新たに設けられた保守主義・愛国主義的条項について概観する[26]。

　保守主義・愛国主義的条項のほとんどが連邦制について定めた第3章の修正によるものである。代表的なものとして、いわゆる「領土割譲禁止条項」があり、第67条第2^{1}項では「ロシア連邦は、自らの主権及び領土的統一性を擁護する。（ロシア連邦と隣国との境界画定、並びに画定作業及びその再画定作業を除く）ロシア連邦領の一部の譲渡に向けた活動、並びにそのような活動を呼びかけることは認められない」[27]と定められた。境界画定（делимитация）、と画定作業（демаркация）、再画定作業（редемаркация）は除外されたものの、政権による条文解釈や憲法裁判所の判断次第では、外交交渉に大きく影響する条項である。実際に、メドヴェージェフ安保会議副議長やロシア外務省高官などは、日露関係をめぐる発言において、この条項に言及しており、「領土割譲禁止条項」の新設を通じて、対外政策におけるプーチン政権

の基本姿勢が内外に強く示されることとなった[28]。

　また、憲法第3章第67¹条第3項では、第二次世界大戦をめぐる歴史認識問題に焦点が当てられ、「ロシア連邦は、祖国防衛者の功績を敬い、歴史的真実を守ることを保障する。国民の祖国防衛に伴う偉業の意義を過小評価することは認められない」[29]と定められた。さらに、第67¹条第4項では「子供は、ロシアの国家政策において最も重要な優先項目である。国家は、子供の全面的、精神的、道徳的、知的及び身体的発展、並びに子供の愛国精神、国民としての自覚及び年長者に対する敬意を育むことを促進する条件を創出する[30]（後略）」とされたほか、第72条では、連邦中央と連邦構成主体（地方）の共同管轄事項として「家族、母性、父性及び児童の保護、男性と女性の繋がりとしての婚姻制度の保護、家庭における適切な子供の養育、及び成人した子供が両親の面倒を見る義務を遂行するための条件の創出」[31]が盛り込まれた。

　こうした条項の新設は、第2読会の準備段階において提案されたものであり、改憲案の全体的な性質が下院審議の過程で大きく変容したことは、2020年憲法改革の一つの特徴である。この点については、修正提案をめぐる政治過程、とくに大統領・議会関係、クレムリン・統一ロシア党の関係について、史資料に基づき詳らかにする作業が今後必要となる。

　西欧諸国を中心とした先進民主主義国家において、マイノリティの人権保障をはじめとした多元的な社会の実現が推進されるなか、ロシア連邦憲法は、2020年憲法改革により、全体として保守主義・愛国主義的性質を強め、こうした潮流に逆行する価値観を示すものとなった。保守主義・愛国主義的条項は、93年憲法第1章および第2章に定められた基本理念とは異なる、2020年憲法修正によって創出された93年憲法の「新たな理念」といえよう[32]。

　2021年7月2日に改訂された「ロシア連邦国家安全保障戦略」では、ロシアの伝統的な精神・道徳的価値、歴史的記憶の保護が強調されるなど、「新たな理念」はすでに実際の政策文書に反映されている。現代ロシアの国家官僚は、この「新たな理念」に基づいた政策を企画・立案・実施している[33]。

2. 制度変更にみる大統領権力——大統領・連邦政府・議会の相互関係

2-1. 新たな組閣プロセス

　本節では、改憲による大統領権力の変容について、組閣プロセスと各アクターの権限に焦点を当て、検討する[34]。改憲後の組閣プロセスでは、連邦議会上下両院の権限が強化され、下院は副首相と一部の連邦大臣候補者の承認権、上院は国家安全保障政策担当省庁の長の人事に関して、大統領と協議する権限をそれぞれ得た。

　組閣プロセスの起点は、改憲前と同様に、大統領による下院への首相候補者の提案である。大統領は、下院の審議を経て、「承認」された候補者を正式に首相に任命する[35]。改憲前の下院による「同意」の文言は、「承認」と改められたが、基本的な議会手続きに変更はない。また、下院が候補者を3度拒否した場合、大統領は首相を任命の上、下院を解散することができるため[36]、首相の任命プロセスに関する大きな制度変更はない。ただし、憲法第83条の修正により[37]、大統領は首相の解任権を新たに獲得し、この点で大統領権限が強化された。

　その一方、これまで実質的に大統領と首相の専管事項であった、副首相と一部の連邦大臣の人事に関する権限が下院に付与された。すなわち、正式に任命された首相は、下院に対して副首相と一部の連邦大臣候補者を提案し、大統領は下院の審議を経て、承認された候補者を正式に副首相と一部の連邦大臣に任命する[38]。大統領は、下院の決定に拘束され、任命に際して拒否権は持たない[39]。また、下院が候補者の承認を3度拒否した場合、大統領は首相により提案された候補者の中から、副首相と一部の連邦大臣を任命する[40]。ただし、下院が候補者の承認を3度拒否した後に、連邦政府の構成員（上院が人事に関与する連邦大臣以外）の3分の1以上が欠員の場合、大統領は下院を解散することができる[41]。

　また今般の憲法修正では、憲法第83条の一部が改められ、大統領は「国防、国家の安全保障、内務、法務、外務、緊急事態の予防及び自然災害復旧、並びに社会安全保障問題担当の連邦執行権力諸機関の長（連邦大臣を含む）は、連邦会議と協議の後、任命し、解任する」[42]と定められた。これにより、国

防・内務・外務大臣や連邦保安庁（FSB）長官、対外諜報庁（SVR）長官など国家安全保障政策担当省庁の長の人事政策については、限定的ながら上院の影響力が及ぶこととなった。以下、閣僚人事における連邦議会の権限について、具体的に検討する。

このうち表5–2中の②と③については、組閣プロセスにおける下院権限の強化といえるが、①と④の人事決定プロセスは、相対的に大統領の影響力が維持ないし強化されたといえよう。憲法修正後に実施された下位法令の整備により[43]、上院の関与（協議）が盛り込まれたものの、下院が任命プロセスに関与する仕組みにはならなかった[44]。

④は大統領の補助機関で、連邦保安庁（FSB）や対外諜報庁（SVR）、連邦警護庁（FSO）、国家親衛軍連邦庁（Rosguard）など準軍事・インテリジェンス機関の長官人事である。2020年11月に改正された連邦法「対外諜報について」では、第12条第5項において、対外諜報庁長官は、上院との協議を経て大統領が任命すると定められ[45]、改憲に合わせた下位法令の整備が行われた。同項で大統領は、対外諜報庁長官候補者（および候補者に関する書類）を上院に提出し、上院は1週間以内に審議の結果を文書で通知することが定められた。一方で、同条第4項では、「対外諜報庁長官以外の対外諜報機関の長は大統領が任命する」[46]と規定された。同時に、連邦法「連邦保安庁について」[47]も改正され、対外諜報庁と同様に長官人事の決定プロセスが改められた[48]。さらに2021年4月には、要人警護や政府秘匿通信システムの管理などを担当する連邦警護庁の長官人事についても、上院が関与するよう制度変更がなされた[49]。

ただし、対外諜報庁、連邦保安庁および連邦警護庁の長官候補者の任命について、審議の結果として上院が拒否した場合の手続きは定められていない。したがって、大統領の補助機関を含む、軍事・外交・インテリジェンス機関の長の人事について、上院が積極的な役割を果たせる制度設計にはなっておらず、次項で検討するように、上院の関与は極めて形式的である。総じて、2020年憲法改革を通じて、組閣プロセスは複雑化した。とくに連邦大臣は、大統領による任命にあたり、下院の承認を要する者と、上院と協議のうえ大統領が任命する者とに大別されることとなった。一方で、2020年憲法修正後、

表5-2：閣僚人事における連邦議会の権限

【①連邦大臣（上院協議）】 大統領管轄連邦執行権力諸機関	【②副首相（下院承認）】 【③連邦大臣（下院承認）】
	第1副首相及び副首相
	首相管轄連邦執行権力諸機関
内務省、民間防衛問題・緊急事態・災害復旧省、外務省、国防省、法務省	保健省、文化省、科学・高等教育省、天然資源・環境省、産業通商省、教育省、極東・北極発展省、農業省、スポーツ省、建設・公営住宅整備事業省、運輸省、労働・社会保障省、財務省、デジタル発展・通信・マスコミ省、経済発展省、エネルギー省
【④連邦長官（上院協議）】 大統領管轄連邦執行権力諸機関	【⑤連邦長官・局長（首相任命）】 首相管轄連邦執行権力諸機関
対外諜報庁、連邦保安庁、連邦警護庁、大統領特別プログラム総局	連邦反独占庁、連邦国家登録・台帳・作図局、連邦消費者権利擁護・福祉分野監督庁、連邦教育・科学監督局、連邦環境・技術・原子力監督庁、連邦国家備蓄局、連邦医生物学局、連邦青年局、連邦民族問題局
【⑥連邦長官（大統領任命）】 大統領管轄連邦執行権力諸機関	
大統領総務局、国家伝書使庁、財政監視庁、連邦文書館庁	

（筆者作成）

第2次プーチン政権第2期の政治過程において、上院との協議を要する人事に変更が生じなかったため、こうした条文の実際の運用は、2024年5月の第3次プーチン政権の発足を待つこととなった。

2-2. 第3次プーチン政権発足時における組閣プロセス

2024年5月10日、プーチン大統領は、首相候補としてミシュースチンを国家会議（下院）に提案し[50]、同日中に下院が人事案を承認して[51]、大統領令によって正式に首相に任命された[52]。

下院が承認権を有する副首相と連邦大臣の人事案については、5月13日から14日にかけて審議が実施され、原案通り承認された[53]。連邦会議（上院）も、5月13日から14日にかけて協議を実施し、上院の防衛・安全保障委員会は内相、国防相、緊急事態相と法相の人事案、国際問題委員会は外相の人事案、憲法・国家建設委員会は内相、緊急事態相と法相の人事案について協議を開催した[54]。

また、大統領補助機関の長、すなわち連邦保安庁長官、対外諜報庁長官、連邦警護庁、国家親衛軍連邦庁長官、大統領特別プログラム総局長の人事案については、候補者が上院を訪れ、マトヴエーンコ上院議長、ムラヴィヨーフ (Муравьёв, А. А.) 連邦会議（上院）大統領全権代表、その他上院セナートル (Сенатор) が参加して、上院プロファイル委員会において協議がなされた[55]。最終的に 14 日の本会議（第 567 会期）において、協議の成立が確認された[56]。

5 月 14 日中には、大統領・議会関係における組閣手続きが完了し、新たな閣僚等が大統領令によって任命された[57]。14 日夜には大統領が新閣僚を招集して会議を実施し[58]、翌 15 日にはミシュースチン首相が初の閣議を主宰し[59]、新たな政権が本格的に始動した。

このように 2020 年憲法改革の結果として、連邦議会上下両院が首相任命後の組閣プロセスにも関与することとなり、閣僚人事に関わる議会権限が拡大したが、法律の実際的な運用に鑑みて、これは極めて限定的かつ形式的なものであることがわかる。2020 年憲法改革の基本的な性質は、むしろ大統領権限の拡大と捉えられ、これは以下検討するように、大統領と連邦政府（内閣）の関係や連邦中央・地方関係に及ぶ。

2-3. 連邦政府に対する大統領権限の強化

1993 年憲法体制においては、大統領の地位が必ずしも明確ではなく、地位の二重性——国家元首と事実上の執行権力の長——が従来から指摘されてきた[60]。憲法第 1 章第 10 条では、国家権力は、立法権力、執行権力、司法権力の分立に基づき行使され、それぞれ独立した機関であることが定められており[61]、権力分立が謳われている。執行権力については、憲法第 110 条第 1 項で、連邦政府が行使すると定められており、連邦政府は、1997 年政府法において「国家の最高執行権力機関」と位置づけられ、「ロシア連邦における執行権力の単一システムを指揮する合議制機関」と定められた[62]。

その一方で、憲法第 3 章では大統領の国家元首としての地位のほか[63]、軍事安全保障・対外政策領域を中心として、執行権力に関わる広範な大統領権限が定められている[64]。さらに第 80 条第 2 項では、大統領が「国家権力諸機関の協調的な機能及び協力を保障する」[65]とされており、執行権力の担い手

表5-3：政府法にみる連邦政府の地位および大統領・連邦政府関係[66]

政府法（1997年12月17日付）	政府法（2020年11月6日付）
第1条 ロシア連邦政府は、ロシア連邦の国家の最高執行権力機関である。 　ロシア連邦政府は、ロシア連邦国家権力機関である。 　ロシア連邦政府は、ロシア連邦の執行権力を行使する。 　ロシア連邦政府は、ロシア連邦における執行権力の単一システムを指揮する合議制機関である。	第1条 ロシア連邦の執行権力。公権力機関としてのロシア連邦政府。 (1) ロシア連邦の執行権力は、ロシア連邦政府及び連邦執行権力諸機関の構成に従ってその他連邦執行権力諸機関がロシア連邦大統領の全般的指揮のもとでこれを行使し、またロシア連邦構成主体執行権力諸機関がこれを行使する。 (2) ロシア連邦政府は、ロシア連邦において、文化、科学、教育、保健、社会保障、並びに家族の支援、強化及び保護、並びに伝統的な家族の価値の保護の分野、並びに環境保護分野における社会的に統一された国家政策の実施を保障する。 (3) ロシア連邦大統領は、ロシア連邦憲法に従って、ロシア連邦政府と単一公権力システムに含まれる諸機関の協調的機能及び協力を保障する。 (4) ロシア連邦大統領は、ロシア連邦政府閣議及びロシア連邦政府幹部会に出席する権利を有する。 (5) ロシア連邦大統領は、ロシア連邦政府議長の提案に基づいて、連邦執行権力諸機関の構成を承認し、またそれを変更する。 (6) ロシア連邦大統領は、ロシア連邦大統領が活動を指揮する連邦執行権力諸機関及びロシア連邦政府議長が活動を指揮する連邦執行権力諸機関の構成を決定する。

（筆者作成）

となる国家機関（およびその長）が連邦政府（政府議長）であるのか、大統領であるのか、そもそも大統領は三権の枠内に位置づけられるのか、必ずしも明確ではなかった。こうした大統領の地位や連邦政府の位置づけをめぐる諸問題は、基本的には、ソ連邦解体直後の大統領と閣僚会議－連邦政府、人民代議員大会・最高会議との関係に起因するが、より根本的には、ソ連時代のロシア共和国憲法における閣僚会議の位置づけにまで遡ることができよう。

　2020年憲法改革では、こうした執行権力の在り方について、大統領権限を強化することで、一定の整理が行われた。修正後の憲法第110条第1項では「執行権力は、大統領の全般的指揮のもと、連邦政府が行使する」[67]とされ、大統領の連邦政府に対する全般的指揮権が明確化された。さらに2020年11月6日には、憲法修正を受けて、連邦の憲法的法律「政府法」が改正

され、第 1 条において連邦政府は「公権力機関」[68]とされ、「執行権力は、大統領の全般的指揮のもと、連邦執行権力諸機関の構造に従って、連邦政府及びその他連邦執行権力諸機関が行使し、また連邦構成主体執行権力諸機関がこれを行使する」[69]と定められた。大統領による首相解任権とあわせて、大統領・連邦政府関係における大統領の優位が一層強まり、憲法および政府法上、連邦の執行権力機関の長が大統領であることが明確化した。

　これとあわせて 2020 年憲法改革では、大統領の行政組織編成権についても条文に変更が加えられ、一定の整理が行われた。憲法修正前の時点で、首相はその任命から 1 週間以内に大統領に対して、連邦執行権力諸機関の構成について提案すると定められていた[70]。修正後も、首相はその任命から 1 週間以内に連邦執行権力諸機関の構成について大統領に提案する手続きに変更はないものの、その後、大統領がそれを承認し、変更を行うと定められた[71]。さらに、連邦執行権力諸機関に対する（大統領または首相の）管轄権を決定する権限も大統領に付与され、その上、首相が大統領によって解任された場合、新たに任命された首相は、連邦執行権力諸機関の構成について大統領に提案しないことが定められた。これにより、組閣後の連邦執行権力諸機関の改編・管轄に関する権限が、憲法において正式に大統領に付与され、大統領の行政組織編成権が強化された。

　また、大統領の補助機関である大統領府・安保会議の地位を定めた下位規範も改訂された。大統領府に関する条文は小幅な修正にとどまったものの、安保会議に関する条文は大きく修正された（表5-4）。安保会議が扱う政策領域については、これまでも「安全保障についての連邦法」の改正を通じて、しばしば変更が加えられてきたが、2020 年憲法修正を通じて新たに盛り込まれた「国家元首（すなわち大統領）の権限を行使するために、国家元首に協力する」という文言は、安保会議という最高意思決定機関の性質を変更するものとして捉えられよう。

　こうした制度変更を通じて、大統領が連邦政府に対する全般的指揮権を有し、単一公権力システムの導入により一層の中央集権化が図られ、安保会議は国家元首（大統領）に協力するための審議機関として位置づけられることとなった。これは憲法条文における大統領権力の強化という観点から、「超

表5-4：大統領府・安全保障会議に関する条文 [72]

大統領府	
憲法第83条（и）ロシア連邦大統領は、ロシア連邦大統領府を編成する。	第83条（и）ロシア連邦大統領は、自らの権限の行使を保障するために、ロシア連邦大統領府を編成する（2020年改憲後）
大統領府規程第1条 ロシア連邦大統領府（以下、大統領府）は、ロシア連邦憲法第83条（и）に従って編成される国家機関であり、ロシア連邦大統領の活動を保障し、ロシア連邦大統領による決定の履行を監督する。	

安全保障会議	
憲法第83条（ж）ロシア連邦大統領は、ロシア連邦安全保障会議を編成し、指揮する。安全保障会議の地位は、連邦法律によって定められる。	憲法第83条（ж）ロシア連邦大統領は、国益の保障、個人、社会及び国家の安全の保障、並びに我が国の市民的平和及び合意の支援、ロシア連邦の主権、独立及び国家的の統一性の擁護、並びに内外の脅威の抑止に係る諸問題に関する国家元首の権限の行使において、国家元首に協力するために、ロシア連邦安全保障会議を編成し、指揮する。安全保障会議の地位は、連邦法律によって定められる（2020年改憲後）
安全保障についての連邦法 第13条 安全保障会議 第1項 安全保障会議は、安全保障、国防体制の編成、軍建設、防衛産業及び外国とロシア連邦の軍事技術協力に係わる諸問題、ロシア連邦の憲法体制、主権、独立、及び領土的一体性の擁護に関係する諸問題、並びに安全保障分野における国際協力に係わる諸問題に関して、ロシア連邦大統領の決定の準備を行う憲法に定められた審議機関である。	安全保障についての連邦法（2020年改正） 第13条 安全保障会議 第1項 安全保障会議は、国益の保障、個人、社会及び国家の安全の保障、並びに我が国の市民的平和及び合意の支援、ロシア連邦の主権、独立及び国家の統一性の擁護、並びに内外の脅威の抑止に係る諸問題に関する国家元首の権限の行使において、国家元首に協力する、憲法に定められた審議機関である。

（筆者作成）

大統領制」の制度化と解釈され、大統領の「任期のリセット条項」や身分保障制度の強化という観点からは、プーチン大統領個人に権力が集中するシステムが制度化されたといえる [73]。

2-4. 「単一公権力システム」と国家評議会の地位

さらに注目すべきことに、憲法第80条第2項の修正により、大統領は「単一公権力システムに含まれる機関の協調的機能及び協力を保障する」[74] こと

表5-5：大統領の地位に関する憲法条文

2020年改憲前	2020年改憲後
第80条第2項 ロシア連邦大統領は、ロシア連邦憲法、人及び市民の権利と自由の保証人である。ロシア連邦大統領は、ロシア連邦憲法の定める手続きに従って、ロシア連邦の主権、独立、国家の統一性の擁護に関する諸措置を講じ、国家権力諸機関の協調的機能及び協力を保障する。	第80条第2項 ロシア連邦大統領は、ロシア連邦憲法、人及び市民の権利と自由の保証人である。ロシア連邦大統領は、ロシア連邦憲法の定める手続きに従って、ロシア連邦の主権、独立、国家の統一性の擁護に関する諸措置を講じ、我が国の市民的平和及び合意を支援し、単一公権力システムに含まれる諸機関の協調的機能及び協力を保障する。
第110条第1項 ロシア連邦の執行権力は、ロシア連邦政府が行使する。	第110条第1項 ロシア連邦の執行権力は、大統領の全般的指揮のもとで、ロシア連邦政府が行使する。

（筆者作成）

が定められた（表5-5）。ここでは、修正前の「国家権力諸機関」と修正後の「単一公権力システムに含まれる諸機関」がどのように違うのかが論点となろう。そもそもロシア連邦の統治機構は、連邦中央、連邦構成主体（共和国、州、辺区等）、地方自治体（市町村等）の三層構造を成すが、憲法第1章第11条によると、国家権力諸機関は、連邦執行権力諸機関（連邦中央）と連邦構成主体国家権力諸機関（地方）から成る[75]。

　これに対して、2020年憲法改革によって導入された単一公権力システムは、憲法第8章第132条によると、地方自治体と国家権力諸機関から成り、その機能は、該当地域に居住する住民の利益に関わる課題を最も効果的に解決するために協働することと定められた[76]。従来、国家権力諸機関から分離されていた地方自治体が単一公権力システムに含まれたことで、ロシアの中央・地方関係制度における中央集権的な性質が一層強まり、連邦中央の地方自治体に対する影響力が強まったといえよう[77]。ただし、中央・地方関係制度や国家権力の在り方を抜本的に見直したからには、憲法改正を要する憲法第1章との整合性が問題となろう。

　また、連邦中央と地方の政策調整を担う国家評議会は、2020年憲法改革により、憲法上の国家機関となった。修正後の憲法第83条によると、国家評議会は「単一公権力システムに含まれる機関の協調的機能及び協力の保障、

並びに内外政策の基本方針及び国家の社会・経済発展の優先的方針の決定のために大統領が組織し、その地位は連邦法によって規定される」[78]。改憲に合わせ、2020年12月11日には、下位法令の連邦法「国家評議会について」[79]が改正され、国家評議会には、連邦の内外政策の戦略的課題および目標の策定、ならびに連邦、連邦構成主体および地方自治体の社会・経済発展分野における国家政策を形成するといった役割が付与された[80]。

　国家評議会の細部については、12月21日付大統領令第800号において規定され、国家評議会書記にイーゴリ・レヴィーチン（Левитин, И. Е.）大統領補佐官が任命された[81]。レヴィーチン書記は、1952年2月、ウクライナ・オデッサ生まれの軍・運輸畑の人物である。プーチン政権では、2004年から運輸・通信大臣（のちに運輸大臣）、大統領顧問（2012年）を経験しており、2013年9月に大統領補佐官に就任し[82]、運輸政策を通じて大統領を支えてきた。

　また大統領令第800号では、国家評議会の実務機構として、表5-6に示したように、社会・経済発展の方針に関する委員会群（以下、社会・経済委員会群）、公権力機関の協調的機能及び協力の保障に関する委員会（以下、公権力機関委員会）、連邦構成主体執行権力諸機関の活動調整及び効率性の評価に関する委員会（以下、評価委員会）、作業部会群が設置された。

　そのうち、社会・経済委員会群には、国家・地方自治委員会、保健委員会、イノヴェーション委員会など機能別に18の委員会が設置され、連邦構成主体の首長が各委員会の委員長に任命された[83]（表5-6）。筆頭委員会である国家・地方自治委員会の委員長に任命されたセルゲイ・ソヴャーニン（Собянин, С. С.）モスクワ市長は、国家評議会幹部会員、公権力機関委員会委員、さらに評価委員会委員を兼任しており、経済・財政委員長のアレクセイ・テークスレル（Текслер, А. Л.）チェリャビンスク州知事、農業委員長のヴィクトル・タメーンコ（Томенко, В. П.）アルタイ辺区知事らも同様の人事政策が採られている[84]。このように社会・経済委員会群の委員長は、国家評議会幹部として実務の中核を担っている。

　また、公権力機関委員会は、新たに国家会議に付与された憲法上の権限に関わる実務機構であり、公権力機関（連邦中央、連邦構成主体、地方自治体）

表5-6：国家評議会の構造[85]

議長：大統領、国家評議会書記、委員：政府議長、国家会議・連邦会議議長、大統領府長官、連邦構成主体最高公職者（首長）、その他政党代表など大統領の決定に基づき任命された者（104名）		
幹部会：国家評議会書記、首長ら28名		
実務機構（①〜④）		
①社会・経済発展の方針に関する委員会群 →	国家・地方自治、保健、イノヴェーション、コミュニケーション・通信・デジタル経済、文化、中小企業、若者政策、科学、教育、産業、農業、社会政策、建設・公営住宅事業・都市環境、運輸、観光・体育・スポーツ、環境・天然資源、経済・財政、エネルギー生産の18委員会	
②公権力機関の協調的機能及び協力の保障に関する委員会	③連邦構成主体執行権力諸機関の活動調整及び効率性の評価に関する委員会	④作業部会群

(筆者作成)

の間における協調的機能および協力に関する諸問題を検討し、そのなかには権限移譲問題も含まれる[86]。このような任務は、憲法第80条第2項で規定された大統領権限と密接に関係しており、連邦制の在り方の根幹に関わるため、実務機構においてはとくに重要な機関として位置づけられよう。

　この点から、公権力機関委員会副委員長と評価委員会委員長を兼任するセルゲイ・キリエーンコ（Кириенко, С. В.）大統領府第1次官の役割は重要で、彼は連邦中央・地方関係の調整において大統領府内部部局（監督局・内政局）と国家評議会の橋渡し役を担っているものと考えられる。

　2020年憲法修正による制度変更を経て、確かに国家評議会の権限は強化されたものの、国家評議会の組織構造と人事政策に鑑みて、引き続きイノヴェーションやデジタル経済といった社会・経済政策を中心に、連邦中央・地方関係の調整機能を担う国家機関であることが明らかとなった。憲法第83条で「内外政策の基本方針」の決定に国家評議会が関与すると規定されたが、下位法令に定められた所掌事項は、社会・経済分野に限定されており、少なくとも安保会議のように軍事安全保障や対外政策・インテリジェンス政策を正面から扱う機関ではない。したがって、社会・経済政策の担い手である連邦政府・連邦構成主体と国家評議会との所掌事項の重複など、アクター間の相互関係が運用上の焦点となろう。

2020 年憲法改革を通じて、国家評議会に憲法上の地位を付与し、その機能を拡充したことは、単一公権力（システム）という概念の導入と合わせて、連邦の大統領を頂点とする中央集権的国家体制の構築が推進されたという意味においてロシアの連邦制史上、一つの画期といえよう。

3. 2020 年安保会議改革——安保会議副議長設置と安全保障法制の変容

3-1. 2020 年安保会議改革とは何か

本節では、2020 年の憲法修正プロセスと同時並行で実施された安保会議改革に焦点を当てる。2020 年 1 月 15 日の内閣総辞職に伴い、首相を退任したメドヴェージェフは、翌 16 日、新たに設けられた安保会議副議長に任命され、引き続き執政部の中枢に残ることとなった[87]。

安保会議・会議体のトップである議長は大統領が務めるが、副議長はこれに次ぐポストとして設置されたことから、今般の制度変更は、タンデム政権期の 2010 年から 2011 年にかけて実施された安保会議の権限強化[88]に並ぶインパクトがある。安保会議では、議長のプーチン大統領が会議体の各種会合を主宰するが、諸外国の NSC（国家安全保障会議）カウンターパートとの安全保障協議（NSC 外交）[89]などは、プーチン大統領の最側近で、安保会議事務方トップのパートルシェフ（Патрушев, Н. П.）安保会議書記が担ってきたため[90]、新たに設置された副議長との職務分掌が一つの焦点となった。

先行研究では、国家安全保障政策領域における安保会議の主導的役割について、主として大統領（議長）と安保会議書記の関係性、すなわちプーチンとパートルシェフとの関係や安保会議書記による安保会議事務機構の活用に焦点が当てられてきたが[91]、メドヴェージェフ副議長という新たなアクターが登場したことによる安保会議の機能的変化については検討の余地がある。

また、安保会議の法的基盤である安全保障法制は、93 年憲法、安全保障法（連邦法）、安保会議規程（大統領令）の三層から成る。しかし、今般の副議長設置は、連邦議会による立法活動、すなわち連邦法改正を待たずに、先行して大統領令により実施したことから、新ポスト設置をめぐる法的手続きも一つの論点となる。

本節では、連邦法・大統領令といった法令や議会速記録を主たる一次資料として、今般の副議長設置プロセスにおける法的諸問題と制度変更による安保会議の機能的変化について分析・検討する。まず「ウカース立法」という93年憲法体制に内在する問題を通じて、法的観点から制度変更のプロセスを分析し、安全保障法制をめぐる諸問題を検討する。続いて制度変更による安保会議副議長と安保会議書記の職務分掌や官房人事に焦点を当て、安保会議の機能的変化を検討し、その含意を示す。

3-2. 安保会議副議長の設置プロセスにおける法的諸問題——安全保障法制と「ウカース立法」

　2020年1月から3月にかけて実施された安保会議副議長職の設置プロセスは、2020年1月16日付大統領令第15号（以下、第15号）を起点とする（表5-7）。この第15号では、憲法第80条に従って、大統領令3本を改正し、副議長職を新設している。そもそも安保会議の構成員については、2010年12月28日付連邦法第390号「安全保障について」（安保法）の第15条において定められている点には留意を要する[92]。大統領令第15号ではその法的効力について、安保法が改正されるまで、という制限が設けられているものの、大統領令が連邦法に代位する形で、安保会議の制度変更がなされたといえよう。

　大統領令が上位法令たる連邦法等の空白を埋める行為、すなわちウカース立法は、連邦法制定までの一時的措置といった条件のもとに憲法裁判所が合憲判断を下してきた経緯がある[93]。また、大統領令第15号において根拠法令とされた憲法第80条は、第2項において、大統領が人権と自由の保証人であること、国家権力諸機関[94]の協調的な機能及び相互作用を保障すること、第3項において内外政策の基本方針を決定することなどを定めている[95]。この憲法第80条は、2016年4月の内務省国内軍改編に伴う国家親衛軍連邦庁設置の際にも根拠法令とされ[96]、行政組織の編成に関わる大統領権力の構成要素となっており、立法権力機関の執行権力機関に対する統制を実質的に制約している。

　大統領令第15号が発令された2020年1月16日には、別の大統領令（第

表5-7：安保会議副議長職の設置に関する法令

日付	法令種別	法令名称	主な規定事項
2020年1月16日	大統領令第15号[97]	大統領アクトの改正について	憲法第80条に従って、安保法改正までの間、(1) 1995年1月11日付大統領令第32号、(2) 2011年5月11日付大統領令第590号[98]、(3) 2012年5月25日付大統領令第715号を改正し、安保会議副議長職の設置、同職の常任委員の地位、メドヴェージェフの職名変更を実施。
1月16日	大統領令第16号[99]	安保会議副議長について	メドヴェージェフを政府議長臨時代行から解任し、安保会議副議長に任命。
2月6日	連邦法第6号[100]	連邦法「安全保障について」第15条改正について	安保会議副議長職設置、常任委員の地位、大統領による副議長の任免手続き【法案番号883656-7の立法過程】[101]国家会議自動事務文書処理システム登録 (1/16)、第1読会 (1/21)、第2読会 (1/22)、第3読会 (1/23) → 連邦会議 (1/30) →大統領署名 (2/6)
3月7日	大統領令第175号[102]	安保会議に関わる諸問題について	安保会議副議長の所掌事項、副議長と書記の関係、副議長補佐官及び官房の設置、副議長と事務機構の関係

(筆者作成)

16号）によりメドヴェージェフが安保会議副議長に任命され[103]、早速1月20日には、安保会議対策会合に常任委員として加わり[104]、連邦法改正を待たずに、副議長としての職務を開始している。

　続いて連邦議会では、副議長設置に関する連邦法（安保法）の改正手続きが行われた。1月21日に開催された国家会議審議（第1読会）においては、ミーンフ（Минх, Г. В.）国家会議大統領全権代表より、安保法改正の趣旨説明と質疑応答が実施された[105]。

　その中でミーンフ代表と共産党のクリヌィー（Куринный, А. В.）議員の間で、次のような興味深いやり取りがなされている。「具体的な姓名、父称（メドヴェージェフを指すものと解される：筆者注）とは関係なく、長い期間、副議長がいなくとも安保会議は機能してきたが、なぜ今これを変更するのか」というクリヌィー議員の質問に対して、ミーンフは新ポスト設置に関する大統領の意図に関する回答を避けつつ、「安保会議を編成し、指揮する国家元首が、そのようなポストを設置することが必要であると考えた、という点に今一度さらなる注意を払っていただきたい」と述べている。

ここでは、明らかに憲法第 83 条（Ж）に定められた大統領による安保会議の編成権および指揮権[106]が強調されている。というのも大統領令第 15 号は、憲法第 83 条（Ж）ではなく、前述の憲法第 80 条を根拠に発令されているからである。2011 年 5 月の安保会議規程の改訂は、第 83 条（Ж）および安保法を根拠法令とし[107]、2012 年 5 月の第 2 次プーチン政権発足時における安保会議構成員の決定は、第 83 条（Ж）を根拠法令としている[108]。どちらも安保会議に関する重要な決定事項を含むが、今般の副議長ポスト設置において、憲法第 80 条が根拠法令とされた理由は、改訂の範囲が広範であるため、すなわち大統領や国家会議議長といった国家の最高公職者リストを定めた 1995 年 1 月 11 日付大統領令第 32 号「公職者について」[109]の改訂を含んでいるため、行政組織全般の制度変更が可能な（そのように政権が解釈している）憲法第 80 条を根拠法令として活用したものと考えられる。

　以上から、現代ロシアにおける安全保障法制、とくに制度変更に対する連邦議会（立法権力）の統制をめぐる問題が浮き彫りになる。形式として安全保障法制は、憲法・連邦法・大統領令と階層的な構造を成すが、ウカース立法により最上位の憲法と最下位の大統領令のみが重視され、連邦議会による連邦法（安保法）の改正は、大統領令による変更事項を追認する役割を果たしたに過ぎないといえる。1990 年代のエリツィン政権期、さらには旧ソ連時代から続くウカース立法は、現代ロシア法の在り方を規定する重要なイシューとなっている。

　また、すでに指摘されているところであるが[110]、連邦議会両院議長の安保会議への参加も現代ロシアにおける安全保障法制をめぐる問題点の一つである。連邦議会両院議長は、大統領によって 2004 年以降継続して安保会議常任委員（議決権あり）に任命されている。連邦会議（上院）には、ロシア軍の国外における使用の可否について判断する憲法上の権限が付与されており[111]、安保会議は軍事安全保障上の重要な局面において、大統領と議会の政策調整の場となっているものと考えられる[112]。こうした安保会議の人事政策は、迅速な意思決定を行うメカニズムであると同時に、立法権力の執政部への部分的な融合と捉えられ、立法権力の軍事安全保障政策に対する統制に実質的な制約をかけている。安保会議は、こうした法制上の問題をはらむ

国家機関であるが、以下検討するように、今般の制度変更によって、その活動の幅を広げる傾向にある。

3-3. 安保会議副議長と安保会議書記の関係──規範的文書および人事政策の分析

（1）安保会議規程にみる職務分掌

2020年3月7日に承認された安保会議規程（以下、2020規程）によると、安保会議副議長は、安保会議書記と同様に、大統領直属の職であり、大統領によって任命・解任される。副議長の基本任務は、安保会議常任委員と非常任委員の活動を調整することであり[113]、席次としては事務方トップの安保会議書記よりも上であるが、表5-8に示した通り、権限を比較検討すると、副議長の役割、さらに副議長と安保会議書記との関係は複雑である。

安保会議書記には、引き続きロシア軍・準軍事組織および省庁に対する監督権が付与された。これに対し、監督対象となる機関は曖昧であるが、副議長にも国家安全保障政策領域における監督権が与えられた。また、安保会議書記による命令の発令権が廃止され、代わりに副議長に命令・指令の発令権が付与された。

2011年5月に承認された安保会議規程（以下、2011規程[114]）のもと、安保会議書記は、ロシア軍・準軍事組織に対する監督権および書記命令の発令権を背景として、議長（大統領）に次いで、極めて強い権限を有したが、今般の制度変更により、副議長には命令の発令権および監督権、書記には監督権のみが付与され、職務権限は席次順（議長‐副議長‐書記）に再構成された。また、副議長と書記に共通する権限としては、大統領府や各省庁など関係機関に対して情報を発注する権限、対外政策に関わる権限、必要に応じて出張会合を含む各種会合を実施する権限が挙げられる（表5-8）。

これにより、諸外国NSCのカウンターパート（例えば、日本の内閣官房国家安全保障局長や米国の国家安全保障問題担当大統領補佐官）との安保協議（NSC外交）やロシア国内、とくに地方における政策実施状況の監督（出張会合）は、制度上、安保会議副議長と書記の双方による実施が可能となった。以下、安保会議副議長と書記の職務分掌を詳細に検討するため、実際の活動

表５-８：安保会議書記と安保会議副議長の権限（概要）[115]

	安保会議書記権限		安保会議副議長権限
	2011 年規程	2020 年規程	2020 年規程
監督	国家監督・監視機関とともに、安保会議決定の実施状況及びロシア軍・準軍事組織の活動を監督（2011-22-ж）（2020-25-ж）国家安全保障分野における連邦執行権力諸機関の活動の監督を組織（2011-22-т）（2020-25-о）		大統領決定に基づき、国家安全保障領域における大統領の指示及び指令の実施状況を監督（23-ж）
命令	権限行使のため、書記命令を発する（23）	なし	権限の範囲において、副議長命令及び指令を発し、その実施状況を監督（23-о）
情報発注	書記職務及び事務機構職務の遂行に必要な書類について、大統領府内部部局、連邦会議／国家会議事務機構、連邦政府官房、連邦執行権力諸機関、連邦構成主体国家権力諸機関、地方自治体、組織・職員に対する情報発注（2011-22-ц）（2020-25-т）		副議長職務の遂行に必要な書類を大統領府内部部局、連邦会議／国家会議事務機構、連邦政府官房、連邦執行権力諸機関、連邦構成主体国家権力諸機関、地方自治体、組織・職員に対する情報発注（23-л）
対外政策	大統領指令に従い、国家安全保障分野における国際協力強化に向けた諸措置を講じる（2011-22-н）（2020-25-к）		大統領指令及び指示に従い、外国国家機関及び国際機関との相互関係において安保会議を代表（23-г）
地方政策	大統領指令に従い、連邦管区大統領全権代表と共同で出張会合を実施（20）出張会合実施は、連邦管区大統領全権代表の同意に基づき書記が定めた計画に従って実施（20）	大統領指令に従い、出張会合を実施（25-д）	大統領指令及び指示に従い、出張会合を実施（23-г）
戦略立案業務	社会・経済発展及び国家安全保障の戦略方針に関する大統領決定を準備するために、常任委員及び非常任委員と戦略立案会合を実施（19）	国家安全保障分野における戦略立案の実施、国家安全保障戦略、その他国家安全保障・防衛・戦略的優先課題の分野における概念・ドクトリンなどの文書に関する任務を組織し、必要に応じて戦略立案会合を実施（25-з）	大統領指令及び指示に従い、戦略立案会合を実施（23-г）国家安全保障分野における連邦（国家）特別プログラム及びその他文書の策定に参加（23-г）

（筆者作成）

状況について、対外政策と国内政治に大別して概観した上で、両者を支える官房人事を分析する。

　対外政策におけるメドヴェージェフ副議長の活動としては、旧ソ連圏の首脳との会談が目立つ。副議長就任の翌月、2020 年 2 月にモスクワでジェーンベコフ・キルギス共和国大統領と会談し[116)]、3 月にはカザフスタン共和国を訪問して、ナザルバーエフ安保会議議長、トカーエフ大統領らと会談[117)]、さらにモスクワでベラルーシのルーマス首相と会談するなど[118)]、集団安全保障条約機構（CSTO）を通じた軍事安全保障・治安維持面での協力深化やユーラシア経済連合（EAEU）を通じた旧ソ連圏における経済協力の拡大といった政策課題が割り振られていた。

　内政面においては、2020 年 3 月に第 5 世代移動通信システム（5G）に関する会合を主宰し[119)]、5 月にはイノヴェーション・起業支援に関するオンライン・イベントに出席するなど[120)]、メドヴェージェフが以前から担当してきた社会・経済政策に関わる活動が目立つ。また、COVID–19 対応においても、関係閣僚による対策会議の開催[121)]や国民に向けたテレビ演説[122)]を通じて、一定の存在感を示した。さらに 2020 年 7 月にはバービッチ（Бабич, М. В.）経済発展省第 1 次官同席のもと、北オセチア・アラニア共和国首長のビターロフ（Битаров, В. З.）と会談し、COVID–19 の拡大に伴う地域情勢、とくに法秩序に関する問題について議論を交わすなど[123)]、カフカースの地方政策にも関与した。

　一方のパートルシェフ書記も、2020 年 2 月にはカタールを訪れて安保協議を実施し、「ロシア・カタール間の安全保障問題に関する相互理解についての覚書」に署名したほか[124)]、同じく 2 月にモスクワでドロドロ・南アフリカ共和国国家安全保障相と会談している[125)]。また、2020 年 4 月には米国のオブライエン国家安全保障問題担当大統領補佐官と COVID–19 対策における米露協力について電話会談[126)]、7 月にはイスラエルのメイール・ベン＝シャバット国家安全保障会議議長と電話会談を実施するなど[127)]、安保会議事務方トップとして、従来通り、諸外国カウンターパートとの NSC 外交に従事した。

　内政面では、2020 年 2 月に北カフカース連邦管区における出張会合を開

第 5 章　2020 年憲法改革　217

催し、同管区大統領全権代表のチャーイカ（Чайка, Ю. Я.）や管区内の地方首長との間で、汚職対策などについて議論を交わしている[128]。3月以降は、ロシア国内におけるCOVID-19の急拡大に伴い、ビデオ会議形式で、南連邦管区（3月27日）、ウラル連邦管区（4月10日）、沿ヴォルガ連邦管区（5月20日）、北西連邦管区（6月9日）との間で会合を実施し、地方におけるCOVID-19対応やテロ・汚職対策などについて首長らと会談した[129]。パートルシェフ書記は出張会合を通じて、連邦プログラムの実施状況などについて査察し、従来通り、連邦中央・地方関係のマネジメントを担当したものと考えられる。

(2) 安保会議事務機構の人事政策の分析

　次に安保会議副議長と安保会議書記を助ける官房の人事政策の特徴を検討する。安保会議書記の下には、副書記および書記補佐官が11名、副議長の下には官房長および補佐官が7名（当初5名）置かれている。安保会議書記や副議長は前出の大統領令第32号「公職者について」に定められた職であるが、副書記や官房長は大統領令第1574号「連邦国家文官職一覧」に定められた職である。前者のリストが大統領を筆頭としているのに対して、後者は大統領府長官を筆頭としていることから、前者のほうが格上のリストである。

　表5-9に示したように安保会議幹部職については、第1副書記を筆頭に、安保会議副議長官房次長までが第1カテゴリーの長官級職に分類され、副議長補佐官および書記補佐官ともに第2カテゴリーに分類される。安保会議事務機構の書記官および局長は、大統領府内部部局長（第1カテゴリー）よりも2段階格下の第3カテゴリー、専門官級の特別上席枠に分類され、局次長となると、さらに下の首席枠に入る。

　こうした幹部職の地位に鑑みて、安保会議事務機構が総合調整機能の発揮を求められた場合には、担当局による調整というよりも、副書記、第1副書記（さらに上位職）などへの「縦上げ」（決裁者順にしたがって決裁を取ること）や大統領府内部部局との緊密な連携が重要である。

　安保会議書記の下には、軍・治安機関関係者（いわゆるシロヴィキ）のバ

表5－9：連邦国家文官職一覧にみる安保会議幹部職

職名に付与された番号	職名
第1カテゴリー：長官級 ［01-1-1-001］	大統領府長官
［01-1-1-002］	大統領府次官
［01-1-1-003.1］	大統領補佐官 兼 大統領書記官
［01-1-1-004］	大統領補佐官 兼 大統領府内部部局長
［01-1-1-010.3］	**安保会議第1副書記** ※憲法裁判所大統領全権代表と同格
［01-1-1-013］	大統領府内部部局長
［01-1-1-014］	大統領府長官官房長
［01-1-1-014.1］	**安保会議副議官官房長** ※大統領府内部部局長より格下。大統領府長官官房長と同格
［01-1-1-015］	**安保会議副書記**
［01-1-1-015.1］	**安保会議副議長官房次長**
第2カテゴリー：補佐官級 ［01-2-1-025.3］	**安保会議副議長補佐官** ※大統領補佐官（一部の特別な職を除く）より格下。大統領顧問、大統領特別代表と同格
［01-2-1-028］	**安保会議書記補佐官**
第3カテゴリー：専門官級 書記官［01-3-1-031］	**安保会議事務機構書記官**
局長［01-3-1-034］	**安保会議事務機構局長**
局次長［01-3-2-037］	**安保会議事務機構局次長**

（筆者作成）

ックグラウンドを持った副書記・書記補佐官が多くを占めている（11名中6名）。また、副書記7名のうち3名が地方政府や省庁の地方出先機関、地方政治を担当する大統領府監督局や連邦管区大統領全権代表部における勤務経験を有する点も特徴的である。さらに、安保会議第1副書記のヌリガリーエフ（Нургалиев, Р. Г.）元内相や副書記のヴァフルコーフ（Вахруков, С. А.）元地域発展省次官など、連邦省の大臣・次官級経験者も含まれる。こうした人事政策から、軍事安全保障政策や対外諜報・防諜政策、連邦中央・地方関係（とくに地方政治の監督）といった分野を中心に安保会議書記を支援しているものとみられる。

表５－10：安保会議事務機構幹部人事（第２次プーチン政権期を中心として）[130]

【安保会議書記陣営（パートルシェフ、ショイグー）】 安保会議第１副書記	
元職：アヴェリヤーノフ[131] (Аверьянов, Ю. Т.) ※73 1950年１月17日、モルダビア共和国 兼 安保会議附属学術会議副議長	ウリャノフスク高等戦車指揮学校（72）、装甲軍事アカデミー（82）、参謀本部軍事アカデミー（94）、極東国務アカデミー（01）、ハバロフスク経済・法アカデミー（06）、司令部等に勤務（72-94）、参謀本部軍事アカデミー戦略学部教官（94-00）、極東連邦管区大統領全権代表部人事政策・国家勲章部長（00.8-）、極東連邦管区大統領全権代表部次席代表（00.11-06.3）、安保会議書記補佐官（06.5-）、安保会議副書記（12.1-）、安保会議第１副書記（13.3-23.2）、23年２月解任
現職：ヌルガリーエフ[132] (Нургалиев, Р. Г.)（67）【昇任】 1956年10月８日、カザフ共和国 兼 CIS問題省庁間委員会議長	ペトロザヴォーツク国立大学（79）、治安機関、連邦防諜庁中央機構、連邦保安庁組織監察局首席監察官、内部保安局局長、大統領府監督総局局長級（98-99）、連邦保安庁経済安全保障局麻薬非合法流通・密売対策部長（99）、連邦保安庁次長 兼 監察局長、内務第１次官（02）、内務大臣（04.3-）、安保会議副書記（12.5-23.2）、安保会議常任委員（12〜16）、16年〜同非常任委員、23年２月〜現職
安保会議副書記	
元職：ヴァフルコーフ[133] (Вахруков, С. А.) ※65 1958年６月20日、ヤロスラヴリ州 兼 経済・社会領域安全保障省庁間委員会議長 兼 環境安全保障省庁間委員会議長 兼 北極国益問題省庁間委員会副議長	ルィビンスク航空技術学校（80）、軍務（80-82）、コムソモール（82）、同ヤロスラヴリ州委員会第１書記（88）、ロシア国立人文大学（97）、ヤロスラヴリ州行政府に勤務、同州議会議長、ウラル連邦管区大統領全権代表部次席代表（00-07）、ヤロスラヴリ州知事（07-12）、地域発展省次官（13.1-）、安保会議書記補佐官（13.12-）、安保会議副書記（16.10-24.6）、大統領府国家海洋政策局長（24.6-）
現職：ヴェネディークトフ[134] (Венедиктов, А. Н.)（45）【昇任】 1978年11月13日、モスクワ	モスクワ国立国際関係大学（01）、外務省中央機構・在外公館勤務（01-07）、安保会議事務機構勤務・参事官・首席参事官・局長・書記官（07）、書記補佐官（16.12-）、19年２月〜現職
現職：グレビョーンキン[135] (Гребёнкин, А. Н.)（69） 1954年10月13日、スヴェルドロフスク州 兼 社会安全保障省庁間委員会委員	ペルミ国立大学法学部（54）、軍出身、監察部門に勤務（76-93）、安保会議事務機構職員（93）、安保会議書記補佐官（12.5-16）、16年12月〜現職
現職：コーコフ[136] (Коков, Ю. А.)（68） 1955年８月13日、カバルジノーバルカリア共和国	ロストフ国立大学法学部（79）、カバルジノーバルカリア共和国内務省刑事事件捜査・社会主義的財産部門勤務（79-87）、共和国閣僚会議行財政部長（87-91）、共和国内務省経済犯罪対策局長等（91-95）、共和国内務省次官（95-99）、ロシア連邦内務省捜査組織総局首席捜査官（99-03）、組織犯罪対策総局次長等（03-08）、過激主義対策部長（08-11）、過激主義対策総局長（11-12）、内務省全ロシア職員技能向上研究所所長（12.9-13.12）、カバルジノーバルカリア共和国首長臨時代行（13.12-）、首長（14.10-）、18年９月〜現職
元職：パポーフ[137] (Попов, М. М.) ※74 1951年５月30日、ハバロフスク辺区 兼 軍事安全保障省庁間委員会副議長 兼 学術会議委員 兼 学術会議軍事安全保障問題分科責任者	軍出身（69-10）、安保会議書記補佐官（12.1-）、安保会議副書記（13.3-24.5）
現職：フラーモフ[138] (Храмов, О. В.)（68） 1955年12月９日、チェチェン共和国グロズヌィ	国家保安委員会高等課程（78）、治安機関勤務（73-17）、連邦保安庁モスクワ市・モスクワ州局幹部（03-06）、同ニージニ・ノブゴロド州局長（06-09）、17年１月〜現職
現職：シェフツォーフ (Шевцов, А. Л.)（44） 1979年11月８日、軍人の家に生まれる	モスクワ国立国際関係大学（01）、外務省（02）、ロシア農業銀行部長級（06-11）、連邦政府附属財務アカデミー修了（08）、対外経済銀行幹部（11-18）、安保会議事務機構書記官（19-23）、23年２月〜現職、Ph. D.（政治学）

安保会議書記補佐官	
元職：アベーリン 139）（Абелин, А. П.）※ 62 1960 年 1 月 1 日、モスクワ	モスクワ国民経済大学（81）、軍務（81-83）、経済省に勤務、大統領経済局部長・局次長級（97-98、00-04）、政府官房局次長級（98-00）、大統領専門局書記官、安保会議書記補佐官（04-16）、安保会議書記補佐官（16.1-22.1）
元職：ムヒートフ 140）（Мухитов, Н. М.）	治安機関出身、連邦保安庁内部保安局次長、ロスネフチ副社長 兼 保安局長（12-15）141）、安保会議書記補佐官（16-24.7）142）
元職：パーヴロフ 143）（Павлов, А. А.）（51） 1971 年 7 月 18 日、モスクワ	ロシア連邦保安アカデミー（93）、大統領附属連邦政府通信・情報局勤務（93-96）、連邦保安庁勤務（96）、安保会議書記補佐官（09.3-23.1）、22 年 10 月にはウクライナの「非サタン化」を訴える
元職：アノーシン 144）（Аношин, Е. А.）（49-50） 1974 年生まれ	極東国立大学（96）、極東放送局次長職、極東連邦管区大統領全権代表部報道官（02-05）、連邦環境・技術・原子力監督庁報道局長（05-09）、極東連邦管区大統領全権代表部報道官（09）、安保会議事務機構報道官、安保会議書記補佐官（23.1-24.7）
グリブコフ 145）（Грибков, Д. Г.）	安保会議事務機構書記官、23 年 2 月〜現職
【安保会議副議長陣営（メドヴェージェフ）】 安保会議副議長官房長	
チェボタリョーフ 146）（Чеботарёв, С. В.）（54） 1969 年 10 月 14 日、アムール州	ウスリースク・スヴォーロフ陸軍幼年学校（86）、極東諸兵科共通指揮学校（90）、国家保安委員会（KGB）国境警備軍（90-）、国境警備庁（-98）、国境警備アカデミー教官（98-04）、駐アブハジア・ロシア軍基地勤務、大統領府人事局（04-）、大統領府地域交流・対外文化交流局部長級（06-）同局次長（12.6-）、北カフカス相（18.5-20.01）、経済発展省次官（20.02-03）、20 年 3 月〜現職
安保会議副議長補佐官	
オーシポフ 147）（Осипов, О. С.）（45） 1978 年 9 月 19 日、モスクワ	モスクワ国立大学付属アジア・アフリカ諸国大学（99）、Вести人事局付研修員（99.8）、Вести機動報道局経済情報部記者（99.11-01.3）、外交部記者、РИА Новости「クレムリン・プール（大統領番）」、РИА Новости情報本部次長 兼 機動報道局大統領グループ長（07.1-07.11）、同報道統合編集部次長（07.11-10.10）、同報道統合編集部次長（10.10-11.5）、同報道統合編集長（11.5-13.4、13.4-14.4）、Россия сегодня 顧問（14.4-15.1）、同第 1 編集長（15.1-）、政府議長報道官 兼 政府官房次長（18.9-）、20 年 2 月〜現職
ソーボレフ 148）（Соболев, С. А.）（52） 1972 年 3 月 15 日	モスクワ国立国際関係大学（94）、在ベトナム大使館（97-01）、大統領府報道局（01-02）、大統領府儀典組織局、儀典局（02-08）、大統領府儀典局長（08-12）、連邦政府儀典局長（12-18）、政府議長儀典長 兼 政府官房次長（18-20）、20 年 2 月〜現職
トリノーガ 149）（Тринога, М. И.）（75） 1949 年 4 月 10 日、イヴァノ・フランコフスク州、ウクライナ	イヴァノ・フランコフスク石油・ガス大学（71）、70-ガズリ石油ガス田ОПС石油採掘オペレータ、ボーリング調査オペレータ、石油採掘現場主任、上級技師、地質部次長、ОПС支配人、ガズリ石油ガス採掘生産公団地質部長 兼 上席地質研究員、モストランスガス生産公団生産運用部長 兼 上席地質研究員（80）、ガス工業省首席技官（84-86）、ソ連閣僚会議書記官、専門官（86-）、ソ連閣僚会議附属国民経済アカデミー技能向上研究所修了（90）、閣僚会議主席専門官（91-）、政府議長官房次長（チェルノムィルジン）（92-98）、ガスプロム総務部第 1 次長（98-00）、連邦政府官房次長（00-04）、大統領府長官補佐官（04-）、政府第 1 副議長官房長（メドヴェージェフ）（05.11）、大統領補佐官（08-12）、連邦政府官房次長 兼 政府議長官房長（12-20）、20 年 2 月〜現職
ツヴェトコーフ 150）（Цветков, Д. Ю.）（61） 1963 年 1 月 19 日	モスクワ国立国際関係大学（90）、同大学院（92-）、外務省（92-）、在リトアニア・ロシア大使館参事官、公使（04-09）、本省第 2 ヨーロッパ局次長（09.3-）、駐カンボジア・ロシア連邦特命全権大使（13.11-20.5）、20.7 〜現職
ザクリャジミンスキー 151）（Заклязьминский, А. Л.）（52） 1972 年 3 月 28 日、モスクワ州ジューコフ市	モスクワ州立大学（94）、モスクワ州ジューコフ市学校教員（生物学）（92-95）、市国民教育部主任専門監察官（95-97）、市教育局次長（97-00、00-01）、モスクワ教育大学（00）、モスクワ州バラシーハ地区行政府教育局次長（01）、ジューコフ市立学校高等職業教育施設長補佐・講座主任代理・副施設長（01-02）、ジューコフ市第 1 ギムナジウム一般公共教育施設教員（02-03）、連邦政府マスコミュニケーション・文化・教育局教育部専門官・参事官補・参事官・首席参事官（03-08）、連邦政府科学・高等技術・教育局次長（08-12）、同局長（12.6-）、21 年 1 月〜現職
ミヘーエフ 152）（Михеев, М. В.）	連邦国家警護庁大統領保安局次長など。メドヴェージェフの警護担当。22 年 6 月〜現職

（筆者作成）

第 5 章　2020 年憲法改革　221

メドヴェージェフ副議長官房の平均年齢が56.5歳であるのに対して、パートルシェフ陣営（現在のショイグー陣営）の平均年齢は60.2歳で年齢層は高い[153]。この点、外務省出身のヴェネディークトフ（Венедиктов, А. Н.）副書記（45歳）は、38歳にして書記補佐官に就任し、40歳にして副書記に昇進しており、安保会議副書記ポストの中では、異例の若さで抜擢されたといえる。一方で、そもそもヴェネディークトフは、2007年から安保会議事務機構で勤務を始めており、「外務畑」というよりも「安保会議畑」である。米中関係からヨーロッパ情勢、日露関係まで幅広くロシアの対外政策についてインタビューに応じるなど[154]、安保会議書記による外交活動を直接に補佐する役割が与えられている。

　一方のメドヴェージェフ陣営には、彼が大統領や首相であった時期に、儀典担当や報道官、官房長などを務めた「側近」が多く任命されており（補佐官6名中5名）、最高齢のトリノーガ（Тринога, М. И.）（75歳）を除くと、比較的若い世代が中心となって構成されている。エネルギー畑のトリノーガは、メドヴェージェフが大統領職に就く前から、一貫して職務を補佐する立場にある。また、オーシポフ（Осипов, О. С.）はクレムリン・プール（大統領番記者）出身の報道畑で、2018年からメドヴェージェフの報道官を務め、ソーボレフ（Соболев, С. А.）は、2008年のメドヴェージェフ政権以降、一貫して儀典担当のトップを務めている。2022年6月には、連邦警護庁（FSO）将官級のミヘーエフ（Михеев, М. В.）を副議長補佐官に起用した。ミヘーエフは、FSO大統領保安局次長として、メドヴェージェフの警護に従事した人物であり、安保会議事務機構の幹部人事においても、プーチン長期政権下のロシア政治における警護職種の影響力伸張が観察される（詳細は第6章）。

　また、副議長官房長を務めるチェボタリョーフ（Чеботарёв, С. В.）は、KGB出身の軍・治安畑であり、駐アブハジア・ロシア軍基地における勤務経験もある。大統領府勤務時には、ロシアとアブハジア、南オセチアとの関係を担当し、その後、北カフカース相を務めるなど、カフカース地域情勢や未承認国家問題に通じており、この分野でメドヴェージェフを補佐していると考えられる。

　2020年8月25日には、メドヴェージェフをヘッド（議長）として、「安保

会議附属北極における国益確保の諸問題に関する省庁間委員会（以下、北極問題委員会）」が大統領令により新設された[155]。北極問題委員会の副議長には、副首相 兼 極東連邦管区大統領全権代表および安保会議副書記の2名が任命されており、委員には国防相・外相、経済発展相などの主要閣僚も含まれ、北極政策の司令塔として政策の総合調整を担うものと考えられる。このようにメドヴェージェフ副議長の活動の幅は広がる傾向にあるが、同時に省庁間の政策調整メカニズムも整備されている。

　以上の検討から、副議長職が設置された2020年2月以降もパートルシェフ書記の活動については、大きな変化はなく、安保会議事務方のトップとして、所掌事項は従来通りであることがわかる。一方、メドヴェージェフ副議長は、対外経済協力や社会政策分野を中心に活動しており、このなかには国家安全保障上の重要な北極圏やカフカースの地域政策なども含まれる。ただし、社会・経済政策については、連邦政府の所掌事項と、未承認国家問題を含むカフカース地域政策は、大統領府国境協力局等の所掌事項と重なる。

　また、大統領・首相経験者であるメドヴェージェフ安保会議副議長が、対外政策面での活動を活発化させれば、外交チャンネルが多角化する一方、外務省による外交活動やパートルシェフ書記によるNSC外交との棲み分けが問題となろう。この観点から、省庁間の政策調整を担う、安保会議附属の各種省庁間委員会の重要性は一層高まるものと考えられる。

　2024年5月の第3次プーチン政権発足に伴い、安保会議書記はパートルシェフからショイグーに交代した（詳細は第6章）。パートルシェフは、造船担当の大統領補佐官に就任し、安保会議からヴァフルコーフ（Вахруков, С. А.）副書記を引き抜いて、大統領府に新設された国家海洋政策局長に据えた。安保会議書記を支える副書記や書記補佐官の人事交代によって、ショイグー書記陣営は少数でのオペレーションを強いられているが、2024年9月には北朝鮮を訪問して戦略対話を実施したほか、金正恩総書記を表敬するなど[156]、安保会議書記によるNSC外交は継続している。ショイグー書記を支えるチームが今後どの程度強化されるのか注目される。

　副議長設置の結果として安保会議は全体として、確かにその活動の幅を広げているが、同時に大統領を直接に補佐・支援する国家機関の肥大化を招い

ていると考えられる。2024 年 7 月時点では、安保会議事務機構にはおよそ
20 の内部部局が設置されており、戦時下で新たに併合した連邦構成主体を
巡る諸問題を取り扱う局も設置されているとされる[157]。2000 年代初頭にお
ける安保会議事務機構内部部局の数の倍近い数であるが、これは副議長職設
置による官房等の新設に加え、第 4 章で検討した執政部の中枢が直接的に重
要政策に介入する統治手法と関係しているためであろう。

　こうした観点から、執政部の中枢では、大統領、政府議長、安保会議副議
長、大統領府長官、安保会議書記、さらに外務・国防・インテリジェンス機
関トップの間で、職務を効率的に分掌する必要性が高まり、その成否によっ
ては、非効率な多重行政につながりうる。一方、これらの人物は安保会議の
中核メンバー（常任委員）でもあることから、彼らが一堂に会する対策会合
（週に 1 回程度開催）が、政策の総合調整の場として重要性を増すものと考え
られる。

小括

　本章では、2020 年憲法改革により、1993 年憲法体制に基づくロシアの執
政制度にいかなる変化がもたらされたのか、制度変更による大統領権力の変
容に焦点を当てて検討するとともに、同時に実施された安保会議の制度改革
についても検討した。

　今般の改憲では、大統領 − 連邦政府（内閣）− 議会関係に変更が加えられ
た。議会上下両院は、組閣プロセスへの関与を通じて、大統領と首相への影
響力を限定的ながら強めた。大統領は、首相解任権と連邦政府に対する全般
的指揮権を獲得し、憲法および政府法上、執行権力機関の長としての地位を
確かなものとした。さらに、単一公権力システムという概念の導入により、
今後、大統領と連邦中央の地方自治体に対する影響力は高まるものと考えら
れる。

　また、改憲と 2020 年政府法の制定により、連邦政府の大統領への従属性
は高まり、国家安全保障政策担当閣僚の人事政策に対する議会下院の関与は
なくなった。こうした制度変更により、体系的な執行権力が整備されるとと

もに、大統領・議会関係および国家評議会を通じた連邦中央・地方関係の安定性を要件とする、ロシアの「超大統領制（Superpresidentialism）」が制度化したといえよう。

　改憲を受けて実施された下位法令の整備動向からは、準軍事組織とインテリジェンス・コミュニティに対する議会上院の実質的な影響力が注目される。2020年憲法改革を経て、連邦保安庁や対外諜報庁、連邦警護庁の長官人事については、下位法令の整備がなされ、長官人事に関する大統領と上院との協議が法制化された。一方で、ロシアの多様な準軍事・インテリジェンス機関に対して、この制度が当てはまるのか、また上院には任命を拒否する権限があるのか、そうした法整備が行われるのか、未だ明らかではないため、議会の積極的役割については一定の留保をつける必要がある。ヴォロージン提案に示された執行権力と立法権力の不均衡に対する政権の問題意識が問われるとともに、議会権限の変更は、2020年憲法修正の要でもあり、今後の立法動向が注目される。

　また、2020年憲法改革のもう一つの側面である保守主義・愛国主義的条項は、2021年7月に承認された新たな「国家安全保障戦略」にも反映されるなど、実際の政策として具体化されている。今般の大規模な憲法改革は、2000年以降、プーチン政権が取り組んできた執行権力や連邦中央・地方関係をめぐる制度改革、社会政策の方向性とある程度一致しており、その意味ではプーチン時代の基幹的政策の制度化ともいえよう。

　また本章では、2020年1月の安保会議の制度変更に焦点を当て、その法的諸問題と安保会議の機能的変化について検討を試みた。副議長職の設置プロセスにおいては、安保法（連邦法）の改正に先立ち大統領令によって安保会議のシステムが大幅に変更された。とりわけメドヴェージェフ内閣の総辞職という重要な政治的局面で、ウカース立法による制度変更と人事発令がなされたことから、安全保障法制の階層的な法秩序が乱された上、立法権力の安全保障政策に対する統制の問題も浮かび上がった。こうした法制上の問題を抱えつつも、安保会議そのものは肥大化の傾向にある。

　安保会議副議長の設置とメドヴェージェフの副議長任命により、安保会議の機能は確かに拡充され、とくに社会・経済政策や対外政策面における活動

が活発化している。新たな安保会議規程や実際の活動状況から、副議長と書記の間では一定の職務分掌がなされているものの、副議長には命令の発令権を含む一定の権限が付与されている点は注目に値する。副議長の活動の幅が広がれば、安保会議書記との職務分掌の問題にとどまらず、執政部中枢の肥大化による、政府活動全般の非効率化や政策の総合調整に関わる機能不全が生じうる。

　安保会議副議長の権限や官房組織に鑑みるに、メドヴェージェフの副議長起用は、大統領府長官退任後も自然保護活動・環境・輸送問題大統領特別代表として安保会議常任委員のメンバーシップを得ているセルゲイ・イワノーフ（Иванов, С. Б.）のケースとは異なる。今般の安保会議改革をめぐる制度設計の意図として、メドヴェージェフ副議長には、首相退任後も引き続き一定の権限とリソースをもって、執政部の中核メンバーとしてプーチン長期政権を支えることが期待されているものと考えられる。

注

＊本章は次の拙稿をもとに加筆・修正等を加えたものである。長谷川 2020a; 2020b; 2021; 2023a; 2024b.

1）Президент России, от 15 января 2020г., «Послание Президента Федеральному Собранию».

2）Распоряжение Президента РФ от 15 января 2020г., № 5-рп, «О рабочей группе по подготовке предложений о внесении поправок в Конституцию Российской Федерации», *СЗРФ, 20 января 2020г., № 3, ст. 251.*

3）Президент России, от 20 января 2020г., «Владимир Путин внёс в Госдуму законопроект о поправке к Конституции».

4）Teague 2020, 301-328; Gall and Jäckel 2020, 2-5. また、外国法研究・比較法研究における研究成果として次の文献がある。樹神 2020a, 2-31; 2020b, 23-35.

5）溝口 2020b, 7-18. 関連して、旧ソ連諸国の大統領の任期延長問題については、次の文献を参照。溝口 2020c, 114-129.

6）Федеральный конституционный закон от 06 ноября 2020г., № 4-ФКЗ, «О Правительстве Российской Федерации», *СЗРФ, 09 ноября 2020г., № 45, ст. 7061.* 本書では、2020 年 11月 6 日に改正された連邦の憲法的法律「政府について」を「2020 年政府法」、1997 年

12 月 17 日に制定された連邦の憲法的の法律「政府について」を「1997 年政府法」と表記し、両者を区別する。Федеральный конституционный закон от 17 декабря 1997г., № 2-ФКЗ (ред. от 28 декабря 2016г.), «О Правительстве Российской Федерации», *СЗРФ, 22 декабря 1997г., № 51, ст. 5712.*

7) 2020 年憲法改革の法的側面を強調する場合は、「2020 年憲法修正」と呼称する。

8) Статья 137, Конституции РФ. ロシア連邦への加盟、連邦構成主体の統廃合や名称変更など。

9) Закон РФ о поправке к Конституции РФ от 30 декабря 2008г., № 6-ФКЗ, «Об изменении срока полномочий Президента Российской Федерации и Государственной Думы», *СЗРФ, 05 января 2009г., № 1, ст. 1.*

10) Закон РФ о поправке к Конституции РФ от 30 декабря 2008г., № 7-ФКЗ, «О контрольных полномочиях Государственной Думы в отношении Правительства Российской Федерации», *СЗРФ, 05 января 2009г., № 1, ст. 2.*

11) Закон РФ о поправке к Конституции РФ от 05 февраля 2014г., № 2-ФКЗ, «О Верховном Суде Российской Федерации и прокуратуре Российской Федерации», *СЗРФ, 10 февраля 2014г., № 6, ст. 548*; Закон РФ о поправке к Конституции РФ от 21 июля 2014г., № 11-ФКЗ, «О Совете Федерации Федерального Собрания Российской Федерации», *СЗРФ, 28 июля 2014г., № 30 (Часть I), ст. 4202.*

12) Госдума ФС, СОЗД, № 885214-7; Заключение Конституционного Суда РФ, от 16 марта 2020г., № 1-3, «О соответствии положениям глав 1, 2 и 9 Конституции Российской Федерации не вступивших в силу положений Закона Российской Федерации о поправке к Конституции Российской Федерации "О совершенствовании регулирования отдельных вопросов организации и функционирования публичной власти", а также о соответствии Конституции Российской Федерации порядка вступления в силу статьи 1 данного Закона в связи с запросом Президента Российской Федерации», *СЗРФ, 23 марта 2020г., № 12, ст. 1855.*

13) 上野 2020, 82-84.

14) *Парламентская газета*, от 17 июля 2019г., «Живая Конституция развития: Статья Председателя Государственной Думы Вячеслава Володина».

15) 以下、ヴォロージン国家会議議長の提案については、次の拙稿に拠る。長谷川 2020a; 2021.

16) «г», статьи 83, «а», части 1, статьи 103, и части 1 статьи 111, Конституции РФ.

17) Часть 3 и 4, статьи 111, Конституции РФ.

18) «д», статьи 83, и часть 2, статьи 112, Конституции РФ.

19) Часть 1, статьи 112, Конституции РФ.

20) 組閣後も大統領令によって連邦執行権力諸機関の設置および改廃が実施されている

が、こうした大統領の権能は、1990 年代のエリツィン政権期に既成事実化された。
森下 1998, 16.

21) Barany 2007, 14-38; Fish 2000, 177-192.

22) 佐藤 2014, 490-491.

23) Президент России, от 19 декабря 2019г., «Большая пресс-конференция Владимира Путина».

24) Указ Президента РФ от 25 марта 2020г., № 205, «О переносе даты общероссийского голосования по вопросу одобрения изменений в Конституцию Российской Федерации», *СЗРФ, 30 марта 2020г., № 13, ст. 1897*; Указ Президента РФ от 01 июня 2020г., № 354, «Об определении даты проведения общероссийского голосования по вопросу одобрения изменений в Конституцию Российской Федерации», *СЗРФ, 08 июня 2020г., № 23, ст. 3622.*

25) *Коммерсантъ*, от 03 июля 2020г., «ЦИК утвердил итоги голосования по Конституции».

26) 以下、保守主義・愛国主義的条項については、次の文献に拠る。長谷川・坂口 2021, 134-150.

27) Часть 21, статьи 67, Конституции РФ (01 июля 2020 г.)

28) この点について詳細は次の文献を参照。樹神 2020a, 19.

29) Часть 3, статьи 67¹, Конституции РФ (01 июля 2020 г.)

30) Часть 4, статьи 67¹, Конституции РФ (01 июля 2020 г.)

31) «ж¹», части 1, статьи 72, Конституции РФ (01 июля 2020 г.)

32) この点について「二重構造論」を含む憲法条文と憲法現実に関する詳細な分析は、樹神 2020a, 23-35; 2020b, 27-30.

33) Пункт 28-33, «Стратегии национальной безопасности Российской Федерации», Указа Президента РФ от 02 июля 2021г., № 400, «О Стратегии национальной безопасности Российской Федерации», *СЗРФ, 05 июля 2021г., № 27 (часть II), ст. 5351.*

34) このほか重要な論点として、連邦議会可決法案に関する大統領による憲法裁判所への合憲性照会など、司法権力機関についても一定の制度変更がなされたが、これについては憲政史における憲法裁判所の役割を含め、詳細な分析が必要である。

35) «а», статьи 83, «а», части 1, статьи 103, и часть 1, статьи 111, Конституции РФ (01 июля 2020 г.)

36) Часть 1, статьи 109, и часть 4, статьи 111, Конституции РФ (01 июля 2020 г.)

37) «а», статьи 83, Конституции РФ (01 июля 2020 г.)

38) «д», статьи 83, «а¹», статьи 103, часть 2 и 3, статьи 112, Конституции РФ (01 июля 2020 г.)

39) Часть 3, статьи 112, Конституции РФ (01 июля 2020 г.)

40) Часть 3, статьи 112, Конституции РФ (01 июля 2020г.)

41) Часть 4, статьи 112, Конституции РФ (01 июля 2020 г.)

42) «д¹», статьи 83, Конституции РФ (01 июля 2020 г.)

43) Пункт «а», статьи 2, Указа Президента РФ от 01 июня 2021г., № 333, «О внесении изменений в Положение об органах предварительного следствия в системе Министерства внутренних дел Российской Федерации, утвержденное Указом Президента Российской Федерации от 23 ноября 1998 г. № 1422, Положение о Министерстве внутренних дел Российской Федерации и Типовое положение о территориальном органе Министерства внутренних дел Российской Федерации по субъекту Российской Федерации, утвержденные Указом Президента Российской Федерации от 21 декабря 2016 г. № 699», *СЗРФ, 07 июня 2021г., № 23, ст. 4036*; Пункт «б», статьи 1, Указа Президента РФ от 01 июля 2021г., № 387, «О внесении изменений в Указ Президента Российской Федерации от 11 июля 2004 г. № 868 "Вопросы Министерства Российской Федерации по делам гражданской обороны, чрезвычайным ситуациям и ликвидации последствий стихийных бедствий" и в Положение, утвержденное этим Указом», *СЗРФ, 05 июля 2021г., № 27 (часть II), ст. 5346*; Пункт «б», статьи 1, Указа Президента РФ от 05 марта 2021г., № 133, «О внесении изменений в Положение о Министерстве обороны Российской Федерации, утвержденное Указом Президента Российской Федерации от 16 августа 2004 г. № 1082», *СЗРФ, 08 марта 2021г., № 10, ст. 1573*; Пункт «а», статьи 2, Указа Президента РФ от 17 мая 2021г., № 284, «О внесении изменений в некоторые акты Президента Российской Федерации», *СЗРФ, 24 мая 2021г., № 21, ст. 3554.*

44) Статья 188¹, «Полномочия Совета Федерации по проведению консультаций по представленным Президентом Российской Федерации кандидатурам на должность руководителей федеральных органов исполнительной власти (включая федеральных министров), ведающих вопросами обороны, безопасности государства, внутренних дел, юстиции, иностранных дел, предотвращения чрезвычайных ситуаций и ликвидации последствий стихийных бедствий, общественной безопасности», Постановления СФ ФС РФ от 30 января 2002г., № 33-СФ (ред. от 17 июля 2024г.), «О Регламенте Совета Федерации Федерального Собрания Российской Федерации», *СЗРФ, 18 февраля 2002г., № 7, ст. 635*; Совет Федерации РФ, «Порядок проведения в Совете Федерации консультаций по представленным Президентом Российской Федерации кандидатурам на должность руководителей федеральных органов исполнительной власти (включая федеральных министров), ведающих вопросами обороны, безопасности государства, внутренних дел, юстиции, иностранных дел, предотвращения чрезвычайных ситуаций и ликвидации последствий стихийных бедствий, общественной безопасности (статьи 188¹-188³)», http://council.gov.ru/structure/council/regulations/135796/

45) Часть 5, статьи 12, Федерального закона от 10 января 1996г., № 5-ФЗ (ред. от 09 ноября

2020г.), «О внешней разведке», *СЗРФ, 15 января 1996г., № 3, ст. 143.*

46) Часть 4, статьи 12, Федерального закона от 10 января 1996г., № 5-ФЗ (ред. от 09 ноября 2020г.), «О внешней разведке».

47) Федеральный закон от 03 апреля 1995г., № 40-ФЗ (ред. от 09 ноября 2020г.), «О федеральной службе безопасности», *СЗРФ, 10 апреля 1995г., № 15, ст. 1269.*

48) Статья 1, Федерального закона от 03 апреля 1995г., № 40-ФЗ (ред. от 09 ноября 2020г.), «О федеральной службе безопасности».

49) Статья 1, Указа Президента РФ от 12 апреля 2021г., № 214, «О внесении изменения в Положение о Федеральной службе охраны Российской Федерации, утвержденное Указом Президента Российской Федерации от 7 августа 2004 г. № 1013», *СЗРФ, 19 апреля 2021г., № 16 (Часть I), ст. 2747.*

50) Государственная Дума Федерального Собрания (далее ГДФС), от 10 мая 2024г., «Вячеслав Володин: Президент внес в Государственную Думу представление по кандидатуре Михаила Мишустина на должность Председателя Правительства».

51) Постановление ГД ФС РФ от 10 мая 2024г., № 6061-8 ГД, «Об утверждении Мишустина Михаила Владимировича Председателем Правительства Российской Федерации», *СЗРФ, 13 мая 2024г., № 20, ст. 2582.*

52) Указ Президента РФ от 10 мая 2024г., № 319, «О Председателе Правительства Российской Федерации», *СЗРФ, 13 мая 2024г., № 20, ст. 2595.*

53) 規範的文書としては、国家会議決定第6062-8 ГД号から第6071-8 ГД号を参照。Постановление ГД ФС РФ от 13 мая 2024г., № 6062-8 ГД, «Об утверждении Мантурова Дениса Валентиновича Первым заместителем Председателя Правительства Российской Федерации», *СЗРФ, 20 мая 2024г., № 21, ст. 2654*; Постановление ГД ФС РФ от 13 мая 2024г., № 6071-8 ГД, «Об утверждении Чернышенко Дмитрия Николаевича Заместителем Председателя Правительства Российской Федерации», *СЗРФ, 20 мая 2024г., № 21, ст. 2663*; ГДФС, от 13 мая 2024г., «Депутаты утвердили кандидатуры на должности заместителей Председателя Правительства РФ: Председатель Государственной Думы Вячеслав Володин в ходе обсуждения подчеркнул, что все предложенные кандидатуры депутатам хорошо известны. Мы с ними прошли непростое время вызовов, с которыми столкнулась страна, — сказал он»; ГДФС, от 14 мая 2024г., «Государственная Дума утвердила кандидатуры министров нового состава Правительства РФ: Каждый из кандидатов представил программу основных направлений своей деятельности. Депутаты задали им вопросы, выступили руководители фракций».

54) Совет Федерации Федерального Собрания (далее СФФС), от 13 мая 2024г., «На заседании Комитета СФ по обороне и безопасности проведены консультации по предложенной Президентом РФ кандидатуре на должность Министра обороны»; от 13 мая 2024г., «На

230

заседании Комитета СФ по международным делам проведены консультации по предложенной Президентом РФ кандидатуре на должность Министра иностранных дел РФ»; от 13 мая 2024г., «Состоялись консультации комитетов Совета Федерации по предложенной Президентом России кандидатуре на должность главы МЧС»; от 13 мая 2024г., «Состоялись консультации комитетов Совета Федерации по предложенной Президентом России кандидатуре на должность Министра юстиции РФ; от 13 мая 2024г., «Состоялись консультации комитетов Совета Федерации по предложенной Президентом России кандидатуре на должность Министра внутренних дел РФ».

55) *Коммерсантъ*, от 13 мая 2024г., «Консультации на верхнем уровне: Совет федерации заслушал кандидатов в силовые министры»; от 14 мая 2024г., «Сенаторы приоткрыли закрытое: Совет федерации впервые поучаствовал в назначении силового блока правительства»; СФФС, от 13 мая 2024г., «На заседаниях Комитетов СФ проведены консультации по предложенным Президентом РФ кандидатурам на должности руководителей ряда федеральных ведомств: Консультации по кандидатурам будут продолжены на заседании Совета Федерации 14 мая. На заседаниях профильных Комитетов Совета Федерации проведены консультации по предложенным Президентом России кандидатурам на должности руководителей ряда федеральных ведомств».

56) Постановление СФ ФС РФ от 14 мая 2024г., № 118-СФ, «О проведении консультаций по предложенным Президентом Российской Федерации кандидатурам на должность руководителей федеральных органов исполнительной власти», *СЗРФ, 20 мая 2024г., № 21, ст. 2651*; СФФС, от 14 мая 2024г., «На 567-м заседании СФ состоялись консультации по кандидатурам на должности руководителей федеральных органов исполнительной власти».

57) Указ Президента РФ от 14 мая 2024 г., № 370, «О Первом заместителе Председателя Правительства Российской Федерации», *СЗРФ, 20 мая 2024г., № 21, ст. 2721*; Указ Президента РФ от 14 мая 2024 г., № 371, «О Заместителе Председателя Правительства Российской Федерации», *СЗРФ, 20 мая 2024г, № 21, ст. 2722*; Указ Президента РФ от 14 мая 2024 г., № 372, «О Заместителе Председателя Правительства Российской Федерации - Руководителе Аппарата Правительства Российской Федерации», *СЗРФ, 20 мая 2024г., № 21, ст. 2723*; Указ Президента РФ от 14 мая 2024 г., № 373, «О Заместителе Председателя Правительства Российской Федерации», *СЗРФ, 20 мая 2024г., № 21, ст. 2724*; Указ Президента РФ от 14 мая 2024 г., № 374, «О Заместителе Председателя Правительства Российской Федерации», *СЗРФ, 20 мая 2024г., № 21, ст. 2725*; Указ Президента Российской Федерации от 14 мая 2024 г., № 375, «О Заместителе Председателя Правительства Российской Федерации», *СЗРФ, 20 мая 2024г., № 21, ст. 2726*; Указ Президента РФ от 14 мая 2024 г., № 376, «О Заместителе Председателя Правительства Российской Федерации»,

СЗРФ, 20 мая 2024г., № 21, ст. 2727; Указ Президента РФ от 14 мая 2024 г., № 377, «О Заместителе Председателя Правительства Российской Федерации - полномочном представителе Президента Российской Федерации в Дальневосточном федеральном округе», *СЗРФ, 20 мая 2024г., № 21, ст. 2728*; Указ Президента РФ от 14 мая 2024 г., № 378, «О Заместителе Председателя Правительства Российской Федерации», *СЗРФ, 20 мая 2024г., № 21, ст. 2729*; Указ Президента РФ от 14 мая 2024 г., № 379, «О Заместителе Председателя Правительства Российской Федерации», *СЗРФ, 20 мая 2024г., № 21, ст. 2730*; Указ Президента РФ от 14 мая 2024 г., № 380, «О Министре внутренних дел Российской Федерации», *СЗРФ, 20 мая 2024г., № 21, ст. 2731*; Указ Президента РФ от 14 мая 2024 г., № 381, «О Министре Российской Федерации по делам гражданской обороны, чрезвычайным ситуациям и ликвидации последствий стихийных бедствий», *СЗРФ, 20 мая 2024г., № 21, ст. 2732*; Указ Президента РФ от 14 мая 2024 г., № 382, «О Министре иностранных дел Российской Федерации», *СЗРФ, 20 мая 2024г., № 21, ст. 2733*; Указ Президента РФ от 14 мая 2024 г., № 383, «О Министре обороны Российской Федерации», *СЗРФ, 20 мая 2024г., № 21, ст. 2734*; Указ Президента РФ от 14 мая 2024 г., № 384, «О Министре юстиции Российской Федерации», *СЗРФ, 20 мая 2024г., № 21, ст. 2735*; Указ Президента РФ от 14 мая 2024 г., № 390, «О Министре здравоохранения Российской Федерации», *СЗРФ, 20 мая 2024г., № 21, ст. 2741*; Указ Президента РФ от 14 мая 2024 г., № 391, «О Министре культуры Российской Федерации», *СЗРФ, 20 мая 2024г., № 21, ст. 2742*; Указ Президента РФ от 14 мая 2024 г., № 392, «О Министре науки и высшего образования Российской Федерации», *СЗРФ, 20 мая 2024г., № 21, ст. 2743*; Указ Президента РФ от 14 мая 2024 г., № 393, «О Министре природных ресурсов и экологии Российской Федерации», *СЗРФ, 20 мая 2024г., № 21, ст. 2744*; Указ Президента РФ от 14 мая 2024 г., № 394, «О Министре промышленности и торговли Российской Федерации», *СЗРФ, 20 мая 2024г., № 21, ст. 2745*; Указ Президента РФ от 14 мая 2024 г., № 395, «О Министре просвещения Российской Федерации», *СЗРФ, 20 мая 2024г., № 21, ст. 2746*; Указ Президента РФ от 14 мая 2024 г., № 396, «О Министре Российской Федерации по развитию Дальнего Востока и Арктики», *СЗРФ, 20 мая 2024г., № 21, ст. 2747*; Указ Президента РФ от 14 мая 2024 г., № 397, «О Министре сельского хозяйства Российской Федерации», *СЗРФ, 20 мая 2024г., № 21, ст. 2748*; Указ Президента РФ от 14 мая 2024 г., № 398, «О Министре спорта Российской Федерации», *СЗРФ, 20 мая 2024г., № 21, ст. 2749*; Указ Президента РФ от 14 мая 2024 г., № 399, «О Министре строительства и жилищно-коммунального хозяйства Российской Федерации», *СЗРФ, 20 мая 2024г., № 21, ст. 2750*; Указ Президента РФ от 14 мая 2024 г., № 400, «О Министре транспорта Российской Федерации», *СЗРФ, 20 мая 2024г., № 21, ст. 2751*; Указ Президента РФ от 14 мая 2024 г., № 401, «О Министре труда и социальной защиты Российской Федерации», *СЗРФ, 20 мая 2024г., № 21, ст. 2752*; Указ Президента РФ от 14 мая 2024 г., № 402, «О Министре финансов Российской Федерации», *СЗРФ, 20 мая 2024г., № 21, ст. 2753*; Указ Президента РФ от 14 мая 2024 г., № 403, «О Министре цифрового развития, связи и массовых коммуникаций Российской Федерации», *СЗРФ, 20 мая 2024г., № 21, ст. 2754*; Указ Президента РФ от 14 мая 2024 г., № 404, «О Министре экономического развития Российской Федерации», *СЗРФ, 20 мая 2024г., № 21, ст. 2755*; Указ Президента РФ от 14 мая 2024 г., № 405, «О Министре энергетики Российской Федерации», *СЗРФ, 20 мая 2024г., № 21, ст. 2756*; Указ Президента РФ от 14 мая 2024г., № 385, «О директоре Службы внешней разведки Российской Федерации», *СЗРФ, 20 мая 2024г., № 21, ст. 2736*; Указ Президента РФ от 14 мая 2024г., № 386, «О директоре Федеральной службы безопасности Российской Федерации», *СЗРФ, 20 мая 2024г., № 21, ст. 2737*; Указ Президента РФ от 14 мая 2024г., № 387, «О директоре Федеральной службы войск национальной гвардии Российской Федерации - главнокомандующем войсками национальной гвардии Российской Федерации», *СЗРФ, 20 мая 2024г., № 21, ст. 2738*; Указ Президента РФ от 14 мая 2024г., № 388, «О директоре Федеральной службы охраны Российской Федерации», *СЗРФ, 20 мая 2024г., № 21, ст. 2739*; Указ Президента РФ от 14 мая 2024г., № 389, «О начальнике Главного управления специальных программ Президента Российской Федерации», *СЗРФ, 20 мая 2024г., № 21, ст. 2740*.

58) Президент России, от 14 мая 2024г., «Встреча с членами Правительства».

59) Правительство России, от 15 мая 2024г., «Заседание Правительства».

60) 森下 1998, 8-10.

61) Статья 10, Конституции РФ.

62) Статья 1, Федерального конституционного закона от 17 декабря 1997г., № 2-ФКЗ (ред. от 28 декабря 2016г.), «О Правительстве Российской Федерации».

63) Часть 1, статьи 80, Конституции РФ.

64) Часть 3, статьи 80, «ж», «з», и «л», статьи 83, «е», статьи 84, «а», статьи 86, статьи 87, и статьи 88, Конституции РФ.

65) Часть 2 статьи 80, Конституции РФ.

66) Федеральный конституционный закон от 17 декабря 1997г., № 2-ФКЗ (ред. от 28 декабря 2016г.), «О Правительстве Российской Федерации», *СЗРФ, 22 декабря 1997г., № 51, ст. 5712*; Федеральный конституционный закон от 06 ноября 2020г., № 4-ФКЗ, «О Правительстве Российской Федерации», *СЗРФ, 09 ноября 2020г., № 45, ст. 7061*.なお本書では、前者を旧政府法、後者を新政府法という。

67) Часть 1, статьи 110, Конституции РФ (01 июля 2020 г.)

68) Статья 1, Федерального конституционного закона от 06 ноября 2020г., № 4-ФКЗ, «О Правительстве Российской Федерации».

69) Часть 1, статьи 1, Федерального конституционного закона от 06 ноября 2020г., №

4-ФКЗ, «О Правительстве Российской Федерации».

70) Часть 1, статьи 112, Конституции РФ.

71) «б¹», статьи 83, Конституции РФ (01 июля 2020 г.)

72) «Положение об Администрации Президента Российской Федерации (утв. Указом Президента РФ от 06 апреля 2004 г., № 490)», Указа Президента РФ от 06 апреля 2004 г., № 490, «Об утверждении Положения об Администрации Президента Российской Федерации», *СЗРФ, 12 апреля 2004 г., № 15, ст. 1395*; Федеральный закон от 28 декабря 2010 г., № 390-ФЗ, «О безопасности» (с изменениями и дополнениями), *СЗРФ, 03 января 2011 г., № 1, ст. 2*; Федеральный закон от 09 ноября 2020 г., № 365-ФЗ, «О внесении изменений в Федеральный закон О безопасности», *СЗРФ, 16 ноября 2020 г., № 46, ст. 7209*.

73) ロシア・ウクライナ戦争と個人支配については、次の文献を参照されたい。大澤2022.

74) Часть 2, статьи 80, Конституции РФ (01 июля 2020 г.)

75) Статья 11, Конституции РФ.

76) Часть 3, статьи 132, Конституции РФ (01 июля 2020 г.)

77) この点については、2020年憲法修正後における地方自治体に関する各種法令の整備や実際の運用状況、とくに地方自治体に対する大統領による直接的な指揮・監督について詳細な分析を要する。

78) «е⁵», статьи 83, Конституции РФ (01 июля 2020 г.)

79) Федеральный закон от 08 декабря 2020г., № 394-ФЗ, «О Государственном Совете Российской Федерации», *СЗРФ, 14 декабря 2020г., № 50 (часть III), ст. 8039*.

80) Часть 2, статьи 3, Федерального закона от 08 декабря 2020г., № 394-ФЗ, «О Государственном Совете Российской Федерации».

81) Статья 2, Указа Президента РФ от 21 декабря 2020г., № 800, «Вопросы Государственного Совета Российской Федерации (вместе с "Положением о рабочих органах Государственного Совета Российской Федерации и Секретаре Государственного Совета Российской Федерации")», *СЗРФ, 28 декабря 2020г., № 52 (Часть I), ст. 8793*.

82) Президент России, «Левитин Игорь Евгеньевич».

83) Статья 3 и 4, Указа Президента РФ от 21 декабря 2020г., № 800, «Вопросы Государственного Совета Российской Федерации (вместе с "Положением о рабочих органах Государственного Совета Российской Федерации и Секретаре Государственного Совета Российской Федерации")».

84) Распоряжение Президента РФ от 21 декабря 2020г., № 311-рп, «Об утверждении состава комиссии Государственного Совета Российской Федерации по обеспечению согласованного функционирования и взаимодействия органов публичной власти», *СЗРФ, 28 декабря 2020г., № 52 (ч. I), ст. 8802*; Распоряжение Президента РФ от 21 декабря 2020г., №

312-рп, «Об утверждении состава комиссии Государственного Совета Российской Феде-
рации по координации и оценке эффективности деятельности органов исполнительной
власти субъектов Российской Федерации», *СЗРФ, 28 декабря 2020г., № 52 (ч. I), ст. 8803.*
このほか、アントーン・アリハーノフ（Аниханов, А. А.）カリニングラード州知
事、オレーグ・コジェミャーコ（Кожемяко, О. Н.）プリモーリエ辺区知事に同様の人
事政策が採られている。

85）Указ Президента РФ от 21 декабря 2020г., № 800; ТАСС, от 21 декабря 2020г., «Путин
утвердил состав Госсовета»; Президент России, «Государственный Совет». 2020 年 12 月
21 日時点の構成。

86）«а», пункта 11, «Положения о рабочих органах Государственного Совета Российской
Федерации и Секретаре Государственного Совета Российской Федерации», Указом Пре-
зидента РФ от 21 декабря 2020г., № 800, «Вопросы Государственного Совета Российской
Федерации».

87）執政長官を中心とした執政部（executive branch）の中枢を指す。本書では、大統
領、政府議長（首相）、大統領を補佐・支援する国家機関（大統領府・安保会議）、お
よび大統領管轄連邦執行権力諸機関を執政部中枢の構成要素とする。

88）兵頭 2012, 1-10.

89）本書では、ロシア連邦安保会議書記と諸外国 NSC カウンターパート（例えば日本
の内閣官房国家安全保障局長）との安保協議を「NSC 外交」と記す。

90）長谷川 2016b.

91）Vendil-Pallin 2011, 25-26; Bacon 2019, 119-130.

92）Статья 15, Федерального закона от 28 декабря 2010г., № 390-ФЗ, «О безопасности»,
СЗРФ, 03 января 2011г., № 1, ст. 2.

93）佐藤 2014, 490-493.

94）2020 年 7 月の憲法修正後、「国家権力諸機関」は、「単一の公権力システム」と改
められた。Часть 2, статьи 80, Конституции РФ, (принята всенародным голосованием 12
декабря 1993г. с изменениями, одобренными в ходе общероссийского голосования 01
июля 2020г.)

95）Часть 2 и 3, статьи 80, Конституции РФ.

96）Указ Президента РФ от 05 апреля 2016г., № 157, «Вопросы Федеральной службы войск
национальной гвардии Российской Федерации», *СЗРФ, 11 апреля 2016г., № 15, ст. 2072.*

97）Указ Президента РФ от 16 января 2020г., № 15(ред. от 07 марта 2020г.), «О внесении из-
менений в некоторые акты Президента Российской Федерации», *СЗРФ, 20 января 2020г.,
№ 3, ст. 245.*

98）2020 年 3 月 7 日付大統領令第 175 号により、（2）は廃止。Статья 3, Указа Президен-
та РФ от 07 марта 2020г., № 175, «О некоторых вопросах Совета Безопасности Россий-

ской Федерации (вместе с "Положением о Совете Безопасности Российской Федерации", "Положением об аппарате Совета Безопасности Российской Федерации")», *СЗРФ, 09 марта 2020г., № 10, ст. 1323.*

99) Указ Президента РФ от 16 января 2020г., № 16, «О Заместителе Председателя Совета Безопасности Российской Федерации», *СЗРФ, 20 января 2020г., № 3, ст. 249.*

100) Федеральный закон от 06 февраля 2020г., № 6-ФЗ, «О внесении изменения в статью 15 Федерального закона "О безопасности"», *СЗРФ, 10 февраля 2020г., № 6, ст. 585.*

101) Система обеспечения законодательной деятельности (СОЗД), Законопроект № 883656-7, https://sozd.duma.gov.ru/bill/883656-7#bh_histras

102) Указ Президента РФ от 07 марта 2020г., № 175, «О некоторых вопросах Совета Безопасности Российской Федерации (вместе с "Положением о Совете Безопасности Российской Федерации", "Положением об аппарате Совета Безопасности Российской Федерации")», *СЗРФ, 09 марта 2020г., № 10, ст. 1323.*

103) Указ Президента РФ от 16 января 2020г., № 16, «О Заместителе Председателя Совета Безопасности Российской Федерации», *СЗРФ, 20 января 2020г., № 3, ст. 249.*

104) Совбез РФ, 20 января 2020г., «Президент провёл оперативное совещание с постоянными членами Совета Безопасности», http://www.scrf.gov.ru/news/allnews/2711/

105) СОЗД, Заседание 270, Законопроект № 883656-7, https://sozd.duma.gov.ru/bill/883656-7

106) «ж», статьи 83, Конституции РФ.

107) Указ Президента РФ от 06 мая 2011г., № 590, «Вопросы Совета Безопасности Российской Федерации», *СЗРФ, 09 мая 2011г., № 19, ст. 2721.*

108) Указ Президента РФ от 25 мая 2012г., № 715, «Об утверждении состава Совета Безопасности Российской Федерации», *СЗРФ, 28 мая 2012г., № 22, ст. 2758.*

109) Указ Президента РФ от 11 января 1995г., № 32 (ред. от 21 января 2020г.), «О государственных должностях Российской Федерации», *Российская газета, № 11-12, от 17 января 1995г.*; 改訂後の条文テキストは以下のウェブサイトを参照。Система Гарант, https://base.garant.ru/10103572/

110) 執行権力の優位性をめぐる議論については、第1章第3節を参照。

111) «г», части 1, статьи 102, Конституции РФ.

112) Постановление СФ ФС РФ от 01 марта 2014г., № 48-СФ, «Об использовании Вооруженных Сил Российской Федерации на территории Украины», *СЗРФ, 03 марта 2014г., № 9, ст. 862*; Президент России, от 21 февраля 2014г., http://kremlin.ru/events/security-council/20301; от 25 февраля 2014г., http://kremlin.ru/events/security-council/20339; от 06 марта 2014г., http://kremlin.ru/events/security-council/20393

113) Пункт 19, «Положения о Совете Безопасности Российской Федерации», Указом Президента РФ от 07 марта 2020г., № 175.

114）Указ Президента РФ от 06 мая 2011г., № 590, «Вопросы Совета Безопасности Российской Федерации», *СЗРФ, 09 мая 2011г., № 19, ст. 2721.*

115）表中、括弧内の数字は、規程の種類および条項の番号を指す。例えば（2011-22-ж）は、2011 年安保会議規程の第 22 条（Ж）、（23-ж）とした場合は、たんに第 23 条（Ж）を意味する。

116）Совбез РФ, Новости, от 27 февраля 2020г., http://www.scrf.gov.ru/news/allnews/2743/

117）*Известия*, от 05 марта 2020г., «Медведев прибыл в Казахстан для обсуждения сотрудничества в сфере безопасности», https://iz.ru/983882/2020-03-05/medvedev-pribyl-v-kazakhstan-dlia-obsuzhdeniia-sotrudnichestva-v-sfere-bezopasnosti

118）Совбез РФ, Новости, от 11 марта 2020г., http://www.scrf.gov.ru/news/allnews/2752/

119）Совбез РФ, Новости, от 27 марта 2020г., http://www.scrf.gov.ru/news/allnews/2762/

120）Совбез РФ, Новости, от 21 мая 2020г., http://www.scrf.gov.ru/news/allnews/2789/

121）Совбез РФ, Новости, от 14 февраля 2020г., http://www.scrf.gov.ru/news/allnews/2727/

122）Совбез РФ, Новости, от 30 марта 2020г., http://www.scrf.gov.ru/news/allnews/2765/

123）Совбез РФ, Новости, от 28 июля 2020г., http://www.scrf.gov.ru/news/allnews/2814/

124）Совбез РФ, Новости, от 19 февраля 2020г., http://www.scrf.gov.ru/news/allnews/2734/

125）Совбез РФ, Новости, от 25 февраля 2020г., http://www.scrf.gov.ru/news/allnews/2740/

126）Совбез РФ, Новости, от 18 апреля 2020г., http://www.scrf.gov.ru/news/allnews/2773/

127）Совбез РФ, Новости, от 03 июля 2020г., http://www.scrf.gov.ru/news/allnews/2803/

128）Совбез РФ, Новости, от 27 февраля 2020г., http://www.scrf.gov.ru/news/allnews/2742/

129）Совбез РФ, Новости, от 27 марта 2020г., http://www.scrf.gov.ru/news/allnews/2764/; от 10 апреля 2020г., http://www.scrf.gov.ru/news/allnews/2769/; от 20 мая 2020г., http://www.scrf.gov.ru/news/allnews/2785/; от 09 июля 2020г., http://www.scrf.gov.ru/news/allnews/2797/

130）氏名の後の丸括弧内の数字は、2024 年 5 月末日時点の年齢。※の後の数字は退任時の年齢。略歴の丸括弧内の数字は、西暦と月、例えば、（81.5）は 1981 年 5 月、（04.11）は 2004 年 11 月を指す。

131）Совбез РФ, http://www.scrf.gov.ru/about/leadership/person105/

132）Совбез РФ, http://www.scrf.gov.ru/about/leadership/person63/

133）Совбез РФ, http://www.scrf.gov.ru/about/leadership/person348/; Лента. ру, «Вахруков, Сергей Бывший губернатор Ярославской области», https://lenta.ru/lib/14186180/

134）Совбез РФ, http://www.scrf.gov.ru/about/leadership/Venediktov/

135）Совбез РФ, http://www.scrf.gov.ru/about/leadership/person280/

136）ТАСС, от 06 декабря 2013г., «Биография Юрия Кокова», https://tass.ru/info/815684; Виперсон «Коков Юрий Александрович – биография», http://viperson.ru/people/kokov-yuriy-aleksandrovich; РИА Новости, от 26 сентября 2018г., «Биография Юрия Кокова», https://ria.ru/spravka/20180926/1529409465.html; Совбез РФ, http://www.scrf.gov.ru/about/

leadership/KokovYuA/

137) Совбез РФ, http://www.scrf.gov.ru/about/leadership/person281/

138) Совбез РФ, http://www.scrf.gov.ru/about/leadership/Hramov/; シェフツォーフ (Шевцов, А. Л.) 副書記については次の資料を参照。Совбез РФ, http://www.scrf.gov.ru/about/leadership/Shevcov/

139) Совбез РФ, http://www.scrf.gov.ru/about/leadership/Abelin/

140) Совбез РФ, http://www.scrf.gov.ru/about/leadership/person354/

141) Лента. Ру, https://lenta.ru/news/2015/07/20/mukhitov/

142) Указ Президента РФ от 02 апреля 2016г., № 150, «О помощнике Секретаря Совета Безопасности Российской Федерации», *СЗРФ, 04 апреля 2016г., № 14, ст. 1989*; Указ Президента РФ от 08 июля 2024г., № 575, «О Мухитове Н.М.», *СЗРФ, 15 июля 2024г., № 29 (ч. III), ст. 4229.*

143) Совбез РФ, http://www.scrf.gov.ru/about/leadership/person240/

144) *РБК*, от 01 января 2023г., «Путин назначил замену уволенному из Совбеза автору слов о «десатанизации»»; Федерал Пресс, https://fedpress.ru/person/3191247

145) Федерал Пресс, https://fedpress.ru/person/3208722

146) ТАСС, «Чеботарев, Сергей Викторович», https://tass.ru/encyclopedia/person/chebotarev-sergey-viktorovich; *Коммерсантъ*, «Кто теперь власть», https://www.kommersant.ru/doc/4225921/w/chebotarev

147) ТАСС, «Осипов, Олег Сергеевич», https://tass.ru/encyclopedia/person/osipov-oleg-sergeevich; РУспех, «Осипов Олег Сергеевич», https://ruspekh.ru/people/osipov-oleg-sergeevich

148) *Коммерсантъ*, от 12 ноября 2018г., «Чем известен Сергей Соболев», https://www.kommersant.ru/doc/3797826; РИА Новости, от 12 ноября 2018г., «Биография Сергея Соболева», https://ria.ru/20181112/1532618078.html

149) Лента.ру, «Тринога, Михаил», https://lenta.ru/lib/14189748/, *Российская газета*, от 05 июня 2012г., «Распоряжение Правительства Российской Федерации от 25 мая 2012 г. N 845-р г. Москва "О Триноге М.И."».

150) Внешпол, Дипломаты, https://vneshpol.ru/diplomat/cvetkov-dmitriy-yurevich; Указ Президента РФ от 07 ноября 2013г., № 830, «О назначении Цветкова Д.Ю. Чрезвычайным и Полномочным Послом Российской Федерации в Королевстве Камбоджа», *СЗРФ, 11 ноября 2013г., № 45, ст. 5802*; Указ Президента РФ от 04 мая 2020г., № 301, «О Цветкове Д.Ю.», *СЗРФ, 11 мая 2020г., № 19, ст. 2979*; Указ Президента РФ от 07 июля 2020г., № 447, «О помощнике Заместителя Председателя Совета Безопасности Российской Федерации», *СЗРФ, 13 июля 2020г., № 28, ст. 4416.*

151) Правительство РФ, http://archive.government.ru/special/persons/223/

152) *Коммерсантъ*, от 27 июня 2022г., «Путин назначил Михаила Михеева помощником Медведева»; *Новая газета*, от 19 апреля 2019г., «Мир в Раздорах Будет ли в декларации начальника охраны Дмитрия Медведева дворец с колоннадой в элитной подмосковной деревне?».

153) 生年月日が公開されていない者を除く。

154) Совбез РФ, Новости, от 10 августа 2020г., http://www.scrf.gov.ru/news/allnews/2820/

155) Указ Президента РФ от 25 августа 2020г., № 526, «О Межведомственной комиссии Совета Безопасности Российской Федерации по вопросам обеспечения национальных интересов Российской Федерации в Арктике (вместе с "Положением о Межведомственной комиссии Совета Безопасности Российской Федерации по вопросам обеспечения национальных интересов Российской Федерации в Арктике")», *СЗРФ, 31 августа 2020г., № 35, ст. 5549.*

156) Совебез, от 13 сентября 2024г., «О визите Секретаря Совета Безопасности Российской Федерации С.К.Шойгу в КНДР».

157) *Ведомости*, от 22 июля 2024г., «У Шойгу будет восемь замов и три помощника: Штатная численность Совбеза при новом секретаре не изменится».

第6章 | ウクライナ戦争と
ロシア大統領権力の変容

2022年2月24日以降の第2次ロシア・ウクライナ戦争下において、ロシア政治にはいかなる変化がみられるのであろうか。言論統制をはじめとする厳格な社会安全保障政策の導入、部分動員令と軍需産業の動員、緊急経済対策に象徴される戦時体制が形成されるなか、政治エリートはどのように振る舞っているのであろうか。本章では、現在進行形の戦争を5つのフェーズに分けた上で、戦時における国家官僚機構の機能に焦点を当て、ロシア大統領権力の現在に迫る。

1. 戦争とロシア内政

　本章では、第2次ロシア・ウクライナ戦争下におけるロシア政治・外交・軍事安全保障政策の現状分析を行う[1]。2020年憲法改革を経て、「超大統領制」が制度化し、プーチン大統領による個人支配の程度は一層強まる傾向にあったが、そこで規定された大統領権力の実際的な運用を観察するには、2024年5月の戦時下における組閣プロセスを含め、現状の分析は欠かせない。本章では、執政中枢の制度変更や政治エリートの人事分析を通じて、戦時下のロシア大統領権力について検討する。

　2022年2月24日の開戦以降、ウクライナ戦争における戦闘の様相は、戦車・歩兵戦闘車・榴弾砲といった装備品を大規模に投入した伝統的な陸戦の側面と、当事国双方が無人機の誘導、測位・航法、偵察、通信といった様々な用途で宇宙を作戦利用する[2]現代戦の側面を持ち合わせており、戦争の経過（兵員の損耗と他国による軍事支援）とともに、ロシア軍、ウクライナ軍双方による用兵の実際にも変化がみられる。戦争が長期化するにつれて、兵員の補充のみならず軍需産業の操業時間延長（24時間体制化）を含む幅広い意味における国家の動員政策が焦点となっている[3]。

　プーチン大統領は、2022年9月21日、第二次世界大戦後初となる部分的な動員の実施に踏み切った[4]。「特別軍事作戦」が身近に迫ったロシア市民の間では一時的に動揺が広がり[5]、クレムリンのペスコフ（Песков, Д. С.）大統領報道官や首都モスクワのソビャーニン（Собянин, С. С.）市長らは事態の収拾に向け、対応を迫られた[6]。

　また、ロシア兵の不足を補う形で主にバフムートなど東部戦線に投入されたロシアの民間軍事会社「ワグネル」は、時の経過とともにその存在感を高め[7]、代表のプリゴージン（Пригожин, Е. В.）による政府・軍高官など体制の既存エリート層に対する批判の度合いも強まった[8]。2023年6月の「ワグネルの反乱」（ないし「正義の行進」[9]）は、プリゴージンと国防省・ロシア軍の軋轢から生起したものと考えられるが、「反乱」が既存の政治エリートに与える影響について議論が活発化するなど、ロシア政治の安定性にも注目が集まった[10]。

プーチン大統領を中核とした現在のロシアの政治体制は、戦時下においても安定性を維持し、2024年3月の大統領選挙を経て、同年5月には通算5期目となる第3次プーチン政権が発足した。また、戦時下のロシアでは対外政策も大きく変化し、2023年3月には外交政策の基本方針を定めた「対外政策概念」が改訂され、「非西洋世界」との連接性の強化が謳われた。さらに2024年11月には「露朝包括的戦略パートナーシップ条約」（以下、露朝条約）の批准手続きが完了し、露朝間の軍事協力が進展している。以下、本章では2022年2月の開戦から2024年11月の露朝条約批准までの期間におけるロシアの政治過程を5つの時期に区分して、進行中の事象を含めた現状の分析を提示する。

2. 戦時下の大統領権力

2-1. 初期段階——開戦の衝撃と頭角を現すテクノクラート

　2022年2月に始まる第2次ロシア・ウクライナ戦争について、現代ロシア政治史研究の文脈で捉えた場合、主に次の事象が画期となろう。すなわち、(1) 初期段階（軍事侵攻に至るプロセスと「軍事作戦の第1段階」）、(2) 第1次動員（2022年9月のウクライナ軍によるハルキウ奪還からプーチン大統領による部分動員の発令および「4州併合」プロセス）、(3) 第2次動員（2023年6月の「プリゴージンの乱」と大統領による政治権力の調整）、(4) 第3次プーチン政権の発足（2024年5月の組閣をめぐる政治過程）、(5) 露朝関係の新展開（2024年11月の露朝条約批准）である。

　プーチン政権は、2021年春からウクライナ国境付近にロシア軍部隊を繰り返し大規模に集結させ、ゼレンスキー（Зеленський, В. О.）政権に対して、強い軍事的圧力をかけてきた。2021年秋以降、こうした軍事面での緊張が一層厳しさを増すなか、プーチン政権は、12月17日、NATO・米国に対して、NATOのさらなる東方不拡大や1997年5月以前の戦力配備への回帰を求める条約案を発表するに至り[11]、2022年2月にかけて米欧・ロシア間で首脳会談や外相会談、国家安全保障政策を所掌する政府高官による対話が重ねられた[12]。

この時期、ロシア内政上の注目すべき事象としては、2022年1月19日の野党・ロシア連邦共産党による「ドネツク人民共和国」および「ルガンスク人民共和国」の国家承認を求める決議案の提出が挙げられる[13]。いわゆる「ドンバス問題」が国家会議（下院）という公式制度において、議論の俎上に載せられた事象そのものが重要な政治変動として捉えられる。類似した提案は与党・統一ロシアからも提出されており[14]、この政治変動の背景には、共産党の自立性のほかに、議会・政党・社会団体間の調整を担う大統領府国内政策局と対ウクライナ政策を担う大統領府国境協力局など、大統領個人を支えるアクターによる政策過程の主導性があろう。

　侵攻をめぐる政策決定過程については、序章でも検討したようにこの時期以降は資料的制約が極めて大きく、ほぼ「ブラックボックス」の状況にあるが、2022年2月21日に開催された「ドンバス問題」をめぐる安保会議拡大会合の実施段階で、すでにプーチン大統領はウクライナへの軍事侵攻の決断を下していたともいわれ、少なくとも拡大会合の参加者のなかに「動揺」をみせる者がいたことは確認される[15]。

　2022年初頭のロシアにおける政治変動は、「NATO問題」と「ドンバス問題」の急速な先鋭化と両者の統合プロセスに特徴づけられよう。「特別軍事作戦」をめぐるプーチン大統領による一連の演説は、「ドンバス問題」をはじめとするロシア・ウクライナ関係をめぐる言説とソ連邦解体後のNATOの東方拡大に関する言説の不完全な統合プロセスの帰結として捉えられる。その結果として形成されたナラティブは、必ずしも国際的な言論空間において、一定の説得力をもって流通するまでには至らない、やや急ごしらえのものであったといえよう。

　初期段階における政治エリートの動向に目を向けると、権力中枢というよりも、周縁部から不満の声や一部の離反者が生じる傾向にあった[16]。米欧諸国が対露制裁を導入するなか、ナビウーリナ（Набиуллина, Э. С.）中央銀行総裁の再任を含めて、いわゆるシロヴィキ勢力のみならず、経済・財政畑の中核的な国家官僚は体制内に残り、テクノクラートの存在感の高まりと政治エリート全般の凝集性は維持された[17]。

　2022年2月24日の軍事侵攻当日、ミシュースチン（Мишустин, М. В.）首

相率いる連邦政府は「制裁およびその他脅威からロシアの主要企業と金融市場を保護する諸措置」を発表し[18]、翌25日にはシルアーノフ（Силуанов, А. Г.）財務相、チシューヒン（Чистюхин, В. В.）中央銀行第1副総裁、マーントゥロフ（Мантуров, Д. В.）産業通商相、ドミートリ・パートルシェフ（Патрушев, Д. Н.）農相らを集めて「経済情勢の現況についての会合」を開催した[19]。さらに2月28日、ミシュースチン首相は、ベロウーソフ（Белоусов, А. Р.）第1副首相を含むすべての副首相を集めて「緊急会合」を開催するなど、臨時の枠組みを通じて事態対応にあたった[20]。

3月以降は既存の枠組みである「制裁下におけるロシア経済の安定性向上に関する連邦政府委員会」を活用したが[21]、ウクライナ戦争の推移とともに、連邦政府の緊急事態対処チームの体制も徐々に整えられた。

侵攻直後の社会・経済的な混乱期における事態対処では、ミシュースチン首相、ベロウーソフ第1副首相、ソビャーニン・モスクワ市長らが中心的な役割を担ったといわれるが、このチームはCOVID-19対策における連邦政府の調整メカニズムを拡張したものであり[22]、政策領域は異なるものの、事態対処の枠組みは柔軟に再利用されている。

ウクライナ戦争下で存在感を発揮しているミシュースチンが権力中枢に現れたのは、プーチン大統領が憲法改革の実施を明らかにした2020年1月15日である。翌日には憲法改革が本格的に始動し、メドヴェージェフ内閣が総辞職するとともに、ミシュースチンが後継の首相候補として国家会議（下院）に提案された。なかばサプライズ人事として突如新内閣を率いることになったミシュースチンは、前任のメドヴェージェフと同世代の「テクノクラート」である。1966年にモスクワに生まれ、システムエンジニアとしての勤務経験を有し、税務畑の国家官僚として頭角を現して、2010年から2020年まで連邦税務庁長官を務めた[23]。税務システムの電子化を推進した実績が評価されており[24]、いわゆる「近代化」路線を国家官僚として実務的に支えた人物であると同時に、国家的統制の強化を目指す「シロヴィキ」とも一定の共通項を持つ。ウクライナ戦争下の新たな政治状況にミシュースチン首相が「適応」した背景には、税務畑としての彼の「管理志向」があろう。

プーチン体制下の政治エリートは、2000年代初頭のペテルブルク人脈を

はじめとする諸勢力の多様化が進んでおり、もはや「シロヴィキ」と「テクノクラート」といった二分法では説明できない。有力者を頭とする様々なグループが存在し、彼らは時として対立・競合し、特定の分野で協力する状況がウクライナ戦争下では観察される。

2–2. 第1次国内動員段階

2022年8月から9月にかけて、ウクライナ軍による反転攻勢が進展し、ハルキウ州の大部分が奪還されると、プーチン大統領は、9月21日に部分動員令を発令し、10月初旬にかけて「4州併合」プロセスを断行した。この時期のロシアでは、30万人ともいわれる部分動員を通じて兵員補充が行われたほか[25]、軍需産業の態勢強化も図られ、「4州併合」宣言とともに戒厳令や高度警戒態勢が導入されるなど[26]、連邦レベルの動員体制の構築が急速に進んだ。

10月21日には「ロシア軍・その他軍・軍事部隊及び機関の調達需要を保障する連邦政府附属調整会議」(以下、軍需調達調整会議)が大統領令によって設置された[27]。軍需調達調整会議は「特別軍事作戦」の遂行において、連邦中央と地方の執行権力機関の調整機能を強化するために設置されたもので、議長にはミシュースチン首相、副議長にはドミートリ・グリゴレーンコ(Григоренко, Д. Ю.)副首相 兼 官房長とマーントゥロフ副首相 兼 産業通商

表6–1：ロシア軍・その他軍・軍事部隊および機関の調達需要を保障する連邦政府附属調整会議の構造(2022年10月21日時点)[28]

会議幹部	議長	ミシュースチン首相
	副議長	グリゴレーンコ(Григоренко, Д. О.)副首相 兼 官房長
		マーントゥロフ副首相 兼 産業・通商大臣

委員：ボールトニコフ連邦保安庁長官、ゴーリコヴァ(Голикова, Т. А.)副首相、エゴーロフ(Егоров, Д. В.)連邦税務庁長官、ゾーロトフ国家親衛軍連邦庁長官、カラコーリツェフ内務相、クレンコーフ(Куренков, А. В.)民間防衛問題・緊急事態・災害復旧相、リネーツ(Линец, А. Л.)大統領特別プログラム総局長、ナルィシキン対外諜報庁長官、ノーヴァク(Новак, А. В.)副首相、オレーシキン(Орешкин, М. С.)大統領補佐官、レシェートニコフ(Решетников, М. Г.)経済発展相、シルアーノフ(Силуанов, А. Г.)財務相、ソビャーニン(Собянин, С. С.)モスクワ市長、フスヌーリン(Хуснуллин, М. Ш.)副首相、チェルヌィシェーンコ(Чернышенко, Д. Н.)副首相、ショイグー国防相

(筆者作成)

相が任命された[29)]。

　この連邦政府附属の軍需調達調整会議のほか、大統領附属の軍需産業委員会が戦時下の軍産複合体における動員体制の構築プロセスで主導的な役割を担っているものと考えられる。大統領附属軍需産業委員会も部分動員の発令後に体制が増強され、2022年12月26日には、軍需産業委員会第1副議長にメドヴェージェフ安保会議副議長が任命された[30)]。

　軍需産業委員会は、軍事技術確保の領域における国家政策を担う大統領附属委員会の一つであり[31)]、次席の委員会副議長には、経済畑として戦時下のロシア経済のマネージメントに従事しているマーントゥロフ副首相 兼 産業通商相が2022年7月に任命されており、実務を担う委員会参事会議長を兼ねている[32)]。参事会第1副議長には、参謀本部組織動員総局長や陸軍総司令官第1代理などを歴任したトンカシクーロフ（Тонкошкуров, В. П.）が就いており、参事会メンバーには、機微技術の開発・情報管理を担うFSB科学技術局長も名を連ねる[33)]。

　2023年5月には、軍需産業委員会における意思決定の迅速化を図るため、新たに幹部会が設置された。また主に連邦レベルの全般的な動員政策を担い、軍需調達調整会議委員も務めるリニェーツ（Линец, А. Л.）大統領特別プログラム総局長のほか、トルートネフ（Трутнев, Ю. П.）副首相 兼 極東連邦管区大統領全権代表をはじめとするすべての連邦管区大統領全権代表が新たに軍需産業委員に任命された[34)]。

　クレムリンは、操業時間の延長を含め、軍需産業の生産体制強化に向けた施策を次々と打ち出しており、その実施状況を監督するために、連邦管区制という制度的枠組みが用いられている。連邦管区制をはじめとする2000年代の第1次プーチン政権期に構築された新たなシステムは、戦時下の国内動員体制の構築をめぐる政策サイクルに組み込まれている。

　ただし、こうした大統領や連邦政府に附属した委員会・会議は、安保会議・会議体および事務機構、大統領府内部部局との間で、所掌事項の重複が起こりうる。2024年6月、大統領府に内部部局として新設された軍需産業領域国家政策局は、大統領附属対外軍事技術協力問題委員会の事務局としての機能を付与されるなど[35)]、戦時下においても政策の総合調整メカニズムは、

第6章　ウクライナ戦争とロシア大統領権力の変容　247

表6-2：軍需産業委員会の構造（2023年5月29日時点)[36]

委員会幹部	委員会議長	プーチン大統領
	委員会第1副議長	メドヴェージェフ安保会議副議長
	委員会副議長（兼 参事会議長）	マーントゥロフ副首相 兼 産業通商大臣
	委員会書記（兼 参事会第1副議長）	トンカシクーロフ
委員	大臣・長官・次官・次長級	安保会議書記、連邦保安庁長官、対外諜報庁長官、国家親衛軍連邦庁長官、国防相、参謀総長、内務相、財務相、緊急事態相、経済発展相、リニェーツ（Линец, А. Л.）大統領特別プログラム総局長、オレーシキン大統領補佐官（経済担当）、クリヴォルーチコ（Криворучко, А. Ю.）国防次官（軍事技術開発・装備品調達担当）
	連邦管区大統領全権代表	北西・中央・沿ヴォルガ・南部・北カフカース・ウラル・シベリア・極東の8連邦管区の大統領全権代表
	軍需産業等関係者	チェーメゾフ（Чемезов, С. В.）ロステフ総裁、ボリーソフ（Борисов, Ю. И.）ロスコスモス総裁、ロスアトム総裁
参事会幹部	参事会議長	マーントゥロフ副首相 兼 産業通商大臣
	参事会第1副議長	トンカシクーロフ委員会書記
	参事会副議長 兼 委員会附属科学技術会議議長	トゥーリン（Тюлин, А. Е.）（ロケット・宇宙担当、軍事アカデミー教授）
	参事会事務局長	スチョーシュカ（Стежка, Б. В.）連邦政府官房次長
参事会構成員	パポーフ（Попов, М. М.）安保会議副書記、リニェーツ大統領特別プログラム総局長、チトフ（Титов, Ю. А.）連邦警護庁設備局長、ベズービコフ（Беззубиков, А. С.）国家親衛軍連邦庁次長 兼 副司令官、対外諜報庁次長、財務第1次官、緊急事態次官、産業通商次官、経済発展次官、ミハイロフ（Михайлов, М. Ю.）連邦保安庁科学技術局長、連邦政府軍需産業局長・国防調達編成局長・管理部門活動保障局長、クリヴォルーチコ（Криворучко, А. Ю.）国防次官、連邦軍事技術協力庁長官、内務次官、保健大臣、ボーンダレフ（Бондарев, В. Н.）連邦会議（上院）国防・安全保障委員長、カルタポーラフ（Картаполов, А. В.）国家会議（下院）国防委員長、アルジマノフ（Арзиманов, А. А.）（元参謀本部諜報総局担当部長）、シポールト（Шпорт, В. И.）（元ハバロフスク辺区知事・航空機産業）、オシカ（Осыко, М. В.）（元国防省調達部門幹部）、パスペーロフ（Поспелов, В. Я.）（元造船庁長官）、スミルノフ（Смирнов, С. А.）（スホーイ社）、ヤルモリューク（Ярмолюк, В. Н.）戦術ミサイル社第1副総裁など国家機関・軍需産業界関係者54名から構成	

（筆者作成。肩書は2023年5月29日時点のもの）

最終的にはクレムリンの局長・局次長級以下の国家官僚の働きに依存する部分が大きい。

3. 第2次動員

3-1. 「プリゴージンの乱」と政治権力の調整

第2次ロシア・ウクライナ戦争では、ロシア正規軍の激しい損耗を補う形で、ロシアの民間軍事会社（PMC）ワグネルが主にウクライナ東部戦線に投入されるなど、ロシア軍、国家親衛軍やFSB国境警備局をはじめとする準軍事組織、PMCなどが入り交じる状況が生起した。ロシアのPMCは、ワグネルのほかに、モスクワに拠点を置くRSB-Group、輸送など後方支援を得意とするMAR（ペテルブルク拠点）、海上警備を得意とするMoran Security Group、第45独立親衛特殊任務連隊と関係が深いとされるShchit（盾）などがあり、ロシア軍参謀本部総局（GRUないしGU）や空挺軍（VDV）、FSB、対外諜報庁（SVR）との連携やシリアへの介入といった共通項を持つ[37]。

ワグネルのプリゴージン代表は、SNS（Telegram）を通じた国防省・ロシア軍に対する不満の表明など、情報空間における発信力を高め、非公式勢力の影響力伸張がロシアの政治変動において観察されることとなった。

2023年6月には、PMC所属戦闘員と義勇軍に対して、7月1日までに国防省と契約するようプーチン大統領が求め[38]、チェチェン共和国の即応特殊部隊「アフマト」が実際に国防省と契約を締結した[39]。国防分野における動員と集権化という観点から、本章では、こうしたクレムリンによる非公式勢力への「強い要請」を第2次動員と位置づける。

こうしたクレムリンによる政治権力の調整に強く反発したのがプリゴージンである。2023年6月23日から25日にかけて展開された「プリゴージンの乱」は、ベラルーシのルカシェンコ大統領が仲介する形で、極めて短期間のうちに事態の鎮静化が図られた。

その過程では、ヴァイノ大統領府長官、パートルシェフ安保会議書記、グルィズローフ（Грызлов, Б. В.）駐ベラルーシ大使が重要な役割を果たしたといわれ、以下詳細に検討するように、戦時下における政治エリートの権力関

デューミン
出典）Президент России, http://www.kremlin.ru/events/president/news/73960

係がある程度浮き彫りとなった[40]。

グルィズローフとパートルシェフは、レニングラード時代に第211学校の同級生で、パートルシェフは、連邦保安庁長官、安保会議書記として、長期にわたりプーチン体制を支えてきた。一方のグルィズローフは内務相（2001-2003年）、統一ロシア党最高評議会議長（2002年-）、下院議長（2003-2011年）、ウクライナ・コンタクトグループ全権代表（2015年12月～）、軍需産業「戦術ミサイル社」代表取締役などを経て、2022年6月から駐ベラルーシ特命全権大使に任命されている[41]。

また、プーチン大統領の「従者」、「随行員」として、FSO幹部とともに重要な政治エリートに分類されるヴァイノ大統領府長官は[42]、外務省出身の大統領府高官で、長く儀典部門に勤務し、タンデム政権期にはプーチン首相とともに連邦政府に移り、儀典長 兼 官房次長に任命された人物である（第4章）。

さらに、「プリゴージンの乱」においては、進軍ルート上に位置するトゥーラ州のデューミン（Дюмин, А. Г.）知事も事態の鎮静化に関与したという[43]。デューミン知事は、1996年から2013年まで連邦警護庁（FSO）に勤め、エリツィン、チェルノムイルジン、プーチンなどの要人警護にあたり、2013年からGRU（GU）次長を務めたシロヴィキである[44]。FSO時代の上司であるゾーロトフ国家親衛軍連邦庁長官の影響下にあるといわれ、そのゾーロトフ長官とショイグー国防相の対立関係も指摘されている[45]。

2023年6月の反乱は、政治権力の調整者としてのロシア大統領制がひとまずは機能したという点で、翌2024年3月の大統領選を前に、政治エリートの行動を規定する重要な画期となった。

3-2. 連邦警護庁——もう一つの「体制維持装置」

「プリゴージンの乱」は、クレムリンに仕える政治エリートの凝集性を示すとともに、権力闘争の様態も炙り出した。とくに「反乱」を受けての、大統領の身辺警護を担うFSO関係者（出身者を含む）の影響力伸張は特筆すべきであろう。

プーチン体制の維持装置といえば、連邦保安庁（FSB）を中心とした「シロヴィキ」勢力が真っ先に挙げられるであろう。一般に「シロヴィキ」は、「軍・治安機関関係者」を指すが、彼らの所属する組織の構造は実に複雑である。

連邦法「国防について」第1条に定められた「連邦軍」、「その他軍」、「軍事組織」、「軍事機関」として、国防省・ロシア軍、防諜・諜報活動を担当する連邦保安庁（FSB）および対外諜報庁（SVR）、警備実施部隊を有する内務省（MVD）および国家親衛軍連邦庁（Rosguard）のほか、民間防衛問題・緊急事態・災害復旧省（緊急事態省）、連邦捜査委員会軍事捜査機関、軍検察機関、連邦レベルの動員政策を担う大統領特別プログラム総局があり、連邦警護庁（FSO）も国防法第1条第6項に定められた「軍事機関」に含まれる[46]。また、管財部門として大統領官邸・公邸や政府専用機などの管理を担う大統領総務局も警衛・警護警備という任務の特性に鑑みて[47]、FSOとの関係が極めて深く、「シロヴィキ」を構成する主要アクターの一つといえよう。ここでは、2022年2月に始まる第2次ロシア・ウクライナ戦争下において、「体制維持装置」として存在感を発揮しているFSOの成り立ち、その機構・定員と任務に焦点を当てる。

連邦警護庁、すなわちFSOの歴史は、帝政期にまで遡ることができるが[48]、ここでは紙幅の都合上、FSO輸送部門の変遷に焦点を当て、警護の歴史を簡単に振り返る。輸送部門として、プーチン大統領専用車の管理・運用を担っているのは、FSO工務局輸送部特殊任務ガレージ（GON）であるが、その前身は、1921年1月1日に発足した人民委員会議・労働国防会議附属特殊任務ガレージ（GON）である。GONは、1940年に内務人民委員部第1部自動車輸送課隷下となり、GONの一部はスターリン専属となる。第二次世界大戦後、GONは国家保安省第2警護局隷下となり、「小ガレージ（スター

リン・ガレージ）」は国家保安省第1警護局の隷下に入る。スターリン死後には、内務省第9局隷下、さらにKGB第9局（警護担当）の隷下に入り、ようやく組織的には安定期を迎える。1981年5月には、KGB第9局に車輛操縦手養成専門課程が公式に設置されるなど、危機発生時における瞬時の回避操縦といった高度な操縦技術を教育する制度的枠組みも整備された[49]。

　ソ連邦末期には、KGB解体プロセスと並行して、警護部門においても複雑な機構改編が実施された。KGB第9局の警護任務は、ソ連邦大統領警護局が引き継ぎ、さらに1991年にロシア連邦警護総局（GUO）が後継機関となって、GONはGUO第8局の隷下に入る。1996年の組織改編によって現在の連邦警護庁（FSO）隷下となるが、この間、大統領保安局（SBP）が独立した執行権力機関として存在するなど[50]、FSBと同様に警護部門も組織再編に相当な時間を要し、2000年代の第1次プーチン政権における治安機関改革を経て、制度的な安定期を迎える。

　2003年に実施された治安機関改革では、連邦国境警備庁が連邦保安庁に吸収されるとともに、通信・情報網を使って諜報・防諜活動を行う大統領直轄の連邦政府執行権力機関である大統領附属連邦政府通信・情報局（FAPSI）が廃止され、その任務は連邦保安庁（FSB）、対外諜報庁（SVR）、連邦警護庁（FSO）にそれぞれ移管された[51]。これに伴い、FSOには新たな内部部局として、特殊通信・情報局（SSI）が設置された。

　表6-3に示した通り、FSOの機構は、長官官房や総務局、警護企画局（SOM）、大統領保安局（SBP）、特殊通信・情報局（SSI）など16の内部部局とFSOアカデミーや大統領オーケストラなど7の機関から構成され[52]、部隊の要員は4万〜5万人程度とされる[53]。FSOは、要人警護や政府特殊通信の管理・運用、SSIを中核とした諜報・防諜活動、これらに基づく社会調査の実施とプロダクトの作成など幅広い任務を遂行している。プロダクトの提供を通じて、プーチン大統領による最高レベルの意思決定に関与し、そのプロセスではクレムリンへの影響力を巡って、FSOとFSB高官らの激しい対立もあるといわれる[54]。

　またFSOは、その任務の特性上、大統領の外遊先における政府特殊通信の管理・運用をはじめとする執務環境の整備や警護に関わるロジスティック

表6−3：連邦警護庁（FSO）の法的地位と機構[55]

2004年8月7日付大統領令第1013号（2023年5月17日改訂）によって承認された「連邦警護庁規程」Ⅰ総則
第1条：ロシア連邦警護庁は、その権限の範囲において国家の安全保障問題を所掌し、国家警護及び国家権力諸機関に必要な通信（以下、特殊通信）の領域における国家政策の策定及び実施、法的規制、監督、及び監視に関すること、並びに情報技術面及び情報分析面において、ロシア連邦大統領、ロシア連邦政府及びその他国家諸機関の活動の保障（以下、国家機関特殊情報保証）に関することを実施する、国家警護分野における連邦執行権力機関である。
連邦警護庁（FSO）の機構
指導部 連邦警護庁長官、第1次長（1名）、次長 兼 国務書記官、次長 兼 特殊通信・情報局長（SSI）、次長 兼 大統領保安局長（SBP）、次長、次長 兼 モスクワ・クレムリン警備司令（次長5名）
内部部局・機関 長官官房、総務局、人材育成局、運用局、警護企画局（SOM）、大統領保安局（SBP）、特殊通信・情報局（SSI）、工学技術保障局、工務局、モスクワ・クレムリン警備司令官組織、動員部、人事部、法務部、財務部、北カフカース連邦管区警護支局、大統領オーケストラ、FSOアカデミー、FSOスポーツクラブ等

（筆者作成）

ス対応を担っており、FSOがロシアの首脳外交に与える影響力も無視できない。さらに、2018年2月には、情報セキュリティ分野においても新たな権限を獲得するなど、FSOは活動の範囲を拡大させている[56]。

　FSO出身者として、上述のゾーロトフやデューミンがウクライナ戦争下で存在感を発揮しており、もう一つの「体制維持装置」として、執行権力機関における地位を高める傾向にある。

4. 第3次プーチン政権の発足

4−1. 組閣プロセス

　2024年3月の大統領選において「圧勝」したプーチン大統領は、5月7日の就任式を終えて、連邦政府（内閣）の編成手続きに着手した。本節では、4つ目のフェーズとして、第3次プーチン政権[57]の組閣人事と発足直後の政治過程に焦点を当てる。

　2020年の憲法改革を通じて、大統領は、首相解任権と連邦政府（内閣）に対する全般的指揮権を持つこととなり[58]、首相の独立性は政治的のみならず、

第6章　ウクライナ戦争とロシア大統領権力の変容　253

表6-4：政府議長（首相）・副議長（副首相）人事

第2次プーチン政権第2期	第3次プーチン政権第1期
2018.5.-2024.5.	2024.5.-2030.5.（任期満了予定）
政府議長（首相）：ミシュースチン	（留）ミシュースチン
政府第1副議長（第1副首相）：ベロウーソフ【経済全般・制裁対策】	［昇］マーントゥロフ（前副首相・産業通商相）【産業全般・軍需産業】
政府副議長（副首相）兼 政府官房長：グリゴレーンコ【財政監督】	（留）グリゴレーンコ【財政監督・デジタル発展・通信・反独占】
政府副議長（副首相）兼 産業通商相：マーントゥロフ【産業全般・軍需産業】	〈新〉サヴェーリエフ（前運輸相）【輸送交通・ロジスティクス】
政府副議長（副首相）：アブラームチェンコ（Абрамченко, В. В.）【農政・環境】	〈新〉パートルシェフ（Патрушев, Д. Н.）（前農相）【農政・環境】
政府副議長（副首相）：ノーヴァク（Новак, А. В.）【資源エネルギー・技術】	（留）ノーヴァク【経済全般・制裁対策】
政府副議長（副首相）：チェルヌィシェーンコ（Чернышенко, Д. Н.）【デジタル発展・教育・通信・マスコミ】	（留）チェルヌィシェーンコ【マスコミ・教育・子供・スポーツ・観光】
政府副議長（副首相）：ゴーリコヴァ（Голикова, Т. А.）【保健・労働・社会保障・文化】	（留）ゴーリコヴァ【保健・労働・社会保障・文化・民族問題】
政府副議長（副首相）：オヴェルチューク（Оверчук, А. Л.）【ユーラシア経済連合・CIS協力】	（留）オヴェルチューク
政府副議長（副首相）：フスヌーリン（Хуснуллин, М. Ш.）【住宅・インフラ整備】	（留）フスヌーリン
政府副議長（副首相）兼 極東連邦管区大統領全権代表：トルゥートネフ（Трутнев, Ю. П.）【極東開発】	（留）トルゥートネフ

（筆者作成）

法的にも著しく低下し、執行権力の長としての大統領の地位・権限が確定した（第5章）。

　実際にプーチン大統領は、2024年5月11日に政府副議長（副首相）の定数や中央省庁の構成を定めた大統領令「連邦執行権力諸機関の構成について」を発令しており[59]、行政組織編成権の行使において、大統領は強力な権限を有することが確認される[60]。

　一方で、組閣プロセスにおける連邦会議（上院）と国家会議（下院）の権限にも変更が加えられた。主として軍事・外交・インテリジェンス機関の長

表6-5：主要閣僚等人事

第3次プーチン政権第1期における連邦大臣等の人事	
〈留任〉（職名のみ）	〈新任〉
内務大臣、外務大臣、法務大臣、民間防衛問題・緊急事態・災害復旧大臣、財務大臣、天然資源・環境大臣、経済発展大臣、保健大臣、労働・社会保障大臣、建設・公営住宅整備事業省、文化大臣、教育大臣、科学・高等教育大臣、デジタル発展・通信・マスコミ大臣、極東・北極発展大臣 ※このほか、連邦保安庁長官、対外諜報庁長官、連邦警護庁長官、国家親衛軍連邦庁長官、大統領特別プログラム総局長も留任	国防大臣：ベロウーソフ（前第1副首相） 産業通商大臣：アリハーノフ（前カリーニングラード州知事） 農業大臣：ルート（前農業第1次官） 運輸大臣：スタラヴォーイト（前クルスク州知事） エネルギー大臣：ツィヴィリョーフ（前ケメロヴォ州知事） スポーツ大臣：デクチャリョーフ（前ハバロフスク辺区知事）

（筆者作成）

は、大統領が上院と協議の上任命し、その他の副首相、連邦大臣は、大統領の提案を下院が審議し、承認された者を大統領が正式に任命するよう制度変更がなされた（第5章）。

　法的側面については前章で言及したが、制度変更を経て、大統領が提示した人事案に連邦議会両院が「ラバースタンプ」（承認印）を押すという新たな議会審議のプロセスが導入された。2024年5月10日、プーチン大統領は、首相候補としてミシュースチンを下院に提案し[61]、この人事案は速やかに承認され[62]、彼の統投が正式に決まった[63]。5月13日から14日にかけては、下院の承認を要する副首相および連邦大臣の人事案の審議がなされ、これも原案の通り承認された[64]。これと並行して上院も、軍事・外交・インテリジェンス機関等の長の人事案について各委員会の所掌事項に従って、それぞれ協議を進めた[65]。また連邦保安庁（FSB）長官などの候補者は、上院プロファイル委員会において協議がなされた。ボールトニコフら候補者が実際に上院に赴き、マトヴィエーンコ上院議長、ムラヴィヨーフ上院大統領全権代表、その他上院セナートルが参加して協議がなされ[66]、5月14日の上院本会議において協議の成立が確認された[67]。

　こうして大統領の人事案に上下両院が「ラバースタンプ」を与えるプロセスは粛々と進み、新閣僚らは5月14日中には正式に任命されるとともに、そのほかの大統領補助機関の幹部の陣容も徐々に明らかとなった[68]。14日

夜には大統領が新閣僚を招集して会議を実施し[69]、翌15日にはミシュースチン首相が初の閣議を主宰し[70]、新政権が本格的に始動した。

4–2.「パートルシェフ家」と「シロヴィキ２世」

　第一にパートルシェフ安保会議書記の交代は最も重要な人事政策である。2000年代の第１次プーチン政権において連邦保安庁長官を務めたパートルシェフは、2008年５月のメドヴェージェフ政権（タンデム政権）発足時から2012年５月以降の第２次プーチン政権期を通じて、16年にわたり安保会議書記として、国家安全保障政策の立案・総合調整と政策実施の監督を担ってきた。この間、2010年12月には、安全保障法制が整備され、安保会議の会議体、事務機構および書記の権限が強化されるとともに、プーチン大統領の最側近としてのパートルシェフ書記の政治的影響力も相まって、安保会議はクレムリンの数ある国家機関のなかで、権力中枢としての地位を確立してきた（第２章・第３章）。

　プーチン大統領による人事政策には、政府要職を解任された者が議決権のある常任委員として、引き続き安保会議に残るケースも確認される。下院議長を務めたグルィズロフ統一ロシア党最高評議会議長（現在は駐ベラルーシ特命全権大使）や国防相、大統領府長官などを務めたセルゲイ・イワノーフ自然保護活動・環境・運輸問題担当大統領全権代表がこのパターンの人事に該当する。また、2020年１月にはメドヴェージェフ首相が辞任とともに、安保会議副議長に就任するなど、安保会議のメンバーシップは、必ずしも実務上の要請による、厳格な実力主義に基づく人事配置に限定されない。クレムリン政治の表舞台から簡単には下ろせない者をインナーサークルの「顧問」として残すケースもある。

　次々と主要閣僚の人事が固まるなか、ニコライ・パートルシェフの処遇に注目が集まり、最終的には、５月14日に発表された大統領府幹部人事において、パートルシェフ前安保会議書記は、大統領補佐官に任命された[71]。大統領補佐官は、専用の事態対処センター（危機管理センター）[72]を持つ安保会議書記との比較において、法的地位・権限が大幅に低下・縮小し、連邦政府（内閣）の副首相と同様に所掌事項も限定される。一方で、大統領補佐官には、

大統領府内部部局の指揮権があるため[73]、ニコライ・パートルシェフの伝統的な専門領域である造船[74]（あるいはその他の特命事項）を任され、実務にあたる可能性も残された。

　実際に2024年6月に大統領府に新たな内部部局として国家海洋政策局が設置され、局長にはパートルシェフの元側近ヴァフルコーフ（Вахруков, С. А.）安保会議副書記が任命された。さらにパートルシェフは安保会議常任委員の地位も維持したことから[75]、プーチン大統領は、特定の政策領域に絞って、引き続きパートルシェフ補佐官を公式のインナーサークルに残した。この人事は、大統領府内部部局長人事と関係しており、上述のセルゲイ・イワノーフのような「顧問」というよりも、実務的な配置といえよう。

　ニコライ・パートルシェフの後任に任命されたショイグーは、緊急事態相として1994年1月31日、すなわち安保会議の黎明期から委員を務めている人物であり、クレムリン内における政治経験は、ほかの誰よりも豊富である。ショイグー新書記は、2012年に緊急事態相からモスクワ州知事、国防相に配置転換となったが、その経緯を考慮すれば、パートルシェフ書記の後を継げるというプーチン大統領の政治判断があったものと考えられる。安保会議書記の職務は、軍事、外交、インテリジェンス政策の統括に加えて、地方の社会・経済政策の監督まで広範にわたるため、ショイグーを実務的に支える副書記や書記補佐官、地方統制を担う大統領府内部部局（とくに監督局）、連邦管区大統領全権代表部との連携が要になる。

　また、パートルシェフ大統領補佐官の長男ドミートリ・パートルシェフ（Патрушев, Д. Н.）は農相から副首相に昇格し、「世襲」閣僚として注目の人事となった。エネルギー畑の次男アンドレイ・パートルシェフ（Патрушев, А. Н.）と同様に、連邦保安庁アカデミーや外務省外交アカデミーを修了しているが[76]、公開されている実務経験としては農政畑であり、副首相としても前任のアブラームチェンコ（Абрамченко, В. В.）の所掌事項である農政を引き継いだ。

　農政は、戦時下のロシアにおいて、国家安全保障上の重要分野となっており、黒海穀物イニシアティブや新興国・発展途上国への輸出強化政策など、外交的側面も持つ政策領域となっている。ドミートリ・パートルシェフ副首

第6章　ウクライナ戦争とロシア大統領権力の変容　257

相の所掌事項が農政を中心とした社会・経済政策に限定されるのか、エネルギー、軍事、インテリジェンスといった「シロヴィキ」の要素が強い政策領域まで拡大するのか、今後の動向が注目される。

こうした「シロヴィキ2世」を含む有力者の子息は、プーチン長期政権のもとで世襲組（クレムリン・キッズ、ロシア・エリート2世）として、注目されるアクターとなっている[77]。プーチン政権下で首相や対外諜報庁長官を務めたミハイル・フラトコーフ（Фрадков, М. Е.）の次男パーヴェル・フラトコーフ（Фрадков, П. М.）が一例として挙げられる[78]。パーヴェル・フラトコーフは、1981年9月、モスクワに生まれ、1998年にスヴォーロフ軍事学校を卒業し、連邦保安庁アカデミーと外務省外交アカデミーを修了している。連邦保安庁アカデミーでは、パートルシェフの次男アンドレイと同じクラスになるなど、「シロヴィキ2世」同士の関係もネットワークも確認される。パーヴェルは、外務省、連邦保安庁に勤務した後、2012年から国有資産管理局次長、2015年から大統領総務局次長、2021年から大統領総務局第1次長と順調にクレムリンの重要ポストを歩み、2024年6月にはショイグーが去った国防省で管財・施設担当の次官に就任した[79]。

4–3. 国防相人事にみる「テクノクラート」の分業体制

ベロウーソフ（Белоусов, А. Р.）国防相の人事は、戦時におけるテクノクラートの台頭という観点から注目に値する。彼は1959年3月17日、著名な経済学者レム・ベロウーソフ（Белоусов, Р. А.）の家に生まれた。1981年にモスクワ国立大学経済学部を卒業し、86年にはソ連科学アカデミー経済学・科学技術進歩予測研究所（のちのロシア科学アカデミー国民経済予測研究所）の研究室員、主任研究官などを務め、1988年に経済学博士候補（諸外国のPh.D.に相当）を取得した[80]。

ソ連解体の年である1991年から2006年まで研究室長を務める傍ら、政策当局に接近し、プリマコーフ（Примаков, Е. М.）やステパーシン（Степашин, С. В.）などエリツィン政権の主要閣僚から知遇を得た。2000年代のプーチン政権下でもカシヤーノフ（Касьянов, М. М.）やミハイル・フラトコーフの「定員外の顧問」として、連邦政府中枢に接近した。学界と政策当局を結

ぶベロウーソフの努力が実ったのは、彼が47歳の誕生日を迎える直前であった。2006年2月8日、ベロウーソフはグレフ（Греф, Г. О.）経済発展・通商大臣の推薦で、次官の一人に抜擢されたのである。国家の積極的な介入を主張するベロウーソフは、金融政策をめぐり、クドリン（Кудрин, А. Л.）財務相などと激しく対立した[81]。タンデム政権期の2008年から2012年まで、プーチン首相のもとで連邦政府の内部部局である経済・財政局長を務め、2012年にプーチンが大統領に復帰すると、経済発展相、大統領補佐官を務めるなど、プーチンとの個人的な関係は極めて強いものと推察される。

ベロウーソフは、2020年1月のミシュースチン内閣発足とともに第1副首相に任命され、連邦政府の新型コロナ対策チームの主要メンバーとなった。ロシア経済の運営において、「コロナ禍」と「ウクライナ戦争」という強力な国家介入が求められる局面で実績を重ね、ついに国防相にまで登り詰めた。ロシア軍を政策面から支える国防省中央機構（内部部局）の最重要政策課題は、兵站増強であり、ベロウーソフ国防相が責任を負う分野となろう。ベロウーソフ国防相は、プーチン大統領訪中・訪朝に同行したほか、6月下旬と7月中旬には相次いで、米国のオースティン国防長官と電話会談するなど、国防相としての外交活動を活発化させている。

ただ、前任のショイグーは18年にわたり緊急事態相を務め、危機管理・事態対処に精通していたのに対して、ベロウーソフは畑違いであり、分業体制が導入された。新内閣発足前に発令された大統領令では、軍需品の輸出入政策などを取り仕切る軍事技術協力庁が国防省外局から大統領直轄官庁となり、今般の人事で安保会議書記にスライドしたショイグーが同庁を監督することとなった。

こうした分業体制のなかでひときわ目立つのが、もう一人のキーパーソン、第1副首相に昇進したマーントゥロフである。彼は1969年2月23日、北極圏最大の都市であるムルマンスクに生まれ、航空機製造会社でMi-8型ヘリの輸出業務に従事した経験を持つ軍産複合体出身者である[82]。モスクワ国立大学修士課程とモスクワ航空大学博士課程を修了したほか、2006年に大統領附属国民経済・国務アカデミーを修了し、翌2007年から産業・エネルギー省次官として連邦政府に入り、2012年から2024年まで長期にわたり産

第6章　ウクライナ戦争とロシア大統領権力の変容　259

マーントゥロフ
出典）Президент России, http://kremlin.ru/events/president/news/74013

業通商相を務めた。ウクライナ戦争下の2022年7月からは副首相も兼任し、前節で検討したように、大統領直轄の軍需産業委員会では委員会副議長 兼 参事会議長に任命され、ロシア軍などの調達需要を保障する連邦政府附属調整委員会の副議長を兼ねるなど、実務上のトップとして重責を任された。エジプトやインドなどグローバルサウスといわれる新興国・発展途上国を訪問し、戦時における通商関係の新機軸の構築にあたった。マーントゥロフは、ウクライナ戦争下のロシアにおける軍需産業政策の中心人物といえよう。

ただ、マーントゥロフ第1副首相には、前任のベロウーソフの所掌事項であった経済政策全般の管理は引き継がれず、彼は継続して産業政策全般、とくに軍需産業、軍事技術分野を担う。留任のノーヴァク副首相は、新たに対露経済制裁への対応を含む経済政策全般を担当することとなり、所掌事項が拡大した[83]。

4-4. 戦時下におけるロシア国家官僚の世代交代と人材育成システム

マーントゥロフの後任として、カリニングラード州知事のアリハーノフ（Алиханов, А. А.）が産業通商相に任命された。1986年9月生まれの37歳で、2008年に財務省附属全ロシア国立税務アカデミーを修了し、2009年に法務省に入省した国家官僚である。2013年には26-27歳で産業通商省対外通商活動国家規制局次長、その後、局長代行に就任するなど[84]、テクノクラートのなかでも出世が早い人物で、経済学のPh.D.を持つ[85]。

このほか、パートルシェフ農相の後任には農業第1次官のルート（Лут, О. Н.）が就いた。ルートも1979年2月生まれの45歳で、2001年に連邦政府附属財務アカデミーを修了した後、銀行の幹部職員として複数の銀行に勤め、2018年に39歳で農業次官に就任した人物である[86]。スポーツ大臣のデクチャリョーフ（Дегтярёв, М. В.）も1981年7月生まれの42歳で、2011年から

2020年まで下院議員（ロシア自由民主党）、その後、ハバロフスク辺区知事を務めた人物である。これまでのスポーツ大臣とは異なり、スポーツ界のスター選手や業界人ではないため、異例の人事と報じられたが[87]、国家官僚養成プログラムを持つ大統領附属ロシア国民経済・国務アカデミー（РАНХиГ-С）の修了生でもあり、若さと極東ロシアにおける地方知事としての管理能力が評価され、抜擢されたものと考えられる。

　ウクライナ戦争に伴う対露経済制裁のもとでは、経済・財政・産業政策全般において、ベロウーソフやマーントゥロフなど、「テクノクラート」は連邦政府中枢に配置され[88]、彼らは実際に成果をあげてきた。戦時下のロシアの緊急経済・財政対策は、あくまでも事態対処を目的としたものであり、必ずしも持続可能とはいえないものの[89]、若手実力者の登用にみられるように、新内閣人事は、「世襲」や「縁故主義」のみならず、ロシアの国家官僚機構における厳格な実力主義の側面も持ち合わせている。

　プーチン現政権の人事政策、さらにはウクライナ戦争下の政治エリートの動向からは、2000年代以降に本格的に整備されたロシア国家官僚育成システムの存在が浮き彫りとなる。

　マーントゥロフ第1副首相も修了生として名を連ねる大統領附属国民経済・国務アカデミー（大統領アカデミー）はソ連時代からの官僚養成機関としての伝統を受け継いでおり、ロシア政財界のトップ層に仲間入りする上で、一つの登竜門となっている。2010年に大統領附属の国民経済アカデミーと国務アカデミー、12の地方国務アカデミーを統合して再編され、国家官僚養成システムの集権化が図られた[90]。

　トゥーラ州知事を長く務め、今般の人事で大統領補佐官 兼 国家評議会書記に任命されたデューミンも修了生の一人である[91]。また、同じく新内閣で42歳にしてスポーツ大臣に就任したデクチャリョーフ（元ハバロフスク辺区知事）も大統領アカデミー出身者である[92]。

　大統領アカデミーのなかでひときわ目立つのが、「知事の学校」として知られる国家管理高等学校である。2017年以降、「知事の学校」第4期生と第5期生のなかから、46名の地方知事、3名の大臣、34人の次官を輩出するなど、着実に官僚養成機関としての地位を固めている[93]。

また、キャリアアップやビジネススキルを磨くプラットフォームとして、2018年にプーチン大統領によって創設されたNPO「ロシア、可能性の国」との融合も注目される。同NPOは「ロシアのリーダー」をはじめとする各種人事コンテストを主催しているが、実際にこうしたコンテストはロシア国内政策を統括するキリエーンコ（Кириенко, С. В.）大統領府第1次官が取り仕切り、人材供給システムを管理している[94]。

　2023年1月には、大統領アカデミーのトップが創設以来初めて交代し、NPO「ロシア、可能性の国」総裁を務めるアレクセイ・コミサーロフ（Комиссаров, А. Г.）が同年7月、正式に大統領アカデミー学校長に就任した[95]。現代ロシアの人材供給システムはますます集権化し、部分動員を伴う戦時下では、国家によるキャリア管理も一層強まるものと考えられる。

　こうした一連の人材供給システムが機能し続ける限り、ロシア国家官僚機構の人材プールは保障される。また、戦時において「シロヴィキ」と「テクノクラート」が対立を避け、相互補完的な勢力として機能し続ける限り、政治体制の安定性は確保される。

5. 露朝関係をめぐる政治エリートの動向

　5つ目のフェーズとして、第3次プーチン政権下における露朝軍事関係の新展開が挙げられる。ウクライナ戦争下において、露朝は急速に接近し、2023年9月にはロシア極東アムール州においてコロナ後初となる露朝首脳会談が実現したほか、2024年6月には24年ぶりにプーチン大統領の訪朝が実現した。会談の成果として「露朝包括的戦略パートナーシップ条約」への署名が発表され、露朝間の軍事協力が制度化されることとなった[96]。

　2024年11月9日、プーチン大統領は、連邦法律「露朝包括的戦略パートナーシップ条約の批准について」に署名した。ロシア連邦議会上下両院の審議プロセスを経て、露朝条約は、本格的な運用のフェーズに入った[97]。露朝関係をロシア側から分析すると、軍需産業領域を重視した外交姿勢があらわれる。

　そのなかで目立つのがショイグー安保会議書記、ベロウーソフ国防相、マ

ーントゥロフ第1副首相である。前述の通り、ショイグーは、第3次プーチン政権では、国防相から安保会議書記に配置転換となり、軍事技術協力庁を所管することとなった[98]。ショイグーは、2023年7月に訪朝した際には金正恩総書記と会談し、北朝鮮の装備品展示会をともに視察したほか、軍事パレードにも出席した[99]。また、9月に露朝首脳会談が開催されると、ショイグーは、戦時の軍需産業政策を担うマーントゥロフ副首相 兼 産業・通商相（当時）らとともに露朝最高指導者間の交渉プロセスに参加した[100]。さらに翌2024年3月には、ナルィーシキン対外諜報庁（SVR）長官が訪朝し、李昌大国家保衛相ほか同省職員らと会談するなど[101]、クレムリンのインナーサークルによる「ブラックボックス」の対北外交も展開されている。

2024年6月の露朝首脳会談後も安保会議書記によるNSC外交と国防当局間の外交活動は活発に行われており、9月13日にはショイグーが安保会議書記職として北朝鮮を訪問し、後任のベロウーソフ新国防相も11月29日に平壌を訪問した[102]。

また第4章で言及したように、2024年6月には大統領府内部部局として軍需産業領域国家政策局が新設され、局長に任命されたエフトゥホーフ（Евтухов, В. Л.）前産業通商次官は、マーントゥロフの元部下である。軍需産業領域国家政策局には、大統領附属対外軍事技術協力問題委員会の事務局機能が付与されており、同委員会の機能強化が図られるものと考えられる。

この大統領附属対外軍事技術協力問題委員会の構成を確認すると、委員会副議長はショイグー安保会議書記とマーントゥロフ第1副首相が務め、委員会書記はクルスクで対テロ作戦の調整官を務めるデューミン大統領補佐官、副書記は軍事技術協力庁長官のシュガーエフ（Шугаев, Д. Е.）が務めるなど、現在のプーチン政権を支える第一級の政治エリートが集結している[103]。同時に、彼らはクレムリンが主導する対北朝鮮外交に関わってきた実績があり、ロシア側は軍需産業政策に重点を置いているものと考えられる。

ただし、露朝関係は、ウクライナ戦争を最大の契機として、急速に発展している点には留意を要する。中露関係のようなある程度手順を踏んだ発展プロセスというよりも[104]、首脳間のトップダウンの意思決定に基づき、ロシア国家官僚が体制内における自らの生存のために動き、やや拙速に事が運ん

でいるようにもみえる。露朝関係は、伝統的な個人独裁体制と高度な個人支配体制の接近という点で注目に値するが、安定性、持続可能性という観点からは評価が難しい。

小括

　本章では、2020 年憲法改革後の大統領権力の実際的な運用について検討するため、戦時下の執政中枢の制度変更や政治エリートの動向について整理した。第 2 次ロシア・ウクライナ戦争の勃発後も、社会・経済状況の安定化を図り、軍の調達需要を保障すべく、連邦政府のミシュースチン首相や第 1 副首相に昇任したマーントゥロフなど、「テクノクラート」に分類される政治エリートが体制に忠実に職務遂行にあたっている。戦時下の事態対処を可能にする連邦政府の総合調整メカニズムは、侵攻開始半年ほどで整備され、その後徐々に機能し始めたものとみられる。

　一方で、2024 年 5 月に発足した第 3 次プーチン政権の主要閣僚のうち、軍事・外交・インテリジェンス機関の大臣・長官の人事をみると、国防相以外は全員が留任しており、「シロヴィキ」の最高指導層の人事は、固定化・高齢化に歯止めがかからない状況である。

　また「シロヴィキ」人事では、トゥーラ州のデューミン知事が大統領補佐官に任命され、軍需産業・スポーツ・国家評議会を所掌する[105]。デューミンは、2024 年 8 月のウクライナ軍による「クルスク作戦」では、調整官として現地に派遣されるなど、存在感を高めている[106]。大統領補佐官として、軍需産業ではベロウーソフ国防相、マーントゥロフ第 1 副首相、ショイグー安保会議書記などとも所掌事項が重なるため、彼らの業務上の「協力」と「対立」関係が注目される。

　こうした一連の人事に鑑みて、「テクノクラート」と「シロヴィキ」、さらにはより細かい集団（例えばゾーロトフ国家親衛軍連邦庁長官率いる連邦警護庁 FSO 派閥）の筆頭格をそれぞれ要職に配置し、グループ間を競わせるプーチン体制の基本的な人事政策に変化はみられない。

　また、ロシア軍のパフォーマンスの低さや「ワグネルの反乱」を受けて、

エリートのなかでもシロヴィキ勢力の動向には、今後より注意を払う必要がある。新たな治安機関改革として、内務省の警察特殊部隊「グロム」を国家親衛軍連邦庁に移管する議論も活発化し、実際に2024年1月には完全に移管された[107]。ゾーロトフ国家親衛軍連邦庁長官のさらなる影響力伸張も想定される。

　2024年大統領選を乗り越えたプーチン大統領は、テクノクラートを巻き込み、従来通りのアプローチで、政治権力の最上位に超然と立ち続け、長期政権のなかで自身が構築してきた政治的安定性の維持に努めている。戦争終結の議論とともに、プーチン体制の持続可能性は、体制変動をめぐる比較政治学上の議論や国際秩序の在り方をめぐる国際政治学の議論において、高い関心を集める問いである。未来予測は叶わないものの、こうした問いを突きつけられた今こそ、ロシア地域研究の領域では、政治エリートと統治機構の変容に関する一次資料と既存研究に依拠した継続的かつ精緻な分析が求められる。

注

　＊本章は次の拙稿をもとに加筆・修正等を加えたものである。長谷川 2023a; 2023c; 2023d; 2024a; 2024b; 2024c; 2024e.

1）現状分析の手法については、次の文献を参照。上野 2001; 2004.

2）福島 2023, 110-122.

3）*Российская газета*, от 17 января 2023г., «Путин заявил, что оборонные предприятия работают круглосуточно».

4）Указ Президента РФ от 21 сентября 2022г., № 647, «Об объявлении частичной мобилизации в Российской Федерации», *СЗРФ, 26 сентября 2022г., № 39, ст. 6590*.

5）*Коммерсантъ*, от 25 сентября 2022г., «Я вообще ничего не понимаю».

6）*Известия*, от 28 сентября 2022г., «Собянин заявил о создании спецгрупп для рассмотрения жалоб по вопросам призыва»; *Ведомости*, от 15 марта 2023г., «Песков заявил об отсутствии обсуждений новой волны мобилизации».

7）*Коммерсантъ*, от 10 июля 2023г., «Миронов прокомментировал свою поддержку Пригожина».

8）*Медуза*, от 05 мая 2023г., «Шойгу, Герасимов, где, сука, боеприпасы?» Пригожин запи-

第6章　ウクライナ戦争とロシア大統領権力の変容　265

сал видео для Минобороны на фоне трупов наемников ЧВК Вагнера (много мата).

9) 一連の事象については、プリゴージンは、Марш справедливости（正義の行進）と呼称し、ロシア政府・メディア一般は Мятеж（反乱、暴動）と呼んでいる。また本件に関するロシア政府の見解は、官報の特設サイトを参照。*Российская газета*, «Ситуация вокруг противоправных действий Евгения Пригожина», https://rg.ru/sujet/6796

10) *Независимая газета*, от 27 июня 2023г., «Прошла ли путинская элита «тест Пригожина»».

11) *Украинская правда*, от 17 декабря 2021г., «Кремль опубликовал требования «гарантий безопасности» к НАТО с предложением не принимать Украину»; *Российская газета*, от 17 декабря 2021г., «Проект договора о гарантиях безопасности между Россией и США. Главное».

12) Президент России, от 28 января 2022г., «Телефонный разговор с Президентом Франции Эммануэлем Макроном: Состоялся продолжительный телефонный разговор Владимира Путина с Президентом Французской Республики Эммануэлем Макроном»; от 31 января 2022г., «Телефонный разговор с Президентом Франции Эммануэлем Макроном: Состоялся очередной телефонный разговор Владимира Путина с Президентом Французской Республики Эммануэлем Макроном»; от 02 февраля 2022г., «Телефонный разговор с Премьер-министром Великобритании Борисом Джонсоном: Состоялся телефонный разговор Владимира Путина с Премьер-министром Великобритании Борисом Джонсоном»; от 03 февраля 2022г., «Телефонный разговор с Президентом Франции Эммануэлем Макроном: По инициативе французской стороны состоялся телефонный разговор Владимира Путина с Президентом Французской Республики Эммануэлем Макроном»; от 07 февраля 2022г., «Переговоры с Президентом Франции Эммануэлем Макроном: В Кремле состоялись переговоры Владимира Путина с Президентом Французской Республики Эммануэлем Макроном»; от 12 февраля 2022г., «Телефонный разговор с Президентом Франции Эммануэлем Макроном: По инициативе французской стороны состоялся телефонный разговор Владимира Путина с Президентом Французской Республики Эммануэлем Макроном»; от 12 февраля 2022г., «Брифинг помощника Президента России Юрия Ушакова по итогам телефонного разговора Владимира Путина и Джозефа Байдена»; от 15 февраля 2022г., «Переговоры с Федеральным канцлером Германии Олафом Шольцем: В Кремле состоялись переговоры главы Российского государства с Федеральным канцлером Федеративной Республики Германия Олафом Шольцем»; от 17 февраля 2022г., «Телефонный разговор с Премьер-министром Японии Фумио Кисидой: По инициативе японской стороны состоялся телефонный разговор Владимира Путина с Премьер-министром Японии Фумио Кисидой»; от 20 февраля 2022г., «Телефонный разговор с Президентом Франции Эммануэлем Макроном: По инициативе французской стороны состоялся телефонный разго-

вор Владимира Путина с Президентом Французской Республики Эммануэлем Макроном»; от 21 февраля 2022г., «Телефонные разговоры с Президентом Франции Эммануэлем Макроном и Федеральным канцлером Германии Олафом Шольцем :Владимир Путин провёл телефонные разговоры с Президентом Французской Республики Эммануэлем Макроном и Федеральным канцлером Федеративной Республики Германия Олафом Шольцем»; от 24 февраля 2022г., «Телефонный разговор с Президентом Франции Эммануэлем Макроном».

13) *Коммерсантъ*, от 19 января 2022г., «В Госдуму внесли проект обращения к Путину о признании ДНР и ЛНР».

14) 統一ロシア党員による提案は、手続きの上で、外務省等関係省庁への照会作業を優先させたものである。*Коммерсантъ*, от 14 февраля 2022г., «Единороссы предложили отправить в МИД проект обращения о признании ДНР и ЛНР»; *Коммерсантъ*, от 15 февраля 2022г., «Песков предложил «не забегать вперед» с возможным признанием ДНР и ЛНР».

15) Burkhardt 2022, 11.

16) Burkhardt 2022, 12.

17) 油本 2022, 11.

18) Правительство России, от 24 февраля 2024г., «Правительство России заявило о готовности мер по защите финансовых рынков и крупнейших российских компаний от санкций и иных угроз».

19) Правительство России, от 25 февраля 2024г., «Совещание о текущей экономической ситуации».

20) Правительство России, от 28 февраля 2024г., «Оперативное совещание с вице-премьерами».

21) Правительство России, от 01 марта 2024г., «Совещание по повышению устойчивости развития российской экономики».

22) Burkhardt 2022, 12.

23) *Коммерсантъ*, от 20 января 2020г., «О персоне: Мишустин Михаил Владимирович»; Лента.ру, «Мишустин, Михаил», https://lenta.ru/lib/14204645/

24) Лента.ру, «Мишустин, Михаил»

25) 小泉 2022, 182.

26) *Российская газета*, от 26 октября 2022г., «Что надо знать о режиме повышенной готовности».

27) Указ Президента РФ от 21 октября 2022г., № 763 (ред. от 11 июня 2024г.), «О Координационном совете при Правительстве Российской Федерации по обеспечению потребностей Вооруженных Сил Российской Федерации, других войск, воинских формирований и

органов (вместе с «Положением о Координационном совете при Правительстве Российской Федерации по обеспечению потребностей Вооруженных сил Российской Федерации, других войск, воинских формирований и органов»)», *СЗРФ, 24 октября 2022г., № 43, ст. 7385.*

28) «Состав Координационного совета при Правительстве Российской Федерации по обеспечению потребностей Вооруженных Сил Российской Федерации, других войск, воинских формирований и органов», Указом Президента РФ от 21 октября 2022г., № 763.

29) «б» статьи 2, Указа Президента РФ от 21 октября 2022г., № 763 (ред. от 11 июня 2024г.).

30) *Коммерсантъ*, от 26 декабря 2022г., «Медведев стал первым замом Путина в военно-промышленной комиссии».

31) Пункт 1, «Положения о Военно-промышленной комиссии Российской Федерации», Указа Президента РФ от 10 сентября 2014г., № 627 (ред. от 24 марта 2023г.), «О Военно-промышленной комиссии Российской Федерации (вместе с «Положением о Военно-промышленной комиссии Российской Федерации»), *СЗРФ, от 15 сентября 2014г., № 37, ст. 4938.*

32) *Коммерсантъ*, от 25 июля 2022г., «Путин назначил Мантурова зампредседателем военно-промышленной комиссии».

33) *Коммерсантъ*, от 29 мая 2023г., «Путин создал президиум коллегии Военно-промышленной комиссии России».

34) *Коммерсантъ*, от 29 мая 2023г.

35) «е», пункта 4, «Положения об Управлении Президента Российской Федерации по государственной политике в сфере оборонно-промышленного комплекса», Указа Президента РФ от 08 августа 2024г., № 678, «Об утверждении Положения об Управлении Президента Российской Федерации по государственной политике в сфере оборонно-промышленного комплекса», *СЗРФ, 12 августа 2024г., № 33 (Часть II), ст. 5154.*

36) Указ Президента РФ от 29 мая 2023г., № 390, «О некоторых вопросах деятельности Военно-промышленной комиссии Российской Федерации и полномочных представителей Президента Российской Федерации в федеральных округах», *СЗРФ, 05 июня 2023г., № 23 (часть I), ст. 4129.*

37) Galeotti 2016; Sukhankin 2019; Doxsee 2022; Permanent Mission of Ukraine to the International Organizations in Vienna, Presentation on "Private military companies and their role in modern regional conflicts," June 17, 2022, https://vienna.mfa.gov.ua/en/news/vistup-na-temu-privatni-vijskovi-kompaniyi-ta-yih-rol-u-suchasnih-regionalnih-konfliktah

38) *Коммерсантъ*, от 13 июня 2023г., «Путин о правовом статусе ЧВК: нужно заключать контракты с Минобороны и менять законы».

39) *Коммерсантъ*, от 12 июня 2023г., «Минобороны подписало первый контракт с добро-

вольческим отрядом "Ахмат"».

40) *Медуза*, от 05 мая 2023г.; Ferris 2023.

41) Лента.Ру, «Грызлов, Борис», https://lenta.ru/lib/14159635/; Единная Россия, «Грызлов Борис Вячеславович», https://er.ru/person/7172e622-a5b0-4a71-b0a2-a9b3df5a841d

42) Stanovaya 2020.

43) Pertsev 2023.

44) Лента.Ру, «Алексей Дюмин», https://lenta.ru/tags/persons/dyumin-aleksey/

45) Pertsev 2023.

46) Части 4-6, статьи 1, Федерального закона от 31 мая 1996г., № 61-ФЗ (ред. от 13 июня 2023г.), «Об обороне», *СЗРФ, 03 июня 1996г., № 23, ст. 2750*; 長谷川・坂口 2022, 176-177.

47) Федеральное государственное бюджетное учреждение «Специальный летный отряд "Россия", Управления делами Президента Российской Федерации, https://udprf.ru/content/federalnoe-gosudarstvennoe-byudzhetnoe-uchrezhdenie-specialnyy-letnyy-otryad-rossiya

48) «Об истории создания органов государственной охраны в России», ФСО, http://fso.gov.ru/history/ob_istorii_sozdaniya/

49) *Газета Федеральной службы охраны Российсокй Федерации «Кремль-9»*, выпуск № 1, 2021г., с. 2-8. なお現在もモスクワ州郊外には、FSO 自動車試走場（Автодром ФСО）があり、特殊環境下における警護車輌の操縦技術訓練が実施されている。Автодром ФСО России, http://fso.gov.ru/struct/gon/avtodrom/

50) «Об истории создания органов государственной охраны в России», ФСО, http://fso.gov.ru/history/ob_istorii_sozdaniya/

51) Указ Президента РФ от 11 матра 2003г., № 308 (ред. от 07 августа 2004г.), «О мерах по совершенствованию государственного управления в области безопасности Российской Федерации», *СЗРФ, 24 марта 2003г., № 12, ст. 1101.*

52) «Структура ФСО», https://agentura.ru/profile/federalnaja-sluzhba-ohrany-fso/struktura-fso/

53) IISS 2024, 206.

54) *Медуза*, от 16 июля 2020г., «Что читает Путин Важнейшие политические решения в России принимают на основе аналитики, которую готовит ФСО — служба охраны президента. Вот как это устроено». 同様に大統領府内政局の役割も重要で、この点については次の文献を参照されたい。Vendil-Pallin 2017, 255-278.

55) Указ Президента РФ от 07 августа 2004г., № 1013 (ред. от 17 мая 2023г.), «Вопросы Федеральной службы охраны Российской Федерации», *СЗРФ, 09 августа 2004г., № 32, ст. 3314*; «Структура ФСО», https://agentura.ru/profile/federalnaja-sluzhba-ohrany-fso/struktura-fso/; «Федеральная служба охраны (ФСО)», https://agentura.ru/profile/federalnaja-sluzhba-ohrany-fso/

56）Указ Президента РФ от 27 февраля 2018г., № 89, «О внесении изменений в Положение о Федеральной службе охраны Российской Федерации, утвержденное Указом Президента Российской Федерации от 7 августа 2004 г. № 1013», *СЗРФ, 05 марта 2018г., № 10, ст. 1477*; *The Moscow Times*, February 27, 2018, Putin Expands Power of Russia's Federal Guards to 'Information Warfare'.

57）2024年5月に発足した通算5期目のプーチン政権を指す。このほか、2012年5月に発足した第2次プーチン政権からの連続性を強調して第2次プーチン政権第3期と呼称することもできる。本書では、2020年憲法改革における「大統領任期のリセット条項」の新設を通じて、現代ロシアにおける大統領任期に関わる制度が大きく変化したことを重視し、一旦区切りを設けることとした。なお本節で検討するように人事的には、ある程度前政権との連続性が観察される。

58）«а» и «б», статьи 83, Конституции Российской Федерации (принята всенародным голосованием 12 декабря 1993г. с изменениями, одобренными в ходе общероссийского голосования 01 июля 2020г.); ロシア連邦憲法の条文テキスト、コンメンタールおよび邦訳は次の文献を参照。Обручев 2021; Бархатова 2017; 2021; 上野 2020, 80-105; 佐藤 2018, 551-574; 溝口 2020a, 281-341; 渋谷 2012, 457-517.

59）*Российская газета*, от 13 мая 2024г., «Указ Президента Российской Федерации от 11 мая 2024 года № 326 «О структуре федеральных органов исполнительной власти».

60）長谷川 2020a.

61）Государственная Дума Федерального Собрания, от 10 мая 2024г., «Вячеслав Володин: Президент внес в Государственную Думу представление по кандидатуре Михаила Мишустина на должность Председателя Правительства».

62）ГДФС, от 10 мая 2024г., «Государственная Дума поддержала кандидатуру Михаила Мишустина на должность Председателя Правительства РФ».

63）*Российская газета*, от 10 мая 2024г., «Указ Президента Российской Федерации от 10 мая 2024 года № 319 О Председателе Правительства Российской Федерации».

64）ГДФС, от 13 мая 2024г., «Депутаты утвердили кандидатуры на должности заместителей Председателя Правительства РФ: Председатель Государственной Думы Вячеслав Володин в ходе обсуждения подчеркнул, что все предложенные кандидатуры депутатам хорошо известны. Мы с ними прошли непростое время вызовов, с которыми столкнулась страна, — сказал он»; ГДФС, от 14 мая 2024г., «Государственная Дума утвердила кандидатуры министров нового состава Правительства РФ: Каждый из кандидатов представил программу основных направлений своей деятельности. Депутаты задали им вопросы, выступили руководители фракций».

65）Совет Федерации Федерального Собрания, от 13 мая 2024г., «На заседании Комитета СФ по обороне и безопасности проведены консультации по предложенной Президентом

РФ кандидатуре на должность Министра обороны»; от 13 мая 2024г., «На заседании Комитета СФ по международным делам проведены консультации по предложенной Президентом РФ кандидатуре на должность Министра иностранных дел РФ»; от 13 мая 2024г., «Состоялись консультации комитетов Совета Федерации по предложенной Президентом России кандидатуре на должность главы МЧС»; от 13 мая 2024г., «Состоялись консультации комитетов Совета Федерации по предложенной Президентом России кандидатуре на должность Министра юстиции РФ; от 13 мая 2024г., «Состоялись консультации комитетов Совета Федерации по предложенной Президентом России кандидатуре на должность Министра внутренних дел РФ».

66) СФФС, от 13 мая 2024г., «На заседаниях Комитетов СФ проведены консультации по предложенным Президентом РФ кандидатурам на должности руководителей ряда федеральных ведомств: Консультации по кандидатурам будут продолжены на заседании Совета Федерации 14 мая. На заседаниях профильных Комитетов Совета Федерации проведены консультации по предложенным Президентом России кандидатурам на должности руководителей ряда федеральных ведомств»; *Тульские Новости*, от 14 мая 2024г., «Совет Федерации России продолжит проведение консультаций по кандидатурам руководителей силового блока страны: Консультации в СФ по кандидатурам руководителей силового блока будут продолжены», https://newstula.ru/fn_1489974.html

67) *Коммерсантъ*, от 14 мая 2024г., «Сенаторы приоткрыли закрытое: Совет федерации впервые поучаствовал в назначении силового блока правительства»; СФФС, от 14 мая 2024г., «На 567-м заседании СФ состоялись консультации по кандидатурам на должности руководителей федеральных органов исполнительной власти».

68) *Российская газета*, от 16 мая 2024г., «Указ Президента Российской Федерации от 14 мая 2024 г. № 370 «О Первом заместителе Председателя Правительства Российской Федерации»; «Указ Президента Российской Федерации от 14 мая 2024 г. № 371 «О Заместителе Председателя Правительства Российской Федерации»; Указ Президента Российской Федерации от 14 мая 2024 г. № 372 «О Заместителе Председателя Правительства Российской Федерации - Руководителе Аппарата Правительства Российской Федерации»; «Указ Президента Российской Федерации от 14 мая 2024 г. № 373 «О Заместителе Председателя Правительства Российской Федерации»; «Указ Президента Российской Федерации от 14 мая 2024 г. № 374 «О Заместителе Председателя Правительства Российской Федерации»; «Указ Президента Российской Федерации от 14 мая 2024 г. № 375 «О Заместителе Председателя Правительства Российской Федерации»; Указ Президента Российской Федерации от 14 мая 2024 г. № 376 «О Заместителе Председателя Правительства Российской Федерации»; «Указ Президента Российской Федерации от 14 мая 2024 г. № 377 «О Заместителе Председателя Правительства Российской Федерации - полномочном представи-

теле Президента Российской Федерации в Дальневосточном федеральном округе»; «Указ Президента Российской Федерации от 14 мая 2024 г. № 378 «О Заместителе Председателя Правительства Российской Федерации»; «Указ Президента Российской Федерации от 14 мая 2024 г. № 379 «О Заместителе Председателя Правительства Российской Федерации»; «Указ Президента Российской Федерации от 14 мая 2024 г. № 380 «О Министре внутренних дел Российской Федерации»; «Указ Президента Российской Федерации от 14 мая 2024 г. № 381 «О Министре Российской Федерации по делам гражданской обороны, чрезвычайным ситуациям и ликвидации последствий стихийных бедствий»; «Указ Президента Российской Федерации от 14 мая 2024 г. № 382 «О Министре иностранных дел Российской Федерации»; «Указ Президента Российской Федерации от 14 мая 2024 г. № 383 «О Министре обороны Российской Федерации»; «Указ Президента Российской Федерации от 14 мая 2024 г. № 384 «О Министре юстиции Российской Федерации»; «Указ Президента Российской Федерации от 14 мая 2024 г. № 390 «О Министре здравоохранения Российской Федерации»; «Указ Президента Российской Федерации от 14 мая 2024 г. № 391 «О Министре культуры Российской Федерации»; «Указ Президента Российской Федерации от 14 мая 2024 г. № 392 «О Министре науки и высшего образования Российской Федерации»; «Указ Президента Российской Федерации от 14 мая 2024 г. № 393 «О Министре природных ресурсов и экологии Российской Федерации»; «Указ Президента Российской Федерации от 14 мая 2024 г. № 394 «О Министре промышленности и торговли Российской Федерации»; «Указ Президента Российской Федерации от 14 мая 2024 г. № 395 «О Министре просвещения Российской Федерации»; «Указ Президента Российской Федерации от 14 мая 2024 г. № 396 «О Министре Российской Федерации по развитию Дальнего Востока и Арктики»; «Указ Президента Российской Федерации от 14 мая 2024 г. № 397 «О Министре сельского хозяйства Российской Федерации»; «Указ Президента Российской Федерации от 14 мая 2024 г. № 398 «О Министре спорта Российской Федерации»; «Указ Президента Российской Федерации от 14 мая 2024 г. № 399 «О Министре строительства и жилищно-коммунального хозяйства Российской Федерации»; «Указ Президента Российской Федерации от 14 мая 2024 г. N 400 «О Министре транспорта Российской Федерации»; «Указ Президента Российской Федерации от 14 мая 2024 г. № 401 «О Министре труда и социальной защиты Российской Федерации»; «Указ Президента Российской Федерации от 14 мая 2024 г. № 402 «О Министре финансов Российской Федерации»; «Указ Президента Российской Федерации от 14 мая 2024 г. № 403 «О Министре цифрового развития, связи и массовых коммуникаций Российской Федерации»; «Указ Президента Российской Федерации от 14 мая 2024 г. № 404 «О Министре экономического развития Российской Федерации»; «Указ Президента Российской Федерации от 14 мая 2024 г. № 405 «О Министре энергетики Российской Федерации»; Официальное опубликование правовых актов, «Указ Президента Российской Федерации от 14 мая 2024г. № 385 «О директоре Службы внешней разведки Российской Федерации»; «Указ Президента Российской Федерации от 14 мая 2024г. № 386 «О директоре Федеральной службы безопасности Российской Федерации»; «Указ Президента Российской Федерации от 14 мая 2024г. № 387 «О директоре Федеральной службы войск национальной гвардии Российской Федерации»; «Указ Президента Российской Федерации от 14 мая 2024г. № 388 «О директоре Федеральной службы охраны Российской Федерации»; «Указ Президента Российской Федерации от 14 мая 2024г. № 389 «О начальнике Главного управления специальных программ Президента Российской Федерации».

69) Президент России, от 14 мая 2024г., «Встреча с членами Правительства».

70) Правительство России, от 15 мая 2024г., «Заседание Правительства».

71) Указ Президента РФ от 14 мая 2024г., № 341, «О помощнике Президента Российской Федерации», *СЗРФ, 20 мая 2024г., № 21, ст. 2693.*

72) Муров 2011, 425-433.

73) 大統領の命を受けて内部部局を指揮することが可能である。Пункт 11, «Положения об Администрации Президента Российской Федерации», Указа Президента РФ от 06 апреля 2004г., № 490 (ред. от 14 мая 2024г.), «Об утверждении Положения об Администрации Президента Российской Федерации», *СЗРФ, 12 апреля 2004г., № 15, ст. 1395.*

74) *РБК*, от 14 мая 2024г., «Патрушева в администрации президента назначили куратором кораблестроения».

75) Указ Президента РФ от 11 июня 2024г., № 476, «О внесении изменений в состав Совета Безопасности Российской Федерации, утвержденный Указом Президента Российской Федерации от 25 мая 2012 г. № 715», *СЗРФ, 17 июня 2024г., № 25, ст. 3455.*

76) 長谷川 2018.

77) Bieliszczuk and Legucka 2019.

78) Лента.ру, «Фрадков, Михаил», https://lenta.ru/lib/14161130/

79) *РБК*, от 06 апреля 2015г., «Сын Патрушева,однокурсник Фрадкова»; *Медуза*, от 17 июня 2024г., «Путин назначил свою племянницу Анну Цивилеву на пост замминистра обороны. Такую же должность занял Павел Фрадков — сын Михаила Фрадкова»; Аргументы и Факты, от 17 июня 2024г., «Заместитель министра обороны РФ Павел Фрадков. Досье», https://aif.ru/politics/russia/zamestitel-ministra-oborony-rf-pavel-fradkov-dose

80) *Коммерсантъ*, от 13 мая 2024г., «Чем известен Андрей Белоусов», https://www.kommersant.ru/doc/4226578; *Лента.ру*, от 12 мая 2024г., «Путин предложил назначить министром обороны Андрея Белоусова. Что о нем известно?»; РБК, «Белоусов Андрей Рэмович», https://www.rbc.ru/person/6181419c9a7947df128a22f7

81) Лента.ру, «Белоусов, Андрей», https://lenta.ru/lib/14176637/; *РБК*, от 28 ноября 2018г.,

«Спор об инвестициях: почему Кудрин раскритиковал предложения Белоусова».

82) РБК, «Мантуров Денис Валентинович», https://www.rbc.ru/person/662a03b69a79479d47a17899

83) Правительство России, от 11 мая 2024г., «Михаил Мишустин внес на рассмотрение Госдумы новый состав Правительства».

84) *Коммерсантъ*, от 12 мая 2024г., «Чем известен Антон Алиханов».

85) Правительство России, «Антон Андреевич Алиханов», http://government.ru/gov/persons/503/bio/

86) *Коммерсантъ*, от 11 мая 2024г., «Оксана Лут: что известно о кандидате на пост министра сельского хозяйства».

87) *Коммерсантъ*, от 11 мая 2024г., «Министр с Востока: Главой российского спорта назначат Михаила Дегтярева».

88) 長谷川 2024b.

89) 長谷川 2024a.

90) 長谷川 2024c.

91) *Российская газета*, от 29 мая 2024г., «Грамотный управленец и Герой России. Кто такой Алексей Дюмин, который стал секретарем Госсовета».

92) РБК, «Дегтярев Михаил Владимирович», https://www.rbc.ru/person/66475fec9a79475c4d9443ad

93) *Ведомости*, от 24 января 2024г., «В РАНХиГС впервые в истории сменился ректор»; АНО «Россия — страна возможностей», Новости, Выпускники «школы губернаторов» назначены на руководящие должности в Правительства Донецкой и Луганской народных республик», https://xn--d1achcanypala0j.xn--p1ai/tpost/nj4junzht1-vipuskniki-shkoli-gubernatorov-naznachen

94) *Известия*, от 11 октября 2017г., «Администрация президента ищет новые кадры: Первый замглавы АП Сергей Кириенко презентует проект «Лидеры России» по поиску новых управленцев»; *Российская газета*, от 17 июля 2021г., «Кириенко: Проекты "России - страны возможностей" позволяют искать таланты».

95) Распоряжение Правительства РФ от 13 июля 2023г., № 1874-р, «О назначении ректора федерального государственного бюджетного образовательного учреждения высшего образования "Российская академия народного хозяйства и государственной службы при Президенте Российской Федерации"», *СЗРФ, 17 июля 2023г., № 29, ст. 5484*; *Российская газета*, от 13 июля 2024г., «Мишустин назначил Комиссарова ректором РАНХиГС».

96) Распоряжение Президента РФ от 17 июня 2024г., № 182-рп, «О подписании Договора о всеобъемлющем стратегическом партнерстве между Российской Федерацией и Корейской Народно-Демократической Республикой», *СЗРФ, 24 июня 2024г., № 26, ст. 3648*.

97) Федеральный закон от 09 ноября 2024г., № 374-ФЗ, «О ратификации Договора о все-объемлющем стратегическом партнерстве между Российской Федерацией и Корейской Народно-Демократической Республикой», *СЗРФ, 11 ноября 2024г., № 46, ст. 6902.*

98) Указ Президента РФ от 11 мая 2024г., № 326 (ред. от 17 июня 2024г.), «О структуре федеральных органов исполнительной власти», *СЗРФ, 13 мая 2024г., № 20, ст. 2590.*

99) *Ведомости*, от 26 июля 2023г., «Сергей Шойгу впервые посещает КНДР в связи с годовщиной окончания войны в Корее: Ожидать от его визита результатов в военной сфере не стоит»; *Коммерсантъ*, от 26 июля 2023г., «Сергей Шойгу открывает Северную Корею: В Пхеньян впервые за три с половиной года приедут официальные делегации — из России и Китая»; от 27 июля 2023г., «Россия с КНДР засели в одном окопе: Как Сергей Шойгу в Пхеньян съездил»; *Медуза*, от 26 июля 2023г., «Дружественная Северная Корея приветствует товарища министра обороны РФ Сергея Шойгу Он прибыл в Пхеньян отмечать 70-летие «победы» КНДР в корейской войне. Фотографии».

100) *Коммерсантъ*, от 13 сентября 2023г., «Операция Ын и другие приключения Путина Как президент России встретил на космодроме председателя КНДР»; от 15 сентября 2023г., «Ким Чен Ын и Денис Мантуров осмотрели производство истребителей пятого поколения»; *Российская газета*, от 15 сентября 2023г., «Мантуров: Россия видит потенциал для кооперации с КНДР в области авиастроения».

101) *Коммерсантъ*, от 28 марта 2024г., «Нарышкин обсудил с министром госбезопасности КНДР международную обстановку»; *Лента.ру*, от 28 марта 2024г., «В Службе внешней разведки России раскрыли цель визита Нарышкина в КНДР».

102) *Коммерсантъ*, от 14 сентября 2024г., «Ким Чен Ын 13 сентября дважды встречался с Сергеем Шойгу»; от 29 ноября 2024г., «Белоусов рассказал, зачем нужен договор России и КНДР».

103) Указ Президента РФ от 11 июня 2024г., № 479, «Об утверждении состава Комиссии по вопросам военно-технического сотрудничества Российской Федерации с иностранными государствами», *СЗРФ, 17 июня 2024г., № 25, ст. 3458.*

104) 長谷川 2024e.

105) *РБК*, от 14 мая 2024г., «Кремль объяснил новые назначения Орешкина и Дюмина»; *Российская газета*, от 15 мая 2024г., «Путин прокомментировал назначение Дюмина помощником президента РФ».

106) *Московский комсомолец*, от 13 августа 2024г., «Командовать СВО в Курской области назначен генерал-полковник Дюмин: WarGonzo: командовать СВО в Курской области назначен генерал-полковник Дюмин».

107) *Коммерсантъ*, от 07 января 2024г., «Спецподразделение «Гром» перешло из МВД в Росгвардию».

終章 | ロシア大統領の「強さ」と「弱さ」

「赤の広場」から徒歩圏内にあるロシア大統領府本府庁舎
(出典) Президент России, http://kremlin.ru/structure/administration

　本書ではこれまで大統領補助機関に焦点を当て、ソ連邦解体後の現代ロシアにおける大統領権力の発展過程を辿ってきた。大統領府・安保会議は、さまざまな弱点を抱えるロシアの国家官僚機構において、「少数精鋭」の大統領補助機関として、1990年代の創設期における混乱を経て、主にプーチン長期政権のもとで、機構・定員上の諸措置がとられ、制度的発展を遂げた。
　この章では、「虫の目」から政治エリートと法制度を分析した各章の議論をまとめるとともに、大統領を中核としたロシアの執行権力に関する研究において、より大きな視座を提供することを試みる。

1. 大統領補助機関の制度的発展

　本書は、ソ連邦解体後の現代ロシアにおける執行権力の在り方、とくに大統領権力の発展過程について、政治史的アプローチに基づき、なるべく通時的かつ「虫の目」から解明することを試みてきた。同時に実証研究としてのロシア地域研究、現代ロシア政治研究を志向し、史料状況に鑑みて、分析には主に規範的文書を使用した。

　ロシアの大統領制は、執政制度の類型として半大統領制(Semipresidentialism)に分類されるが、大統領を中核とする執行権力の優位性が指摘され、しばしば「超大統領制」(Superpresidentialism) と形容される。第 1 章では、ソ連邦解体期の安保会議の制度設計について検討することで、執行権力と立法権力の関係性が制度化される過程を辿った。安保会議委員人事に対する立法権力による介入は、当初、エリツィン大統領による憲法草案（大統領草案）のなかでは限定的ながら認められていた。しかし、1993 年の「10 月事件」を経て、むしろ立法権力の長（議長）が大統領によって安保会議委員に任命されるなど、執行権力と立法権力の関係性が大きく変わったことが観察される。その上、現代ロシアの安全保障法制の礎であり、安保会議委員の構成を定めていた 1992 年安全保障法は、エリツィン大統領が発した大統領令によって、その一部が無効とされる事態が生起した。これは下位規範たる大統領令が上位規範たる連邦法律を修正するもので、法秩序を乱すものと捉えられる。こうした「ウカース立法」はエリツィン政権下の様々な政策領域において、度々観察されたものの、安全保障法制に関しては、2010 年安全保障法の制定をもって、連邦憲法―連邦法律―大統領令という位階的な法令の構造が完成した。

　エリツィン政権期からプーチン政権期における安保会議の実際的な運用について検討した第 2 章では、安保会議委員の人事政策の分析を通じて、安保会議・会議体が有力なシロヴィキが集う場となり、プーチン長期政権のもとで徐々に進展する個人支配化の制度的基盤となったことを指摘した。また、安保会議は 2000 年代以降、外交・軍事安全保障政策の司令塔として、政策の立案・決定過程において強い存在感を示すという先行研究の主張に対して、

社会・経済・地方政策を含むより広範な政策領域をカバーする憲法上の国家機関として機能強化を果たした点をあわせて指摘した。

　さらに、細かい人事政策がどのような意味を持つか「虫の目」から観察し、統計分析を通じて、1990年代の安保会議の黎明期から第2次プーチン政権期までの人事政策の特徴を炙り出し、シロヴィキを中心とした委員人事の「固定化」と「高齢化」という傾向を見出した。委員総数は1990年代末から増加傾向にあり、2004年には議決権を有する常任委員が大幅に増加し、安保会議・会議体はプーチン大統領と最側近のニコライ・パートルシェフを中核としたインナーサークルが集う場となった。本書において「プーチン・パートルシェフ・ライン」と呼称した両者の関係は極めて緊密である。2008年に発足したタンデム政権期から2012年に発足した第2次プーチン政権期にかけて、16年間にわたり安保会議書記を務めたニコライ・パートルシェフのもとで、安保会議の会議体・事務機構は政策過程に強い影響力を持つこととなった。

　2024年5月、ついにニコライ・パートルシェフは安保会議書記を退任し、大統領補佐官に就任したが、安保会議常任委員の地位を維持した。また大幅な委員人事の入れ替えも生じ、デューミン大統領補佐官 兼 国家評議会書記とマートゥロフ第1副首相、リニェーツ大統領特別プログラム総局長、スクヴォルツォーヴァ（Скворцова, В. И.）連邦医生物学局長が新たに安保会議非常任委員に加わったことで、安保会議委員の総数は過去最高の35名（常任委員13名、非常任委員22名）という大所帯となった。

　2000年代以降の安保会議委員人事は、連邦制改革と密接に関連しており、連邦管区大統領全権代表を安保会議非常任委員に任命し、さらに安保会議書記が地方に赴いて出張会合を実施することで、クレムリンは地方統制を強化してきた。また、2020年の憲法改革では、単一公権力システムを導入し、一層の中央集権化を図るとととともに、国家評議会に憲法上の地位を付与した。2024年5月の人事政策の背景には、こうした地方統制に象徴される中央・地方関係制度の長期的な変容とウクライナ戦争下におけるロシア社会の動員があろう。大統領補助機関として、国家安全保障上の幅広い政策領域を扱う安保会議の機能がまさに浮き彫りとなる。

終章　ロシア大統領の「強さ」と「弱さ」　279

こうした機能を安保会議が発揮するための法制度的基盤がどのように構築
されたのか、第3章では現代ロシアの国家安全保障政策領域における総合調
整メカニズムと安全保障法制に焦点を当てて、検討した。前者について、主
たる分析対象は安保会議附属省庁間委員会であり、その前史を辿ると、大統
領権力の発展過程と密接なつながりを見出すことができる。省庁間委員会の
前身は、安保会議の設置準備を担った策定委員会と同時に発足した実務会議
である。初期の軍事ドクトリンの策定作業などを担ったのち、1990年代の
エリツィン政権期には組織的な拡大を見せた。国家安全保障政策の総合調整
メカニズムを構築する上で画期となったのが、第1次プーチン政権2期目に
おける戦略企画問題省庁間委員会（戦略企画委員会）の設置である。

　この時期のプーチン政権は、政治秩序の安定化を最優先事項としつつ、対
テロ分野における米露関係、イラク戦争をはじめ、グローバルな戦略環境の
変容に対応すべく、新たな戦略文書の策定を進めていた。省庁間の調整メカ
ニズムの構築という実務的要請のもとに設置されたのが戦略企画委員会であ
る。当初は外務畑のイーゴリ・イワノーフ安保会議書記、続いてソビャーニ
ン大統領府長官が委員会議長を務めたが、2008年のタンデム政権発足ともに、
ニコライ・パートルシェフ安保会議書記が議長を務めることとなり、「プー
チン・パートルシェフ・ライン」のもと、2009年5月には「2020年までの
ロシア連邦国家安全保障戦略」が大統領令によって承認された。また、続く
第2次プーチン政権下の2014年6月には、戦略企画法が制定され、国家安
全保障政策の総合調整に関わる制度的、法的な基盤が構築された。

　またタンデム政権期には、並行して現代ロシアにおける安全保障の法的基
盤も整備されることとなった。ロシア共和国憲法下の1992年3月に制定さ
れた安全保障法は、安全保障の基本概念や各部の権限などを定めたもので、
18年にわたり効力を有した。連邦制改革に象徴されるように、2000年以降
の第1次プーチン政権下において、あらゆる政策領域の法令が整備されたが、
その中で安全保障法制は、タンデム政権期の2010年7月から12月にかけて、
ようやく旧法の廃止改正にこぎ着けた。法案審議の過程では、安保会議と連
邦議会との関係性、安保会議の決定に対する監督権限などについて若干の議
論が交わされたものの、基本的には安保会議の権限を強化する方向で法案は

採択された。2010年安保法を受けて、2011年には下位規範である安保会議規程が改訂され、安保会議には連邦執行権力機関の活動に対する監督権が付与されるなど、2000年代における安保会議の運用面における機能強化は、安保法制の整備を通じて、制度化されることとなった。こうして、安保会議は現代ロシアの「超大統領制」を実務的に支える大統領補助機関となったのである。

　もう一つの重要な大統領補助機関である大統領府については、第4章において、主にその法的地位、権限、内部部局長の人事政策の分析を通じて、国家官僚機構において大統領府が果たす役割について検討した。まず現代ロシアにおける国家官僚制の機構・定員上の特徴について定量的に把握し、執行権力機関の基本的な構造として「地方の存在感」の強さを指摘した。クレムリンの大統領府職員は、「地方の存在感」を所与の条件として、少数精鋭で政策の総合調整に取り組んでいるが、その職員数をみると2000年代中頃には、定員削減の傾向にあった。内部部局も1990年代のエリツィン政権期には肥大化する傾向にあったが、2000年代の第1次プーチン政権と続くタンデム政権期には、統廃合が進んだ。

　大統領府の機構・定員は、2012年5月に発足した第2次プーチン政権下において新たな展開を見せた。大統領府職員数は増員傾向に転じ、新たに内部部局も設置されるなど、機構改編が目立つようになる。これは国家の重要政策について、連邦政府を介さずに、大統領府をはじめとする大統領補助機関を増強して、直接的に対処する方針がとられるようになったものと考えられる。ただし、大統領補助機関の業務量の増加に対して、職員の大幅な増員が行われているわけではない。また、大統領府内部部局の継続的な増強は、大統領府と連邦政府の間における所掌事項の重複のみならず、大統領府内部部局間における「部門間対立」を招くおそれもある。プーチン長期政権下の超大統領制的な政治秩序においても、クレムリンは国家官僚機構全体の統制に相当なリソースを割いているものと考えられる。

2．2020年憲法改革とロシア・ウクライナ戦争

　2020年1月に本格化した憲法改革は、ヴォロージン下院議長らが主導し、7月の全ロシア国民投票を経て、極めて短期間のうちに遂行された。組閣プロセスにおける議会権限の拡大が条文の上では確認されるが、とくに上院の権限は形式的である。国防相や外務相、連邦保安庁（FSB）長官といった軍事・外交・インテリジェンス機関の長の人事案について、大統領と上院が協議するという制度が導入され、従来の大統領による直接任命制は改められた。また、下院は首相以外の第1副首相、副首相、連邦大臣の人事案について審議し、大統領は承認された者のみを任命できるという制度に改められたが、プーチン長期政権下における大統領・議会関係から、2024年5月の組閣プロセスにおいて、連邦議会両院は「ラバースタンプ」を与える役割にとどまった。さらに大統領は、首相解任権と連邦政府（内閣）に対する全般的指揮権を獲得したため、2020年憲法改革を通じて、2000年以降のプーチン政権下における大統領権力の実際的な運用と基幹的な政策が憲法条文として制度化されることとなった。

　また2020年憲法改革と並行して実施された安保会議改革では、新たに副議長職が導入され、安保会議事務機構には副議長を支える官房が設置された。ただし、この安保会議改革では、大統領令によって先行して制度改革を実施した後、連邦法律を改正して「追認」する手続きがとられた。大統領令によって法令の「空白」を先んじて埋める政策の実施手段（いわゆる「ウカース立法」）は、「追認機関」と化した連邦議会の在り方とも関係して、ロシア政治・法研究上、極めて現代的な問題である。

　新たに設置された安保会議副議長職について、安保会議における職階は、議長に次ぐナンバー2であり、安保会議規程では安保会議書記よりも強い権限が付与されたが、安保会議書記の活動に大きな変化はなく、引き続き事務方のトップを務めるとともに、NSC外交や出張会合といった任務をこなしている。これは大統領補助機関の業務量増加に伴う職務分掌とも、大統領職まで務めたメドヴェージェフを処遇するためにポスト（座布団）を用意したとも捉えられるが、副議長官房長や補佐官ポストの設置に伴い、安保会議事

務機構は肥大化の傾向にある。

　ロシア・ウクライナ戦争下における政治動向の現状分析を試みた第6章では、政治過程を5つのフェーズに区分して、戦時下の大統領権力について検討した。初期段階では、開戦と対露経済制裁を受けて、ロシア社会では一定の混乱が見られたものの、国家官僚機構は、既存の事態対処チーム（COVID−19対策チーム）などの調整メカニズムを柔軟に再利用して対応に当たった。こうしたなか、ミシュスチン首相をはじめとする「テクノクラート」に分類される国家官僚が存在感を示すこととなった。現代ロシアの政治エリートは、2000年代初頭のような「シロヴィキ」か「サンクト・ペテルブルク派」といった単純な二分法ではもはや正確に捉えられない。

　続く第1次動員段階では、戦況の悪化を受けて、部分動員令が出されるとともに、軍需産業の動員が加速した。既存の枠組みである大統領附属軍需産業委員会の体制が強化され、「ロシア軍・その他軍・軍事部隊及び機関の調達需要を保障する連邦政府附属調整会議」が設置されるなど、クレムリンはロシア経済・社会の動員を進め、その中で、連邦管区制といった2000年代の第1次プーチン政権下において構築された中央・地方関係の調整メカニズムが活用されることとなった。

　また、2023年6月、クレムリンは、民間軍事会社所属戦闘員と義勇軍に対して、7月1日までに国防省と契約するよう要請し、国防分野における動員と集権化を進めた。本書ではこれを第2次動員段階と位置づけ、民間軍事会社「ワグネル」による反乱については、こうしたクレムリンによる政治権力の調整に対する「異議申し立て」と捉えた。反乱は極めて短期間のうちに鎮静化したものの、クレムリンに仕える国家官僚の凝集性を示すのみならず、「シロヴィキ」が必ずしも一枚岩ではない側面も炙り出した。とくに大統領警護を担う連邦警護庁（FSO）関係者は、連邦保安庁（FSB）とともに「体制維持装置」として執行権力機関における地位を高める傾向にある。「シロヴィキ」の複雑な権力構造を分析する作業は、現代ロシア政治研究において、引き続き重要な論点となろう。

　2024年5月に発足した第3次プーチン政権においては、戦時下の人事政策の特徴を抽出する上で重要な画期となった。16年間にわたり安保会議書記

を務め、最側近として政権を支えてきたニコライ・パートルシェフは、大統領補佐官に配置転換となった。長年にわたり「プーチン・パートルシェフ・ライン」を背景としてきた安保会議・会議体と事務機構が継続して「強い国家機関」としての地位を守るのか、機能的な変化が生じるのか、注目される。国防相から安保会議書記に配置転換となったショイグーは、1994年から2012年まで緊急事態相を務めるなど、中央政界における要職の経験が長く、今般の人事においても新たに軍事技術協力庁の監督を任されるなど、安保会議書記の所掌事項は拡大している。

　新内閣の陣容からは、ベロウーソフの国防相登用など戦時下における「テクノクラート」の台頭がより明確なものとなった。またアリハーノフ産業通商相やルート農相に代表される1980年代生まれの若手国家官僚の登用からは、戦時下における世代交代の進展も観察された。本書では、こうした国家官僚を育成する制度、大統領附属国民経済・国務アカデミー（大統領アカデミー）の役割に焦点を当て、改めてプーチン大統領個人だけではなく、プーチン長期政権が構築してきた「制度」に注目する必要性を主張した。プーチン長期政権の人事政策は、シロヴィキ人脈を中心とした世襲・恩顧人事と国家官僚機構における厳格な実力主義による登用の両側面から分析する必要がある。

　さらに2024年6月には軍需産業領域国家政策局など新たに4つの内部部局が新設され、大統領府内部部局の増強、肥大化は進展している。2012年5月以降の大統領府内部部局の増強傾向が継続しており、大統領補助機関による「介入」が増加傾向にあることが指摘できる。

　2020年憲法改革を経て、ロシア大統領の権力はより強力なものとなったが、ミクロな視点からその制度と人事を細かく検討すると、補助機関を通じた重要政策への介入の頻度は増す傾向にあり、補助機関への相当な依存が観察される。本書の分析を通じて、ロシア国家官僚機構の強靱性とともに、遠心的な中央・地方関係制度や執行権力における所掌事項の重複といった弱点も浮き彫りとなった。同時に、この弱さに起因する事態対処にあたり、「リカバリーショット」を打つことが期待される大統領補助機関の姿が浮き彫りとなる。

1991年12月のソ連邦解体から1990年代のエリツィン政権期におけるロシア内政の混乱期を経て、2000年以降のプーチン長期政権は憲法体制の安定化を図り、超大統領制的な政治秩序が構築された。しかしとてつもなく強力に見えるロシア大統領は、権力を行使する上で、実は多くの困難に直面している。遠心的で幾重にも重なる巨大な執行権力機関の腰は重く、ロシア大統領は、これを動かすために、大統領補助機関に勤めるロシア国家官僚の働きに大きく依存しているのである。

あとがき

　はじめてロシアを訪れたのは、大学2年生の時である。田舎のダーチャで焚火を囲んで羊肉を焼いていると、夜空が急に明るくなり、サーチライトが交差しはじめた。「防空訓練」と聞いたが、実際に何が行われたのかはわからない。長閑な雰囲気のなかに突然現れる「ロシア国家」を感じた。

　地方の役所におけるたらい回し、極端に短い受付時間、極めて複雑なプロセスを経てもらう承認印、交通警察による取り締まりの風景など、滞在中には気がつけば「ロシア国家」の統治のあり方に目が向いた。

　訪露のきっかけは進学した大学にあった。「地獄のロシア語」とも言われる上智大学外国語学部ロシア語学科に入学したのは2008年4月。どの言語でも初修プロセスにおいて感じる負担は個人差が大きい。少なくとも筆者はかなり苦労したほうだが、「苦しい」を「面白い」に変えてくれたロシア語学科の先生方や同期など周囲に相当助けられた。今では、同じ道を歩んだ先輩・後輩が多く働いている環境に身を置いている。とくにロシアの安全保障に関わる職業分野には出身者が多く、非常に心強い。大学院に進学すると決意した頃から、ロシア連邦という国家が採用する政策やその政治指導者の言動にある程度左右されてきたものの、東北大学大学院や広島市立大学広島平和研究所では、毎日のように現状を追う作業からは少し距離を置いて、勉強することができた。しかし2022年2月24日以降は、ほかの「ロシア屋」さんと同じく、全く状況が変わってしまった。文字通り「現状分析」の腕が試される状況下で、筆記体を含む「地獄のロシア語」は確かに役立っている。

　本書は、筆者が2017年に東北大学大学院文学研究科歴史科学専攻に提出した博士論文「プーチン政権下の現代ロシアにおける内外政策と安全保障会議——法・統治機構・エリート」にいくつかの論文、研究ノート、論評などを加えて再構成した上で、大幅に加筆・修正したものである[i]。

　本書を仕上げる上で、多くの先生方にお世話になった。まず上智大学外国語学部ロシア語学科における指導教員である上野俊彦先生、東北大学大学院

における指導教員である寺山恭輔先生に御礼申し上げる。筆者の研究の基礎
は、上野先生から学んだ規範的文書を用いた現代ロシア政治分析、政治・法
律ロシア語の翻訳法と寺山先生から学んだスターリン期を中心としたソ連政
治史研究にある。

　また、筆者が研究テーマとして選んだロシア安保会議研究の第一人者であ
る兵頭慎治先生からは、ロシア地域研究の醍醐味を学んだ。さらに大学院修
了後は、日本学術振興会特別研究員 PD・広島市立大学広島平和研究所協力
研究員として湯浅剛先生に受け入れ教員をお引き受けいただき、静かな環境
で研究に集中することができた。

　大学院生の頃から、幸いにも多くの競争的資金を獲得することができた。
本研究プロジェクトは、JSPS 科研費（15J06940, 17J00138, 22H00825）、平成 26
年度公益財団法人日本科学協会笹川科学研究助成（研究番号：26-705）など
の競争的資金による研究助成を受けた。また、本書の出版に際しては、日本
学術振興会の令和 6 年度科学研究費助成事業（研究成果公開促進費：課題番号
24HP5105）の助成を受けた。

　なかでも「中国の台頭と権威主義体制の『ネットワーク化』の研究」
JSPS 科研費（22H00825）でご一緒させて頂いた庄司智孝先生（研究代表者）、
今井宏平先生、工藤年博先生、仙石学先生、益尾知佐子先生、山添博史先生
からは、様々な国や地域の政治・安全保障・社会問題についてご教示いただ
いた。また、大学院の寺山ゼミの同期で、帝政ロシア外交史・ヨーロッパ国
際政治史を専門とする矢口啓朗先生には、様々な局面で助けていただいた。
そして、本書の刊行に際しては、図表が多い本書のゲラを非常に細かく確認
していただいた慶應義塾大学出版会の乗みどりさんに感謝申し上げる。

　2022 年 2 月 24 日以降の第 2 次ロシア・ウクライナ戦争の勃発を受けて、
現代ロシア政治研究、ロシア地域研究の学問領域は大きく制約を受けている。
現地調査のみならず、インターネット規制も徐々に強化され、次々と日本か
らロシアのウェブサイトが閲覧できなくなった。ロシアにおけるウェブサイ
トの発展により、日本からも多くの史資料に 24 時間 365 日インターネット
を通じてアクセスできる環境が整い、デジタル化の時代にあって、もはや紙
媒体は不要であるという声も聞かれるが、集めていた紙媒体がここまで役に

立つ時代が来るとは想定していなかった。

　ただ、紙媒体は場所もとる。研究資金以外にも良質な研究環境が整わなければ、本書は完成しなかった。これまで筆者の研究を支援してくださった皆様、とくに上智大学外国語学部ロシア語学科事務室、東北大学東北アジア研究センター、同大学院文学研究科歴史科学専攻、および広島市立大学広島平和研究所の事務室の皆様、また防衛省防衛研究所企画部総務課、企画調整課、研究図書室の皆様に感謝申し上げる。

　防衛研究所では管理的業務、庶務といった直接的には研究に分類されない非常に地味な調整業務を行うことで、実務者の方々とのやり取りも増え、そのなかに実はロシア政治・安全保障研究を進める上で重要なヒントがあることに気がついた。その意味でも、事務職員の皆様に改めて感謝の意を表する。

　本書には、現代ロシアの国家官僚機構に関わる図表をなるべく多く入れ込み、基礎資料としても活用できるよう執筆を進めた。研究と実務の双方において本書が役立つことを願ってやまない。

　第2次ロシア・ウクライナ戦争下において、ロシアに関する情勢解説はややもすると単純明快なものが求められる。そのなかで国家官僚機構も一見するとトップダウン型の単純な統治構造に見えるが、規範的文書などを用いて実証的に構造を分析すると、必ずしも政策を推進する力のみが働いているわけではない。本書を通じて、ロシア大統領権力の制度設計を単純明快に解きほぐしたわけではなく、むしろその複雑性を提示することになったが、限られた史資料のなかから、数は少なくとも事実関係を見出す作業は重要であると筆者は考える。

　現代ロシア政治研究、ロシア地域研究、現状分析には実証性が求められる。その手法を体系化する作業はまだまだ続く。

　2025 年 1 月

長谷川雄之

ⅰ）序章は、長谷川（2023a）、第 1 章は、同（2016a）、第 2 章は同（2014; 2024d）、第 3 章は同（2016b）、第 4 章は同（2019）、第 5 章は同（2020a; 2020b; 2021; 2023a, 2024b）、第 6 章は同（2023a; 2023c; 2023d; 2024a; 2024b; 2024c; 2024e）に加筆・修正等を加えた。

参考文献

【法令集・速記録等】

Ведомости Съезд Народных Депутатов и Верховного Совета Российской Советской Федеративной Социалистической Республика. М.

Ведомости Съезд Народных Депутатов и Верховного Совета Российской Федерации. М.

Ведомости Съезда Народных Депутатов и Верховного Совета Союза Советских Социалистических Республик. М.

Конституционное совещание. Стенограммы. Материалы. Документы. 29 апреля – 10 ноября 1993 г., 1995, М.: Изд. Юридическая литература.

Собрание актов Президента и Правительства Российской Федерации. М.

Собрание Законодательства Российской Федерации. М.

Съезд народных депутатов, *Четвёртый Съезд народных депутатов РСФСР. Стенографический отчет,* 1991, М.: Республика.

【ロシア語文献】

Абаева, Е.А. (2020), *Конституция Российской Федерации в схемах: учеьно-методическое пособие,* М.: Проспект.

Бабурин, С.Н., Дзлиев, М. И. и Урсул, А. Д. (2012), *Стратегия национальной безопасности России: теоретико-методологические аспекты,* М.: Магистр.

Бархатова, Е. Ю. (2017), *Комментарий к Конституции Российской Федерации. Издание второе, переработанное и дополнение,* М.: Проспект.

——— (2021), *Комментарий к Конституции Российской Федерации. Новая редакция с поправками,* М.: Проспект.

Босхамджиева, Н. А. (2011), О Совете безопасности Российской Федерации, *Административное право и процесс,* № 12, с. 12-14.

Гимпельсон, В. Е. (2002), *Численность и состав российской бюрократии: между советской номенклатурой и госслужбой гражданского общества,* М.: ГУ-ВШЭ.

Дмитриев, Ю. А. и Скуратов Ю. И. (2013), *Конституция Российской Федерации. Доктринальный комментарий (постатейный), 2-е изд.,* М.: Статут.

Зенькович, Н. А. (2006), *Путинская энциклопедия. Семья. Команда. Оппоненты. Преемники,* М.: ОЛМА-ПРЕСС Звездный мир.

Зорькин, В. Д. ред., (2011), *Комментарий к Конституции Российской Федерации 2-е издание,* М.:НОРМА ИНФРА-М.

Иванов, И. С. ред. (2007), *Совет безопасности Российской Федерации 15 лет*. М.: ОЛМА Медиа Групп.

Комаров, М. П. и Матвеев, В. В. (2017), *Системная хроника развала СССР и становления новой России (1983-2014 гг.)*, Спб.: «Стратегия будущего».

Крыштановская, О. В. (2005), *Анатомия российской элиты*, М.: Захаров.

Литвинов, В. А. (2011), *Основы национальной безопасности России*, М.: ЛЕНАНД.

Маслов, К. Е. под. общ. ред. (2008), *Пограничная служба России – Энциклопедия Биографии*, М.: Ассоциация «Военная книга» Кучково поле.

Мельников, В. И. (2011), *Совет Безопасности РФ в государственной системе обеспечения национальной безопасности Российской Федерации*, М.: Книжный дом «ЛИБРОКОМ».

Мигачев, Ю. И. и Молчанов, Н. А. (2014), "Правовые основы национальной безопасности (административные и информационные аспекты)," *Административное право и процесс*, № 1, с. 46-49.

Митюков, М. А. (1997), "Совет Безопасности Российской Федерации: становление и развитие правового статуса," *Журнал российского права*, № 9, с. 33-42.

———— (2014), *Конституционное совещание 1993 года: рождение Конституции России: статьи, выступления, интервью, документы, дневниковые и блокнотные записи (1993-2012)*, М.: Проспект.

Муров, Е. А. под. общ. ред. (2011), *Энциклопедия Федеральной службы охраны Российской Федерации. Т. 1. История органов государственной охраны и специальной связи*, М.: Кучково поле.

Обручев, В. ред. (2021), *Конституция РФ с изменениями, принятыми на Общероссийском голосовании 1 июля 2020 года (+ сравнительная таблица изменений). Редакция 2021г.*, М.: Эксмо.

Перцев, А., (2022), "Из арбитров в начальники. Как заседание Совбеза изменило устройство власти в России," *Комментарий (Берлинский центр Карнеги)*, https://carnegieendowment. org/posts/2022/02/iz-arbitrov-v-nachalniki-kak-zasedanie-sovbeza-izmenilo-ustrojstvo-vlasti-v-rossii?lang=ru

Подберезкин, А. И. под. общ. ред. (2000), *Современная политическая история России (1985-1998 годы). Том 1. Хроника и Аналитика*, М.:РАУ-Корпорация.

Проничев, В. Е. под. общ. ред. (2009), *Пограничная служба России – Энциклопедия Формирование границ. Нормативная база Структура. Символы*, М.: Ассоциация «Военная книга» Кучково поле.

Путин, В.В. (2016), *Владимир Путин Прямая речь*, М.: Звонница – МГ: Новый ключ.

Румянцев, О. Г. (2008), *Из истории создания Конституции Российской Федерации. Конституционная комиссия: стенограммы, материалы, документы (1990-1993 гг.)*, М.: Волтерс Клувер.

Самородов, Н. М. (2012а), "Сравнительный анализ правового положения советов безопасно-

сти в государствах - участниках Содружества Независимых Государств, ”*Административ-*
ное право и процесс, № 4, с. 28-33.

——— (2012b), “Становление и развитие основных рабочих органов (межведомственных комиссий) Совета Безопасности Российской Федерации,” *Административное право и процесс,* № 10, с. 25-29.

Смирнов, Д. А. (2013), *Российское государство и полицейская реформа: историко-правовое исследование,* М.: Альфа-М.

Чапчиков, С. Ю. (2011), *Комментарий к Федеральному закону «О безопасности» (постатейный),* М.: Юстицинформ.

Шуберт, Т. Э. (1999), “Нормативно-правовое регулирование вопросов безопасности,” *Журнал российского права,* № 11, с. 54-61.

Щеголев, К. А. (2010), *Кто есть кто в России. Исполнительная власть. 3-е изд.,* М.: АСТ: Астрель: Полиграфиздат.

【英語文献】

Bacon, E. (2014), *Contemporary Russia Third Edition*, Basingstoke: Palgrave Macmillan.

——— (2019), “The Security Council and security decision-making,” In Kanet, R.E. ed., *Routledge Handbook of Russian Security*, London: Routledge, pp. 119-130

Barany, Z. (2007), “Superpresidentialism and the Military: The Russian Variant,” *Presidential Studies Quarterly*, 38(1), pp. 14-38.

Baturo, A. and Elkink, J. (2021), *The New Kremlinology: Understanding Regime Personalization in Russia*, Oxford: Oxford University Press.

Beck, A. and Robertson, A. (2005), “Policing in Post-Soviet Russia,” In Pridemore, W. A. eds., *Ruling Russia: Law, Crime, and Justice in a Changing Society*, Lanham: Rowman & Littlefield Publishers, pp. 247-260.

Bieliszczuk, B. and Legucka, A. (2019), *Kremlin Kids: The Second Generation of the Russian Elite*, Warszawa: Polish Institute of International Affairs.

Burkhardt, F. (2017), “The Institutionalization of Relative Advantage: Formal Institutions, Subconstitutional Presidential Powers, and the Rise of Authoritarian Politics in Russia, 1994– 2012,” *Post-Soviet Affairs*, Vol. 33, Issue 6, pp. 472-495.

——— (2021), “Institutionalising Authoritarian Presidencies: Polymorphous Power and Russia’s Presidential Administration,” *Europe-Asia Studies*, Vol. 73, No. 3, pp. 472-504.

——— (2022), “The Fog of War and Power Dynamics in Russia’s Elite: Defections and Purges, or Simply Wishful Thinking?,” *Russian Analytical Digest*, No. 281, pp. 10-14.

Chebankova, E. A., (2016), *Russia's Federal Relations: Putin's Reforms and Management of the Regions*, London and New York: Routledge.

Clark, W. A. (2010),“Boxing Russia. Executive-Legislative Relations and the Categorization of

Russia's Regime Type,"*Demokratizatsiya*, Vol. 19, Issue 1, pp. 5–22.

Derleth, W. (1996), The Evolution of the Russia Policy: The Case of the Security Council, *Communist and Post-Communist Studies*, Vol. 29, No. 1, pp. 43-58.

Donaldson, R., Nogee, J. and Nadkarni, V. (2014), *The Foreign Policy of Russia: Changing Systems, Enduring Interests fifth edition*, New York: M. E. Sharpe.

Doxsee, C. (2022), "Putin's Proxies: Examining Russia's Use of Private Military Companies," CSIS, https://www.csis.org/analysis/putins-proxies-examining-russias-use-private-military-companies

Elgie, R. (1999), *Semi-Presidentialism in Europe*, Oxford: Oxford University Press.

——— (2011), *Semi-Presidentialism: Sub-Type and Democratic Performance*, Oxford: Oxford University Press.

——— (2016), "Three Waves of Semi-Presidential Studies," *Democratization*, Vol. 23, No. 1, pp. 49-70.

Ferris, E. (2023), "Prigozhin's Rebellion: What We Discovered, and What We Still Need to Know," RUSI, https://rusi.org/explore-our-research/publications/commentary/prigozhins-rebellion-what-we-discovered-and-what-we-still-need-know

Fish, M. S. (2000), "The Executive Deception: Superpresidentialism and the Degradation of Russian Politics," In Sperling, V. eds., *Building the Russian State: Institutional Crisis and the Quest for Democratic Governance*, Colorado: Westview Press, pp. 177-192.

Frantz, E. (2018), *Authoritarianism: What Everyone Needs to Know,* Oxford University Press.（エリカ・フランツ／上谷直克・今井宏平・中井遼訳（2021），『権威主義——独裁政治の歴史と変貌』白水社）

Galeotti, M. (2016), "Moscow's Mercenaries in Syria," *War on the Rocks*, https://warontherocks.com/2016/04/moscows-mercenaries-in-syria/

Gall, C. and Jäckel, L. (2020), "The 2020 Russian Constitutional Reform," *Russian Analytical Digest*, No. 250, pp. 2-5.

Gel'man, V. and Ryzhenkov, S. (2011), "Local Regimes, Sub-national Governance and the 'Power Vertical' in Contemporary Russia," *Europe-Asia Studies*, Vol. 63, No. 3, pp. 449-465.

Gill, G. (2015), *Building an Authoritarian Polity: Russia in Post-Soviet Times*, Cambridge: Cambridge University Press.

Gvosdev, K. N. and Marsh, C. (2014), *Russian Foreign Policy: Interests, Vectors and Sectors*, California: CQ Press.

Haas, M. (2011), *Russia's Foreign Security Policy in the 21st Century*, London and New York: Routledge.

Hale, H. E. (2015), *Patron Politics: Eurasian Regime Dynamics in Comparative Perspective,* New York: Cambridge University Press.

Hill, F. and Gaddy, G. C. (2015), *Mr. Putin: Operative in the Kremlin (New and Expanded)*, Washington D. C.: The Brookings Institution.

IISS (The International Institution for Strategic Studies) (2024), "Russia and Eurasia," *The Military*

Balance 2024.

Huskey, E. (2015), *Presidential Power in Russia*, London and New York: Routledge.

Jones, E. and Brusstar, J. (1993), "Moscow's Emerging Security Decisionmaking System: The Role of the Security Council," *The Journal of Slavic Military Studies*, Vol. 6, No. 3, pp. 345-374.

Karlsson, H. (1988), "The Defense Council of the USSR," *Cooperation and Conflict*, Vol.23, No. 1, pp. 69-83.

Kryshtanovskaya, O. (2008), "The Russian Elite in Transition," *Journal of Communist Studies and Transition Politics*, Vol. 24, No. 4, pp.585-603.

Kryshtanovskaya, O. and White, S. (1996), "From Soviet *Nomenklatura* to Russian Elite," *Europe-Asia Studies*, Vol. 48, No. 5, pp. 711-733.

——— (2003), "Putin's Militocracy," *Post-Soviet Affairs,* Vol. 19, Issue 4, pp. 289-306.

——— (2005), "Inside the Putin Court: A Research Note," *Europe-Asia Studies*, Vol. 57, No. 7, pp. 1065-1075.

——— (2009), "The Sovietization of Russian Politics," *Post-Soviet Affairs*, Vol. 25, Issue 4, pp. 283-309.

Levitsky, S. and Way L. A. (2002), "The Rise of Competitive Authoritatianism," *Journal of Democracy*, Vol. 3, No. 2, pp. 51-65.

——— (2010), *Competitive Authoritarianism: Hybrid Regimes After the Cold War*, New York: Cambridge University Press.

Linz, J. and Stepan, A., (1996) *Problems of Democratic Transition and Consolidation: Southern Europe, South America, and Post-Communist Europe*, Baltimore: The Johns Hopkins University Press.

Morgan-Jones, E. (2015), *Constitutional Bargaining in Russia, 1990-93: Institutions and Uncertainty*, London and New York: Routledge.

Ogushi, A. (2005), "Removing the Core of Power: The Reorganizations of the Party Apparat under Gorbachev," *Russian and East European Studies*, Issue 34, pp. 62-76.

——— (2009), "From the CC CPSU to Russian Presidency: The Development of Semi-Presidentialism in Russia," In Hayashi, T. and Ogushi, A. eds., *Post-Communist Transformations: the Countries of Central and Eastern Europe and Russia in Comparative Perspective*, Sappro: Slavic Research Center, Hokkaido University, pp. 3-25.

Pertsev, A. (2023), "Is Prigozhin's Mutiny the Nail in the Coffin for Putin's Golden Boy, Dyumin?," Carnegie Endowment for International Peace, https://carnegieendowment.org/russia-eurasia/politika/2023/07/is-prigozhins-mutiny-the-nail-in-the-coffin-for-putins-golden-boy-dyumin?lang=en

Poguntke, T. and Webb, P. (2005), *The Presidentialization of Politics: A Comparative Study of Modern Democracies*, Oxford: Oxford University Press. (Ｔ・ポグントケ, Ｐ・ウェブ編／岩崎正洋監訳（2014），『民主政治はなぜ「大統領制化」するのか――現代民主主義国家の比較研究』ミネルヴァ書房).

Raunio, T. and Sedelius, T. (2000), *Semi-Presidential Policy-Making in Europe: Executive Coordination and Political Leadership*, London: Palagrave Macmillan.

Remington, T. F. (2014), *Presidential Decrees in Russia: A Comparative Perspective*, Cambridge: Cambridge University Press.

Reuter, O. J. and Remington, T. F. (2009), "Dominant Party Regimes and the Commitment Problem: The Case of United Russia," *Comparative Political Studies*, Vol. 42, No. 4, pp. 501-526.

Ross, C. (2005), "Federalism and Electoral Authoritarianism under Putin," *Demokratizatsiya*, Vol. 13, Issue 3, pp. 348-371.

————— (2010), "Federalism and Inter-governmental Relations in Russia," *Journal of Communist Studies and Transition Politics*, Vol. 26, Issue 2, pp. 165-187.

Sakwa, R. (2008), *Putin: Russia's Choice Second Edition,* London and New York: Routledge.

————— (2011), *The Crisis of Russian Democracy: The Dual State, Factionalism and the Medvedev Succession*, Cambridge: Cambridge University Press.

Schumpeter, J. (2008), *Capitalism, Socialism and Democracy Third Edition*, New York: HarperCollins Publishers.

Shugart, M.S. and Carey, J.M., (1992), *Presidents and Assembles: Constitutional Design and Electoral Dynamics*, Cambridge: Cambridge University Press.

Stanovaya, T. (2020), "The Putin Regime Cracks," Carnegie Moscow Center, https://carnegieendowment.org/research/2020/02/the-putin-regime-cracks?lang=en

Sukhankin, S. (2019), "New Russian PMC Spotted in Syria: Potential Military Links and Implications," *Eurasia Daily Monitor*, Vol. 16, Issue 114, https://jamestown.org/program/new-russian-pmc-spotted-in-syria-potential-military-links-and-implications/

Taylor, B. (2011), *State Building in Putin's Russia: Policing and Coercion after Communism*, Cambridge: Cambridge University Press.

Teague, E. (2020), "Russia's Constitutional Reforms of 2020," *Russian Politics*, Vol. 5, pp. 301-328.

Vendil-Pallin, C. (2001), "The Russian Security Council," *European Security*, Vol. 10, No. 2, pp. 67-94.

————— (2011), *Russian Military Reform: A Failed Exercise in Defence Decision Making*, London and New York: Routledge.

————— (2017), "Russia's Presidential Domestic Policy Directorate: HQ for Defetat-proofing Russian Politics," *Demokratizatsiya*, Vol. 25, Issue 3, pp. 255-278.

Way, L. (2015), *Pluralism by Default: Weak Autocrats and the Rise of Competitive Politics*, Baltimore: Johns Hopkins University Press.

White, S. (2008), "The Domestic Management of Russia's Foreign and Security Policy," In Allison, R. Light, M. and White, S. (ed.), *Putin's Russia and the Enlarged Europe*, London: Chatham House, pp. 21-44.

【日本語文献】

油本真理（2015），『現代ロシアの政治変容と地方――「与党の不在」から圧倒的一党優位へ』東京大学出版会．

―――（2022），「ウクライナ侵攻とロシア内政――大統領支持率，エリート，異論派」河本和子編『ロシアのウクライナ侵攻』NIRA 総合研究開発機構，1-20 頁．

五十嵐清（2010），『比較法ハンドブック　第 3 版』勁草書房．

乾一宇（2003），「ロシアの安全保障決定機構――安全保障会議を中心に」『ロシア・東欧研究』第 32 号，76-90 頁．

―――（2004），「軍改革等」『プーチン大統領の進める焦眉の制度改革（政治面）』（平成 15 年度外務省委託研究報告書）日本国際問題研究所，43-67 頁．

―――（2011），『力の信奉者ロシア――その思想と戦略』JCA 出版．

上野俊彦（2001），『ポスト共産主義ロシアの政治――エリツィンからプーチンへ』（財）日本国際問題研究所．

―――（2002），「プーチン政権の人事研究」『プーチン政権下のロシアの内政動向――プーチン政権 2 年目の総括（日本国際問題研究所平成 13 年度外務省委託研究報告書）』日本国際問題研究所，1-22 頁．

―――（2004），「ロシア――『民主化』論と地域研究」岸川毅・岩崎正洋編『アクセス地域研究 I ――民主化の多様な姿』日本経済評論社，93-115 頁．

―――（2007），「連邦保安庁」川端香男里・佐藤経明他監修『新版 ロシアを知る事典』平凡社，812 頁．

―――（2010a），「ロシアにおける連邦制改革――プーチンからメドヴェージェフへ」『体制転換研究の先端的議論（スラブ・ユーラシア研究報告集 No.2）』北海道大学スラブ研究センター，1-20 頁．

―――（2010b），「2005 年 12 月のいわゆる「『NGO 関連法』修正法」の制定過程について」『ロシアの政策決定――諸勢力と過程』日本国際問題研究所，101-123 頁．

―――（2013），「第二次プーチン政権下のロシア政治」溝端佐登史編著『ロシア近代化の政治経済学』文理閣．

―――（2020），「ロシアにおける 2020 年の憲法修正をめぐる諸問題」『ロシア NIS 調査月報』第 65 巻第 5 号，80-105 頁．

宇山智彦・大串敦・杉浦史和・平田武・渡邊日日（2012），「パネルディスカッション ソ連解体 20 年とその後の世界」『ロシア・東欧研究』第 40 号，1-33 頁．

大串敦（2008），「政府党体制の制度化――『統一ロシア』党の発展」横手慎二・上野俊彦編『ロシアの市民意識と政治』慶應義塾大学出版会．

―――（2011），「ソ連共産党中央委員会からロシア大統領府へ――ロシアにおける半大統領制の発展」仙石学・林忠行編『ポスト社会主義期の政治と経済――旧ソ連・中東欧の比較』北海道大学出版会，79-105 頁．

―――（2016），「ロシアにおける混合体制の成立と変容」川中豪編『発展途上国におけ

る民主主義の危機』（アジア経済研究所調査研究報告集）アジア経済研究所，89-102頁.

─────（2018），「重層的マシーン政治からポピュリスト体制への変容か──ロシアにおける権威主義体制の成立と展開」川中豪編著『後退する民主主義，強化される権威主義──最良の政治制度とは何か』ミネルヴァ書房，159-188頁.

─────（2022），「ロシアの政策決定過程とウクライナ侵攻──ブラックボックスの中」『ロシア NIS 調査月報』第 67 巻第 6 号通巻 1076 号，20-29頁.

大澤傑（2022），「『個人化』するロシアの権威主義体制──政治体制から読み解くウクライナ侵攻」Synodos, https://synodos.jp/opinion/international/28311/

─────（2023），『「個人化」する権威主義体制──侵攻決断と体制変動の条件』明石書店.

小川哲也（2002），「ロシア連邦連邦国境警備庁とその改革（その1）」『海上保安大学校五〇周年記念論文集』海上保安大学校，43-56頁。

─────（2010），「ロシアの沿岸警備隊（その1）」『海保大研究報告』第 54 巻第 2 号，55-84頁.

川中豪（2018），『後退する民主主義，強化される権威主義──最良の政治制度とは何か』ミネルヴァ書房.

ぎょうせい法制執務研究会編著（2013），『全訂 図説 法制執務入門』ぎょうせい.

久保慶一・末近浩太・髙橋百合子（2016），『比較政治学の考え方』有斐閣.

小泉悠（2011），「立法情報 ロシア 安全保障会議の権限強化」『外国の立法』国立国会図書館調査及び立法考査局，№ 248-1.

─────（2016a），『軍事大国ロシア──新たな世界戦略と行動原理』作品社.

─────（2016b），「立法情報 ロシア 治安機関改革の概要」『外国の立法』国立国会図書館調査及び立法考査局，№ 267-2.

─────（2016c），「2015 年版ロシア『国家安全保障戦略』プーチン大統領が 6 年ぶりに改訂を承認 内乱を呼ぶ『カラー革命』の脅威」『軍事研究』第 51 巻第 4 号，216-230頁.

─────（2016d），「立法情報 ロシア 国家安全保障戦略の改訂」『外国の立法』国立国会図書館調査及び立法考査局，№ 267-1.

─────（2016e），『プーチンの国家戦略──岐路に立つ「強国」ロシア』東京堂出版.

─────（2022），『ウクライナ戦争』筑摩書房.

樹神成（2020a），「93 年憲法の改正は何を変えるか，変えないか」『ロシア・ユーラシアの社会』第 1051 号，2-31頁.

─────（2020b），「浸食から発現か──ロシア憲法の二重構造」『三重大学法経論叢』第 38 巻第 1 号，23-35頁.

小林良樹（2011），『インテリジェンスの基礎理論』立花書房.

小森田秋夫編（2003），『現代ロシア法』東京大学出版会.

佐藤史人（2014），「現代ロシアにおける権力分立の構造──大統領権限をめぐる憲法裁判の展開」『名古屋大学法政論集』第 255 号，481-518頁.

─────（2018），「ロシア連邦」畑博行・小森田秋夫編著『世界の憲法集 第五版』有信

堂，551-574 頁.

塩川伸明（2007），『ロシアの連邦制と民族問題――多民族国家ソ連の興亡Ⅲ』岩波書店.

――――（2010），『冷戦終焉 20 年――何が，どのようにして終わったのか』勁草書房.

渋谷謙次郎（2012），「ロシア」高橋和之編『新版 世界憲法集 第 2 版』岩波書店，457-517 頁.

――――（2014），「プーチンの『法治国家』とクリミア問題」『法律時報』日本評論社，86 巻 5 号（通巻 1072 号），1-3 頁.

――――（2015），『法を通してみたロシア国家――ロシアは法治国家なのか』ウェッジ.

シュムペーター，ヨーゼフ（2013），（中山伊知郎・東畑精一訳）『新装版 資本主義・社会主義・民主主義』東洋経済新報社.

ショート，フィリップ（2023），（山形浩生・守岡桜訳）『プーチン――（上）生誕から大統領就任まで』白水社.

末澤恵美（2014），「新政権誕生後のウクライナ」『ユーラシア研究』第 51 号，7-11 頁.

竹森正孝（1998），「国家統治機構の組織原理の転換とその再編――一九九三年憲法体制の特徴によせて」藤田勇・杉浦一孝編『体制転換期ロシアの法改革』法律文化社，3-28 頁.

――――（2003），「大統領・政府・議会」小森田秋夫編『現代ロシア法』東京大学出版会，79-99 頁.

――――（2014），「ロシア連邦憲法」初宿正典・辻村みよ子編『新解説世界憲法集 第 3 版』三省堂，331-357 頁.

タルノフスキー，セルゲイ（2007），「移行期ロシアにおける行政エリート（一九九一 - 二〇〇四年）――大統領府の人事を中心として」『法学政治学論究』第 74 号，133-162 頁.

中馬瑞貴（2009），「ロシアの中央・地方関係をめぐる政治過程――権限分割条約の包括的な分析を例に」『スラヴ研究』第 56 号，91-125 頁.

――――（2011），「ロシアの地方首長公選制から任命制へ――プーチン・メドヴェージェフ両政権下の政治過程」『法學政治學論究』第 90 号，1-37 頁.

――――（2013），「連邦構成主体首長選挙復活の経緯からみる中央・地方関係の変容」『ロシアの政治システムの変容と外交政策への影響（日本国際問題研究所平成 24-25 年研究会事業中間報告書）』日本国際問題研究所，29-38 頁.

東郷正延・染谷茂ほか編（1988），『研究社露和辞典』研究社.

永綱憲悟（2010），「ロシア大統領府の機構と政策決定――ソ連共産党中央委員会書記局との比較」『ロシアの政策決定――諸勢力と過程』日本国際問題研究所，37-62 頁.

――――（2011），「プーチンと地方政治――知事任命制度の実際（2005-2010）」『亜細亜大学国際関係紀要』第 20 巻第 1・2 合併号，57-120 頁.

橋本伸也（2023），「ロシア科学アカデミーに何が起こったのか？――プーチン政権下における学術と政治」『世界』第 965 号，222-230 頁.

長谷直哉（2006），「ロシア連邦制の構造と特徴――比較連邦論の視点から」『スラヴ研究』第 53 号，267-296 頁.

長谷川雄之（2014），「プーチン政権下の現代ロシアにおける政治改革と安全保障会議――

規範的文書による実証分析」『ロシア・東欧研究』第43号，69-88頁.

——— (2016a)，「現代ロシアにおける国家安全保障政策決定機構——安全保障会議の制度構築に関する一考察」『ロシア・ユーラシアの経済と社会』第1001号，2-18頁.

——— (2016b)，「プーチン政権下の現代ロシアにおける国家安全保障政策の形成——「プーチン–パートルシェフ・ライン」と安全保障会議附属省庁間委員会」『ロシア・ユーラシアの経済と社会』第1009号，2-21頁.

——— (2018)，「第2次プーチン政権第2期目の始動と内外政策の新展開——政策方針の表明と戦略中枢の動向」NIDSコメンタリー第83号.

——— (2019)，「プーチン政権下の現代ロシアにおける大統領の『権力資源』——大統領府による重要政策の指揮監督」『ロシア・ユーラシアの経済と社会』第1037号，2-19頁.

——— (2020a)，「プーチン政権下の憲法修正議論にみる大統領権力」『ブリーフィング・メモ』防衛研究所.

——— (2020b)，「第2次プーチン政権における安全保障法制の変容——安全保障会議副議長設置とその法的諸問題を中心として」『ロシア・ユーラシアの社会』第1052号，21-35頁。

——— (2021)，「第2次プーチン政権下の憲法改革——制度変更にみる大統領権力」『安全保障戦略研究』第2巻第1号，1-19頁.

——— (2023a)，「第2次ロシア・ウクライナ戦争とプーチン政権の制度的特徴」『ロシア・ユーラシアの社会』第1067号，3-9頁.

——— (2023b)，「ロシア連邦」油本真理・溝口修平編『現代ロシア政治』法律文化社，36-51頁.

——— (2023c)，「第2次ロシア・ウクライナ戦争とプーチン体制の諸相——権力構造と政治エリート」『国際安全保障』第51巻第2号，10-25頁.

——— (2023d)，「プーチン体制と大統領警護職種——連邦警護庁（FSO）に注目して」日本国際問題研究所「ロシア関連」研究会研究レポート，FY-2023-2号.

——— (2024a)「ロシアの戦争継続を可能にする「縦深性」——制裁対策を「調整」する政策メカニズムと外交」『外交』第84巻，72-77頁。

——— (2024b)「プーチン政権5期目の主要閣僚人事——台頭する『テクノクラート』と高齢化する『シロヴィキ』指導層」NIDSコメンタリー第318号.

——— (2024c)「ロシアが進める『人材供給システムの集権化』——有力テクノクラートを生む国家によるキャリア管理の現在」Foresight, https://www.fsight.jp/articles/-/50787

——— (2024d)「ウクライナ戦争下におけるロシアの国境政策——FSB国境警備局と中露関係」笹川平和財団，国際情報ネットワーク分析IINA, https://www.spf.org/iina/articles/takeyuki_hasegawa_01.html

——— (2024e)「ロシアの北朝鮮接近を担う『官邸外交』『軍需産業』人脈——ショイグー安保会議書記の新たな役割」Foresight, https://www.fsight.jp/articles/-/51064

長谷川雄之・坂口賀朗（2021），「ロシア——ポスト・プーチン問題と1993年憲法体制の

変容」『東アジア戦略概観 2021』防衛研究所，134-164 頁．

─────（2022），「ロシア──新たな『国家安全保障戦略』と準軍事組織の発展」『東アジア戦略概観 2022』防衛研究所，162-196 頁．

ハンチントン，サミュエル（1995），（坪郷実・中道寿一・藪野祐三訳）『第三の波──20 世紀後半の民主化』三嶺書房．

兵頭慎治（2002），「プーチン・ロシア新政権の対外・安全保障戦略」『防衛研究所紀要』第 4 巻第 3 号，120-146 頁．

─────（2004），「第 2 期プーチン政権における安全保障政策の立案・形成過程──安全保障会議の改編と『国家安全保障概念』の改訂を中心に」『ロシア・東欧研究』第 33 号，129-133 頁．

─────（2006），「プーチン政権における『国家安全保障概念』の改訂をめぐる動き──『国家安全保障概念』から『国家安全保障戦略』へ」『ロシア外交の現在 II』北海道大学スラブ研究センター，1-11 頁．

─────（2009a），「ロシア──安全保障会議」松田康博編『NSC 国家安全保障会議──危機管理・安保政策統合メカニズムの比較研究』彩流社，136-172 頁（資料編 341-344 頁）．

─────（2009b），「金融・経済危機がロシアの内政・外交に与えた影響」『ロシア・東欧研究』第 38 号，17-29 頁．

─────（2010），「ロシアの安全保障政策の立案における軍の役割──『2020 年までの国家安全保障戦略』と『軍事ドクトリン』の分析を通じて」『ロシアの政策決定──諸勢力と過程』日本国際問題研究所，63-77 頁．

─────（2011），「序論──ロシアの国家安全保障政策」『国際安全保障』第 39 巻第 1 号，1-11 頁．

─────（2012），「国家安全保障政策の決定過程におけるロシア連邦安全保障会議の役割──『安全保障法』および『安全保障会議規程』の改正を中心に」『コスモポリス』上智大学大学院グローバル・スタディーズ研究科国際関係論専攻，1-10 頁．

─────（2013a），「ロシアの北極政策──ロシアが北極を戦略的に重視する理由」『防衛研究所紀要』第 16 巻第 1 号，1-18 頁．

─────（2013b），「第二次プーチン政権の外交・安全保障政策──中国と北極問題を中心に」『ロシアの政治システムの変容と外交政策への影響』日本国際問題研究所，79-91 頁．

兵頭慎治・秋本茂樹・山添博史（2011），「ロシアの国家安全保障戦略──ロシア経済，対中関係の視角から」『防衛研究所紀要』第 13 巻第 3 号，81-121 頁．

廣瀬陽子（2012），「プーチンの愛国主義政策で米大統領選後の米ロ関係も期待できず」Wedge ONLINE, http://wedge.ismedia.jp/articles/-/2333

福島康仁（2023），「宇宙領域からみたロシア・ウクライナ戦争」高橋杉雄編『ウクライナ戦争はなぜ終わらないのか──デジタル時代の総力戦』文藝春秋，110-122 頁．

伏田寛範（2018），「プーチン期のロシアの経済・産業政策」『ポスト・プーチンのロシア

の展望 中間報告書』日本国際問題研究所, 47-53 頁.

法令用語研究会・横畠裕介編 (2012),『有斐閣 法律用語辞典 第4版』有斐閣.

松井弘明 (2003),「ロシア外交の理念と展開——九・一一テロ事件以後を中心として」同編『9.11事件以後のロシア外交の新展開（ロシア研究35)』日本国際問題研究所, 1-26頁.

松里公孝 (2014),「クリミアの内政と政変（二〇〇九-一四年)」『現代思想』第42巻第10号, 87-101頁.

松田康博 (2009),「NSCが注目されるのはなぜか」同編『NSC 国家安全保障会議——危機管理・安保政策統合メカニズムの比較研究』彩流社, 11-19頁.

溝口修平 (2011),「ロシアの『強い』大統領制？——『重層的体制転換』における制度形成過程の再検討」『ヨーロッパ研究』第10号, 51-74頁.

———— (2012),「ロシア連邦憲法体制の成立——『重層的転換』における制度選択とその意図せざる帰結」東京大学大学院総合文化研究科博士論文.

———— (2016),『ロシア連邦憲法体制の成立——重層的転換と制度選択の意図せざる帰結』北海道大学出版会.

———— (2019),「ロシアの『大統領制化された大統領制』とその変容」岩崎正洋編『大統領制化の比較政治学』ミネルヴァ書房.

———— (2020a),「ロシア連邦」初宿正典・辻村みよ子編著『新 解説世界憲法集 第5版』三省堂, 281-341頁.

———— (2020b),「ポスト・プーチン時代のロシアと憲法改正」『ポスト・プーチンのロシアの展望』日本国際問題研究所, 7-18頁.

———— (2020c),「大統領任期延長の正統性」『国際政治』第201号, 114-129頁.

森下敏男 (1998),「ロシア連邦執行権力の構造——政府と大統領府」『神戸法学年報』第14号, 1-123頁.

———— (2001),『現代ロシア憲法体制の展開』信山社.

山本圭 (2021),『現代民主主義』中央公論新社.

横手慎二 (2015),『ロシアの政治と外交』放送大学教育振興会.

湯浅剛 (2013),「『市民的自由の群島』ロシア——西側からの価値をめぐる作用と連携を題材に」『国際政治』第171号, 100-113頁.

吉国一郎・角田禮次郎ほか編 (2009),『法令用語辞典（第9次改訂版)』学陽出版.

ラヂオプレス (2009),『ロシア月報』第791号, ジェイ・ピー・エム コーポレーション.

レーン, D.／ロス, C. (2001),（溝端佐登史・酒井正三郎・藤原克美・林裕明・小西豊共訳『ロシアのエリート——国家社会主義から資本主義へ』窓社.

ローエンタール, M. (2011),（茂田宏監訳）『インテリジェンス——機密から政策へ』慶應義塾大学出版会.

索　引

【人名】

ア行

アリハーノフ，アントーン　255, 260, 284

イワノーフ，イーゴリ　53, 60, 61, 64, 66, 68, 111, 112, 280

イワノーフ，セルゲイ　9, 53, 60, 61, 64, 66, 69-71, 76, 177, 178, 226, 256, 257

ヴァイノ，アントーン　173, 249, 250

ヴァフルコーフ，セルゲイ　174, 179, 219, 220, 223, 257

ヴェネディークトフ，アレクサンドル　220, 222

ヴォロージン，ヴャチェスラフ　70, 71, 197-199, 225, 282

ウスチーノフ，ヴラジーミル　65, 67, 69-71, 81

エリツィン，ボリス　5, 6, 14-17, 29-33, 38, 39, 45-54, 56, 58, 59, 61, 76-79, 106, 107, 110, 125, 156, 168, 169, 175, 198, 214, 250, 258, 278, 280, 281, 285

カ行

カラコーリツェフ，ヴラジーミル　70, 71, 246

カリムーリン，ドミートリ　173, 175

キターエフ，ヴラジスラフ　173, 177

キリエーンコ，セルゲイ　2, 49, 52, 64, 67, 83, 84, 174, 210, 262

グリゴレーンコ，ドミートリ　246, 254

グルィズローフ，ボリス　60, 61, 64-66, 69, 70, 72, 74, 75, 87, 122, 249, 250, 256

ゲラーシモフ，ヴァレーリ　70, 71

コミサーロフ，アレクセイ　262

ゴルバチョフ，ミハイル　27, 28, 81

サ行

サプチャーク，アナトーリ　31, 55, 74

ショイグー，セルゲイ　19, 51-53, 65,

67, 69-71, 137, 220, 222, 223, 246, 250, 257-259, 262- 264, 284

シルアーノフ，アントーン　69-71, 245, 246

スコーコフ，ユーリ　17, 30, 34, 48, 50, 106

スタラヴォーイト，ラマーン　255

スルコーフ，ヴラジスラフ　171

セルジュコーフ，アナトーリ　66, 69, 70, 132, 137, 139

ソヴァーニン，セルゲイ　209

ゾーロトフ，ヴィクトル　70, 71, 74, 75, 246, 250, 253, 264, 265

タ行

チャーイカ，ユーリ　53, 65, 67, 69-71, 82, 218

デクチャリョーフ，ミハイル　255, 260, 261

デューミン，アレクセイ　9, 250, 253, 261, 263, 264, 279

トルートネフ，ユーリ　70, 71, 82, 247

ナ行

ナビウーリナ，エリヴィーラ　2, 244

ナルィーシキン，セルゲイ　4, 68-71, 263

ヌルガリーエフ，ラシード　61, 65, 66, 69-71, 75, 220

ネヴェーロフ，イーゴリ　175

ノーヴァク，アレクサンドル　246, 254, 260

ハ行

パートルシェフ，アンドレイ　257, 258

パートルシェフ，ドミートリ　245, 254, 257, 260

パートルシェフ，ニコライ　9, 19, 53, 56-58, 60, 61, 64, 66, 68-72, 75, 76, 79,

303

86, 87, 89, 110, 112, 114, 137, 138, 173, 174, 211, 217, 218, 220, 222, 223, 249, 250, 256-258, 279, 280, 284

フラトコーフ，パーヴェル　258

フラトコーフ，ミハイル　61, 66, 69, 70, 258

プリゴージン，エフゲーニ　19, 242, 243, 249-251

ベロウーソフ，アンドレイ　245, 254, 255, 258, 259-264, 284

ボールトニコフ，アレクサンドル　69-71, 246, 255

マ行

マーントゥロフ，デニス　174, 245-248, 254, 259-261, 263, 264, 279

マトヴィエーンコ，ヴァレンティーナ　61, 65, 69-71, 80, 255

ミーンフ，ガーリ　122, 124-127, 213

ミシュースチン，ミハイル　2, 71, 197,

203, 204, 244-246, 254-256, 259, 264, 283

ムラヴィヨーフ，アルトゥール　204, 255

メドヴェージェフ，ドミートリ　28, 30, 45, 60, 61, 64, 66, 68-72, 74, 76, 78, 79, 86, 89, 112, 122, 156, 157, 161, 175, 194, 196, 197, 199, 211, 213, 217, 221-223, 225, 226, 245, 247, 248, 256, 282

ヤ行

ヤーリン，アンドレイ　175

ラ行

ラヴローフ，セルゲイ　61, 64, 66, 69-71

リニェーツ，アレクサンドル　247, 248, 279

ルート，オクサーナ　255, 260, 284

レヴィーチン，イーゴリ　209

【事項】

ア行

安保会議事務機構　3, 8, 47, 54, 58, 59, 75, 86, 87, 89, 110, 112, 117, 119, 136, 138, 161, 169, 170, 172, 179, 211, 218-222, 224, 282

安保会議副議長　9, 19, 47, 48, 71, 76, 109, 195, 197, 199, 211- 213, 216, 218, 219, 221, 223-226, 247, 248, 256, 282

インテリジェンス・コミュニティ　63, 89, 161, 180, 225

ウカース立法　14, 197, 212, 214, 225, 278, 282

カ行

外務省　2, 6-8, 10, 17, 32, 137, 158, 159, 173, 175-178, 199, 203, 220-223, 250, 257, 258

規範的文書　4, 17, 28, 106, 137, 157, 163, 215, 278

行政組織編成権　6, 7, 158, 198, 206, 254

近代化　72, 114, 168, 245

軍事技術協力庁　8, 11, 248, 259, 263, 284

軍事ドクトリン　10, 105, 106, 280

軍需産業委員会　9, 118, 247, 248, 260, 283

軍需調達調整会議　246, 247

憲法協議会　32, 33, 36, 38

国際秩序　116, 265

国防会議　49, 54, 134, 169

国防省　6-8, 10, 11, 30, 54, 81, 88, 158, 159, 175-177, 179, 203, 242, 248, 249, 251, 258, 259, 282

国家安全保障戦略　18, 105, 106, 112-114, 116, 131, 138, 200, 225, 280

国家会議　2, 5-8, 37, 46, 49, 51, 53, 56, 60, 61, 65, 66, 69-72, 120-127, 129, 130, 175, 177, 194, 196, 197, 203, 209, 210, 213, 214, 216, 244, 245, 248, 254

国家親衛軍連邦庁　8, 9, 11, 70, 71, 73, 74, 117, 118, 158, 180, 202, 204, 212, 246, 248, 250, 251, 255, 265

国家評議会　8, 9, 19, 169, 170, 173, 174, 177, 179, 207-211, 225, 261, 264, 279

国家保安委員会　30, 57, 60, 62, 68, 75, 80, 176, 178, 220

国境警備局　62, 63, 69, 70, 72, 73, 116, 249

サ行

最高会議　29, 30, 33, 36, 37, 48, 50, 122, 125, 126, 129, 131, 136, 169, 175, 176, 205

策定委員会　28, 30, 36, 48, 106, 280

サンクト・ペテルブルク　9, 46, 55, 57, 58, 60, 61, 69-72, 74, 76, 80-83, 89, 174, 175, 179

執行権力　1, 5-8, 10-12, 16, 17, 27, 34, 39, 48, 55, 56, 62, 63, 72-74, 84, 86, 87, 89, 121, 125, 128, 134, 135, 139, 156-161, 164-169, 171, 174, 180, 198, 201, 203-206, 208-210, 212, 216, 224, 225, 246, 252-254, 277, 278, 281, 283-285

司法権力　5, 6, 165, 204

事態対処センター　59, 112, 113, 138, 256

準軍事組織　75, 116, 137, 139, 215, 216, 225, 249

シロヴィキ　19, 46, 61, 62, 73, 74, 90, 218, 244-246, 250, 251, 256, 258, 262, 264, 265, 278, 279, 283, 284

人民代議員大会　28, 33, 177, 205

全般的指揮権　7, 8, 193, 205, 206, 224, 253, 282

戦略企画委員会　111-114, 116-117, 137, 138, 280

総合調整　12, 18, 89, 105, 106, 110, 116, 117, 138, 161, 168, 180, 181, 218, 223, 224, 226, 247, 256, 264, 280, 281

タ行

対外政策概念　19, 105, 243

対外諜報庁　4, 6-9, 11, 36, 50-54, 61, 62, 64, 66, 69-71, 80, 81, 87, 89, 117, 118, 158, 159, 177, 202-204, 225, 246, 248, 249, 251, 252, 255, 258, 263

大統領監督総局　56

索引　305

大統領総務局　3, 8, 11, 55, 159, 169, 205, 251, 258
大統領特別プログラム総局　3, 8, 9, 11, 169, 203, 204, 246-248, 251, 255, 279
大統領府内部部局　3, 18, 157, 161, 163, 168, 169, 171-175, 179-181, 210, 216, 218, 219, 247, 257, 263, 281, 284
大統領補助機関　3, 4, 6, 12, 17-19, 106, 139, 155, 157, 172, 204, 255, 277, 278, 279, 281, 282, 284, 285
対露経済制裁　19, 260, 261, 283
単一公権力システム　10, 18, 168, 193, 194, 205-208, 224, 279
地域研究　4, 12, 15-17, 265
超大統領制　5, 6, 12, 18, 86, 106, 139, 156, 157, 180, 181, 193, 195, 198, 225, 242, 278, 281, 285
テクノクラート　19, 243-246, 258, 260-262, 264, 265, 283, 284
統一ロシア　2, 14, 72, 75, 80, 130, 156, 175, 198, 200, 244, 250, 256

ナ行
内務省　7, 8, 11, 17, 54, 73-75, 79, 80, 81, 83, 136, 158, 159, 165, 175, 176, 203, 212, 220, 251, 252, 265

ハ行
比較政治学　4, 5, 12-15, 17, 194, 265

マ行
モスクワ　4, 9, 55, 57, 61-63, 69-72, 80, 81, 83, 110, 155, 161, 173, 175-179, 209, 217, 220, 221, 242, 245, 246, 249, 253, 257-259, 277

ラ行
立法権力　6, 7, 17, 34, 84, 86, 89, 127, 156, 165, 198, 204, 212, 214, 225, 278
レニングラード　48, 55, 57, 60, 80-82, 175, 177, 179, 250
連邦会議　2, 6, 7, 8, 10, 31, 35, 37, 46, 51, 53, 61, 65, 66, 68-70, 80, 82, 85, 111, 112, 123, 125-127, 129, 175-177, 179, 196, 197, 201, 203, 204, 210, 213, 214, 216, 248, 254
連邦管区制　59, 73, 78, 79, 84-86, 89, 247, 283
連邦管区大統領全権代表　8, 9, 59-62, 64, 65, 67, 69-71, 79, 80, 82, 84-87, 89, 112-114, 119, 138, 161, 162, 168-170, 173, 175-179, 216, 219-223, 247, 248, 254, 257, 279
連邦警護庁　3, 7, 8, 11, 56, 60, 62, 74, 113, 158, 159, 172, 202-204, 221, 222, 225, 248, 250-253, 255, 264, 283
連邦中央・地方関係　204, 210, 218, 219, 225
連邦保安庁　3, 6-9, 11, 12, 46, 51-57, 60-64, 66-73, 75, 80, 83, 86, 87, 89, 112, 116-118, 136, 158, 159, 174, 175, 179, 202-204, 220, 221, 225, 246, 248, 250-253, 256-258, 282, 283
連邦防諜庁　51, 57, 68, 75, 83, 175, 220
ロシア軍　2, 6, 7, 10, 29, 54, 81, 109, 116, 214- 216, 221, 222, 242, 243, 246, 249, 251, 259, 260, 264, 283

長谷川 雄之（はせがわ たけゆき）
防衛省防衛研究所地域研究部主任研究官。1988年生まれ。上智大学外国語学部
ロシア語学科卒業、東北大学大学院文学研究科歴史科学専攻博士後期課程修了。
博士（学術）。日本学術振興会特別研究員PD、広島市立大学広島平和研究所協
力研究員などを経て、現職。専門：現代ロシア政治研究、ロシア地域研究。主要
業績：『現代ロシア政治』（共著）法律文化社、2023年。「プーチン政権下の現代
ロシアにおける政治改革と安全保障会議――規範的文書による実証分析」『ロシ
ア・東欧研究』第43号、2014年（ロシア・東欧学会研究奨励賞受賞）ほか。

ロシア大統領権力の制度分析

2025年2月25日　初版第1刷発行

著　者―――長谷川雄之
発行者―――大野友寛
発行所―――慶應義塾大学出版会株式会社
　　　　　　〒108-8346　東京都港区三田2-19-30
　　　　　　TEL〔編集部〕03-3451-0931
　　　　　　　　〔営業部〕03-3451-3584＜ご注文＞
　　　　　　　〔　〃　〕03-3451-6926
　　　　　　FAX〔営業部〕03-3451-3122
　　　　　　振替 00190-8-155497
　　　　　　https://www.keio-up.co.jp/
装　丁―――鈴木衛（カバー写真提供：SPUTNIK/時事通信フォト）
印刷・製本――中央精版印刷株式会社
カバー印刷――株式会社太平印刷社

©2025 Takeyuki Hasegawa
Printed in Japan　ISBN 978-4-7664-3008-0

慶應義塾大学出版会

自由なき世界 上・下
―フェイクデモクラシーと新たなファシズム

ティモシー・スナイダー著／池田年穂訳　ロシアによるウクライナ侵攻、ヨーロッパにおける相次ぐ右派政権の誕生、イギリスのEU離脱、アメリカのトランプ大統領の誕生など、近過去のトピックを歴史化し、右傾化する世界の実態を捉える話題作。
　　　　　　　各巻定価2,750円（本体2,500円）

プーチンのユートピア
―― 21世紀ロシアとプロパガンダ

ピーター・ポマランツェフ著／池田年穂訳　カネと権力にまみれたシュールな世界で、新たな独裁体制を築くプーチン。クレムリンに支配されたメディアの内側から、21世紀のロシア社会とプロパガンダの実態を描く話題作。
　　　　　　　　　定価3,080円（本体2,800円）

スターリンの極東戦略
1941－1950
――インテリジェンスと安全保障認識

河西陽平著　スターリン率いるソ連は、極東情勢の変容をどのように認識し、いかなる軍事・外交戦略を採用するに至ったのか。独ソ戦開戦時から冷戦開始後、朝鮮戦争とのかかわりまでを、豊富な一次史料から読みとく試み。第36回アジア・太平洋賞特別賞受賞。　　　定価4,950円（本体4,500円）